Die ökologische Revolution

LAIKA Verlag

John Bellamy Foster
# Die ökologische Revolution

Frieden zwischen Mensch und Natur

Aus dem US-amerikanischen Englisch von Klaus E. Lehmann

Impressum

© LAIKA-Verlag Hamburg 2014 // LAIKAtheorie Band 24 // John Bellamy Foster: *Die ökologische Revolution – Frieden zwischen Mensch und Natur* // 1. Auflage // Übersetzung aus dem US-amerikanischen Englisch von Klaus E. Lehmann // Erschienen unter dem Originaltitel *The Ecological Revolution – Making Peace with the Planet* bei Monthly Review Press, New York 2009 // Satz und Cover: Peter Bisping // Druck: CPI – Ebner & Spiegel, Ulm // www.laika-verlag.de // ISBN: 978-3-942281-41-6

# Inhalt

Vorwort . . . . . . . . . . . . . . . . . . . . . . . . . . . . . 9

Einleitung . . . . . . . . . . . . . . . . . . . . . . . . . . . 13

Teil I
Die planetarische Krise . . . . . . . . . . . . . . . . . . . 45

Kapitel 1
Die Ökologie der Zerstörung . . . . . . . . . . . . . . . . . 47

Kapitel 2
Ökologie: Der Moment der Wahrheit . . . . . . . . . . . . . . 65

Kapitel 3
Rachel Carsons ökologische Kritik . . . . . . . . . . . . . . 79

Kapitel 4
Ölfördermaximum und Energie-Imperialismus . . . . . . . . . 101

Kapitel 5
Das Pentagon und der Klimawandel . . . . . . . . . . . . . . 129

Kapitel 6
Das Jevons-Paradox: Umwelt und Technologie unter dem
Kapitalismus . . . . . . . . . . . . . . . . . . . . . . . . 147

Kapitel 7
Eine planetarische Niederlage: Das Versagen der globalen
Umweltreform 1992–2009 . . . . . . . . . . . . . . . . . . . 157

Teil 2
Die Marxsche Ökologie . . . . . . . . . . . . . . . . . . . 169

**Kapitel 8**
Die marxsche Ökologie aus historischer Sicht . . . . . . . . . . 171

**Kapitel 9**
Die marxsche Theorie des metabolischen Bruchs: Klassische
Grundlagen der Umweltsoziologie . . . . . . . . . . . . . . . . 193

**Kapitel 10**
Kapitalismus und Ökologie: Die Natur des Widerspruchs . . . . 245

**Kapitel 11**
Das Kommunistische Manifest und die Umwelt . . . . . . . . . 261

**Kapitel 12**
Ökologischer Imperialismus: Der Fluch des Kapitalismus . . . . 285


**Teil 3**
Ökologie und Revolution . . . . . . . . . . . . . . . . . . . . . 307

**Kapitel 13**
Die ökologische Revolution im Blickfeld . . . . . . . . . . . . . 309

**Kapitel 14**
Die Ökologie und der Übergang
vom Kapitalismus zum Sozialismus . . . . . . . . . . . . . . . 325


Der Krieg um fossile Brennstoffe
Nachwort zur deutschen Ausgabe . . . . . . . . . . . . . . . . 341

# Vorwort

Meine Prämisse bei diesem Buch ist, dass wir einen Wendepunkt in der Beziehung des Menschen zur Erde erreicht haben: Alle Hoffnung in die Zukunft dieser Beziehung ist jetzt entweder revolutionär, oder sie ist trügerisch. In *Friedensschluss mit dem Planeten*, von dem der Untertitel des vorliegenden Buches entlehnt wurde, schrieb Barry Commoner: »Wenn die Umwelt verschmutzt und die Wirtschaft krank ist, wird man den Virus, der beides verursacht, im System der Produktion finden«.[1] Heutzutage kann die Krankheit sowohl der Umwelt als auch der Wirtschaft – und die Tatsache, dass die gemeinsame Ursache in der kapitalistischen Produktionsweise zu finden ist – nicht länger bezweifelt werden. Hierin liegt die Notwendigkeit einer ökologischen Revolution begründet.

Das hauptsächliche Ziel der ökologischen Revolution liegt in dem, was Raymond Williams einmal die »Ressourcen für eine Reise der Hoffnung« genannt hat. Der historische Materialismus ist für eine solche Reise aufgrund seiner Verpflichtung der Konfrontation von Realität und Vernunft unverzichtbar. Er ist, wie Ernst Bloch in *Das Prinzip Hoffnung* erklärte, der »kälteste Detektiv« und zugleich der glühendste Anhänger einer »konkreten Utopie«.

Sicherlich ist es nicht so sehr die Hoffnung als vielmehr die Notwendigkeit, die uns jetzt antreiben muss. Wie Bertolt Brecht in seinem Gedicht »Das Gleichnis des *Buddha* vom brennenden Haus« erklärte, können wir es uns nicht erlauben, ruhig in einem brennenden Haus zu sitzen, während die Flammen an den Dachsparren lecken und unsere Brauen versengen, und uns fragen, ob denn ein neues Haus möglich wäre. Wir müssen die alte Struktur verlassen und danach streben, eine neue zu bauen.[2]

1 Barry Commoner, *Making Peace with the Planet* (New York: The New Press, 1992), S. ix.
2 »Resources for a Journey of Hope« ist der Titel des letzten Kapitels von Raymond Williams, *The Year 2000* (New York: Pantheon, 1983). Siehe auch Ernst Bloch, *Das Prinzip Hoffnung*, Band 3 (Cambridge, Massachusetts: MIT Press, 1986); Bertolt Brecht,

Ironischerweise besteht eine der üblichen Kritiken gegen die revolutionäre Umweltperspektive darin, dass diese ohne Hoffnung sei, da sie es erfordere, über das kapitalistische System hinauszugehen.³ Die Ansicht, dass die historische Reise der Menschheit vorüber und die vorherrschende Produktionsweise unantastbar sei – auch wenn diese einen Zusammenbruch der weltweiten Ökosysteme und der menschlichen Zivilisation verursacht –, kann aber nur zur Verzweiflung führen, da sie keinen Ausweg aus dem sich heute schließenden Kreis bietet.

Im Gegensatz dazu ist der Kampf für eine ökologische Revolution tief im »Prinzip Hoffnung« verwurzelt. Hierbei ist die Entwicklung der menschlichen Freiheit und die Evolution der Beziehung des Menschen zur Natur gerade erst der Anfang. Die gesamte Geschichte der kulturellen Entwicklung kann als Geschichte eines durchbrochenen Gleichgewichts verstanden werden, wobei Revolutionen an kritischen Punkten zu neuen Formen gesellschaftlicher Organisation geführt haben. Wir vermögen nicht zu sagen, ob der gegenwärtige Versuch einer radikalen Umgestaltung der menschlich-sozialen Beziehung zur Erde (und der Beziehung des Menschen zu sich selbst) zum Erfolg führen wird. Wir wissen aber, dass Hunderte von Millionen, ja vielleicht Milliarden von Menschen im vor uns liegenden Jahrhundert für ein solches Ergebnis kämpfen werden.

*Die ökologische Revolution* wurde in einem Zeitraum von zwölf Jahren geschrieben. Alle Kapitel, mit Ausnahme der Einleitung, basieren auf vorher veröffentlichten Artikeln. Dennoch ist jedes einzelne für dieses Buch bearbeitet und substanziell überarbeitet worden. Sie bilden nun einen einzigen durchgängigen Argumentationsstrang. Gewisse Schlüsselthemen und Analysewerkzeuge wie das marxsche Konzept des metabolischen Bruchs und das Jevons Paradox erscheinen über die folgenden Seiten hinweg in wiederholter Form. Sie sollten als entscheidende Bindeglieder der Analyse betrachtet werden, die aufzeigen, warum und wie wir für eine nachhaltigere ökologische und soziale Ordnung kämpfen sollen und können.

Ich hatte in einer frühen Phase meiner ökologischen Studien, die in diesem Buch dargelegt werden, das Glück, Brett Clark kennenzulernen, der zu einem Graduiertenstudium an den Soziologischen Fachbereich der Universität von Oregon gekommen war und mit dem ich seitdem immer eng zusammengearbei-

---

*Kalendergeschichten* (Hamburg: Rowohlt, 1959); Michael A. Lebowitz, *Build It Now, Socialism for the Twenty-First Century* (New York: Monthly Review Press, 2006).

3    Siehe Michelle A. M. Lueck, »Hope for a Cause as Cause for Hope: The Need for Hope in Environmental Sociology«, *American Sociologist* 38, 2007, S. 250–261.

tet habe. Brett, der nun Soziologieprofessor an der North Carolina State University ist, war Mitverfasser von vier Kapiteln dieses Buches in ihrer ursprünglichen Form: Kapitel 2, »Ökologie: Der Moment der Wahrheit«; Kapitel 3, »Rachel Carsons Ökologiekritik«; Kapitel 6, »Das Jevons Paradox: Umwelt und Technologie unter dem Kapitalismus«; und Kapitel 12, »Ökologischer Imperialismus«. Er hat mir bei dieser Arbeit in jedem Punkt geholfen. Mein Kollege und enger Freund am Soziologischen Fachbereich der University of Oregon, Richard York, war neben Brett und mir Mitverfasser des Kapitels 2 und hat einen tiefen und dauerhaften Einfluss auf mein Denken in Fragen der Ökologie, der Evolution und des Kapitalismus hinterlassen. Viele Gedanken in diesem Buch stammen aus der Zeit der Zusammenarbeit mit Paul Burkett in den späten 1990er-Jahren. Pauls Bücher *Marx and Nature* und *Marxism and Ecological Economics* bilden eine wesentliche Grundlage auf diesem Gebiet und können als Begleitbände zum vorliegenden Buch und zu meinen anderen vorherigen ökologischen Arbeiten betrachtet werden: *The Vulnerable Planet*, *Marx's Ecology* und *Ecology Against Capitalism*.

Auch andere haben in enormer Weise zu diesem Buch beigetragen. In der Zeitschrift *Monthly Review* hatte ich das Privileg, die unschätzbare Hilfe und Inspiration einer talentierten Gruppe enger Freunde in Anspruch nehmen zu können: Michael Yates, heutiger Direktor von *Monthly Review Press*, John Mage, John Simon, Claude Misukiewicz, Martin Paddio, Fred Magdoff, Yoshie Furuhashi, Victor Wallis sowie erst kürzlich Scott Borchert. Insbesondere John Mage ist Blochs »kältester Detektiv« gewesen, indem er mir von Beginn an die enormen Vorteile scharfer Kritik und unermüdlicher Unterstützung hat zuteilwerden lassen.

Außerdem habe ich von der Zusammenarbeit mit Rebecca Clausen, Hannah Holleman, Ryan Jonna, Philip Mancus und Stefano Longo profitiert, einer brillanten Gruppe von Doktoranden an der University of Oregon während der Jahre, in denen ich dieses Buch verfasst habe. Sie lieferten mir neue Fragen und neue Denkweisen – und insbesondere in den Fällen von Hannah und Jonna direkte Hilfe bei der Entwicklung meiner Arbeit.

Bei meinen Auslandsreisen haben mir eine ganze Reihe von Freunden und Kollegen ihre Unterstützung angeboten. Darunter würde ich gerne Patrick Bond in Südafrika, Peter Dickens in England, Nildo Ouriques und Catarina Gewehr in Brasilien sowie Peter Boyle, Dave Holmes, Terry Townsend und Ariel Salleh in Australien besonders danken.

Robert McChesney hat durch seine ergebene Freundschaft und Unterstützung sowie durch das von ihm gegebene Beispiel einen tiefen Einfluss auf all meine politischen und intellektuellen Bestrebungen der letzten fünfunddreißig Jahre gehabt. Schließlich hat das Gefühl einer revolutionären Reise der Hoffnung, die dieses Buch durchdringt, weitgehend dank Carrie Ann Naumoff mein eigenes tägliches Leben erfasst. *Die ökologische Revolution* ist daher Carrie Ann gewidmet. Ihre lebenslangen Kämpfe im legendären Hoedads tree-planting collective (Wiederaufforstungskooperative in Eugene/Oregon) als Verteidigerin der Arbeiterkämpfe und als Lehrerin, Gemeindeorganisatorin und Familienmitglied verkörpern ihr Engagement für Nachhaltigkeit, Gemeinschaftlichkeit und Gleichheit, das ist die Essenz von dem, was ich hier als die ökologische Revolution bezeichne.

# Einleitung

»Wir benötigen das Konzept des ›genug‹.«
Niles Eldredge: Life in the Balance[4]

Wir leben in einer Zeit, in der die Konfrontation der Wirklichkeit mit der Vernunft von uns verlangt, apokalyptische Fragen zu stellen: Steht der Planet vor einem großen ökologischen Zusammenbruch? Steht die Zivilisation am Rande des Abgrunds? Ist das Überleben der menschlichen Art selbst infrage gestellt? Was diese Fragestellungen heutzutage so vernünftig und notwendig macht, ist die Tatsache, dass uns die wissenschaftliche Forschung beständig davon berichtet, dass bei Fortsetzung der gegenwärtigen Trends, und sei es nur für ein Jahrhundert, die Ergebnisse für die Erde und ihre Bewohner zu einem Zusammenbruch der uns bekannten Welt führen werden. Tatsächlich könnten in weniger als einer Generation, vielleicht in gerade einmal einem Jahrzehnt die ökologischen Scheitelpunkte erreicht sein, die mit der Auflösung der Eisdecken in der westlichen Antarktis und Grönland, dem Verschwinden des arktischen Eises der Meere, dem Abtauen der gefrorenen Tundren und dem Verschwinden der Gletscher im Himalaja und anderswo verbunden sind und zu ausgedehnten Veränderungen des Klimas und der Ökosysteme führen, die zahllose Menschen und unzählige Arten in Gefahr bringen. Infolgedessen ist mittlerweile weithin anerkannt, dass eine ökologische Revolution – eine massive und jähe Veränderung in der Beziehung der Menschheit zur Erde – erforderlich ist.

In ihrem Buch *Ecological Revolutions* definierte Carolyn Merchant »ökologische Revolutionen« als »bedeutende Transformationen in den menschlichen

---

4   Niles Eldredge, *Life in the Balance: Humanity and the Biodiversity Crisis* (Princeton: Princeton University Press, 1998), S. xi.

Beziehungen mit der nicht menschlichen Natur. Sie erwachsen aus Veränderungen, Spannungen und Widersprüchen, die sich zwischen der Produktionsweise einer Gesellschaft und ihrer Ökologie sowie zwischen ihren Methoden der Produktion und Reproduktion entwickeln.«[5] Die heutige Gesellschaft steht eindeutig vor solch einer bedeutenden Transformation, die ihre Produktionsweise und ihr ökologisches System betreffen.

Dies führt uns jedoch zu einer anderen Frage: Welche Art von ökologischer Revolution? Die zentrale Prämisse des vorliegenden Buches liegt darin, dass diese in zwei Hauptdenkansätze unterteilt werden kann. Der erste davon kann am besten als eine öko-industrielle Revolution beschrieben werden – eine neue industrielle Revolution, die versucht, die Grundlage für eine nachhaltige kapitalistische Entwicklung fast vollständig durch technologische Mittel wie effizientere Energiesysteme zu schaffen.[6] Diese grüne industrielle Revolution wird von ihren Befürwortern häufig als eine Form von »ökologischer Modernisierung« konzipiert, bei der die reichen Länder den Weg in die Entwicklung ökologischer Innovationen als neue Marktchancen anführen. Soweit es um technologische Innovationen wie gesteigerte Energieeffizienz geht, wird kein Hindernis als zu groß angesehen. Abgesehen von der Technologie ändert sich in der sozialen Organisation der Gesellschaft in dieser Vision jedoch so gut wie nichts. Das Bekenntnis zur unbegrenzten Kapitalakkumulation und zu einer Ordnung, die künstlich geschaffene private Bedürfnisse über individuelle und gesellschaftliche Belange stellt, bleibt unverändert. Tatsächlich wird das Einschlagen eines »grünen Weges« oft als eine Möglichkeit zur erheblichen Ausdehnung von Warenproduktion und Verkaufschancen in einem konkurrierenden und nationalistischen Wettlauf um ökonomisches Wachstum und Vorherrschaft betrachtet. So bleibt man innerhalb der »besitzgierig-individualistischen« Verhaltensprämissen der gegenwärtigen Gesellschaftsordnung.[7]

---

5   Carolyn Merchant, *Ecological Revolutions* (Chapel Hill: University of North Carolina Press, 1989), S. 2–3.
6   Befürworter einer grünen industriellen Revolution verwenden für gewöhnlich die industrielle Revolution in Großbritannien als ihr Modell, indem sie einfach behaupten, dass eine neue grüne der alten braunen industriellen Revolution entgegenwirken werde. Als Beispiele dafür siehe Andres R. Edwards, *The Sustainability Revolution* (Gabriola Island, B.C.: New Society Publishers, 2005); Thomas Friedman, *Hot, Flat and Crowded: Why We Need a Green Revolution – And How it Can Renew America* (New York: Farrar, Straus and Giroux, 2008), S. 173; und Lester Brown et al., *State of the World, 1992* (New York: W. W. Norton, 1992).
7   Über »possessiven Individualismus« als Charakterisierung der bürgerlichen Ordnung

Der zweite Ansatz – den ich in diesem Buch weiterentwickle – ist der einer radikaleren öko-sozialen Revolution, die, wo nötig, auf alternative Technologien zurückgreift, jedoch die Notwendigkeit betont, die menschliche Beziehung zur Natur und die Verfassung der Gesellschaft innerhalb der bestehenden sozialen Produktionsverhältnisse an ihren Wurzeln umzugestalten. Dies bedeutet eine entschiedene Bewegung in Richtung egalitärer und kommunaler Formen von Produktion, Distribution, Austausch und Verbrauch und somit einen Bruch mit der Logik der vorherrschenden Gesellschaftsordnung. Anstatt den Bruch im Metabolismus Mensch/Natur weiter zu öffnen, der die gegenwärtige Weltwirtschaft kennzeichnet, liegt das Ziel darin, zu organischeren, nachhaltigeren sozialökologischen Verhältnissen zurückzukehren. Solche Veränderungen beinhalten eine zivilisatorische Verschiebung, die auf einer Revolution in der Kultur wie auch der Wirtschaft und der Gesellschaft begründet ist.

Worum es letztlich bei diesem Ansatz geht, ist, einen Weg zu finden, der über das kapitalistische Produktionssystem oder die gegenwärtige, für die historische Zivilisation zerstörerische Phase hinausgeht, indem man es Stein um Stein durch ein grundlegend anderes Konstrukt ersetzt. Auch wenn dies notwendigerweise radikale Veränderungen in der Technologie beinhaltet, liegt der Schwerpunkt hierbei in der Veränderung der gesellschaftlichen Produktionsverhältnisse im weitesten Sinne, da diese und nicht die Technologie als solche das Problem darstellen. Wie Lewis Mumford, der amerikanische Sozialökologe, betonte, sehen wir uns mit einem Problem von »Technik und menschlicher Entwicklung« konfrontiert, wobei Letztere für die Frage der nachhaltigen Entwicklung der Menschen und ihrer weitergefassten gesellschaftlichen Beziehungen steht.[8]

Dieser im Gegensatz zum rein industriellen eher gesellschaftliche Ansatz stellt in der Argumentation des vorliegenden Buches die einzig originäre Annäherung an eine ökologische Revolution dar. Der Versuch, unsere Probleme lediglich durch technologische, industrielle oder durch Mittel des »freien Marktes« zu lösen, die getrennt von den grundlegenden gesellschaftlichen Verhältnissen sind, ist zwecklos. Der Knackpunkt des heutigen ökologischen Problems liegt darin, dass der Kapitalismus als zivilisatorisches Projekt in eine Sackgasse geraten ist. Auch wenn es gegenüber früheren Produktionsformen einen großen Fortschritt

---

    siehe C. B. Macpherson, *The Political Theory of Possessive Individualism* (Oxford: Oxford University Press, 1962).

[8]  Vgl. Lewis Mumford, *Technics and Human Development* (New York: Harcourt Brace Jovanovich, 1967).

darstellt, ist das System der Kapitalakkumulation – einschließlich der Verlagerung der sozialen Kosten auf die armen, weniger entwickelten Länder und den Planeten in seiner Gesamtheit, die mit diesem System der Akkumulation einhergeht – in wachsendem Maße zu einer Behinderung für die menschliche Entwicklung und sogar für das Überleben der Menschheit (gemeinsam mit den meisten »höheren« Arten) geworden.

Da die Dringlichkeit der ökologischen Probleme heutzutage umfassend, wenn nicht bereits weltumspannend anerkannt ist, kann der Konflikt zwischen diesen beiden gegensätzlichen Ansätzen einer ökologischen Revolution nun im Hinblick auf die heutige umweltbezogene Sozialwissenschaft als das zentrale Problem angesehen werden. Dabei geht es nicht um eine Debatte über Technologie oder Nicht-Technologie, Industrialismus oder Nicht-Industrialismus. Es handelt sich vielmehr um einen Disput darüber, ob der Kapitalismus den notwendigen ökologischen Veränderungen Rechnung tragen kann oder ob er stattdessen ein System ist, das aufgrund einer Kombination materieller Gründe (ökonomischer, sozialer und umweltbezogener Art) endgültig seine Grenzen erreicht hat. Die Notwendigkeit für eine echte ökologische und soziale Revolution liegt in Übereinstimmung mit der allgemeinen marxschen Vorstellung von einer revolutionären Situation in der Tatsache, dass »alle Produktivkräfte«, für die die bestehende Produktionsweise »ausreichend« ist und die mit Nachhaltigkeit vereinbar sind, bereits erschlossen seien, was eine revolutionäre Verschiebung in den gesellschaftlichen Produktionsverhältnissen und der Gesellschaft als ganzer erforderlich mache.[9]

### Eine grüne industrielle Revolution

Wie bereits weiter oben angemerkt, ist heutzutage die Beobachtung zum Allgemeinplatz geworden, dass wir vom ökologischen Zusammenbruch und sogar vom Untergang der Zivilisation bedroht sind. »Eine extreme globale Erwärmung mag keine Überlebenskrise für die Menschheit als Art sein«, schrieb Mark Lynas in seinem Buch *Six Degrees*, »wird aber sicherlich zur Überlebenskrise für die meisten Menschen, die bedauerlicher Weise einen sich schnell erwärmenden Pla-

---

9  Vgl. Karl Marx, *Zur Kritik der Politischen Ökonomie*, MEW Band 13 (Berlin: Dietz Verlag, 1971).

neten bewohnen, und diese Situation ist ganz bestimmt übel genug.«[10] Es ist nun aber klar, dass ein Weiter-so-wie-Bisher, das heißt ein Kapitalismus, wie wir ihn kennen, größtenteils die Schuld an dieser sich rasch beschleunigenden planetarischen Katastrophe trägt. Wir werden jedoch dazu verführt zu glauben, dass das Problem nicht tiefer reicht als bis zu den eng gefassten technologischen Merkmalen des Systems. Gesteigerte Effizienz wird als der sprichwörtliche *Free Lunch*, risikoloser Gewinn, angesehen, der schier endloses Wirtschaftswachstum ermöglicht, ohne die Ausbeutung des Planeten immer weiter auszudehnen.

Die Propaganda, die diesem Denken folgt, kann durch ein Zitat aus dem Buch *Maps of Time: An Introduction to Big History* des Historikers David Christian veranschaulicht werden. Angesichts der ökologischen Krise, der sich die Welt ausgesetzt sieht, und indem er diese der Expansion des Kapitalismus zuschreibt, bemerkt Christian nichtsdestotrotz:

> »Wie wir gesehen haben, ist der Kapitalismus die treibende Kraft für die Innovationen in der modernen Welt, und die kapitalistischen Ökonomien sind abhängig von der Steigerung der Produktion und der Verkäufe. Ist dieses Wachstum nicht mit Nachhaltigkeit zu vereinbaren? Die Antwort ist unklar, aber es gibt Gründe dafür zu denken, dass es der Kapitalismus durchaus bewerkstelligen kann, zumindest mit einigen frühen Stufen eines Übergangs zur Nachhaltigkeit zu koexistieren. Zum einen benötigen kapitalistische Ökonomien eine Steigerung der Gewinne mehr als eine Steigerung der Produktion, zum anderen können Gewinne auf vielerlei Arten erzielt werden, von denen einige mit einer nachhaltigen Wirtschaftsweise durchaus vereinbar sind […] Es gibt keinen absoluten Widerspruch zwischen Kapitalismus und Nachhaltigkeit.«[11]

Solche Ansichten suggerieren, dass Nachhaltigkeit, zumindest in ihren frühen Phasen, für die gegenwärtige Wirtschafts- und Gesellschaftsordnung erreichbar sein könnte. Sie umgehen jedoch die Hauptfragestellungen. Vage zu argumentieren, dass der Kapitalismus es »durchaus bewerkstelligen kann, zumindest mit einigen frühen Stufen eines Übergangs zur Nachhaltigkeit zu koexistieren«,

---

10 Mark Lynas, *Six Degrees: Our Future on a Hotter Planet* (Washington, D.C.: National Geographic, 2008), S. 263.
11 David Christian, *Maps of Time* (Berkeley: University of California Press, 2004), S. 479–481.

bedeutet, der Frage auszuweichen, ob seine Logik als System für solch einen notwendigen Übergang eine Hilfe oder ein Hindernis darstellt und ob er tatsächlich auch mit den späteren Übergangsphasen zu vereinbaren ist. Zu behaupten, dass »kapitalistische Ökonomien eine Steigerung der Gewinne mehr als eine Steigerung der Produktion« benötigten, heißt, zu unterstellen, dass beides irgendwie zu entkoppeln wäre und die schlimmen Folgen einer Verschiebung in Richtung auf Profite, die nicht von einem Wachstum der Produktion begleitet sind, für die breite Mehrheit der Weltbevölkerung zu ignorieren. Im Hinblick auf die bestehende Ordnung würde dies eine Intensivierung der gescheiterten neoliberalen Phase der kapitalistischen Entwicklung bedeuten: wirtschaftliche Stagnation begleitet von einer staatlich gesteuerten Umverteilung der Einkommen nach oben (die einzige Art und Weise, in der Gewinne steigen können, wenn der ökonomische Kuchen nicht größer wird), was zu einem erheblichen Anwachsen von Ausbeutung, Ungleichheit, Arbeitslosigkeit und Armut führt. Die Erklärung, dass Profite jenseits von Daten erzielt werden können, die irgendwie von der Produktion getrennt sind, ist als der »Mythos vom papierlosen Büro« bekannt und hat sich wiederholt als falsch erwiesen.[12] Die Triebkraft zur Innovation ausschließlich mit dem Kapitalismus in Verbindung zu bringen, bedeutet den kreativen Antrieb von Menschen, menschlicher Kultur und Zivilisation fälschlicherweise einer spezifischen ökonomischen Formation zuzuschreiben.

Schließlich ist die Behauptung, dass es »keinen absoluten Widerspruch zwischen Kapitalismus und Nachhaltigkeit« gibt, nur in dem sehr begrenzten Sinne richtig, dass es zwischen dem kapitalistischen Markt und Verlagerungen in Richtung Nachhaltigkeit in bestimmten Bereichen nicht in jedem einzelnen Fall unüberwindliche Hindernisse gibt. Alles in allem ist die Sachlage jedoch eine andere, wenn man den Kapitalismus als verallgemeinertes System vor dem Hintergrund der Erde als planetarischem System betrachtet. Der Kapitalismus, der als Weltwirtschaft in Klassen aufgeteilt ist und vom Wettbewerb angetrieben wird, verkörpert eine Logik, die keine Grenzen für seine eigene Ausdehnung und die Ausbeutung seiner Umwelt akzeptiert. Die Erde als Planet ist dagegen erklärtermaßen begrenzt. Dies bildet einen absoluten Widerspruch, aus dem es keinen Ausweg gibt.

Diejenigen, die jeden Konflikt zwischen der bestehenden wirtschaftlichen und sozialen Ordnung leugnen wollen, versprechen endlose technologische

---

12 Vgl. Richard York, »Ecological Paradoxes: William Stanley Jevons and the Paperless Office«, in: *Human Ecology Review*, 13, Nr. 2, 2006, S. 143–147.

Wunder, die an den Markt gebunden seien. Die »black box« der Technologie, auf die sich die Ökonomen gerne beziehen, wird als magische Antwort präsentiert, die sich sowohl der Sozialwissenschaft (dem, was wir über den Kapitalismus als soziales System wissen) als auch der Wissenschaft (das heißt der Physik und der Ökologiewissenschaft selbst) widersetzt. Zielsetzungen, die ziemlich rasch dadurch erreicht werden könnten, dass man sich von den engen, restriktiven Zielen der Kapitalakkumulation, der Vermehrung des wirtschaftlichen Mülls und der Förderung des besitzgierigen Individualismus entfernt, sind nur durch technologische Wunderwaffen zu erfüllen, die erst noch entwickelt werden müssen. Verbesserte Technik, so wird uns glauben gemacht, vermag alle Probleme zu lösen, ohne Sozialstrukturen oder menschliches Verhalten zu verändern.

Solche Strategien sind darauf angelegt, die Gesellschaft im Einklang mit dem Anwachsen einer planetarischen Risikowirtschaft ständig am Rande des Abgrundes entlangzuführen, anstatt sie insgesamt vor dem Absturz zu bewahren.[13] Nachhaltige Entwicklung wird mithilfe verbesserter Technologien zur Technik gewendet, zur maximalen Ausbeutung der Erde (und der Menschen), die in der Gegenwart vollzogen werden kann, ohne über die absoluten ökologischen Grenzen des Planeten hinauszugehen. Die Kapitalakkumulation wird als ein risikobasiertes Unternehmen gesehen, und dieses wird zu immer riskanteren Wetten auf die Zukunft der Biosphäre ausgeweitet und erzeugt dabei eine globale Risikogesellschaft.

Es ist ein bestimmendes Merkmal der Argumentation »der grünen industriellen Revolution«, dass die Grenzen der Veränderung durch den Horizont des Kapitalismus bindend vorgegeben sind. Die kapitalistische Maschine selbst und die ihr innewohnende Destruktivität werden selten infrage gestellt. Besorgnisse beschränken sich weitgehend auf die Quantität und die Qualität (Reinheit) ihrer Brennstoffe, ihrer Effizienz als Antriebsmotor und die Emissionen, die sie ausstößt. Die beschränkte technokratische Natur dieser Antworten hat weniger mit ihrer Wirksamkeit bei der Problemlösung zu tun als mit der Etablierung einer Legitimität für das Produktionssystem, die gewährleistet, dass alle weitergehenden, nicht technokratischen Lösungen auf Dauer tabu sind.

Diese Sichtweise machen sich in wachsendem Maße sowohl liberale Vertreter einer positiven Regulierung als auch freie Marktkonservative zu eigen. Tat-

---

13  Vgl. Rudolf Bahro, *Avoiding Social and Ecological Disaster* (Bath: Gateway Books, 1994), S. 42.

sächlich haben sich führende Propagandisten von Globalisierung und Neoliberalismus wie der *New York Times*-Kolumnist Thomas Friedman und der konservative Politiker Newt Gingrich erst kürzlich denen angeschlossen, die den Gedanken einer neuen grünen Revolution befürworten. Friedman argumentiert in seinem Bestseller *Hot, Flat and Crowded: Why We Need a Green Revolution – And How It Can Renew America* (deutsch: Was zu tun ist – Eine Agenda für das 21. Jahrhundert), dass die Welt sich einer wachsenden Nachfrage ökologischer Ressourcen gegenübersieht. Diese entsteht als Ergebnis einer wachsenden Weltbevölkerung in Verbindung mit etwas, das er als eine Verschiebung in Richtung »Flachheit« bezeichnet, die für die Behauptung steht, dass die Globalisierung die gesamte Welt in wachsendem Maße auf das gleiche Wettbewerbsniveau stellt, was im Wachstum der industriellen Klassen in China, Indien und anderen »aufkommenden« Ökonomien begründet ist. Für Friedman haben diese beiden demografischen Faktoren, Bevölkerungswachstum und »Flachheit« beträchtlich zu den Belastungen beigetragen, die der Weltökologie auferlegt worden sind und die sich in erster Linie in der globalen Erwärmung manifestieren (der »heiße« Bestandteil seines Buchtitels). Es gibt zurzeit, wie er sagt, »zu viele Amerikaner«, das heißt zu viele Leute auf der Welt, die sich amerikanischen Konsumebenen annähern. Die Antwort liegt, laut seiner Argumentation, in Mechanismen der Bevölkerungskontrolle, die vorrangig auf die armen Länder abzielen, zuzüglich einer neuen grünen technologischen Revolution (nicht zu verwechseln mit der früheren agrarindustriellen grünen Revolution), die nach der industriellen Revolution des 18. Jahrhunderts gestaltet ist, nun aber gesteigerten Wert auf saubere Energie und Energieeffizienz legt.

Für Friedman liegt hier der Kern des heutigen globalen Wettbewerbsrennens. Wenn die Vereinigten Staaten und die US-Konzerne den Weg in die Entwicklung solcher Technologien anführen könnten, so argumentiert er, würde dies die globale Vormachtstellung der USA wiederherstellen und zugleich die Probleme (1) der Steigerung von Wachstum und Wohlstand; (2) des Aufbaus einer starken Militärmacht; (3) des Verweises der »Petrodiktatoren« in ihre Schranken und (4) der Milderung des Klimawandels lösen. Eine grüne industrielle Revolution verspricht folglich die Lösung der drängendsten Weltprobleme, die Versöhnung der Globalisierung mit der Erde und dies, während zugleich die Vorherrschaft der USA erneuert würde. Friedmans »grüne Revolution«, so erzählt er seinen Lesern, »hat nichts mehr mit der grünen Bewegung eurer Großväter zu tun. Das Motto lautet: Warnstufe Grün. Es geht um nationale Macht« (sprich: ökologischen

Imperialismus). Darüber hinaus repräsentiert die grüne Technologie »die Mutter aller Märkte«.

Das Wesen von Friedmans Fantasie einer grünen technologischen Revolution liegt in einem Überfluss an »sauberem Strom« begründet . »Nichts«, so schreibt er,

>»könnte so viele Probleme der Energie und des Klimas mit einem Schlag beseitigen wie die Erfindung einer Energiequelle, die sauberen, zuverlässigen, billigen und in großer Menge verfügbaren Strom lieferte. Gib mir sauberen, zuverlässigen, billigen, in großer Menge verfügbaren Strom, und ich gebe dir eine Welt, die weiter wachsen kann, ohne einen nicht mehr zu bewältigenden Klimawandel auszulösen. [...] Gib mir sauberen, zuverlässigen, billigen, in großer Menge verfügbaren Strom, und ich werde jeden Petrodiktator außer Gefecht setzen. Gib mir sauberen, zuverlässigen, billigen, in großer Menge verfügbaren Strom, und ich werde dafür sorgen, dass energiehungrige Gesellschaften die Wälder nicht weiter abholzen und dass es keinen Grund mehr geben wird, in den Kathedralen von Mutter Natur nach Öl zu bohren. Gib mir sauberen, zuverlässigen, billigen, in großer Menge verfügbaren Strom, und ich werde Millionen armer Menschen in aller Welt in die Lage versetzen, Anschluss an das weltweite Kommunikationsnetz zu finden, ihre Medikamente zu kühlen, den Frauen eine Schulausbildung zu geben und ihre Nächte zu erhellen.«[14]

Ähnlich technokratische und den Markt fetischisierende Argumente sind von Newt Gingrich und Terry Maple in *A Contract with the Earth* vorgebracht worden, indem sie behaupteten, dass neue, aus dem unternehmerischen Kapitalismus erwachsende Technologien eine Anpassung an den Klimawandel und dessen Abmilderung ermöglichen und die Grundlage für eine völlig neue Ära eines von den USA angeführten ökonomischen Fortschritts legen werden, der auf grüner Technologie beruht. Indem sie sowohl eine Regulierung durch Regierungen wie auch die »elitäre Politik des Big Business« ablehnen, behaupten sie, dass Investitionen, die »das Feuer des Wettbewerbs« des unternehmerischen Kapitalismus schüren, eine konservativ begründete Revolution in Form von nachhaltiger Entwicklung auslösen könnten.[15]

---

14 Friedman, *Hot, Flat and Crowded*, S. 5, 53, 172–173 186–187, 199, 318.
15 Vgl. Newt Gingrich, *A Contract with the Earth* (New York: Penguin, 2007).

*Contract with the Earth* nimmt starken Bezug auf den Investmentansatz hinsichtlich der Umweltprobleme, wie er von Ted Nordhaus und Michael Shellenberger in ihrem einflussreichen Buch *Break Through* propagiert wird. Nordhaus und Shellenberger behaupten, dass die alte Umweltbewegung, die auf dem »Diskurs des Jüngsten Gerichts« beruhte, tot sei und durch eine neue Bewegung des »Dritten Weges« bzw. eine Post-Umweltbewegung ersetzt worden sei, die mit optimistischem Nachdruck auf Investitionen in Ökotechnologie setze. »Der Übergang zu einer sauberen Energiewirtschaft sollte«, wie sie schreiben, »nicht auf der Grundlage von Bemühungen zur Verschmutzungskontrolle, wie im Fall des Sauren Regens, sondern eher basierend auf früheren Investitionen in die Infrastruktur, wie in Eisenbahnstrecken und Fernstraßen gestaltet werden.« Ökonomischem Wachstum wird vorrangige Bedeutung beigemessen, und Umweltschutz bekommt einen zweitrangigen Stellenwert, der hauptsächlich durch technologische Innovationen erzielt werden kann, die ebenfalls wachstumsfördernd sind. Sie lenken folglich ab von einem Schwerpunkt, der hauptsächlich auf einer drastischen Verlangsamung oder sogar einem Aufhalten des Klimawandels liegt, gerade in Bezug auf die Rolle der Vereinigten Staaten und anderer Großmächte, die die größten Verursacher globaler Treibhausgasemissionen darstellen. Ein ernsthafter Versuch, die Konzentration von Treibhausgasen in der Atmosphäre zu begrenzen oder gar zu senken, bedeute, wie sie behaupten, eine zu große Bedrohung der kapitalzentrierten Akkumulationsstrategie. Stattdessen sprechen sie sich für eine viel stärkere Schwerpunktsetzung auf Maßnahmen aus, wie »die Errichtung höherer Dämme und Deichmauern oder das Ausfindigmachen neuer Möglichkeiten der Wasserversorgung für Regionen, die voraussichtlich von Trockenheit betroffen sein werden«.

Unter Maßgabe dessen, was Nordhaus und Shellenberger die »Investmentzentrierte Agenda« nennen, liegt das Ziel darin, »den Ballast des Verschmutzungsparadigmas« und der »Eingrenzungspolitik« loszuwerden und diese durch eine umgestaltete »Energiewirtschaft« zu ersetzen. Das Hauptziel besteht darin »die realen Kosten sauberer Energie unter die Kosten fossiler Brennstoffe zu drücken« und dabei die anderen Bereiche der Wirtschafts- und Gesellschaftsordnung unangetastet zu lassen. Dies kann als Teil des Systems der neoliberalen Globalisierung, das durch Weltbank, IWF und WHO repräsentiert wird, erreicht werden.[16]

---

16  Vgl. Ted Nordhaus und Michael Shellenberger, *Break Through* (Boston: Houghton Miff-

Intelligentere Versionen dieser gleichen Strategie einer grünen industriellen Revolution sind zeitweise durch eine Schule von Umweltsoziologen artikuliert worden, deren bekanntester Vertreter der holländische Soziologe Arthur Mol ist, und die unter dem Banner der »ökologischen Modernisierung« operieren. Die Hauptthese solcher Sichtweisen ist, dass »die Nachhaltigkeit des Kapitalismus« möglich sei und es daher bei einer ökologischen Revolution eher um eine Modernisierung des bestehenden Systems als um eine radikale Umgestaltung der Produktionsweise gehe. Dabei wird argumentiert, dass die kapitalistische Wirtschaft durch eine Reduzierung des Durchlaufs von Energie und Rohstoffen, die bei der Produktion verwendet werden, »entmaterialisiert« werden könne.[17]

Während es zutreffend ist, dass die Effizienz im Energie- und Ressourcenverbrauch mit dem Fortschritt der Produktion stetig gestiegen ist, war das Gesamtergebnis dennoch keine Reduzierung des Energie- und Materialkonsums. Dies liegt daran, dass Effizienzgewinne unter einer kapitalistischen Wirtschaftsführung aus weiterer Akkumulation und wirtschaftlicher Expansion resultieren, wobei eine Steigerung des Ausmaßes typischerweise die Effizienzgewinne übertrifft (ein Phänomen, das als das »Jevons Paradox« bekannt ist). Darüber hinaus ist das, was ökologische Gewinne zu sein scheinen, häufig das Ergebnis einer simplen Verlagerung der Probleme nach anderswo – von reichen in arme Regionen und Länder. Ökologische Modernisierung hat folglich den schnellen Gesamtanstieg bei der ökologischen Zerstörung nicht verhindert.

Ironischerweise liegt jedoch einer der Hauptfehler rein technologischer Herangehensweisen an die ökologische Revolution darin, dass diese in ihrem Verständnis von Technologie zu begrenzt sind, indem sie sich nur auf diejenigen technologischen Lösungen konzentrieren, die es erlauben, wirtschaftliche Expansion und Kapitalakkumulation uneingeschränkt von den Grenzen des Systems Erde weiterlaufen zu lassen. Die vorrangige Absicht solcher »modernisierender« Technologien ist es, die laufende Tretmühle der Produktion aufrechtzuerhalten,

---

lin, 2007), S. 15, 165–168, 223–224, 261, 270–273; and »Saving the World Ain't Cheap«, in: *New Republic*, 29. Januar 2008.

17 Vgl. Arthur P. J. Mol und David Sonnenfeld, »Ecological Modernization Theory in Debate«, in: *Ecological Modernization Around the World* (London: Frank Cass, 2000), S. 22–24; Charles Leadbeater, *The Weightless Society* (New York: Texere, 2000). Für eine Kritik siehe Richard York und Eugene A. Rosa, »Key Challenges to Ecological Modernization Theory«, in: *Organization & Environment*, 16, Nr. 3, September 2000, S. 273–288. Zu empirischen Beweisen gegen eine »Entmaterialisierung« siehe World Resources Institute, *The Weight of Nations: Material Outflows from Industrial Economies* (Washington, D.C.: 2000). Das Jevons Paradox wird in Kapitel 6 beschrieben.

anstatt ökologische Probleme zu lösen. Insofern sich solche eng fokussierten ökotechnologischen, das heißt energieeffizienten und Ressourcen sparenden Innovationen entwickeln, werden sie schnell von der ureigenen Expansion des Wirtschaftssystems untergraben, das sie selbst erst möglich machen und das ihre letztendliche Zielsetzung darstellt.[18] Darüber hinaus stoßen die neuen Technologien angesichts der unbegrenzten Wachstumsbestrebungen des Kapitals und dessen zunehmendem Gewicht auf die Herausforderung der Überwindung der Physik als solcher (das entropische Gesetz). Folglich bleibt Friedmans Wissenschaftsfantasie vom unendlich vorhandenen sauberen, zuverlässigen Strom, der auf magische Weise alle Probleme lösen wird. (Es ist keine Überraschung, dass Friedman ein strikter Befürworter der Kernenergielösung ist, die er als »zuverlässig und sauber« beschreibt, wobei er ihre immensen ökologischen und sozialen Gefahren herunterspielt.)[19]

Bei all dem wird das viel größere Universum an Technologien nicht berücksichtigt, von denen viele weder neu noch hochtechnologisch sind, die aber verfügbar wären, um gesellschaftliche Bedürfnisse zu befriedigen und der ökologischen Sanierung zu dienen, wenn die bestehende politische Ökonomie, Technologie und ihre Anwendung nicht auf bestimmte restriktive Parameter beschränken würde.

»Die gegenwärtige Anwendung der Maschinen gehört zu den Verhältnissen unseres gegenwärtigen Wirtschaftssystems, doch die Art, wie die Maschinen ausgenutzt werden, ist etwas völlig anderes als die Maschinen selbst. Pulver bleibt Pulver, ob man sich seiner bedient, um einen Menschen zu verletzen oder um die Wunden des Verletzten zu heilen.«[20]

Wie und warum bestimmte Technologien, die im Überfluss existieren, innerhalb der menschlichen Produktion und Konsumtion genutzt werden oder nicht genutzt werden, ist letztlich genauso wichtig wie die Einführung neuer Technolo-

---

18  Vgl. Kenneth A. Gould, David N. Pellow, and Allan Schnaiberg, *The Treadmill of Production* (Boulder: Paradigm Publishers, 2008), S. 80–81, 123.
19  Vgl. Friedman, *Hot, Flat, and Crowded*, S. 14, 190. Eine klassische Beschreibung von klassischem Wachstum und Entropie findet sich in Nicholas Georgescu-Roegen, *The Entropy Law and the Economic Process* (Cambridge, Massachusetts: Harvard University Press, 1971).
20  Karl Marx, *Brief von Karl Marx an P.W.Annenkov am 28. Dezember 1846*, MEW Band 4, Beilagen (Berlin: Dietz Verlag, 1972), S. 551.

gien selbst und hängt in sehr hohem Maße von den sozioökonomischen Produktionsverhältnissen ab. Solarenergiealternativen waren jahrelang verfügbar, wurden aber durch die Tatsache eingeschränkt, dass sie in vielen Fällen nicht so profitabel sind wie ökologisch weniger vernünftige Alternativen.[21]

Im Hinblick auf den Klimawandel liegt gegenwärtig die ernsthafteste industrielle und technologische Gefahr in kohlebetriebenen Kraftwerken, die in den Vereinigten Staaten mehr Kohlendioxid in die Atmosphäre emittieren als das gesamte US-Transportsystem. Friedman erledigt dieses Problem, indem er auf die Technologie der Kohleabscheidung hinweist, die sich noch in der Entwicklung befindet. Sogenannte »saubere Kohle« wird so als die magische Antwort präsentiert. Solch eine Strategie der Entkarbonisierung des Energieversorgungsnetzes vorrangig durch Kohlenstoffbindung und »saubere Kohle« würde in den Vereinigten Staaten im besten Fall wahrscheinlich nicht vor der zweiten Hälfte des Jahrhunderts durchgesetzt werden und würde sich unter dem bestehenden System wirtschaftlicher Beziehungen, in dem die Externalisierung der Umweltkosten einen fest integrierten Faktor darstellt, wohl am Ende als nicht praktikabel erweisen. Dennoch wird die radikalere ökologische Lösung, die eine sofortige Schließung der Kohlekraftwerke und ihre Ersetzung durch Sonne, Wind und andere Formen erneuerbarer Energie, gekoppelt mit Veränderungen auf der Nachfrageseite durch einen Wandel gesellschaftlicher Prioritäten anstrebt, von den beteiligten Interessengruppen als unerwünscht betrachtet. Eine ernsthafte Verlagerung zugunsten solch echter Umweltalternativen ist folglich unvereinbar mit Friedmans grüner industrieller Revolution. Da die Promovierung der bestehenden Energien das vorrangige Prinzip seiner grünen Revolution bildet, sieht er keine Alternative zur großen Kohle (die große Nuklearenergie vielleicht ausgenommen). Uns wird eingeredet, dass es notwendig sei, unser Vertrauen hauptsächlich auf die Entwicklung der neuen Technologien der Kohlenstoffbindung zu setzen, während die Lücke in der Zwischenzeit durch einen »Effizienzschub« überbrückt werde.[22] Es ist unnötig zu sagen, dass dieser Grundsatz, der auch von Obama favorisiert wird, ernsthafte Beeinträchtigungen der Umwelt mit sich bringt. »Der größte Einzelverursacher von Kohlendioxid in den Vereinigten Staaten« sind, nach Angaben von Steve Running, einem Klimawissenschaftler an der

---

21 Vgl. Daniel M. Berman and John T. O'Connor, *Who Owns the Sun?* (White River Junction, Vermont: Chelsea Green Publishing, 1996).
22 Vgl. Umbra Fisk, »If by Clean You Mean Filthy«, in: *Grist*, 23. Juli 2008, siehe: http://www.grist.org.

University of Montana und führendem Verfasser des neuesten Berichts des Zwischenstaatlichen Forums zum Klimawandel der Vereinten Nationen, »die kohlebetriebenen Kraftwerke«. Emissionen aus Kohlekraftwerken in der EU sind für 18.000 Todesfälle jährlich verantwortlich. Die Kosten für das Gesundheitssystem alleine in Deutschland für Kohleemissionsschäden liegen bei ca. sechs Milliarden Euro jährlich. Daraus folgt, dass »aus klimatischer Sicht – ohne irgendwelche wirtschaftlichen Aspekte zu berücksichtigen – die schnellstmögliche Schließung der Kohlekraftwerke im ganzen Land das Beste ist, was man tun kann«. Darüber hinaus bringt die Technologie der Kohlenstoffbindung, selbst wenn sie in der erforderlichen Größenordnung durchführbar wäre, weitere hohe Umweltkosten mit sich, die mit dem Kohlebergbau und der Nutzung von Kohle verbunden sind, sowie zusätzliche Langzeitbedrohungen durch mögliches Ausströmen abgesonderten Kohlenstoffs.[23] Wie James Hansen von der NASA, der führende US-amerikanische Klimakundler, schreibt:

> »Der schmutzigste Trick, den Regierungen gegenüber ihren Bürgern anwenden, ist die Vortäuschung, dass sie an ›sauberer Kohle‹ arbeiten oder dass sie Kraftwerke bauen werden, die ›abfangbereit‹ sind, für den Fall, dass jemals Technologien dazu entwickelt werden, alle Schadstoffe abzufangen. Die Züge, die Kohle zu den Kraftwerken bringen, sind Züge des Todes. Kohlebetriebene Kraftwerke sind Todesfabriken.«[24]

Das legt die Annahme nahe, dass die technokratische Auswahl, die häufig auf futuristischen Vorstellungen beruht, sich öfter nach den Erfordernissen des Profitsystems richtet als nach der Umwelteffizienz der Technologie selbst. Eine solche Auswahl beinhaltet den Versuch der Quadratur des Kreises, um jede Konfrontation mit den gesellschaftlichen, ökonomischen und ökologischen Realitäten zu vermeiden. »Zu sagen, dass Wissenschaft und Technologie all unsere Probleme auf lange Sicht lösen könnten«, schrieb István Mészáros, leugne das verheerende soziale Eingebettetsein gegenwärtiger Wissenschaft und Technologie. In dieser

---

23 Fortlaufend zitiert in John S. Adams, »Clean Coal: Why Is Nobody Buying It?«, in: *The Missoula Independent*, 9. August 2007, siehe: http://www.truthout.org/article/clean-coal-why-is-nobody-buying-it; Peter Montague, »Carbon Sequestration«, in: *Rachel's Democracy and Health News*, Nr. 932, 8. November 2007, siehe: http://www.precaution.org.

24 James Hansen, »Coal-Fired Power Stations are Death Factories. Close Them«, in: *The Observer* (London), 15. Februar 2009.

Hinsicht gehe es auch nicht darum, ob wir Wissenschaft und Technik zur Lösung unserer Probleme anwenden oder nicht – was wir ganz offensichtlich tun müssen –, sondern ob es uns gelingt, deren Richtung zu ändern, die zurzeit durch die sich ständig selbst erneuernden Bedürfnisse der Profitmaximierung bestimmt und eingegrenzt wird, oder nicht.[25]

## Die Ökonomie des Exterminismus

Der übermäßige technologische Optimismus in der heutigen Gesellschaft ist an ein Phänomen gebunden, das man als »Ökonomie des Exterminismus« bezeichnen könnte. Im modernen Wirtschaftssystem des monopolistischen Finanzkapitals, in dem Kapitalkonzentration, ökonomische Stagnation und das Anwachsen von Verschuldung und Spekulation zu den dominierenden Elementen des Akkumulationsprozesses gehören, wird Technologie zunächst und überwiegend als Mittel zur Anhäufung von Reichtum angesehen.[26] Folglich ist sie auf die Reduzierung der Arbeitskosten und die Maximierung des Mehrwerts gerichtet. Das System ist energieintensiv anstatt arbeitsintensiv – auf Kosten von Umwelt, Beschäftigung und menschlichem Wohlergehen. Wirtschaftliche Effizienz wird in diesem Produktionssystem als Effizienz bei der Erzeugung von Profit anstelle des Unterhalts der Menschen und der Erhaltung der Erde gesehen. Die akkumulative Triebkraft des Systems macht, wie John Maynard Keynes bemerkte, »Habgier und Wucher […] zu unseren Göttern«.[27] In solch einer Wirtschaft ist keine rationale Rechnungsführung möglich, da die Kosten stets sozialisiert werden, indem sie der Umwelt und der Mehrheit der Menschen aufgebürdet werden, um den privaten Gewinn zu maximieren. Das Vordringen von Abfällen innerhalb des Produktionsprozesses wird, wie Thorstein Veblen als Erster ausgeführt hat, insofern »rational«, als dies die Märkte vergrößert und folglich die Absetzbarkeit der Waren erhöht.[28] Natur und Mensch sind, soweit sie nicht in den Markt eingebunden sind, wertlos, und in dem Maße, in dem sie in das vorherrschende Wirt-

---

25  Vgl. István Mészáros, *Beyond Kapital* (New York: Monthly Review Press, 1995), S. 877.
26  Zum Monopolfinanzkapital vgl. John Bellamy Foster und Fred Magdoff, *The Great Financial Crisis* (New York: Monthly Review Press, 2009).
27  John Mainard Keynes, *Essays in Persuasion* (New York: Harcourt Brace Jovanovich, 1932), S. 372.
28  Vgl. Thorstein Veblen, *Absentee Ownership and Business Enterprise in Recent Times* (New York: Augustus M. Kelley, 1923), S. 300; Paul A. Baran and Paul M. Sweezy, *Monopoly Kapital* (New York: Monthly Review Press, 1966), S. 132–133.

schaftssystem eingebunden werden, liegt ihr Wert nur in der abstrakten Existenz als Waren. Die Gegenleistung, der diese Produktionsweise angeblich unterliegt – das abstrakte Versprechen gleichen Austausches und wechselseitigen Nutzens für alle –, wird außerhalb ihrer eigenen abstrakten Rechtfertigung allerdings Lügen gestraft. »Der Kapitalismus«, wie der Umweltökonom K. William Kapp schrieb, »muss als eine Ökonomie unbezahlter Kosten betrachtet werden, ›unbezahlt‹ insofern, als ein substanzieller Anteil der aktuellen Produktionskosten bei den unternehmerischen Aufwendungen unberücksichtigt bleibt; stattdessen wird dieser auf dritte Personen oder die Gemeinschaft als ganze abgewälzt und letztlich von diesen getragen.«[29]

Wo die Tretmühle der Akkumulation zum alleinigen Ziel der Gesellschaft wird, hat nichts anderes mehr Bedeutung als permanentes Wachstum, und Wachstum bedeutet in erster Linie Wachstum von Profit und Reichtum für relativ wenige. Es ist daher nicht überraschend, dass die Ökonomie nun die vorherrschende Sozialwissenschaft ist und Ökonomie und Ökonomen das Kommando über alle Versuche zur Behandlung ökologischer Probleme übernehmen, während sie zugleich die Hauptquelle der Kritik gegenüber allen Bemühungen bilden, egalitäre, ökologische Zielsetzungen zu fördern.

In der Tat ist die etablierte Wirtschaftswissenschaft wenig mehr als die sich selbst verstärkende Ideologie des Kapitalismus oder dessen, was John Kenneth Galbraith in seinem letzten Buch *Die Ökonomie des unschuldigen Betrugs* nannte.[30] Eine solche ideologische Legitimierung hat Vorrang vor jeder Vernunft und führt zu absurden Ergebnissen. Die egoistische Verfolgung unersättlicher Wünsche triumphiert über die ökologische Bewahrung des Planeten. Folglich werden wir mit etwas konfrontiert, das David Humes großem Paradox der Leidenschaften ähnelt: »Wo eine Leidenschaft weder auf falsche Annahmen begründet ist, noch Mittel wählt, die dem Zwecke nicht genügen, kann der Verstand sie weder rechtfertigen noch verdammen. Es läuft der Vernunft nicht zuwider, wenn ich lieber die Zerstörung der ganzen Welt will als einen Ritz an meinem Finger.«[31]

Als zeitgenössisches Beispiel dafür haben neoklassische Ökonomen, die den Klimawandel behandeln, wie William Cline, William Nordhaus, Lawrence Sum-

---

29 K. William Kapp, *The Social Costs of Private Enterprise* (Cambridge, Massachusetts: Harvard University Press, 1971), S. 231.
30 Vgl. John Kenneth Galbraith, *Die Ökonomie des unschuldigen Betrugs* (Pantheon, München 2007).
31 David Hume, *Ein Traktat über die menschliche Natur* (Hamburg: Meiner, 1978).

mers und Nicholas Stern, wiederholt vorgeschlagen, eine wirkliche Bekämpfung der globalen Erwärmung zu unterlassen. Sie empfehlen die Akzeptanz von Treibhausgaskonzentrationen in der Atmosphäre (550 – 700 ppm [Millionstel] oder mehr), die bei Weitem über die Werte hinausgehen, die von den meisten Klimaforschern als bereits katastrophal erachtet werden. Dies geschieht unter der possessiv-individualistischen Begründung, dass ernsthafte Versuche zur Stabilisierung des Klimawandels auf niedriger Ebene wirtschaftlich gesehen zu kostspielig seien.[32]

Dies führte zu einer unüberbrückbaren Kluft zwischen Mainstream-Ökonomen und Klimaforschern. Die Ökonomen behaupten, dass ausgedehnte Veränderungen des Klimas auf der Erde – in einer Größenordnung, die man früher mit geologischen Zeitabläufen in Verbindung gebracht hätte, die aber nun in nur einem Jahrhundert stattfinden – nur eine unbedeutende Veränderung in der Wirtschaft hervorrufen würden, die den weltweiten Ertrag kaum beeinträchtige. In der Herangehensweise an das Thema Klimawandel neigen sie folglich zur Untätigkeit oder allenfalls zu zögerlichem Handeln, indem sie Anpassung vor Abschwächung propagieren. Sie vertreten bezeichnenderweise die Auffassung, dass eine technologische Ersetzung natürlicher Ressourcen durch »effiziente Märkte«, die gleichzeitig das Wachstum anrege, die einzige Antwort sei. Vieles basiert dabei auf der Praxis der orthodoxen Wirtschaftsweise, die Zukunft in starkem Maße unberücksichtigt zu lassen – ein Ansatz, der einer Förderung der Nachhaltigkeit der Welt für zukünftige Generationen direkt entgegenläuft.[33]

Die chronische Unfähigkeit der orthodoxen Wirtschaftswissenschaft, sich die vollen Auswirkungen des ökologischen Problems zu vergegenwärtigen, wurde in einer Diskussion des Magazins *Science* von 1992–1993 deutlich, in dem der Yale-Ökonom William Nordhaus veranschlagte, dass der Verlust beim weltweiten Bruttoertrag im Jahr 2100 aufgrund der Fortsetzung der gegenwärtigen Trends nur unwesentlich sein würde (etwa ein Prozent) – dabei könnte eine Fortsetzung eines Weiter-so-wie-Bisher laut Zwischenstaatlichem UN-Forum zum Klimawandel zu einem Anstieg der durchschnittlichen globalen Temperatur um 6 °C führen, was für die Wissenschaftler nichts weniger als katastrophal wäre. Auf Grundlage seines Modells der ökonomischen Auswirkungen auf die

---

32 Vgl. Kapitel 2 in diesem Buch; John Bellamy Foster, *Ecology Against Capitalism* (New York: Monthly Review Press, 2002), S. 63–65.
33 Vgl. John Browne, »The Ethics of Climate Change«, in: *Scientific American* 298, Nr. 6, Juni 2008, S. 97–100.

globale Erwärmung argumentierte Nordhaus, dass Versuche zur »Stabilisierung der Emissionen und zur Klimastabilisierung *schlimmer als Untätigkeit* bezeichnet werden« müssen (Kursivsetzung hinzugefügt). Dennoch beharrten Klimaforscher zur gleichen Zeit darauf, dass apokalyptische Zustände drohten. Ein Physiker machte in Beantwortung einer Befragung von Ökonomen und Wissenschaftlern, die von Nordhaus im Jahr 1994 für den *American Scientist* durchgeführt wurde, geltend, dass unter den gegenwärtigen Umständen eine zehnprozentige Wahrscheinlichkeit der vollkommenen Zerstörung der Zivilisation bestehe. Solche Ansichten werden nun, anderthalb Jahrzehnte später, von Wissenschaftlern, die sehr besorgt sind, dass sich die Prozesse beschleunigen und die Zeit abläuft, sehr viel häufiger zum Ausdruck gebracht.

Der Stanford-Biologe und Klimawissenschaftler Stephen Schneider schrieb in Zusammenfassung der Situation in seinem Buch *Laboratory Earth* aus dem Jahre 1997:

>»Die meisten herkömmlichen Ökonomen [...] dachten, dass selbst dieser gigantische Klimawandel – der dem Ausmaß einer Veränderung von einer Eiszeit zu einer zwischeneiszeitlichen Epoche innerhalb von nur einhundert Jahren anstatt in Tausenden von Jahren gleichkommt – nur eine Auswirkung von wenigen Prozentpunkten auf die Weltwirtschaft haben würde. Im Wesentlichen akzeptieren sie das Paradigma, dass die Gesellschaft weitgehend von der Natur unabhängig ist.«[34]

Abgesehen von der Tatsache, dass Nordhaus selbst mittlerweile seine Verlustprognosen hinsichtlich des im Jahr 2010 dem Klimawandel zuzuschreibenden globalen Ertrages von einem auf drei Prozent verdreifacht hat, bleibt dies innerhalb seiner Konzeption relativ unbedeutend. Auf dieser Grundlage beharrt er auf seiner Argumentation gegen jeden energischen Versuch der Stabilisierung von Emissionen in diesem Jahrhundert. Sein Vorschlag liegt stattdessen bei dem, was er einen in ökonomischer Hinsicht »optimalen Weg« nennt, der einfach nur das Anwachsen der Kohlenstoffemissionen verlangsamen, jedoch letztendlich (im kommenden Jahrhundert) zu Kohlenstoffkonzentrationen von 700 ppm führen

---

34 Stephen H. Schneider, *Laboratory Earth* (New York: Basic Books, 1997), S. 129–135; vgl. William D. Nordhaus, »An Optimal Transition Path for Controlling Greenhouse Gases«, in: *Science* 258, 20. November 1992, S. 1318; vgl. Stephen Schneider, »Pondering Greenhouse Policy«, in: *Science* 259, 5. März 1993, S. 1381.

und die Möglichkeit einer Annäherung des Anstieges der globalen Durchschnittstemperatur um 6 °C über vorindustrielles Niveau bedeuten würde – ein Niveau, das Lynas in seinem Buch *Six Degrees* mit dem sechsten Kreis der Hölle in Dantes *Inferno* vergleicht.[35] In der Tat läge bei einem weit geringeren Level der Kohlenstoffkonzentration von 500 ppm (verbunden mit einer globalen Erwärmung von bis zu 3,8 °C) laut James Hansen, dem Direktor des Goddard Institutes für Weltraumstudien der NASA, »eine konservative Schätzung der Anzahl von Arten, die vernichtet (der Ausrottung überlassen) würden, bei einer Million«.[36]

In dem Umfang, in dem es orthodoxe Ökonomen wie Nordhaus unterstützen, etwas hinsichtlich des Klimawandels zu unternehmen, liegt ihre favorisierte Lösung (außerhalb der Blackbox der Technologie) im »cap and trade« (Emissionsrechtehandel) oder einem marktbasierten Versuch, die Kohlenstoffemissionen zu regulieren. Solche Modelle beinhalten jedoch immer verschiedene Wege, sich von den Emissionsreduzierungen freizukaufen und haben nur geringe oder keine Wirkung gezeigt. Infolgedessen hat es in Ländern, die Teil des Kyoto-Protokolls sind, Zuwächse bei den Kohlenstoffemissionen gegeben, die auf das Cap-and-trade-System zur Kontrolle von solchen Emissionen zurückzuführen sind, die sich nicht sehr von denen der Vereinigten Staaten unterscheiden, die darin versagt haben, sich dem Kyoto-Abkommen anzuschließen. Die Unterstützung solcher Maßnahmen seitens der Ökonomen hat mehr mit der Tatsache zu tun, dass sie neue Märkte und neue Mittel zur Akkumulation erzeugen, als mit ihrer aktuellen Effizienz beim Vorgehen gegen die Klimaerwärmung. Der radikalere Ansatz einer Kohlenstoffsteuer, die direkt beim Verursacher erhoben und deren Erträge zu hundert Prozent monatlich auf Pro-Kopf-Basis (wobei Kinder den halben Anteil erhalten) an die Öffentlichkeit ausgeschüttet werden, wie von James Hansen empfohlen, ist orthodoxen Ökonomen ein Dorn im Auge, weil dadurch ökologische Prioritäten über die der Kapitalakkumulation an die erste Stelle gesetzt werden.[37]

---

35 Vgl. William Nordhaus, *A Question of Balance: Weighing the Options on Global Warming Policies* (New Haven: Yale University Press, 2008), S. 13–14; Simon Dietz and Nicholas Stern, »On the Timing of Greenhouse Gas Emissions Reductions: A Final Rejoinder to the Symposium on ›The Economics of Climate Change: The Stern Review and Its Critics‹«, in: *Review of Environmental Economics and Policy*; Lynas, *Six Degrees*, S. 241.
36 James and Anniek Hansen, »Dear Barack and Michelle: An Open Letter to the President and the First Lady from the Nation's Top Climate Scientist«, Gristmill, 2. Januar 2009, siehe: http://www.grist.org; vgl. Nicholas Stern, *The Economics of Climate Change* (New York: Cambridge University Press, 2007), S. 16.
37 Vgl. Hansen and Hansen, »Dear Barack and Michelle«, James Hansen, »Carbon Tax

Ein solches Versagen seitens der Mainstream-Ökonomen, die ökologischen Grenzen zu begreifen oder ernst zu nehmen, ist tief verwurzelt. Robert Solow stellte, als er kurz davorstand, den schwedischen Nobelpreis für Wirtschaftswissenschaften zu erhalten, einmal in der *American Economic Review* fest: »Wenn es sehr leicht ist, natürliche Ressourcen [mittels technologischer Verfahren] durch andere Faktoren zu ersetzen, dann gibt es im Prinzip kein ›Problem‹. Die Welt kann effektiv ohne natürliche Ressourcen auskommen, sodass ihre Erschöpfung nur ein Ereignis und keine Katastrophe ist.« Bekannt als die »schwache Nachhaltigkeitshypothese«, liegt die Annahme hierbei darin, dass es durch die Entwicklung neuer technologischer Produkte möglich sei, alle natürlichen Versorgungsprodukte zu ersetzen. Dies steht der von Ökologen vertretenen »starken Nachhaltigkeitshypothese« entgegen, die geltend macht, dass die Natur unersetzliche, entscheidende ökologische Dienste bereitstelle, für die es keinen Ersatz gebe.

Es gibt keinen Zweifel, dass die schwache Nachhaltigkeitshypothese, die von den meisten Ökonomen bevorzugt wird, die sich rasch beschleunigenden Gefahren für das System Erde auf ernste Weise unterschätzt. Klimaerwärmende Gase werden heute in viel schnellerer Geschwindigkeit freigesetzt, als die Wissenschaftler vorausgesagt hatten. Christopher Field von der Carnegie Institution for Science hat beim Jahrestreffen der American Association for the Advancement of Science (Amerikanische Vereinigung für den Fortschritt der Wissenschaft) kürzlich erklärt, dass die Kohlenstoffemissionen seit dem Jahr 2000 jährlich um 3,5 Prozent gestiegen sind, verglichen mit jährlich 0,9 Prozent in den 1990ern. »Sie liegen nun«, wie er sagte, »außerhalb der gesamten Amplitude an Möglichkeiten«, die vom Internationalen Regierungsforum zum Klimawandel der Vereinten Nationen in seinem Bericht von 2007 projektiert worden waren.[38]

Der die Erde gefährdende Trend, den das heutige business as usual repräsentiert und der nun praktisch nicht mehr zu leugnen ist, hat die einschlägigen Interessengruppen dazu gezwungen, alles auf eine neue revolutionäre Technologie zu setzen, da eine systemische Gesellschaftsveränderung tabu ist. Dies hat einer

---

and 100% Dividend—No Alligator Shoes!«, siehe: http://www.columbia.edu/~jeh1/mailings/2008/20080604_TaxAndDividend.pdf; Nordhaus, *A Question of Balance*, S. 12–13.

38  Vgl. Robert M. Solow, »The Economics of Resources or the Resources of Economics«, in: *American Economic Review* 64, Nr. 2, Mai 1974, S. 11; »Climate Warming Gases Rising Faster than Expected«, in: *Guardian*, 15. Februar 2009.

neuen Gruppe von globalen Umweltingenieuren Auftrieb verschafft, die das Versprechen abgeben, entweder eine neue energieeffiziente Produktionstechnologie zu entwickeln, ohne die Grundparameter des Systems zu verändern, oder, noch ambitionierter, den gesamten Planeten einem »Geoengineering« zu unterwerfen. Schneider bemerkte dazu:

> »Robert Frosch, ein ehemaliger Behördenleiter der NASA und späterer Vizepräsident der Forschungsabteilung bei General Motors, ging so weit zu berechnen, wie viele Kanonen von Kriegsschiffen, die himmelwärts gerichtet und mit Staubbomben auf die Stratosphäre gezielt, man benötigen würde, um genügend Sonnenlicht zurückzureflektieren und die Erwärmung aufgrund einer CO2-Verdopplung aufzuwiegen. Die jährlichen Kosten dieses Geoengineering-Projektes beliefen sich auf Dutzende von Dollarmilliarden, lägen aber, laut seiner Argumentation, unter den Ausgaben für Brennstoffsteuern.«[39]

Ebenso machte der bekannte Physiker Freeman Dyson den Vorschlag, dass wir die Probleme der globalen Erwärmung durch eine Ersetzung von drei Vierteln der Bäume in den weltweiten Wäldern durch genetisch entwickelte, Kohlenstoff verzehrende Bäume lindern könnten.[40]

Konfrontiert mit den realen heutigen Dilemmata von Ölabhängigkeit und Klimawandel, stellte John Holdren, Obamas oberster Berater für Wissenschaft und Technologie, die Frage: »Was müsste getan werden?« Holdrens Antworten darauf sind vollkommen technologisch, da, wie er unterstellt, eine Verlangsamung des wirtschaftlichen Wachstums oder gar eine Veränderung der ökonomischen Organisierung der Gesellschaft in der bestehenden Ordnung keine wirkliche Option darstellen. Folglich verlegt er sich darauf, hypothetische technologische »Win-win-Lösungen« zu propagieren, die durch Regierungssubventionen an private Unternehmen bewirkt werden sollen: die Ausweitung der Energieforschung; die Förderung aussichtsreicher Innovationen und deren finanzielle Absicherung, um sie kommerziell funktionsfähig zu machen; die Sicherstellung der Verbreitung verbesserter Energietechnologien; die Schaffung eines globalen

---

39 Schneider, *Laboratory*, S. 135.
40 Vgl. Freeman Dyson, »The Question of Global Warming«, in: *New York Review of Books*, 12. Juni 2008, S. 43–45.

Betriebsnetzwerkes; die Absicherung einer Partnerschaft zwischen öffentlichen und privaten Sektoren.

Es gibt keinen Zweifel, dass eine Schwerpunktsetzung auf die Entwicklung grüner Technologien benötigt wird. Was aber bei solch einer strategischen Vision notwendigerweise fehlt, ist die Erkenntnis, dass ein wirklicher und schneller ökologischer Wandel nur durch eine Veränderung der ökonomischen und gesellschaftlichen Ordnung erreicht werden kann, und dass die Bevölkerung als ganze einer Neugestaltung der Gesellschaft als ganze bedarf. Viele der Technologien, die von futuristischen Technokraten wie Holdren dabei als Antworten gesehen werden, stehen nicht zur Verfügung. Nichtsdestotrotz sind sofort verfügbare Lösungen wie Umweltschutz und Veränderungen in der Organisation von Produktion und Verbrauch (zum Beispiel die Förderung des Massenverkehrs vor dem privaten Automobil oder gar radikalere Maßnahmen zur Einschränkung der Rolle der Vermarktung bei der Förderung verschwenderischen Konsums), ganz gleich wie praktikabel sie sind, in Holdrens »Was müsste getan werden« nicht enthalten, da diese das System der Akkumulation stören würden.[41]

Im Jahr 1980 schrieb der britische marxistische Historiker E. P. Thompson einen warnenden Aufsatz für die *New Left Review* unter dem Titel »Anmerkungen zum Exterminismus – Das letzte Stadium der Zivilisation«. Obwohl dieser insbesondere auf das Anwachsen des nuklearen Arsenals und die Gefahren eines globalen Holocausts in der Endphase des Kalten Krieges gerichtet war, betraf seine These auch den Bereich der ökologischen Zerstörung. Der deutsche Ökologe Rudolf Bahro hat später Thompsons Gedanken in seinem Buch *Wer kann die Apokalypse aufhalten?* kommentiert, indem er erklärte: »Will man die Exterminismus-These in Begriffen von Marx ausdrücken, kann man auch sagen, dass das Verhältnis zwischen Produktiv- und Destruktivkräften innerhalb unserer Praxis völlig umgekippt ist. Marx hatte, wie auch andere, die die Geschichte der Zivilisation überblickten, die Blutspur erkannt, die sich durch sie hindurchzieht, und dass ›die Kultur Wüsten hinter sich zurückläßt‹«. Heute hat sich dieser ökologisch ruinöse Trend auf den gesamten Planeten ausgedehnt, wobei sich die sprichwörtliche »kreative Zerstörung« des Kapitalismus in eine zerstörerische Kreativität verwandelt hat, die sowohl die Menschheit als auch jedes andere Leben in Gefahr

---

41  Vgl. John P. Holdren, »The Energy Innovation Imperative«, in: *Innovations* 1, Nr. 2, Frühling 2006, S. 3–23; und »The Science and Economics of Sustainability«, (Keynote address, Global Katoomba Meeting XII, Washington, D.C., 9.–10. Juni 2008), siehe: http://www.katoombagroup.org/documents/events/event20/John Holdren.pdf.

bringt.[42] »Der Traum, dass der Mensch sich selbst Gott ähnlich machen könne, indem er seine Energien allein auf die Eroberung der Außenwelt konzentriere«, schrieb Lewis Mumford in *The Condition of Man*, »ist nun zum leersten aller Träume geworden: leer und verhängnisvoll.« Das Ergebnis ist eine Art von »Ökonomie des Exterminismus«, in der die schlimmsten Aspekte von Biologie, Ökonomie, Technologie und sozialer Organisation zusammengefügt werden.[43] Heutzutage wird die Kriegsführung gegen den Planeten in erster Linie mit technologischen Mitteln ausgetragen, die in Richtung Exterminismus zielen. Im Gegensatz dazu ist die Aufgabe, mit dem Planeten Frieden zu schließen, in der Hauptsache keine Frage von Technologie, sondern der Veränderung gesellschaftlicher Verhältnisse in Richtung von Nachhaltigkeit und Koevolution.

## Ökologische und soziale Revolution

Was eine echte ökologische Revolution von einer grünen industriellen Revolution unterscheidet, ist in erster Linie die gesellschaftliche Wirkung. Eine grüne industrielle Revolution ist, wie wir gesehen haben, als ein von oben nach unten gerichteter Versuch einer technologischen Verlagerung konzipiert, der von ökologischen Modernisierungseliten geführt wird, jedoch ohne dass eine Volkserhebung stattfindet, die die ökonomischen, sozialen, kulturellen und umweltbezogenen Normen der kapitalistischen Gesellschaft infrage stellen würde. Das Ziel der einschlägigen Interessengruppen ist dabei, die gesellschaftliche Veränderung in Bezug auf die ökologische Herausforderung in Grenzen zu halten, die für das System akzeptabel sind, sogar wenn dadurch das Risiko einer Gefährdung des gesamten Planeten besteht. Dies bedeutet eine Beschränkung der direkten gesellschaftlichen Mitwirkung bei solch einer Veränderung, indem diese weitgehend in den Händen von Technokraten belassen wird.

Im Gegensatz dazu wäre eine echte ökologische Revolution, die dazu in der Lage wäre, die Beziehungen zwischen Produktionsweise und Ökologie umzugestalten, mit einer weitergehenden gesellschaftlichen, nicht lediglich industriellen

---

42 Vgl. E. P. Thompson, *Beyond the Cold War* (New York: Pantheon, 1982), S. 41–80; Bahro, *Logik der Rettung. Wer kann die Apokalypse aufhalten? Ein Versuch über die Grundlagen ökologischer Politik* (Stuttgart: Weitbrecht, 1987). Zur »Produktion der Destruktion« des Kapitalismus siehe István Mészáros, *The Challenge and Burden of Historical Time* (New York: Monthly Review Press, 2008), S. 96–100.
43 Vgl. Mumford, *The Condition of Man*, a. a. O., S. 348, 412.

Revolution verbunden, die von der großen Masse des Volkes ausgeht. Wie alle sozialen Revolutionen würde sie jeden gesellschaftlichen Aspekt bis hinunter zu den Wurzeln infrage stellen. Sie würde notwendigerweise die Art des Wirtschaftens als politische Ökonomie wieder herstellen, die dem Klassenaufstand und dem öffentlichen Eingreifen unterläge, während sie die Wirtschaft in Übereinstimmung mit den heutigen Bedürfnissen zu einer ökologischen Politökonomie umgestalten würde. Wie Roy Morrison in seinem Buch *Ecological Democracy* ausführte, würde eine ökosoziale Revolution »das Entstehen einer neuen politischen Ökonomie« bedeuten, einer politischen Ökonomie, die »in der Respektierung der Wechselbeziehung zwischen gesellschaftlichen, politischen und ökonomischen Bereichen und ihrer Verknüpfung mit den sie umschließenden gesellschaftlichen und natürlichen Umwelten verankert ist.«[44]

Es ist unmöglich, einen Bauplan für solch eine soziale und ökologische Revolution vorzulegen. Es gibt jedoch Elemente in Vergangenheit und Gegenwart, die uns Einsichten und umfassende Prinzipien liefern können. Mumford definierte dazu einige ausschlaggebende Erfordernisse in seinem Buch *The Condition of Man* aus dem Jahr 1944. Eine solche ökologische und gesellschaftliche Umgestaltung läge notwendigerweise in einem von ihm so bezeichneten »Basiskommunismus«:

Während der letzten 25 Jahre hat es eine ständige Verschiebung von der individuellen Nachfrage, die als ein Vorgang bei der Erzeugung von Profiten und Gewinnanteilen hauptsächlich durch die Maschinenindustrie befriedigt wurde,

---

44 Roy Morrison, *Ecological Democracy* (Boston: South End Press, 1995), S. 165. David Korten vertrat eine radikale Vorstellung von »ökologischer Revolution«, die ihr Stichwort aus der Opposition gegen Globalisierung und globale Konzerne bezieht, anstatt sich entweder, wie innerhalb des vorherrschenden Ansatzes, auf einen technologischen Wandel oder, wie in der vorliegenden Analyse, auf die Umgestaltung der gesellschaftlichen Produktionsverhältnisse des Kapitalismus zu konzentrieren. Eine Verlagerung auf örtliche Machtbefugnis und das Ende des Imperialismus sind entscheidend für eine ökologische Revolution. Die Betonung in der vorliegenden Argumentation richtet sich jedoch auf die Veränderungen im gesamten Spektrum der gesellschaftlichen Produktionsverhältnisse und das menschliche Handeln (massenhafte demokratische Veränderung), das zu einer solchen ökologischen und sozialen Revolution benötigt wird. Solche Veränderungen würden nicht nur das globale-lokale Verhältnis modifizieren, sondern grundlegender noch die Arbeitsteilung in der Industrie, die Trennung zwischen Stadt und Land sowie die Trennung von der Natur. Dabei handelt es sich nicht um eine bloße Frage lokaler Ökonomie, sondern um die Schaffung von kommunalen Produktionsverhältnissen. Vgl. David Korten, *When Corporations Rule the World* (Bloomfield, Connecticut: Kumarian Press, 2001), S. 233–248; und *The Great Turning* (Bloomfield, Connecticut: Kumarian Press, 2006), S. 281–301.

zur kollektiven Nachfrage gegeben, die in Waren und Dienstleistungen zum Ausdruck kommt, mit denen der Staat all seine Bürger versorgt. Diesen Vorgang habe ich an anderer Stelle als Basiskommunismus bezeichnet: Er setzt die Haushaltsstandards für die gesamte Gemeinschaft fest und verteilt die Leistungen gemäß dem Bedarf und nicht gemäß der Fähigkeit oder dem produktiven Beitrag. Bildung, Erholung, die Verfügbarkeit von Krankenhäusern, öffentliche Hygiene und Kunst haben allesamt in jeder nationalen Wirtschaft an Bedeutung gewonnen und repräsentieren kollektive Bedürfnisse, die nicht dem automatischen Funktionieren – oder dem Versagen – der kommerziellen Gesetze von Angebot und Nachfrage überlassen werden können. Solch eine Veränderung der menschlichen Produktionsziele ist wesentlich für die volle Nutzung der natürlichen, technischen und wissenschaftlichen Ressourcen.[45]

Mumford fügte seine Vorstellung eines »Basiskommunismus« dem hinzu, was John Stuart Mill in seiner »sozialistischen« Phase als die Herausforderung eines »stationären Zustandes« (einer Ökonomie des Nichtwachstums) präsentiert hatte. Klassische liberale Politökonomen von Ricardo bis Mill sahen den stationären Zustand als das unvermeidliche Ergebnis der allmählichen Verlangsamung der Akkumulation, und zwar weitgehend aufgrund von Mangel an Land und Ressourcen. Für Mill war dies dennoch nicht weiter tragisch. Es sei kaum notwendig zu bemerken, schrieb er, dass ein stationärer Zustand von Kapital und Bevölkerung keinen stationären Zustand des menschlichen Fortschritts beinhalte. Es gebe so viele Entfaltungsmöglichkeiten wie eh und je für alle Arten von geistiger Kultur, Moral und sozialem Fortschritt; genauso viel Raum zur Steigerung der Kunst des Lebens und eine sehr viel höhere Wahrscheinlichkeit zu ihrer Verbesserung, wenn die Gedanken aufhörten, von der Kunst des Fortkommens beansprucht zu sein. Sogar die Handwerkskünste könnten genauso ernsthaft und erfolgreich gepflegt werden, mit dem einzigen Unterschied, dass anstatt nach wachsendem Reichtum zu streben, die industriellen Bemühungen ihre einzig legitime Wirkung zeitigten, nämlich die Verringerung der Arbeit.[46]

---

45  Vgl. Mumford, *The Condition of Man*, S. 411.
46  John Stuart Mill, *Principles of Political Economy* (New York: Longmans, Green, and Co., 1904), S. 453–455; und *The Autobiography of John Stuart Mill* (New York: Columbia University Press, 1924), S. 161–164. Mumford, *The Condition of Man*, S. 411. Der Einfluss des Sozialismus auf das Denken von Mill bestand in der utopischen Vielfalt, die von Robert Owen und Saint-Simon stammte, und tendierte dazu, den Themen von Klassenkampf und Revolution auszuweichen, indem man auf etwas verfiel, was Marx als »seichten Synkretismus« bezeichnete, der versuche, »Unversöhnbares zu versöh-

Bei der Entwicklung seiner Idee vom »Basiskommunismus« als Ziel einer organischen Revolution der Gesellschaft, nahm Mumford das Beispiel der *Works Progress Administration* (Arbeitsbeschaffungsbehörde – WPA) während Roosevelts New Deal auf, des radikalsten Arbeitsprogramms, das jemals in den Vereinigten Staaten aufgelegt wurde, sowie das erweiterte Vermögensbildungskonzept, das darin beinhaltet war. »In Bezug auf vitale und essentielle menschliche Bedürfnisse«, schrieb er, »schufen die Vereinigten Staaten während der Boomperiode der neunzehnhundertzwanziger Jahre weniger Wohlstand als in den angespannten Jahren der Depression, als die öffentlichen Arbeitsprogramme und die WPA die Slums sanierten, heruntergekommene Ländereien rekultivierten, Wälder sanierten und Kunst und Theater in die verarmten Gemeinden brachten.« Für Mumford würde eine sozial und ökologisch ausgewogene Ökonomie nicht auf endlosen Erwerb und unendliche Verschwendung ausgerichtet sein, sondern »würde Energie in Freizeit und Freizeit in Leben übertragen«.[47]

Wie Mumford im Vorwort zu seiner 1973er-Ausgabe von *The Condition of Man* anmerkte, sei es Zeit zur Überwindung des Traumes von »der nun obsolet gewordenen, auf einer jährlichen Zunahme des Bruttoinlandproduktes beruhenden Wirtschaft [...], die nur durch Kriege oder zunehmende Kriegsvorbereitungen aufrechterhalten wurde, die durch schiere Vergeudung den aufgeblähten Mehrwert absorbierten, den die kapitalistische Wirtschaft nie auf gerechte Weise zu verteilen oder verfügbar zu machen gelernt hatte, ohne wirtschaftliche Depression zu erzeugen. Darüber hinaus könnte eine Pseudo-Stabilisierung durch ›Finanzwirtschaft, Versicherungswesen und Konzernmonopole‹ eine praktikablere soziale Methode zur Erreichung eines dynamischen Gleichgewichtes zunichte machen.«

Die ökologischen Defekte des Kapitalismus standen laut Mumford in Beziehung zu seinen ökonomischen Defekten. Demnach war er auf drei Säulen der Expansion aufgebaut: Landexpansion, Bevölkerungsexpansion und industrielle Expansion. Alle drei hatten als Strategie zur Schaffung von Wohlstand ihre Grenzen erreicht und verfielen sowohl in ökologische als auch ökonomische Widersprüche. Das Erreichen der globalen Grenze und der wachsende Bevölkerungsdruck bedeutete das Ende der langen Welle der nach außen gerichteten Kolo-

---

nen«, Karl Marx, *Das Kapital*, Band 1, MEW Band 23 (Berlin: Dietz Verlag, 1975), S. 21.

47  Mumford, *The Condition of Man*, a.a.O., S. 411–412.

nisierung von Territorien und Umwelt. Eine Fortsetzung der kapitalistischen ökonomischen Industrialisierung war nun nur noch durch eine Verschwendungswirtschaft und auf Kosten des Lebens möglich. »Eine Periode der Stabilisierung auf planetarischer Grundlage stand nun bevor«, wie er behauptete. Seit Beginn des 14. Jahrhunderts war die Welt vom »Aufkommen des Kapitalismus, des Militarismus, des Szientismus und der Mechanisierung« beherrscht. Nun war es nötig, breiter ausgerichteten sozialen und kulturellen Kräften den Weg zu öffnen, die das Leben selbst in den Mittelpunkt stellten, oder es würde zu einem Abstieg in eine passive und aktive Barbarei kommen, die schlimmer war als alles, was die Welt jemals erlebt hatte.

Eine stabile, ausgewogene und auf das Leben ausgerichtete Wirtschaft würde eine Anhebung der Einkommen der Arbeiter und eine Verschiebung in Richtung Freizeit, Gemeinschaft und der Künste des Lebens erfordern. Materieller Wohlstand war in einer reichen Gesellschaft wie in den Vereinigten Staaten nicht das Problem, sondern es ging eher um den Gebrauch eines solchen Wohlstandes. Unter den gegebenen gesellschaftlichen Bedingungen »geht die materielle Akkumulation des äußeren Lebens über das Leistungsvermögen hinaus, diese an die inneren Gesetze der menschlichen Natur anzupassen«[48], wie Shelly gesagt hatte.

Die Lösung dieser »äußeren Krise« macht es für Mumford erforderlich, dass die »innere Krise« der kapitalistischen Gesellschaft angegangen wird: die Entfremdung der Menschheit. Die Antwort darauf liegt in der Entwicklung einer Gesellschaft, die auf die Schaffung eines »organischen Menschen« oder eines Systems nachhaltiger menschlicher Entwicklung gerichtet ist. Dies bedeutet die Erzeugung gesellschaftlicher Verkehrsformen, welche die Chance auf Ausgeglichenheit in der menschlichen Persönlichkeit bietet. Anstelle der Förderung der asozialen Wesenszüge der Menschheit würde mehr Nachdruck auf die Ausgestaltung der sozialen und kollektiven Eigenschaften gelegt. Jeder Mensch würde »in einer dynamischen Wechselbeziehung mit jedem Teil seiner Umwelt« stehen.[49]

Für revolutionäre Umweltsoziologen beinhalten die langfristigen Antworten auf die Nachhaltigkeitsprobleme die Wiederherstellung der menschlichen

---

48 Mumford, *The Condition of Man*, S. vi, 369, 399, 406–408, 415–418; Percy Bysshe Shelley and Mary Wollstonecraft Shelley, *Essays, Letters from Abroad, Translations and Fragments* (London: Edward Moxon, 1840), S. 46. Mumford sah Shelleys Kommentar hier als Forderung nach dem marxschen, voll entwickelten Individuum, wie in seiner Konzeption des Sozialismus im *Kapital* vorgestellt.
49 Vgl. Mumford, *Condition of Man*, S. 419–423.

Gemeinschaft (und der Gemeinsamkeiten von Gemeinschaften) unter bewusster Einbeziehung einer dynamischen, wechselseitigen Beziehung zur Natur. Aus einer ökologischen und humanistischen Perspektive muss das Konzept der Gemeinschaft, wie Herman Daly und John Cobb in *For the Common Good* (Für das Gemeinwohl) insistierten, auf eine Gesellschaftsordnung mit bestimmten »kommunalen« Merkmalen hinauslaufen. Das Ziel besteht in einer Lebensweise, in der die Menschen keine isolierten Individuen sind, sondern sich miteinander identifizieren und einander mittels weitergehender Beziehungen von Nachbarschaftlichkeit, Freundschaft und Wechselseitigkeit als »Menschen in Gemeinschaft« zugetan sind. Dies beinhaltet umfassende kollektive Teilhabe bei der Entscheidungsfindung und erfordert infolgedessen auf höchster Entwicklungsstufe, was der Frühkommunist François Babeuf als »Gesellschaft von Gleichen« bezeichnet hat, ein System substanzieller Gleichheit.[50] Eine Gemeinschaft, die in diesem Sinne auf aktive Weise kommunal ist, kann nur aus einer starken sozialen Bindung hervorgehen, die – im Einklang mit Mumfords »Basiskommunismus« und dem marxschen Ideal des »jeder nach seinen Fähigkeiten, jedem nach seinen Bedürfnissen« – einen bloß individuellen ökonomischen Austausch auflöst.[51] Eine nachhaltige Gemeinschaft dieser Art verlangt die Kultivierung einer örtlichen Wahrnehmung und einer Ausweitung der Gemeinschaftsethik hin zu etwas, das Aldo Leopold eine »Land-Ethik« genannt hat, was die umgebende Ökologie miteinbezieht. Eine solche weit gefasste Vorstellung von einer sozialen und ökologischen Gemeinschaft ist im Kontext der heutigen besitzergreifend-individualistischen Gesellschaft eindeutig revolutionär.[52]

---

50 Vgl. Herman E. Daly and John B. Cobb, *For the Common Good* (Boston: Beacon Press, 1989), S. 168–172; Phillippe Buonarroti, *Babeuf's Conspiracy for Equality* (New York: Augustus M. Kelley, 1836), S. 364–374.

51 Vgl. Karl Marx, *Kritik des Gothaer Programms*, MEW Band 19 (Berlin: Dietz Verlag, 1973), S. 21. Pierre Bourdieu geht so weit, die »nicht ökonomische Wirtschaft« zu verteidigen, die eine »berechnete Wirtschaftsführung« und die »exakten Gegenwerte« ablehnt, die den Kapitalismus kennzeichnen. Vgl. Pierre Bourdieu, *Praktische Vernunft. Zur Theorie des Handelns*, (Frankfurt am Main: Suhrkamp, 1998). Mészáros sieht den Sozialismus als untrennbar von der Entwicklung eines »kommunalen Austausches«, der auf dem Austausch von Gebrauchswerten und materiellen Prozessen beruht. Vgl. Mészáros, *Beyond Kapital*, a. a. O., S. 758–763.

52 Vgl. Leopold, *A Sand County Almanac* (New York: Oxford University Press, 1949), S. viii–ix, 203–204, 214, 224–225; Foster, *Ecology Against Kapitalism*, a. a. O., S. 86–87.

## Das elementare Dreieck der Ökologie

Wie ich dieses ganze Buch hindurch erkläre, war es Marx, der am klarsten erkannt hatte, wie die materiellen Widersprüche des Kapitalismus – sowohl in ökonomischer wie in ökologischer Hinsicht – aus der Art und Weise erwachsen, in der die Arbeit in einer besitzergreifend-individualistischen Gesellschaft organisiert ist. In der Tat ist »Arbeit«, wie er erklärte, »zunächst ein Prozeß zwischen Mensch und Natur, ein Prozeß, worin der Mensch seinen Stoffwechsel mit der Natur durch seine eigne Tat vermittelt, regelt und kontrolliert«.[53] Die Verformung, die Entfremdung und letztlich die Zerstörung dieses Metabolismus unter dem Kapitalismus stellte einen »Bruch« im unabänderlichen Stoffwechsel zwischen Menschen und Natur dar, einem »Stoffwechsel, der von den Naturgesetzen des Lebens selbst bestimmt wird«. Solch eine Entfremdung von der Natur war nicht von der Entfremdung der Menschheit und von der scharfen Trennung zwischen Stadt und Land zu lösen. Für Marx zielten Sozialismus und Kommunismus auf eine Gesellschaft assoziierter Produzenten ab, die »ihren Stoffwechsel mit der Natur rationell regeln [...] mit dem geringsten Kraftaufwand und unter den ihrer menschlichen Natur würdigsten und adäquatesten Bedingungen«.[54]

Hugo Chávez' Vorstellung vom »elementaren Dreieck des Sozialismus«, die er dazu verwendet hat, um im Kontext der venezolanischen Bolivarischen Revolution einen neuen Sozialismus für das 21. Jahrhundert zu artikulieren, steht in enger Gefolgschaft zum marxschen Gedanken einer Gesellschaft assoziierter Produzenten. Für Chávez bestand das elementare Dreieck des Sozialismus aus: (1) gesellschaftlichem Eigentum; (2) gesellschaftlicher, von den Arbeitern organisierter Produktion; und (3) der Befriedigung gemeinschaftlicher Bedürfnisse. Der Sozialismus erfordert die gleichzeitige Lösung dieser drei Probleme, oder er wird aufhören, nachhaltig zu sein.

Es ist klar, dass am Ursprung dieses elementaren Dreiecks des Sozialismus für Marx etwas steht, das auch als das elementare Dreieck der Ökologie bezeichnet werden könnte, das durch die natürlichen Gesetze des Lebens selbst bestimmt wird: (1) soziale Handhabung, kein Besitz der Natur; (2) eine rationale Regulierung des Stoffwechsels zwischen Menschen und Natur seitens der assoziierten Produzenten; und (3) die Befriedigung der gemeinschaftlichen Bedürfnisse

---

53 Karl Marx, *Kapital*, Band 1, MEW Band 23 (Berlin: Dietz Verlag, 1968), S. 192.
54 Karl Marx, *Kapital*, Band 3, MEW Band 25 (Berlin: Dietz Verlag, 1983), S. 823.

– nicht nur der jetzigen, sondern auch zukünftiger Generationen. »Selbst eine ganze Gesellschaft, eine Nation, ja alle gleichzeitigen Gesellschaften zusammengenommen«, schrieb er, »sind nicht Eigentümer der Erde. Sie sind nur ihre Besitzer, ihre Nutznießer, und haben sie als *boni patres familias* [als gute Haushaltsvorstände] den nachfolgenden Generationen verbessert zu hinterlassen.« Die marxsche Vorstellung von der Zukunft war daher, wie Paul Burkett aufgezeigt hat, von einer nachhaltigen menschlichen Entwicklung geprägt, in der die elementaren Dreiecke des Sozialismus und der Ökologie zusammenfließen und ein und dasselbe werden.[55]

Wenn eine kapitalistische Wirtschaft von Natur aus mit dem Wachstum von privaten Profiten und Akkumulation verzahnt ist, geht es beim Sozialismus von Beginn an – sowohl beim utopischen Sozialismus als auch beim klassischen Marxismus – in erster Linie um die Kontrolle der Produktion durch die assoziierten Produzenten, die rationale Planung der Produktion zur Befriedigung gesellschaftlicher Bedürfnisse und eine gerechte Verteilung. Sein Schwerpunkt liegt auf den Gebrauchswerten (das heißt konkreten Bedürfnissen) statt auf der Ausweitung des Tauschwertes. Gemeinschaftliche und qualitative Werte sollen die institutionalisierte Gier von Adam Smiths' »unsichtbarer Hand« ersetzen. Auch wenn eine Ausweitung der Produktion sicherlich Teil der sozialistischen Analyse ist, so nimmt sie doch immer den zweiten Platz hinter der Kontrolle der Produktion durch die assoziierten Produzenten und der menschlichen Entwicklung ein.

In dieser Hinsicht wich die Sowjetunion – obwohl sie das Ergebnis einer sozialistisch geführten Revolution und eines Bruchs mit dem Kapitalismus war – scharf von den entscheidenden Zielen des Sozialismus ab, indem sie die Produktion um ihrer selbst Willen zum Hauptzweck der Gesellschaft machte und mit Beginn der 1930er-Jahre eine neue Art von ausbeuterischer Gesellschaftsstruktur einführte. Unter Hervorhebung einer erzwungenen Konzipierung von Arbeit und Ressourcen förderte diese Form der Gesellschaft die Zersetzung sowohl der Arbeit wie auch der Umwelt und bereitete letztlich den Weg zu ihrem eigenen Untergang.[56] Dennoch hatten die Defekte von Gesellschaften sowjetischen Typs

---

55 Vgl. Michael Lebowitz, »The Path to Human Development«, in: *Monthly Review* 60, Nr. 9, Februar 2009, S. 20–22; Marx, *Kapital*, Band 3, MEW Band 25 (Berlin: Dietz Verlag, 1983), S. 784; Paul Burkett, »Marx's Vision of Sustainable Human Development«, in: *Monthly Review* 57, Nr. 5, Oktober 2005, S. 34–62.

56 Zum Thema Sowjetunion und Umwelt siehe John Bellamy Foster, *The Vulnerable Planet* (New York: Monthly Review Press, 1999), S. 96–101. Zur marxistischen Kritik der sowjetischen Planung und der Betonung der Einbeziehung ökologischer Planung unter

die langfristige Wirkung, den Sozialismus zu seinen klassischen Ursprüngen und zu einer radikaleren, egalitäreren und ökologischeren Vision zurückzuführen. Die Hervorhebung einer nachhaltigen menschlichen Entwicklung innerhalb des klassischen Marxismus anstelle einer ökonomischen Expansion um ihrer selbst Willen als Ziel der Gesellschaft haben es einem marxistischen Ökonomen wie Paul Sweezy ermöglicht, weiterzugehen als die meisten der heutigen ökologischen Wirtschaftswissenschaftler und die Argumentationen der meisten radikalen Umweltsoziologen. Sweezy führte aus, dass eine Kehrtwende in den ökonomisch-ökologischen Abläufen der reichen Ökonomien ökologisch notwendig geworden sei, um sowohl den wirtschaftlichen Gesamtfußabdruck auf der Erde zu reduzieren als auch für die ärmeren Ökonomien Platz zu machen, damit diese die für sie notwendige Entwicklung vollziehen könnten. In seinem Artikel »Capitalism and the Environment« (Kapitalismus und Umwelt) schrieb er 1989: »Was für einen Erfolg wesentlich ist, ist eine Umkehrung, keine bloße Verlangsamung der grundlegenden Trends der letzten Jahrhunderte.« Diese Umkehrung bestehender Trends könnte, wie er zu erkennen gab, angesichts der Verschwendung, Ausbeutung und Entfremdung, die der gegenwärtigen Gesellschaftsordnung zu eigen sind, durch eine Verbesserung der Lebensqualität bewerkstelligt werden. Eine echte ökologische Revolution würde sowohl eine soziale wie auch eine kulturelle Revolution sein. Sie hätte Gleichheit auf jeder Ebene der globalen Gesellschaft herzustellen, während die Produktion vernünftigerweise im Hinblick auf echte Bedürfnisse organisiert werden müsste.[57]

All dies legt nahe, dass ökologische und sozialistische Revolutionen, wenn sie zu ihren logischen Schlussfolgerungen gebracht werden, einander notwendiger- und hinreichenderweise gegenseitig bedingen. Das sozialistische Ziel der Überwindung der Entfremdung der Menschheit kann in nennenswertem Ausmaß nicht verwirklicht werden, wenn es nicht neben dem Ziel der Überwindung

---

dem Sozialismus siehe Fred Magdoff und Harry Magdoff, »Approaching Socialism«, in: *Monthly Review* 57, Nr. 3, Juli/August 2005, S. 19–61.

57 Vgl. Paul M. Sweezy, »Kapitalism and the Environment«, in: *Monthly Review* 41, Nr. 2, Juni 1989, S. 6. Eine ähnliche Position wurde von Mumford angedeutet, der in Kommentierung von Mills Gedanken von einem stationären Zustand schrieb: »Die unglücklicherweise irreführende Bezeichnung, die er [Mill] für sein Kapitel [seiner Principles of Political Economy], ›The Stationary State‹ (Der stationäre Zustand) wählte, versäumte es, die dynamische Natur eines jeden organischen Gleichgewichtes hervorzuheben, die sowohl eine Schrumpfung als auch ein Wachstum ermöglichen muss.« Mumford, *The Condition of Man*, a. a. O., S. viii.

der Entfremdung der Natur steht. Desgleichen ist das ökologische Ziel der Aufhebung der Entfremdung von der Natur unmöglich zu erreichen, ohne die gesellschaftliche Entfremdung aufzuheben. Sozialismus ist ökologisch, Ökologie ist sozialistisch, oder keines von beidem kann wirklich bestehen.

Solch ein tiefes Verständnis der Notwendigkeit einer sozialen Revolution geht zurück auf die utopisch-sozialistischen Wurzeln des Sozialismus. Die Tatsache jedoch, dass heute Gesellschaften existieren, die gleichzeitig danach streben, einen Sozialismus für das 21. Jahrhundert und eine neue ökologische Gesellschaft zu formen, deren beste Beispiele gegenwärtig an der Peripherie der kapitalistischen Welt zu finden sind – Kuba, Venezuela, Bolivien, Ecuador, (der Bundesstaat) Kerala in Indien, Nepal – hat bereits gezeigt, dass die organische Welt in einem wahrhaft revolutionären Kampf für eine menschliche und ökologische Befreiung in Reichweite ist.

Wie das vorliegende Buch argumentiert, erfordert eine echte ökologische Revolution demzufolge eine Beendigung des destruktiven kapitalistischen Stoffwechsels und die Ergreifung eines neuen gemeinschaftlichen Metabolismus an seiner Stelle, der die gesamte Menschheit und die ganze Erde umfasst. Ich glaube, es kann heutzutage keine größere Intelligenz und keine höhere Notwendigkeit geben. Evo Morales, der sozialistische Präsident von Bolivien, bemerkte dazu am 28. November 2008:

»Solange wir nicht das kapitalistische System durch ein System ersetzen, das auf gegenseitiger Ergänzung, Solidarität und Harmonie zwischen den Völkern und der Natur aufgebaut ist, werden die Maßnahmen, die wir ergreifen, nur Palliative sein, die einen beschränkten und unsicheren Charakter haben. Für uns ist das Modell des ›besseren Lebens‹, der unbeschränkten Entwicklung, der Industrialisierung ohne Grenzen, der Modernität der Ablehnung der Geschichte, der steigenden Warenakkumulation auf Kosten anderer und auf Kosten der Natur gescheitert. Aus diesem Grund befürworten wir den Gedanken des *Gut Lebens* in Harmonie mit anderen Menschen und mit unserer Mutter Erde.«[58]

---

58 Evo Morales, »Save the Planet from Kapitalism«, in: *Links International Journal for Socialist Renewal*, 28. November 2008, siehe: http://links.org.au/node/769.

# Teil I
# Die planetarische Krise

# Kapitel 1
# Die Ökologie der Zerstörung

Dieses Kapitel wurde für das vorliegende Buch auf der Grundlage eines Artikels unter demselben Titel überarbeitet und korrigiert, der in *Monthly Review* 58, Nr. 9 vom Februar 2007, S. 1–14, erschienen ist. Dieser beruhte auf Diskussionsbeiträgen, die vom 21.–23. November 2006 im Bundesstaat Santa Catarina in Brasilien an der Regionaluniversität von Blumenau und der Bundesuniversität von Santa Catarina in Florianópolis gehalten wurden. Diese Darlegungen waren Teil der dritten jährlichen Bolivarischen Konferenztage, die vom Institut für Lateinamerikanische Studien in Brasilien organisiert wurden.

Ich würde meine Analyse dessen, was ich hier »die Ökologie der Zerstörung« nenne, gerne mit der Bezugnahme auf Gillo Pontecorvos Film *Queimada – Insel des Schreckens* (englischer Originaltitel: *Burn!*) aus dem Jahr 1969 beginnen.[59] Pontecorvos epischer Film kann als politische und ökologische Allegorie gesehen werden. Er ist im frühen 19. Jahrhundert auf einer imaginären Karibikinsel mit dem Namen Queimada angesiedelt. Queimada ist eine portugiesische Sklavenkolonie mit Zuckerrohrmonokultur, die vom Export abhängig ist. In der Eingangs-

---

59 Der italienische Filmemacher Gillo Pontecorvo (1919–2006) war Marxist und Antiimperialist und wurde besonders als Regisseur des klassischen revolutionären Aufstandsfilms *Die Schlacht von Algier* (1966) bekannt. Queimada (Burn)! wurde als Reaktion auf Vietnam gedreht und war als eine Allegorie auf den Krieg konzipiert – und zwar in einer Art, die bis zu einer Kritik des Kapitalismus reichte.

szene werden wir darüber informiert, dass der Name der Insel der Art und Weise geschuldet ist, wie die portugiesischen Kolonisatoren die indigene Bevölkerung besiegten, indem sie nämlich die gesamte Insel in Brand steckten und alle, die auf ihr lebten, töteten, worauf Sklaven aus Afrika importiert wurden, um das nun angebaute Zuckerrohr zu schlagen.

Sir William Walker, der von Marlon Brando dargestellt wird, ist ein britischer Agent des 19. Jahrhunderts, der ausgesandt wird, um die portugiesischen Herrscher der Insel zu stürzen. Er zettelt eine Revolte unter den zahlreichen schwarzen Sklaven an und arrangiert zur gleichen Zeit einen Aufstand der kleinen weißen kolonialen Klasse der Plantagenbesitzer, die nach Unabhängigkeit von der portugiesischen Krone streben. Ziel ist es, die Sklavenrevolte zu nutzen, um die Portugiesen zu bezwingen, jedoch die aktuelle Herrschaft über die Insel an die weißen Pflanzer zu übereignen, die dann als Kompradorenklasse im Dienst der britischen Imperialisten fungieren sollen.

Walker hat glänzenden Erfolg bei seiner Aufgabe, indem er die siegreiche Armee ehemaliger Sklaven und ihren Anführer José Dolores davon überzeugt, die Waffen niederzulegen, nachdem die Portugiesen besiegt sind. Das Ergebnis ist eine von den weißen Pflanzern beherrschte Neokolonie, in der jedoch, im Einklang mit den Gesetzen des internationalen Freihandels, die britischen Zuckerbarone die faktischen Herrscher sind. Walker reist daraufhin ab, um andere geheimdienstliche Aufgaben für die britische Admiralität auszuführen – diesmal im Gebiet von Indochina.

Zehn Jahre später (1848), so der szenische Anschluss, ist auf der Insel Queimada erneut eine von José Dolores angeführte Revolution ausgebrochen. Sir William Walker wird als Militärberater aus England zurückgeholt, diesmal jedoch als Angestellter der Antilles Royal Sugar Company mit Autorisierung durch die Regierung Ihrer Majestät. Seine Aufgabe ist die Niederschlagung der Rebellion der ehemaligen Sklaven. Von den Oligarchen wird ihm gesagt, dass dies nicht schwer sein sollte, da nur zehn Jahre vergangen seien und die Lage noch immer die gleiche sei. Darauf antwortet er, dass die Lage vielleicht die gleiche, das Problem aber ein anderes sei. In Worten, die ein Widerhall von Karl Marx zu sein scheinen, erklärt er: »Zwischen einer historischen Periode und einer anderen können zehn Jahre häufig ausreichen, um die Widersprüche eines ganzen Jahrhunderts aufzudecken.«

Britische Truppen werden gegen die Aufständischen ins Feld geführt, die ihnen einen unerbittlichen Guerillakrieg liefern. Um sie zu schlagen, befiehlt Walker, alle Plantagen der Insel niederzubrennen. Als der Repräsentant der britischen Zuckerinteressen Einwände erhebt, erklärt Walker: »Das ist die Logik [...], darauf zu bauen, Geld zu verdienen und immer mehr Geld zu verdienen und dass es auch manchmal dabei notwendig ist, zu zerstören, um mehr zu verdienen.« Auf diese Weise, so erinnert er seinen Gesprächspartner, habe die Insel Queimada schließlich ihren Namen bekommen. Die Natur auf der Insel muss zerstört werden, damit die Arbeitskraft auf ihr noch für weitere Jahrhunderte ausgebeutet werden kann.

Es ist nicht meine Absicht, Pontecorvos außergewöhnlichen Film in Gänze zu referieren, sondern einige wichtige Grundsätze aus dieser Allegorie zu gewinnen, die uns dabei helfen, das Verhältnis des Kapitalismus zur Natur zu verstehen. Joseph Schumpeter rühmte bekanntermaßen den Kapitalismus wegen seiner »kreativen Zerstörung«.[60] Dies sollte jedoch eher als destruktive Kreativität des Systems angesehen werden. Die endlose Jagd des Kapitals nach neuen Absatzmärkten zur klassenbasierten Akkumulation erfordert zu ihrer Fortsetzung die Zerstörung sowohl der vorher existierenden natürlichen Bedingungen als auch der vorherigen gesellschaftlichen Verhältnisse. Klassenausbeutung, Imperialismus, Krieg und ökologische Verwüstung sind keine bloßen unzusammenhängenden Zufälle der Geschichte, sondern mit- einander verbundene immanente Merkmale kapitalistischer Entwicklung. Darüber hinaus bestand immer die Gefahr, dass diese destruktive Kreativität zu dem würde, was István Mészáros die »destruktive Unkontrollierbarkeit« genannt hat, die des Kapitals letztliche Bestimmung ist. Die der Logik des Profits immanente Zerstörung würde dann die Oberhand gewinnen und prädominieren und dabei nicht nur die Produktionsbedingungen, sondern auch die Bedingungen des Lebens selbst untergraben. Heutzutage ist eine solche destruktive Unkontrollierbarkeit eindeutig zum charakteristischen Merkmal der gesamten kapitalistischen Weltwirtschaft geworden, die den Planeten als Ganzen erfasst hat.[61]

Es ist charakteristisch für unser Zeitalter, dass die globale ökologische Verwüstung alle anderen Probleme in den Hintergrund zu drängen und den Fortbestand des Lebens auf der Erde zu bedrohen scheint. Wie dies mit sozialen Ursachen zusammenhängt und welche gesellschaftlichen Lösungen sich vielleicht als Reaktion darauf anbieten könnten, ist folglich zur dringlichsten Frage geworden,

---

60  Vgl. Joseph Schumpeter, *Kapitalismus, Sozialismus und Demokratie* (Bern: Francke, 1946).
61  Vgl. István Mészáros, *Socialism or Barbarism* (New York: Monthly Review Press, 2001), S. 61.

der sich die Menschheit gegenübersieht. Die Welt ist bisher zu zwei großen Welt-Klimakonferenzen zusammengekommen: im Jahr 1992 in Rio de Janeiro, Brasilien, und im Jahr 2002 in Johannesburg, Südafrika. Diese Gipfeltreffen haben in einem Abstand von nur zehn Jahren stattgefunden. Man kann sie bereits auf der Trennungslinie liegen sehen, die eine historische Zeitperiode von der anderen unterscheidet und dabei die Widersprüche eines ganzen Jahrhunderts offenlegt, des 21. Jahrhunderts.

Der 1992er-Weltgipfel in Rio, der von der UN-Konferenz zu Umwelt und Entwicklung organisiert wurde, repräsentierte die grenzenlose Hoffnung, dass die Menschheit zusammenkommen könne, um ihre sich auftürmenden globalen ökologischen Probleme zu lösen. Die späten 1980er- und frühen 1990er-Jahre waren eine Zeit, in der die globale Ökologiekrise ins öffentliche Bewusstsein drang. Plötzlich gab es schwerwiegende Besorgnisse über die Zerstörung der Ozonschicht, die globale Erwärmung und die steigende Rate des Artensterbens, die aus der planetarischen Zerstörung der Ökosysteme resultierte. Im Juni 1988 sagte James Hansen, der Direktor des Goddard Instituts für Weltraumstudien der NASA, vor dem Komitee für Energie und Natürliche Ressourcen des US-Senats aus, wo er auch Beweise für die globale Erwärmung aufgrund der Emission von Kohlendioxid und anderen Treibhausgasen in die Atmosphäre vorlegte.

Im selben Jahr richteten die Vereinten Nationen eine neue internationale Organisation ein, das Zwischenstaatliche Forum zum Klimawandel (Intergovernmental Panel on Climate Change – IPCC), zur Behandlung des Themas der globalen Erwärmung. Der Golfkrieg von 1991 und der Zerfall der Sowjetunion im späteren Verlauf desselben Jahres hatten der damals vorherrschenden Rhetorik von einer »neuen Weltordnung« und vom »Ende der Geschichte« Aufschwung verliehen. Die Welt war nunmehr, wie gesagt wurde, eine einzige. Die kürzliche Verabschiedung des Protokolls von Montreal, das der Produktion von ozonabbauenden Chemikalien Beschränkungen auferlegte, schien zu bestätigen, dass die wirtschaftlich dominierenden Länder der Welt in Reaktion auf die globalen Umweltbedrohungen mit einer Stimme sprechen konnten. Der für die Weltklimakonferenz auserkorene Ort, nämlich Brasilien als Heimatland des Amazonas, sollte das planetarische Ziel der Rettung der Biodiversität der Welt symbolisieren. Das Hauptdokument des Gipfels, das als Agenda 21 bekannt wurde, beinhaltete die Absicht, ein neues Zeitalter der nachhaltigen Entwicklung für das 21. Jahrhundert in Gang zu setzen.

Die Stimmung beim zweiten Treffen, dem Weltgipfeltreffen zur Nachhaltigen Entwicklung in Johannesburg, war eine völlig andere. Die Hoffnung von Rio hatte der Bestürzung von Johannesburg Platz gemacht. Anstatt sich im Verlauf des vergangenen Jahrzehnts zu verbessern, hatte die Umwelt einen beschleunigten Niedergang erlebt. Der Planet steuerte, nicht nur im Hinblick auf die globale Erwärmung auf katastrophale Bedingungen zu. Nachhaltige Entwicklung hatte sich um nahezu jeden Preis als nachhaltige Akkumulation von Kapital erwiesen. All die zehn Jahre zuvor geäußerte Rhetorik von einer »neuen Weltordnung« und vom »Ende der Geschichte« – das war nun vielen Umweltschützern klar, die am Gipfel von Johannesburg teilnahmen – hatte schlichtweg nur zur Verschleierung der Tatsache gedient, dass der wahre Erzfeind der globalen Umwelt die kapitalistische Weltwirtschaft ist.

Der Ort des Johannesburger Gipfeltreffens war auch deshalb gewählt worden, um das Ende der Apartheid und folglich den Beginn eines bedeutsamen weltweiten sozialen Fortschritts zu symbolisieren. Dennoch warfen Kritiker auf dem zweiten Gipfel das Thema einer globalen ökologischen Apartheid auf, indem sie die Umweltzerstörung hervorhoben, die von den reichen Ländern des Nordens in einem Ausmaß angerichtet wird, das in unverhältnismäßiger Weise den globalen Süden beschädigt. Der ökologische Imperialismus des Zentrums der kapitalistischen Weltwirtschaft wurde durch die Weigerung Washingtons symbolisiert, das Kyoto-Protokoll über die Begrenzung der Treibhausgasemissionen zu unterzeichnen. Bezeichnenderweise lehnte es US-Präsident George W. Bush ab, am Weltklimagipfel teilzunehmen. Stattdessen nahm die Bush-Administration genau zu dem Zeitpunkt, als in Johannesburg die Debatten über die Zukunft der Weltökologie geführt wurden, die Weltbühne mit einer Kriegsdrohung gegen den Irak in Beschlag, die mit der vorgeblichen Existenz von Massenvernichtungswaffen begründet wurde, obgleich die in Johannesburg versammelten Umweltschützer der Welt sich darüber im Klaren waren, dass es in Wahrheit um Öl ging.[62]

Tatsächlich hatte in den zehn Jahren seit dem Gipfel von Rio eine neue historische Zeitperiode begonnen. Die Welt war Zeuge dessen geworden, was Paul Sweezy im Jahr 1994 den »Triumph des Finanzkapitalismus« genannt hatte, mit dem die Umwandlung des Monopolkapitals in eine neue Erscheinungsform vonstatten ging, die man als globales Monopolfinanzkapital bezeichnen könnte.[63]

---

62  Für eine detailliertere Analyse der beiden Weltgipfeltreffen siehe Kapitel 7.
63  Vgl. Paul M. Sweezy, »The Triumph of Financial Kapital«, in: *Monthly Review* 46, Nr.

Gegen Ende des 20. Jahrhunderts hatte sich der Kapitalismus zu einem System entwickelt, das – wenn auch stärker auf die räuberische Akkumulation ausgerichtet als jemals zuvor – von seinen regionalen und nationalen Wurzeln relativ unabhängig war. Die globale Finanzexpansion ereignete sich an der Spitze einer Weltwirtschaft, die auf der Ebene der Produktion stagnierte und schuf eine instabilere und brutalere Ordnung der Ungleichheit, die von neoliberalen Wirtschaftsformen und Finanzblasen beherrscht wurde. Eine schwindende US-Hegemonie im Weltsystem führte in Verbindung mit dem Zerfall der Sowjetunion zu wiederholten und in wachsendem Maße direkten Versuchen der USA, ihre wirtschaftliche und politische Macht durch militärische Mittel weiter auszudehnen.

Währenddessen hatten die globale Erwärmung und weitere entscheidende Umweltprobleme kritische Schwellenwerte überschritten. Die Frage war nicht länger, ob ökologische und soziale Katastrophen bevorstanden, sondern wie groß diese sein würden. Für diejenigen (mich selbst eingeschlossen), die in Johannesburg im Jahr 2002 den US-Präsidenten bei seinen Kriegsvorbereitungen im ölreichen Persischen Golf beobachteten, während sich der Planet durch die Verfeuerung fossiler Brennstoffe aufheizte, schien die gesamte Welt in Flammen zu stehen. In den Jahren, die seit der zweiten Weltklimakonferenz verstrichen sind, ist es zunehmend schwierig geworden, den klassenbedingten imperialen Krieg, der dem Kapitalismus innewohnt, vom Krieg gegen den Planeten selbst zu unterscheiden. Zu einer Zeit, in der die Vereinigten Staaten um die imperiale Kontrolle der reichsten Ölregionen der Erde kämpfen, erfährt die Ökologie des Planeten eine rasche Zerstörung, die in dramatischster Weise von der globalen Erwärmung gekennzeichnet ist. In der Zwischenzeit untergräbt die neoliberale ökonomische Restrukturierung, die aus der neuen Herrschaft des Monopolfinanzkapitals erwächst, nicht nur das ökonomische Wohlergehen eines großen Teils der Menschheit, sondern beseitigt in einigen Regionen auch die für die menschliche Existenz so grundlegenden ökologischen Voraussetzungen wie den Zugang zu sauberer Luft, trinkbarem Wasser und geeigneter Nahrung. Ökologen, die einst vor der Möglichkeit einer künftigen Apokalypse gewarnt haben, beharren nun darauf, dass die globale Katastrophe bereits vor unserer Haustür steht.

Bill McKibben, Autor von *The End of Nature*, erklärte in seinem Artikel »The Debate Is Over« (*Rolling* Stone vom 17. November 2005), dass wir nun in die »Oh

---

2, Juni 1994, S. 1–11; John Bellamy Foster, »Monopoly-Finance Kapital«, in: *Monthly Review* 58, Nr. 7, Dezember 2006, S. 14.

Shit«-Ära der globalen Erwärmung einträten. Zunächst war da, wie er schreibt, die Ära des »I wonder what will happen?« (Was wird wohl passieren?). Dann kam die Zeit des »Can this really be true?« (Kann das denn wahr sein?). Und nun sind wir eben in der Ach-du-Scheiße-Ära gelandet. Wir wissen jetzt, dass es bereits zu spät ist, die globale Katastrophe vollkommen zu verhindern. Alles, was wir noch tun können, liegt darin, ihr Ausmaß und ihre Intensität zu begrenzen. Viel an dieser Ungewissheit hat mit der Tatsache zu tun, dass »die Welt [...] ein paar Falltürmechanismen besitzt, die nicht in gradliniger Weise funktionieren, sondern stattdessen eine üble Kettenreaktion auslösen«.[64]

In seinem Buch *Gaias Rache* hat der einflussreiche Wissenschaftler James Lovelock, bestens bekannt als Urheber der sogenannten Gaia-Hypothese, eine düstere Bewertung über die Aussichten der Erde aufgrund solcher plötzlicher Kettenreaktionen abgegeben.[65] Indem er die Besorgnisse zahlreicher Wissenschaftler zur Sprache bringt, beleuchtet Lovelock eine Anzahl von Rückkopplungsmechanismen, die die Erwärmungstendenz der Erde verstärken könnten und seiner Ansicht nach auch verstärken werden. Die zerstörerische Auswirkung steigender globaler Temperaturen auf Meeresalgen und Tropenwälder (zusätzlich zur direkten Beseitigung dieser Wälder) wird, so steht zu befürchten, die Fähigkeit der Meere und Wälder zur Absorbierung von Kohlendioxid verringern und so die globale Temperatur noch weiter erhöhen. Die Freisetzung riesiger Mengen an Methangas (ein Treibhausgas, das 24-mal so stark ist wie Kohlendioxid), das aufgrund des Auftauens der arktischen Tundra durch die globale Erwärmung in die Atmosphäre aufsteigt, bildet eine weitere solch teuflischer Spiralen. Auf

---

64  Bill McKibben, »The Debate Is Over«, in: *Rolling Stone*, 17. November 2005, S. 79–82.
65  Die quasi-religiöse Gaia-Hypothese, die behauptete, dass das Leben auf der Erde die Oberflächenbedingungen des Planeten für das Zusammenspiel der Organismen stets vorteilhaft erhalte, stand im Widerspruch zur darwinschen Evolution und wurde nun in ihrer ursprünglichen Form von Lovelock selbst aufgegeben. Sie verhalf jedoch der Entwicklung einer eher holistisch geprägten Erdsystemwissenschaft seitens zahlreicher Wissenschaftler zur Inspiration, die bestrebt ist, die Erde als ein allein stehendes, sich selbst regulierendes System zu verstehen, in dem Biosphäre und Geosphäre eine dialektische Einheit bilden. Lovelock hängt nun der von ihm so bezeichneten »Gaia-Theorie« an, die den grundlegenden Lehren der Erdsystemwissenschaft entspricht, sich jedoch auf teleologische Weise an der Vorstellung festhält, dass das »Ziel« der kontinuierlichen Reproduktion von Bedingungen, welche den Gesamtzusammenhang des Lebens begünstigen, eine »sich entwickelnde« Eigenschaft des lebendigen Erdsystems sei. Die »Rache von Gaia« ist eine Rache an der Zivilisation, die bedroht ist, weil sich Gaia in Reaktion auf den von Menschen verursachten Klimawandel plötzlich einem neuen Gleichgewicht zuwendet. Siehe James Lovelock, *Gaias Rache. Warum die Erde sich wehrt* (Berlin: Ullstein 2008).

genauso verhängnisvolle Weise droht die Reduzierung der Erdreflexion durch das Schmelzen von Eis an den Polen und seine Ersetzung durch blaues Meerwasser die globalen Temperaturen hochzufahren.[66]

In Lovelocks verheerendem Ausblick hat die Erde den Punkt wahrscheinlich bereits überschritten, an dem es kein Zurück mehr gibt und die Temperaturen dazu bestimmt sind, in gemäßigten Zonen um etwa 8 °C zu steigen. Die menschliche Art wird zwar in irgendeiner Form überleben, wie er uns versichert, dennoch verweist er auf »eine bevorstehende Verschiebung unseres Klimas in Richtung eines Zustandes, den man leicht als Hölle beschreiben könnte: so heiß, so tödlich, dass nur eine Handvoll der heute herumwimmelnden Milliarden von Arten überleben wird«.[67] Er bietet als einziges Mittel einer teilweisen Rettung eine massive technische Lösung an: ein globales Programm zur Ausweitung der Kernkraftanlagen auf der ganzen Erde zur begrenzten Ersetzung der Kohlendioxid emittierenden fossilen Brennstoffwirtschaft. Der Gedanke, dass solch ein faustischer Teufelspakt wohl seinen eigenen Weg zur Hölle pflastern würde, ist ihm wohl kaum durch den Kopf gegangen.

Lovelocks Ängste sind nicht so einfach abzutun. James Hansen, der viel dafür getan hat, dem Thema der globalen Erwärmung weltweite Aufmerksamkeit zu verschaffen, hat kürzlich seine eigene Warnung herausgegeben. Unter dem Titel »The Threat to the Planet« (Die Bedrohung des Planeten) führt Hansen aus, dass Tier- und Pflanzenarten in Reaktion auf die globale Erwärmung über den ganzen Erdball wandern – wenn auch im Hinblick auf die Veränderungen ihrer Umwelt nicht schnell genug – und dass die alpinen Arten »vom Planeten geschubst werden«. Seiner Ansicht nach sehen wir uns in Verbindung mit dem Anstieg der globalen Temperatur der Möglichkeit eines massenhaften Aussterbens gegenüber, das mit früheren Zeitperioden der Erdgeschichte vergleichbar ist, in denen 50 bis 90 Prozent der lebenden Arten verschwunden sind.

Die größte unmittelbare Bedrohung der Menschheit durch den Klimawandel ist laut Hansens Argumentation mit der Destabilisierung der Eisdecken in Grönland und in der Antarktis verbunden. Wenig mehr als 1 °C trennt das heutige Klima von den wärmsten zwischeneiszeitlichen Perioden der letzten halben Million Jahre, als der Meeresspiegel nahezu fünf Meter höher lag. Darüber hinaus

---

66 Vgl. Lovelock, *Gaias Rache*, S. 34–35; John Atcheson, »Ticking Time Bomb«, in: *Baltimore Sun*, 15. Dezember 2004.
67 Lovelock, *Gaias Rache*, S. 55–59, 147; Bill McKibben, »How Close to Catastrophe?«, in: *New York Review of Books*, 16. November 2006, S. 23–25.

könnten Temperatursteigerungen von etwa 2,8 °C, wenn alles so weitergeht wie bisher, noch in unserem Jahrhundert zu einem langfristigen Anstieg des Meeresspiegels um sogar fast 25 Meter führen, wenn man danach geht, was zuletzt vor drei Millionen Jahren geschah, als die Temperaturen in dieser Höhe anstiegen. »Wir haben«, wie Hansen sagt, »höchstens zehn Jahre, das heißt keine zehn Jahre Zeit, um uns zum Handeln zu entschließen, sondern zehn Jahre, um den Verlauf der Treibhausgasemissionen grundlegend zu verändern«, wenn wir verhindern wollen, dass solche katastrophalen Auswirkungen unvermeidlich werden. Mit anderen Worten: Es trennt uns nur ein entscheidendes Jahrzehnt von unumkehrbaren Veränderungen, die eine ganz und gar andere Welt hervorbringen könnten.

Die Widersprüche des gesamten Holozän – der geologischen Epoche, in der sich die menschliche Zivilisation entwickelt hat – werden plötzlich in unserer Zeit erkennbar.[68] In der Ach-du-Scheiße-Ära ist die Diskussion zu Ende, wie McKibben sagt. Es gibt keinen Zweifel mehr, dass die globale Erwärmung eine Krise von Ausmaßen darstellt, die den Erdball erschüttern. Dennoch ist es absolut entscheidend zu verstehen, dass dies nur ein Teil dessen ist, was wir als Umweltkrise bezeichnen. Die globale ökologische Bedrohung als Ganzes besteht aus einer großen Anzahl von in sich zusammenhängenden Krisen und Problemen, denen wir gleichzeitig ausgesetzt sind. In meinem Buch von 1994, *The Vulnerable Planet* (Der verletzliche Planet), begann ich mit einer kurzen Aufzählung einiger dieser Erscheinungen, zu denen nun weitere hinzugezählt werden könnten:

Überbevölkerung, die Zerstörung der Ozonschicht, globale Erwärmung, das Artensterben, der Verlust an genetischer Vielfalt, saurer Regen, atomare Verseuchung, die Abholzung von Tropenwäldern, die Beseitigung von Hochwäldern, die Zerstörung von Feuchtgebieten, Bodenerosion, Wüstenbildung, Überflutungen, Hungersnöte, die Ausplünderung von Seen, Wasserläufen und Flüssen, die Absenkung und Kontaminierung von Grundwasser, die Verschmutzung von Küstengewässern und Mündungsgebieten, die Zerstörung von Korallenriffen, der Austritt von Öl, Überfischung, die Ausweitung von Mülldeponien, toxische Abfälle, die vergiftenden Wirkungen von Insektiziden und Herbiziden, Gefährdungen am Arbeitsplatz, städtische Verkehrsbelastung und die Verschwendung

---

68 Vgl. Jim Hansen, »The Threat to the Planet«, in: *New York Review of Books*, 13. Juli 2006, S. 12–16; Goddard Institute for Space Studies, »NASA Study Finds World Warmth Edging Ancient Levels«, 25. September 2006, siehe: http://www.giss.nasa.gov.

nicht erneuerbarer Ressourcen.[69] Es handelt sich darum, dass nicht nur einfach die globale Erwärmung, sondern viele andere Probleme einzeln und für sich genommen ebenso zur globalen Ökologiekrise beitragen. Heutzutage ist jedes größere Ökosystem auf der Erde im Schwinden begriffen. Probleme von Umweltgerechtigkeit werden immer markanter und dringlicher, wohin wir uns auch wenden. Der klassenbedingte und imperiale Krieg, der den Kapitalismus als Weltsystem definiert und sein System der Akkumulation regiert, ist ein Götze, der keine Grenzen kennt. In diesem tödlichen Konflikt wird die natürliche Welt als ein bloßes Werkzeug einer weltweiten sozialen Beherrschung angesehen. Infolgedessen erzwingt das Kapital durch seine ureigene Logik faktisch eine Strategie der verbrannten Erde. Die planetarische Ökologiekrise ist in wachsendem Maße allumfassend, ein Produkt der destruktiven Unkontrollierbarkeit einer sich rasch globalisierenden kapitalistischen Wirtschaft, die kein anderes Gesetz kennt als ihre eigene Triebkraft zur exponenziellen Expansion.

Die meisten Klimawissenschaftler, einschließlich Lovelock und Hansen, folgen dem IPCC, indem sie ihre Hauptprognosen bezüglich der globalen Erwärmung auf ein sozioökonomisches Szenario stützen, das als »business as usual« beschrieben wird. Die damit signalisierten unheilvollen Trends basieren darauf, dass unsere fundamentalen ökonomischen und technologischen Entwicklungen und unser grundlegendes Verhältnis zur Natur gleich bleiben. Daher lautet die Frage, die wir uns stellen müssen: Was bedeutet eigentlich business as usual? Was kann verändert werden, und wie schnell kann das geschehen? Angesichts dessen, dass uns die Zeit davonläuft, liegt die logische Schlussfolgerung darin, dass es erforderlich ist, dieses business as usual in radikaler Weise zu verändern, um die Katastrophe abzuwenden oder zu verringern.

Dennoch heben die vorherrschenden Lösungen – die mit der vorherrschenden Ideologie, das heißt mit der Ideologie der herrschenden Klasse verbunden sind – hervor, dass es minimale Veränderungen im business as usual seien, die uns irgendwie aus der Patsche helfen sollen. Werden die wachsenden planetarischen Bedrohungen der globalen Erwärmung und des Artensterbens geltend gemacht, wird uns weisgemacht, dass die Antwort in einem geringeren Benzinverbrauch und besseren Emissionsstandards, der Einführung von wasserstoffgetriebenen Autos, der Bindung und Abscheidung von Kohlendioxid während

---

69  Vgl. John Bellamy Foster, *The Vulnerable Planet* (New York: Monthly Review Press, 1994), S. 11.

der Produktion, einem verbesserten Naturschutz und freiwilligen Einschnitten beim Konsum liege. Politische Umweltwissenschaftler spezialisieren sich auf die Errichtung neuer politischer Umweltstrategien, die Staats- und Marktregulierungen enthalten. Umweltökonomen sprechen von handelbaren Kontaminationsgenehmigungen und der Einbeziehung aller Umweltfaktoren in den Markt, um deren effiziente Anwendung sicherzustellen. Einige Umweltsoziologen reden von ökologischer Modernisierung: einer ganzen Palette von grünen Steuern, grünen Regulierungen und neuen grünen Technologien, ja von einer Grünwerdung des Kapitalismus selbst. Futuristen beschreiben eine neue technologische Welt, in der das Gewicht der Nationen auf der Erde als Resultat einer digitalen »Entmaterialisierung« der Wirtschaft auf wundersame Weise verringert wird. Bei all diesen Sichtweisen gibt es dennoch eine feste Größe: Der grundlegende Charakter des business as usual wird so gut wie nicht verändert.

Tatsächlich liegt das, was alle derartigen Analysen mit Absicht vermeiden, in der Tatsache, dass business as usual in unserer Gesellschaft die kapitalistische Wirtschaft ausmacht – eine Ökonomie, die aufgrund der Logik von Profit und Akkumulation betrieben wird. Darüber hinaus gibt es kaum eine Erkenntnis oder gar Anerkennung der Tatsache, dass der hobbessche Krieg aller gegen alle, der den Kapitalismus kennzeichnet, zu seiner Erfüllung eines universellen Krieges gegen die Natur bedarf. In diesem Sinne kann neue Technologie das Problem nicht lösen, da sie unvermeidlich dazu verwendet wird, die Klassenauseinandersetzung zu fördern sowie die Größenordnung der Wirtschaft und somit die Umwelterosion zu steigern. Jedes Mal, wenn die Produktion schwächer wird oder gesellschaftlicher Widerstand der Expansion des Kapitals Grenzen setzt, liegt die Antwort darin, neue Wege zur intensiveren Ausbeutung der Natur zu finden. Um nochmals Pontecorvos Film zu zitieren: »Dies ist die Logik des Profits. [...] Man baut darauf, Geld zu verdienen und immer mehr zu verdienen, und um mehr zu verdienen, ist es manchmal auch notwendig zu zerstören.«

Ironischerweise wurde dieses zerstörerische Verhältnis des Kapitalismus zur Umwelt im 19. Jahrhundert offenbar besser verstanden – zu einer Zeit, als Gesellschaftsanalytiker sich der Thematik revolutionärer Veränderungen, die in der Produktionsweise vor sich gingen, bewusst waren und ihnen klar war, wie sehr dies die Beziehung des Menschen zur Natur veränderte. Infolgedessen beziehen sich Umweltsoziologen radikalerer Prägung in den Vereinigten Staaten, wo der Widerspruch zwischen Ökonomie und Ökologie heutzutage besonders akut ist, auf drei miteinander verbundene Gedanken, die von Marx und der Kritik der kapitalistischen politischen Ökonomie abgeleitet sind, die auf das 19. Jahrhundert zurückgehen: (1) die Tretmühle der Produktion; (2) den zweiten Grundwiderspruch des Kapitalismus; und (3) den metabolischen Bruch.

Der erste davon, die Tretmühle der Produktion, beschreibt den Kapitalismus als unaufhaltsam, da er die Geschwindigkeit der Tretmühle über die Steigerung des Durchlaufs an Energie und Rohstoffen als Teil seines Strebens nach Profit und Akkumulation beständig erhöht und somit auf die Absorptionsfähigkeit der Erde Druck ausübt. »Akkumuliert, akkumuliert!« Für das Kapital, schrieb Marx: »Sind das Moses und die Propheten!«[70]

Der zweite dieser Begriffe, der zweite Grundwiderspruch des Kapitalismus, ist der Gedanke, dass der Kapitalismus zusätzlich zu seinem elementaren ökonomischen Widerspruch, der aus den Klassenunterschieden bei Produktion und Distribution herrührt, auch die menschlichen und natürlichen Produktionsverhältnisse (das heißt die Umweltbedingungen) untergräbt, auf denen sein ökonomischer Fortschritt letztendlich beruht. So bereiten wir zum Beispiel durch die systematische Beseitigung von Wäldern die Grundlagen für wachsende Mangelerscheinungen auf diesem Gebiet – umso mehr als die Globalisierung diesen Widerspruch zu einem universellen werden lässt. Dies erhöht die Gesamtkosten wirtschaftlicher Entwicklung und erzeugt eine Krise des Kapitalismus, die auf angebotsorientierten Beschränkungen beruht.[71]

Der dritte Begriff, der metabolische Bruch, legt nahe, dass die Logik der Kapitalakkumulation unvermeidlich einen Bruch im Stoffwechsel zwischen Gesellschaft und Natur erzeugt, indem er grundlegende Prozesse natürlicher Reproduktion durchtrennt. Dies wirft die Frage der ökologischen Nachhaltigkeit auf – und zwar nicht nur einfach in Bezug auf die Größenordnung der Wirtschaft, sondern auch und mit immer höherer Bedeutung in der Form und Intensität der Wechselwirkung zwischen Natur und Gesellschaft unter kapitalistischen Verhältnissen.[72]

---

70 Karl Marx, *Kapital*, Band 1, MEW Band 23, a.a.O., S. 621. Die Theorie von der Tretmühle der Produktion bildete sich in der Arbeit von Allan Schnaiberg heraus. Siehe Schnaiberg, *The Environment: From Surplus to Scarcity* (New York: Oxford University Press, 1980); John Bellamy Foster, »The Treadmill of Accumulation«, in: *Organization & Environment* 18, Nr. 1, März 2005, S. 7–18.

71 Die Theorie vom zweiten Widerspruch hat ihren Ursprung bei dem marxistischen Politökonomen James O'Connor. Siehe O'Connor, *Natural Causes* (New York: Guilford, 1998).

72 Die marxsche Theorie des metabolischen Bruchs wird im Einzelnen erörtert in John Bellamy Foster, *Marx's Ecology: Materialism and Nature* (New York: Monthly Review

Ich werde mich auf den dritten dieser Begriffe, den metabolischen Bruch, konzentrieren, da dies der komplexeste dieser drei sozioökologischen Faktoren ist und außerdem derjenige, der im Mittelpunkt meiner eigenen Forschung auf diesem Gebiet gestanden hat, insbesondere in meinem Buch über die marxsche Ökologie. Marx war in hohem Maße von der Arbeit von Justus Liebig, dem führenden Landwirtschaftschemiker seiner Zeit, beeinflusst. Liebig hatte eine Analyse der ökologischen Widersprüche der industrialisierten kapitalistischen Landwirtschaft entwickelt. Er argumentierte, dass eine solche industrialisierte Landwirtschaft, wie sie sich in ihrer weitestentwickelten Form im England des 19. Jahrhunderts zeigte, ein räuberisches System sei, das den Boden auslaugte. Nahrung und Fasern wurden über Hunderte, wenn nicht Tausende von Kilometern vom Land in die Stadt transportiert. Dies bedeutet, dass wesentliche Bodennährstoffe wie Stickstoff, Phosphor und Kalium dadurch mittransportiert wurden. Anstatt in den Boden zurückzugelangen, verursachen diese essenziellen Nährstoffe die Verschmutzung der Städte, zum Beispiel in der Kontaminierung der Themse in London. Die natürlichen Bedingungen für die Reproduktion des Bodens wurden somit zerstört.

Um die daraus resultierende Verschlechterung der Bodenfruchtbarkeit auszugleichen, plünderten die Briten die Knochen der napoleonischen Schlachtfelder und der Katakomben Europas, um mit ihnen den Boden der englischen Ländereien zu düngen. Sie griffen auch auf den umfangreichen Import von Guano von den Inseln vor der Küste Perus zurück, gefolgt von der Einfuhr chilenischer Nitrate (nach dem Pazifikkrieg, in dem Chile Teile von Peru und Bolivien besetzte, die reich an Guano- und Nitratvorkommen waren). Die Vereinigten Staaten schickten auf der Suche nach Guano Schiffe über alle Meere und besetzten schließlich, zwischen der Verabschiedung des Guano Island Act von 1856 und dem Jahr 1903, 94 Inseln, Felsen und Riffe, von denen 66 als offizielle Bestandteile der USA anerkannt wurden und neun sich auch heute noch in US-Besitz befinden.[73] Dies spiegelte eine große Krise der kapitalistischen Landwirtschaft im 19. Jahrhundert wider, die mit der Entwicklung synthetischen Stickstoffdüngers im 20. Jahrhundert nur teilweise gelöst wurde und letztendlich zu seinem übermäßigen Gebrauch geführt hat, der selbst wiederum ein größeres Umweltproblem darstellt.

---

Press, 2000) und in Teil II des vorliegenden Buches. Siehe auch Paul Burkett, *Marxism and Ecological Economics* (Boston: Brill, 2006), S. 204–207, 292–293.
73  Vgl. Jimmy M. Skaggs, *The Great Guano Rush* (New York: St. Martin's Press, 1994).

Bei seinen Überlegungen zur Krise der kapitalistischen Landwirtschaft übernahm Marx das Konzept des Stoffwechsels, der im 19. Jahrhundert von Biologen und Chemikern, einschließlich Liebig, eingeführt worden war, und wandte ihn auf die sozioökologischen Beziehungsverhältnisse an. Alles Leben beruht auf metabolischen Prozessen zwischen Organismen und ihrer Umwelt. Organismen führen mit ihrer Umwelt einen Austausch von Energie und Materie durch, der mit ihrem eigenen inneren Lebensprozess verflochten ist. Es führt nicht zu weit, sich ein Vogelnest als Teil des Stoffwechselprozesses des Vogels vorzustellen. Marx definierte den Prozess der Arbeit ausdrücklich als »metabolische Wechselwirkung zwischen Mensch und Natur«. Im Hinblick auf das ökologische Problem sprach er von »einem irreparablen Bruch im wechselseitigen Prozess des sozialen Stoffwechsels«, bei dem die Voraussetzungen für die notwendige Reproduktion des Bodens bei Unterbrechung des metabolischen Kreislaufes beständig getrennt wurden. »Die kapitalistische Produktion«, so schrieb er, »entwickelt daher nur die Technik und Kombination des gesellschaftlichen Produktionsprozesses, indem sie zugleich die Springquellen allen Reichtums untergräbt: die Erde und den Arbeiter.« Marx sah diesen Bruch nicht nur in simplen nationalen Bezügen, sondern auch in Verbindung mit dem Imperialismus. »England hat«, wie er schrieb, »den Boden von Irland indirekt exportiert, ohne seinen Bebauern auch nur die Mittel zum Ersatz der Bodenbestandteile zu gönnen.«

Dieses Prinzip des metabolischen Bruchs hat ein sehr weites Anwendungsfeld und ist faktisch in den letzten Jahren von Umweltsoziologen auf Probleme wie die globale Erwärmung und die ökologische Zerstörung der Weltmeere angewandt worden.[74] Was jedoch selten erkannt wurde, ist die Tatsache, dass Marx von einer Konzeption des metabolischen Bruchs unverzüglich zur Notwendigkeit einer metabolischen Restaurierung überging, indem er argumentierte, dass »sie [...] zugleich durch die Zerstörung der bloß naturwüchsig entstandnen Umstände jenes Stoffwechsels, ihn systematisch als regelndes Gesetz der gesellschaftlichen Produktion [...] herzustellen [zwingt]«. Die Realität des metabolischen Bruchs verwies auf die Notwendigkeit der Instandsetzung der Natur durch nachhaltige Produktion.

74 Vgl. Brett Clark und Richard York, »Carbon Metabolism: Global Kapitalism, Climate Change, and the Biospheric Rift«, in: *Theory and Society* 34, Nr. 4, 2005, S. 391–428; Rebecca Clausen und Brett Clark, »The Metabolic Rift and Marine Ecology: An Analysis of the Oceanic Crisis within Capitalist Production«, in: *Organization & Environment* 18, Nr. 4, 2005, S. 422–444.

Es ist dieses dialektische Verständnis des soziökologischen Problems, das Marx zu dem geführt hat, was vielleicht die radikalste Vorstellung von soziökologischer Nachhaltigkeit darstellt, die jemals entwickelt worden ist. So schrieb er im dritten Band des *Kapital*:

»Vom Standpunkt einer höheren ökonomischen Gesellschaftsformation wird das Privateigentum einzelner Individuen am Erdball ganz so abgeschmackt erscheinen wie das Privateigentum eines Menschen an einem andern Menschen. Selbst eine ganze Gesellschaft, eine Nation, ja alle gleichzeitigen Gesellschaften zusammengenommen, sind nicht Eigentümer der Erde. Sie sind nur ihre Besitzer, ihre Nutznießer, und haben sie als *boni patres familias* [als gute Haushaltsvorstände] den nachfolgenden Generationen verbessert zu hinterlassen.«[75]

Für Marx konnte mit anderen Worten das gegenwärtige Verhältnis der Menschen zur Erde unter der privaten Akkumulation mit der Sklaverei verglichen werden. Genau wie »das Privateigentum eines Menschen an einem anderen« nicht länger als akzeptabel erachtet wird, so muss auch das private Eigentum von Menschen über Erde und Natur (und sogar über ganze Länder) überwunden werden. Das menschliche Beziehungsverhältnis zur Natur muss reguliert werden, um ihre Existenz »in einem verbesserten Zustand für nachfolgende Generationen« zu garantieren. Seine Bezugnahme auf den Begriff der »boni patres familias« geht zurück auf den antiken griechischen Begriff der Hausgemeinschaft oder des *oikos*, von dem wir sowohl »Ökonomie« (von *oikonomia* oder Haushaltsführung) als auch »Ökologie« (von *oikologia* oder Haushaltslehre) ableiten. Marx verwies auf die Notwendigkeit eines radikaleren, nachhaltigeren Beziehungsverhältnisses der Menschen zur Produktion im Einklang mit Vorstellungen, die wir heute als eher ökologisch denn als bloß ökonomisch ansehen würden. Er insistierte,

»Freiheit in diesem Gebiet kann nur darin bestehn, daß der vergesellschaftete Mensch, die assoziierten Produzenten, diesen ihren Stoffwechsel mit der Natur rationell regeln, unter ihre gemeinschaftliche Kontrolle bringen, statt von ihm als von einer blinden Macht beherrscht zu werden;

---

75  Karl Marx, *Das Kapital*, Band 3, MEW Bd. 25 (Berlin/DDR: Dietz, 1964), S. 784.

ihn mit dem geringsten Kraftaufwand und unter den ihrer menschlichen Natur würdigsten und adäquatesten Bedingungen vollziehn.«[76]

Die zerstörerische Unkontrollierbarkeit des Kapitalismus, die aus seinem dualen Charakter als ein System von Klassen und sozialer Ausbeutung, sowie der Versklavung und der Zerstörung der Erde selbst erwächst, wurde folglich von Marx wohl verstanden. In Bezug auf den Film *Queimada* haben wir gesehen, wie die Ausbeutung von Menschen an die Zerstörung der Erde gebunden war. Die Herrschaftsverhältnisse haben sich verändert, die Antwort ist jedoch die gleiche geblieben: das Niederbrennen der Insel als Mittel, um den klassenbezogenen und imperialen Krieg zu gewinnen. Heute gehört ein paar Hundert Leuten mehr Reichtum als die Einkünfte von Milliarden von Menschen. Zur Aufrechterhaltung dieses Systems von globaler Ungleichheit ist ein ebenso globales System der Repression entwickelt worden, das sich ständig in Bewegung befindet. Außerdem sind parallel dazu ausgedehnte neue Systeme, wie das moderne Agrobusiness, zur destruktiven Ausbeutung der Erde entstanden.

## Soziale Revolution und metabolische Restaurierung

Pontecorvos Film *Queimada* über eine Revolution in der Karibik erreicht im Jahr 1848, einem revolutionären Jahr in der realen Weltgeschichte, seinen Höhepunkt. 1848 bemerkte Marx bekanntlich in seiner Rede über den Freihandel: »Sie glauben vielleicht, meine Herren, dass die Produktion von Kaffee und Zucker die natürliche Bestimmung von Westindien sei. Vor zwei Jahrhunderten hatte die Natur, die sich nicht um den Handel kümmert, dort weder Kaffeebäume noch Zuckerrohr gepflanzt.«[77] Viel von dem, was wir für natürlich halten, ist ein Produkt des Kapitalismus. Tatsächlich werden wir dazu erzogen zu glauben, dass die kapitalistischen Marktverhältnisse natürlicher, unanfechtbarer seien als alles, was es in der Natur gibt. Es ist genau diese Art zu denken, mit der wir brechen müssen, wenn wir unser Beziehungsverhältnis zur Erde erneuern und den metabolischen Bruch aufheben wollen. Die einzige Antwort auf die Ökologie der Zerstörung durch den Kapitalismus liegt in der Revolutionierung unserer Produktions-

---

76 Karl Marx, *Kapital*, Band 1, MEW Band 23, a. a. O., S. 528; Karl Marx, *Kapital*, Band 3, MEW Band 25 (Dietz Verlag Berlin 1975), S. 784, 828.
77 Karl Marx, *Rede über die Frage des Freihandels*, MEW Band 4 (Berlin: Dietz Verlag, 1972) S. 456.

verhältnisse auf Wegen, die eine metabolische Restaurierung erlauben. Dies wird aber einen Bruch mit dem System der »sozio-metabolischen Reproduktion«, das heißt der Logik des Profits erforderlich machen.[78]

Solch ein revolutionärer Bruch mit dem heutigen business as usual bietet natürlich keine Garantie, sondern die bloße Möglichkeit einer sozialen und ökologischen Umgestaltung durch die Schaffung einer nachhaltigen, egalitären und sozialistischen Gesellschaft. Lovelocks »Gaias Rache« – das, was Friedrich Engels im 19. Jahrhundert als die »Rache der Natur« bezeichnet hatte und nun in planetarischem Maßstab deutlich zum Vorschein kommt – wird nicht einfach durch ein Brechen der Logik des bestehenden Systems überwunden.[79] Dennoch bleibt ein solcher Bruch der erforderliche erste Schritt bei jedem rationalen Versuch, die menschliche Zivilisation zu retten und voranzubringen. *Queimada* ist nicht länger nur eine Insel, sondern steht für die ganze Welt, die sich vor unseren Augen aufheizt.

Am Ende von Pontecorvos Film wird José Dolores getötet, aber sein revolutionärer Geist lebt weiter. Die Strategie der Zerstörung der Natur, um die Menschheit zu versklaven, so wird uns aufgezeigt, wird nicht ewig funktionieren. Heute erwacht in Lateinamerika wieder der revolutionäre Geist Simón Bolívars und Che Guevaras. Aber wir wissen nun etwas, das selten zuvor verstanden worden ist, nämlich dass eine revolutionäre Umgestaltung der Gesellschaft auch eine revolutionäre Restaurierung unseres metabolischen Verhältnisses zur Natur sein muss: Gleichheit und Nachhaltigkeit müssen sich gemeinsam entfalten, wenn beides sich als siegreich erweisen soll und wenn wir überleben wollen.

---

78 Die Analyse des Kapitals als einem System »sozio-metabolischer Reproduktion« wird entwickelt in István Mészáros, *Beyond Kapital* (New York: Monthly Review Press, 1995), S. 39–71.
79 Vgl. Friedrich Engels, *Dialektik der Natur*, MEW Band 20, (Berlin: Dietz Verlag 1962).

# Kapitel 2
# Ökologie: Der Moment der Wahrheit

Dieses Kapitel wurde für das vorliegende Buch auf Grundlage eines Artikels überarbeitet und korrigiert, der unter Koautorenschaft von Brett Clark und Richard York unter dem Titel »Ecology: The Moment of Truth – An Introduction«, in *Monthly Review* 60, Nr. 3 (Juli/August 2008), S. 1–11, erschienen ist.

Es ist abenteuerlich, das Umweltproblem zu unterschätzen, dem sich die Menschheit im 21. Jahrhundert gegenübersieht. Vor fast fünfzehn Jahren bemerkte ein Beobachter: »Uns bleiben nur noch vier Jahrzehnte, in denen wir die Kontrolle über unsere Hauptumweltprobleme erlangen können, wenn wir einen unumkehrbaren ökologischen Niedergang verhindern wollen.«[80] Heute, wo uns immer noch ein Vierteljahrhundert auf dieser prognostizierten Zeitachse verbleibt, scheint dies allzu optimistisch gewesen zu sein. Die nun verfügbaren Befunde legen eindringlich nahe, dass wir unter einem System des Weiter-so-wie-Bisher in Bezug auf den Klimawandel binnen nur eines Jahrzehnts vor einem unumkehrbaren »Wendepunkt« stehen könnten.[81] Andere Krisen – wie das Ausster-

---

80  John Bellamy Foster, *The Vulnerable Planet* (New York: Monthly Review Press, 1994), S. 12. Die Vier-Dekaden-Prognose beruhte auf der Arbeit des Worldwatch-Institutes. Vgl. Lester R. Brown et al., »World Without End«, in: *Natural History*, Mai 1990, S. 89; und *State of the World 1992* (London: Earthscan, 1992), S. 3–8.

81  Vgl. James Hansen, »Tipping Point«, in: E. Fearn and K. H. Redford (Hrsg.), *The State of the Wild 2008* (Washington, D.C.: Island Press, 2008), S. 7–15, siehe: http://pubs.giss.nasa.gov/docs/2008/2008_Hansen_1.pdf. Vgl. auch James Hansen, »The Threat

ben von Arten[82]; die rasche Erschöpfung der Ressourcen der Meere; Wüstenbildung; Entwaldung; Luftverschmutzung; Wasserknappheit und -verschmutzung; Bodenerosion; das bevorstehende Fördermaximum bei der Welterdölproduktion (mit der damit verbundenen Entstehung neuer geopolitischer Spannungen); sowie einer chronischen weltweiten Nahrungsmittelkrise – deuten allesamt auf die Tatsache hin, dass der Planet, wie wir ihn kennen, und seine Ökosysteme bis zur Grenze der Belastbarkeit überdehnt werden. Der Augenblick der Wahrheit für die Erde und die menschliche Zivilisation ist gekommen.

Es ist allerdings unwahrscheinlich, dass sich die Auswirkungen der ökologischen Zerstörung, auch wenn sie ein riesiges Ausmaß erreichen, noch in einer einzigen Generation als »apokalyptisch« für die menschliche Zivilisation erweisen werden, selbst unter Bedingungen eines kapitalistischen business as usual. An normalen menschlichen Lebensspannen gemessen, bleibt zweifelsohne noch in nennenswertem Maße Zeit, bevor die volle Wirkung der gegenwärtigen menschlichen Zerstörung des Planeten ins Spiel kommt. Dennoch ist die verbleibende Zeitperiode, in der wir eine zukünftige Umweltkatastrophe noch abwenden können, bevor uns dies grundsätzlich aus den Händen gleitet, sehr viel kürzer. Tatsächlich hat das wachsende Gespür für Dringlichkeit bei den Umweltschützern mit der Erwartung verschiedener Wendepunkte zu tun, die bei Überschreiten kritischer ökologischer Schwellenwerte erreicht werden und zur Möglichkeit eines drastischen Rückgangs des Lebens auf der Erde führen.

Solch ein Wendepunkt wäre zum Beispiel eine eisfreie Arktis, zu der es inner-

---

to the Planet«, in: *New York Review of Books*, 13. Juli 2006. Die Argumentation der Wendepunkte hinsichtlich des Klimawandels wird im Zusammenhang mit einer Reihe von biosphärischen Brüchen am besten verständlich, die durch das System ökonomischer Akkumulation erzeugt werden. Dazu siehe Brett Clark und Richard York, »Carbon Metabolism and Global Kapitalism: Climate Change and the Biospheric Rift«, in: *Theory and Society* 34, Nr. 4, 2005, S. 391–428.

82  Die Prozentzahlen von Vogel-, Säugetier- und Fischarten, die »anfällig oder der unmittelbaren Gefahr der Ausrottung unterworfen sind« werden »nun in zweistelligen Kennzahlen messbar«. Lester R. Brown, *Plan B 3.0* (New York: W.W. Norton, 2008), S. 102. Der Anteil bedrohter Arten betrug im Jahr 2007 zwölf Prozent, 20 Prozent der weltweiten Säugetierarten und 39 Prozent der geschätzten weltweiten Fischarten. Siehe auch *International Union for the Conservation of Nature* (IUCN), *IUCN Red List of Threatened Species*, Tabelle 1, »Numbers of Threatened Species by Major Groups of Organisms«, http://www.iucnredlist.org/info/stats. Zusätzlich hat der Klimawandel signifikante Auswirkungen auf die Pflanzenvielfalt. »Jüngste Studien sagen voraus, dass der Klimawandel bis zum Ende des Jahrhunderts zur Ausrottung von bis zur Hälfte der weltweiten Pflanzenarten führen könnte.« Vgl. Belinda Hawkins, Suzanne Sharrock und Kay Havens, *Plants and Climate Change* (Richmond, UK: Botanic Gardens Conservation International, 2008), S. 9.

halb von zwei Jahrzehnten oder weniger kommen könnte. Schon im Sommer 2007 verlor die Arktis in einer einzigen Woche eine Eisfläche von fast der doppelten Größe Großbritanniens. Die schwindende arktische Polkappe bringt eine enorme Verminderung der Erdreflektivität (albedo) mit sich, wodurch die globale Erwärmung drastisch zunimmt (eine positive Rückkopplung, die als »albedo flip« bekannt ist). Zugleich verweist die rasche Auflösung der Eisdecke in der westlichen Antarktis und in Grönland auf weltweit steigende Meeresspiegel, die Küstenregionen und Inseln bedrohen.[83]

Im Jahr 2008 fasste James Hansen, Direktor des Goddard Instituts für Weltraumstudien der NASA und führender US-Klimaforscher, den Stand des bestehenden »planetarischen Notstands« in Bezug auf den Klimawandel wie folgt zusammen:

> »Unser Planet ist gefährlich nahe an einen Wendepunkt gelangt, an dem menschengemachte Treibhausgase eine Stufe erreichen, von der aus sich größere Klimaveränderungen unter eigenem Impuls fortsetzen können. Die Erwärmung verschiebt dann unter Intensivierung des Wasserkreislaufes ganze Klimazonen und beeinträchtigt die Frischwasserverfügbarkeit und die menschliche Gesundheit. Wir werden in wiederholtem Maße Küstentragödien erleben, die mit Stürmen und kontinuierlich steigenden Meeresspiegeln verbunden sind. Die Auswirkungen sind tiefgehend, und die einzige Lösung für die Menschen besteht darin, innerhalb eines Jahrzehnts einen grundlegend anderen Energiepfad einzuschlagen. Andernfalls wird es für ein Drittel der Tier- und Pflanzenarten der Welt und Millionen der anfälligsten Angehörigen unserer eigenen Art zu spät sein.«[84]

Der Umweltschützer Lester Brown sagt dazu in seinem Plan B 3.0: »Wir überschreiten natürliche Schwellen, die wir nicht sehen können und missachten Fristen, die wir nicht erkennen. Die Natur ist der Zeitmesser, aber wir können

---

83 Vgl. David Spratt und Philip Sutton, *Climate Code Red* (Fitzroy, Australia: Friends of the Earth, 2008), S. 4, siehe: http://www.climatecodered.net; Brown, Plan B 3.0, S. 3; James Hansen et al., »Climate Change and Trace Gases«, in: *Philosophical Transactions of the Royal Society* 365, 2007, S. 1925–1954; James Lovelock, *The Revenge of Gaia*, a.a.O., S. 34; Minqi Li, »Climate Change, Limits to Growth, and the Imperative for Socialism«, in: *Monthly Review* 60, Nr. 3, Juli/August 2008, S. 51–67; »Arctic Summers Ice-Free ›by 2013‹«, *BBC News*, 12. Dezember 2007.

84 Hansen, »Tipping Point«, S. 7–8.

die Uhr nicht sehen [...] Wir stehen in einem Wettlauf zwischen Wendepunkten in den natürlichen wie auch den politischen Systemen der Erde. Welches gelangt zuerst an die Wendemarke?«[85] Da die Uhr weiterhin tickt und wenig erreicht wurde, ist es offensichtlich, dass entscheidende und weitreichende Veränderungen erforderlich sind, um die letztendliche Katastrophe zu verhindern. Dies wirft die Frage einer gesellschaftlich revolutionären Veränderung im Sinne einer sowohl ökologischen als auch sozialen Notwendigkeit auf.

Wenn es jedoch darum geht, dass zunehmend revolutionäre Lösungen dazu benötigt werden, das ökologische Problem anzugehen, ist dies jedoch genau das, was das bestehende Gesellschaftssystem garantiert nicht zu leisten vermag. Die heutige Umweltbewegung ist hauptsächlich auf Maßnahmen gerichtet, die notwendig sind, um die Auswirkungen der Wirtschaft auf die Ökologie des Planeten zu mindern, ohne das wirtschaftliche System infrage zu stellen, das in seinen ihm eigenen Funktionsweisen die ungeheuren Umweltprobleme erzeugt, mit denen wir es nun zu tun haben. Das, was wir als »das Umweltproblem« bezeichnen, ist schließlich und endlich in erster Linie ein Problem der politischen Ökonomie. Sogar die kühnsten ökonomischen Versuche, gegen den Klimawandel anzugehen, bleiben weit hinter dem zurück, was zum Schutz der Erde nötig wäre, da die Quintessenz, die all solche Pläne unter dem Kapitalismus verhindert, in der Notwendigkeit eines kontinuierlichen, raschen Wachstums von Produktion und Profiten liegt.

## Die vorherrschende Wirtschaftsweise des Klimawandels

Die ökonomische Beschränkung hinsichtlich umweltbezogenen Handelns ist beim Blick auf den als weitestgehend angesehenen etablierten Versuch zur Behandlung der Ökonomie des Klimawandels (*The Economics of Climate Change*) in Form einer umfangreichen Studie leicht zu erkennen, die im Jahr 2007 im Auftrag des Britischen Schatzamtes unter diesem Titel veröffentlicht wurde.[86] Nach

---

85 Brown, *Plan B 3.0*, S. 4–5. Brown veranschaulicht korrekterweise die Ernsthaftigkeit des ökologischen Problems, beharrt jedoch als Mainstream-Umweltschützer darauf, dass alles durch eine kluge Kombination technologischer Reparaturmaßnahmen und die Magie des Marktes gut geregelt werden könne, ohne die Gesellschaft materiell zu verändern. Siehe Li, »Climate Change, the Limits to Growth, and the Imperative for Socialism«, a.a.O.
86 Vgl. Nicholas Stern, *The Economics of Climate Change: The Stern Review* (Cambridge: Cambridge University Press, 2007).

ihrem Hauptautor Nicolas Stern, einem ehemaligen Chefökonomen der Weltbank, mit dem Untertitel *Stern Report* (*The Stern Review*) versehen, wird sie als die wichtigste und fortschrittlichste Mainstreamabhandlung über die Ökonomie der globalen Erwärmung betrachtet.[87] Der *Stern Report* fokussiert auf die Zielgröße der Konzentration von Kohlendioxidäquivalenten ($CO_2e$) in der Atmosphäre, die dazu erforderlich ist, die globale Durchschnittstemperatur bei nicht mehr als 3 °C über vorindustriellen Werten zu stabilisieren. $CO_2e$ (e = equivalent) bezieht sich dabei auf die sechs Treibhausgase nach dem Kyoto-Protokoll: Kohlendioxid [$CO_2$], Methan, Stickstoffoxid, Hydrofluorkarbonat, Perfluorkarbonat und Schwefelhexafluorid, die alle in Bezug auf die entsprechende Menge an $CO_2$ wiedergegeben werden. Während die $CO_2$-Konzentration in der Atmosphäre heute bei 387 Millionstel (ppm) liegt, beträgt die Konzentration von $CO_2e$ rund 430 ppm.

Das von den meisten Klimaforschern vorgeschlagene Ziel lag darin, zu versuchen, einen Anstieg der globalen Temperatur um mehr als 2 °C über vorindustrielles Niveau zu verhindern, was eine Stabilisierung atmosphärischen $CO_2e$ bei 450 ppm erforderlich macht. Jenseits dieses Wertes kommen wahrscheinlich alle Arten von positiven Rückkopplungen und Wendepunkten ins Spiel, die zu einer unkontrollierbaren Beschleunigung des Klimawandels führen. Tatsächlich haben James Hansen und andere Klimaforscher am Goddard Institut für Weltraumstudien der NASA erst kürzlich argumentiert: »Wenn die Menschheit einen Planeten bewahren möchte, der ähnlich beschaffen ist wie der, auf dem sich die Zivilisation entwickelt hat und dem das Leben auf der Erde angepasst ist, dann legen paläoklimatische Hinweise und der laufende Klimawandel nahe, dass das

---

87  Der Stern Report ist von konservativeren Mainstream-Ökonomen, einschließlich William Nordhaus, wegen seiner ethischen Auswahlkriterien kritisiert worden, die – wie behauptet wird – im Gegensatz zu den heutigen Werten eine zu starke Betonung auf die der Zukunft legten, indem sie eine weit geringere Discountrate auf zukünftige Kosten und Vorteile im Vergleich zu anderen, eher standardmäßigen Verfahren ansetzten, als dem von Nordhaus. Dies verleiht dem aktuellen Umweltproblem demzufolge eine größere Dringlichkeit. Nordhaus berechnet die Zukunft mit einem jährlichen Nachlass von sechs Prozent; Stern mit weniger als einem Viertel davon mit 1,4 Prozent. Dies bedeutet, dass für Stern eine Billion Dollar von vor einem Jahrhundert heute nur noch $ 247 Milliarden wert sind, während für Nordhaus nur noch $ 2,5 Milliarden veranschlagt werden. Nordhaus bezeichnet den Stern Report als eine »radikale Überarbeitung der Wirtschaftsweise des Klimawandels« und kritisiert den Bericht wegen einer Auferlegung »kurzfristig gesehen übertrieben großer Emissionsreduzierungen«. John Browne, »The Ethics of Climate Change«, in: *Scientific American* 298, Nr. 6, Juni 2008, S. 97–100; William Nordhaus, *A Question of Balance* (New Haven: Yale University Press, 2008), S. 18, 190.

$CO_2$ von seinen gegenwärtig 385 ppm auf höchstens 350 ppm reduziert werden muss.«[88] Der *Stern Report* begnügt sich jedoch stattdessen mit einem globalen Anstieg der Durchschnittstemperatur von höchstens 3 °C (ein Schwellenwert, jenseits dessen die Umwelteffekte zweifelsohne absolut katastrophal wären), was laut seiner Schätzung wohl erreicht werden könnte, wenn das $CO_2$e in der Atmosphäre bei 550 ppm, auf nahezu dem doppelten vorindustriellen Niveau, stabilisiert würde.

Gleichwohl räumt der *Stern Report* ein, dass die gegenwärtigen Umweltanfälligkeiten »eine Wahrscheinlichkeit von 1:5 mit sich bringen, dass die Welt eine Erwärmung von über 3 °C über die vorindustriellen [Werte] hinaus erleben würde, selbst wenn die Treibhausgaskonzentrationen auf dem heutigen Niveau von 430 ppm $CO_2$e stabilisiert würden«. Darüber hinaus geht er so weit einzugestehen, dass »durch eine Stabilisierung bei 550 ppm $CO_2$e die Möglichkeit einer Überschreitung von 3 °C auf 30–70 % steigt«. Wie er jedoch weiter feststellt, beinhaltet ein Wert von 550 ppm $CO_2$e »eine 50:50-Chance eines Temperaturanstieges über oder bis 3 °C, während das Hadley-Centre-Modell eine Wahrscheinlichkeit von zehn Prozent vorhersagt, auf diesem Niveau sogar die 5 °C zu überschreiten«. Ein Anstieg von 3 °C würde die globale Durchschnittstemperatur der Erde auf eine Höhe bringen, die zuletzt im »mittleren Pliozän vor rund drei Millionen Jahren« herrschte. Desweiteren könnte, wie der *Stern Report* erklärt, ein solcher Anstieg genügen, um einen Stillstand der thermohalinen Zirkulation[89] der Ozeane auszulösen, die Westeuropa erwärmt, einen abrupten Klimawandel erzeugen und auf diese Weise Westeuropa in Sibirien-ähnliche Konditionen zu stürzen. Eine andere Untersuchung legt nahe, dass der Wasserfluss im Indus bis

---

88   James Hansen et al., »Target Atmospheric CO2: Where Should Humanity Aim?«, zitiert aus einem der Zeitschrift Science überlassenen Artikel, http://pubs.giss.nasa.gov/ abstracts/submitted/Hansen_etal.html (eingestellt im Mai 2008). Schon vorher hatten Hansen und seine Kollegen vom Goddard Institut der NASA argumentiert, dass aufgrund der positiven Rückkopplungen und klimatischen Wendepunkte die durchschnittliche globale Temperaturzunahme auf weniger als 1 °C unter dem Niveau des Jahres 2000 gehalten werden müsse. Dies würde bedeuten, dass das atmosphärische CO2 bei 450 ppm oder weniger gehalten werden müsste. Vgl. Pushker A. Kharecha und James E. Hansen, »Implications of ›Peak Oil‹ for Atmospheric CO2 and Climate«, in: *Global Biogeochemistry*, 2008, siehe: http://pubs.giss. nasa.gov/abstracts/inpress/Kharecha_ Hansen.html.

89   Die thermohaline Zirkulation ist ein ozeanografischer Terminus für eine Kombination von Meeresströmungen, die vier der fünf Ozeane miteinander verbinden und sich dabei zu einem Kreislauf globalen Ausmaßes vereinen. Der Antrieb für diesen umfangreichen Massen- und Wärmeaustausch ist thermohaliner Natur. Das bedeutet: Er wird durch Temperatur- und Salzkonzentrationsunterschiede innerhalb der Weltmeere hervorgerufen.

zum Jahr 2100 um neunzig Prozent nachlassen könnte, wenn die globale Durchschnittstemperatur um 3 °C stiege, was Hunderte von Millionen Menschen in Mitleidenschaft zöge. Studien von Klimatologen weisen darauf hin, dass es bei 550 ppm $CO_2e$ eine mehr als fünfprozentige Wahrscheinlichkeit dafür gibt, dass die globale Durchschnittstemperatur über 8 °C steigen könnte. All dies lässt vermuten, dass ein Stabilisierungsziel von 550 ppm $CO_2e$ für die Erde, wie wir sie kennen, wie auch für ihre Bewohner katastrophal sein könnte.

Warum also legt der *Stern Report*, wenn die Risiken für den Planeten und die Zivilisation so riesig sind, so viel Gewicht auf den Versuch, durch Stabilisierung des $CO_2e$ bei 550 ppm die globale Erwärmung auf 3 °C beizubehalten (was er an einer Stelle als »die obere Grenze des Stabilisierungsbereichs« beschreibt)? Um dies zu beantworten, ist es notwendig, sich einigen Tatsachen ökonomischer Natur zuzuwenden.

Hierbei ist es von Nutzen festzustellen, dass sich ein atmosphärischer Konzentrationsgrad von nahezu 550 ppm $CO_2e$ im Jahr 2050 ergäbe, wenn die Treibhausgasemissionen einfach nur auf dem gegenwärtigen Niveau weitergingen, ohne dass es in den Jahren bis dahin irgendwelche Steigerungen gäbe. Dennoch ist dies, wie selbst der *Stern Report* bemerkt, unter Bedingungen des business as usual unrealistisch, da zu erwarten ist, dass sich der Anstieg der Treibhausgasemissionen auf einer »rasch ansteigenden Verlaufskurve« fortsetzen wird. Folglich würde ein atmosphärischer $CO_2e$-Level von 550 ppm unter realistischeren Annahmen plausiblerweise bereits um das Jahr 2035 erreicht werden. Dies würde die Gefahr von 750 ppm $CO_2e$ (oder mehr) und einen Anstieg der globalen Durchschnittstemperatur über 4,3 °C innerhalb der nächsten paar Jahrzehnte erhöhen. (Tatsächlich schließen IPCC-Szenarien die Möglichkeit ein, dass der atmosphärische Kohlenstoffgehalt bis zum Jahr 2100 auf 1.200 ppm und die globale Durchschnittstemperatur gar um 6.3 °C stiege.)

Entgegen diesem Szenarium eines business as usual schlägt der *Stern Report* eine Ordnung der Klimastabilisierung vor, in der die Treibhausgasemissionen 2015 ihren Höhepunkt erreichen und danach um ein Prozent pro Jahr fallen würden, um sich bei 550 ppm $CO_2e$ zu stabilisieren (mit einer erheblichen Chance, dass der Anstieg der globalen Durchschnittstemperatur auf unter 3 °C gehalten würde).

Warum sollte man aber angesichts der riesigen Gefahren keine tieferen Einschnitte bei den Treibhausgasemissionen auf einem niedrigeren atmosphärischen $CO_2e$-Level und einen geringeren Anstieg der globalen Durchschnittstemperatur anstreben? Immerhin haben die meisten Klimaforscher zu einer Stabilisierung des atmosphärischen $CO_2e$ bei 450 ppm oder weniger aufgerufen, wodurch der globale Temperaturanstieg bei etwa 2 °C über den vorindustriellen Werten gehalten würde. Hansen und seine Kollegen vom Goddard Institut der NASA sind sogar noch weitergegangen, indem sie argumentierten, dass das Ziel bei 350 ppm $CO_2$ liegen sollte.

Der *Stern Report* ist jedoch darin sehr deutlich, dass solch eine radikale Entschärfung des Problems nicht in Angriff genommen werden sollte. Die Kosten für die Weltwirtschaft, um eine Stabilisierung des atmosphärischen $CO_2e$ auf gegenwärtigem Niveau oder noch darunter zu gewährleisten, seien hinderlich und würden den Kapitalismus selbst destabilisieren.»Wege, die sehr rasche Emissionskürzungen erfordern«, so wird uns gesagt,»sind ökonomisch kaum gangbar.« Wenn die globalen Treibhausgasemissionen jetzt ihren Höhepunkt haben sollten, läge die jährlich erforderliche Reduktionsrate zur Stabilisierung des atmosphärischen Kohlenstoffes bei 450 ppm, wie der *Stern Report* nahelegt, bei sieben Prozent, wobei die Emissionen bis 2050 um über 70 Prozent unter das Niveau von 2005 sinken müssten. Dies wird als wirtschaftlich untragbar angesehen.

Infolgedessen besteht das vom *Stern Report* bevorzugte Szenarium, wie angegeben, in einem Ziel von 550 ppm, welches den Höhepunkt der globalen Treibhausgasemissionen im Jahr 2015 erreichen würde, gefolgt von Emissionskürzungen mit einer jährlichen Rate von einem Prozent. Im Jahr 2050 würde die Reduzierung im Gesamtemissionsniveau (ausgehend von den Werten von 2005) in diesem Szenarium nur 25 Prozent betragen. (Der Report zieht mit weniger Enthusiasmus auch ein Zwischenziel von 500 ppm in Erwägung, bei dem der Höhepunkt im Jahr 2010 liegt, und das eine jährliche Abnahme von drei Prozent der globalen Emissionen erfordert.) Wie der *Stern Report* behauptet ist nur das 550-ppm-Ziel wirklich wirtschaftlich gangbar, weil »es schwierig ist, sichere Emissionskürzungen zu gewährleisten, die rascher erfolgen als mit etwa einem Prozent pro Jahr, mit Ausnahme von Fällen der Rezession« oder als Ergebnis eines größeren gesellschaftlichen Umbruches, wie zum Beispiel beim Zusammenbruch der Sowjetunion.

Tatsächlich war das einzige aktuelle Beispiel einer nachhaltigen jährlichen Kürzung von Treibhausgasemissionen von einem Prozent oder mehr, gekoppelt mit wirtschaftlichem Wachstum, das der *Stern Report* unter den führenden kapitalistischen Staaten zu finden vermochte, das Vereinigte Königreich in den Jahren von 1990–2000. Aufgrund der Entdeckung von Nordseeöl und Erdgas war Großbritannien damals in der Lage, bei der Energieerzeugung massiv von Kohle auf Gas umzuschwenken, was zu einem durchschnittlichen jährlichen Rückgang bei seinen Treibhausgasemissionen von einem Prozent führte. Frankreich kam 1977-2003 einem solchen einprozentigen jährlichen Rückgang nahe, als es seine Treibhausgasemissionen infolge eines massiven Einatzes von Atomenergie um 0,6 Prozent pro Jahr reduzierte. Die bei weitem größte Absenkung war jedoch die jährliche Absenkung von 5,2 Prozent der Emissionen in der ehemaligen Sowjetunion von 1989-98. Dies ging jedoch Hand in Hand mit einem Zusammenbruch des Gesellschaftssystems und einer drastischen Schrumpfung der Wirtschaft.

All dies signalisiert, dass jede Reduzierung von $CO_2e$-Emissionen, die über ein Prozent pro Jahr hinausgeht, es nahezu unmöglich machen würde, ein starkes Wirtschaftswachstum aufrechtzuerhalten – die Quintessenz der kapitalistischen Ökonomie. Folgerichtig muss die Welt, um die Tretmühle von Profit und Produktion am Laufen zu halten, ein ökologisches Armageddon riskieren.[90]

## Die Akkumulation und der Planet

Nichts davon sollte uns überraschen. Der Kapitalismus ist, wie Paul Sweezy 1989 in seinem Artikel »Capitalism and the Environment« (Kapitalismus und Umwelt) schrieb, seit seiner Entstehung »ein Götze« gewesen, »der von der konzentrierten Energie von Individuen und kleinen Gruppen angetrieben wurde, die zielstrebig ihre eigenen Interessen verfolgt haben, dabei nur von ihrem gegenseitigen Wettbewerb aufgehalten und kurzfristig von den unpersönlichen Kräften des Marktes und bei deren Versagen auf längere Sicht von verheerenden Krisen kontrolliert wurden«. Die innere Logik eines solchen Systems manifestiert sich in Form eines unablässigen Strebens nach ökonomischer Expansion, basierend auf klassengestützten Profiten und rücksichtsloser Akkumulation. Natur und menschliche Arbeit werden aufs Größtmögliche zum Wohle des »Götzen« ausgebeutet, und

---

90   Stern, *The Economics of Climate Change*, S. 4-5, 11-16, 95, 193, 220-34, 637, 649-651; »Evidence of Human-Caused Global Warming Is Now ›Unequivocal‹«, in: *Science Daily*, http://www.sciencedaily.com; Browne, »The Ethics of Climate Change«, a. a. O., S. 100; Spratt and Sutton, Climate Code Red, a.a.O., S. 30; Editors, »Climate Fatigue«, in: *Scientific American* 298, Nr. 6, Juni 2008, S. 39; Ted Trainer, »A Short Critique of the Stern Review«, in: *Real-World Economics Review* 45, 2008, S. 51-67, http://www.paecon.net/PAEReview/issue45/Trainer45.pdf. Trotz Darstellung des Stern Reports der französischen Nuklearumstellung als Erfolgsgeschichte bezüglich der Treibhausgase, gibt es starke umweltbezogene Gründe, die dafür sprechen, diesem Weg nicht weiter zu folgen. Vgl. Robert Furber, James C. Warf, and Sheldon C. Plotkin, »The Future of Nuclear Power«, in: *Monthly Review* 59, Nr. 9, Februar 2008, S. 38-48.

die Zerstörung, der beide dabei anheimfallen, wird negiert, damit sie dem System keine Kosten verursacht.

»Unmittelbar ins Konzept dieses Systems«, fuhr Sweezy fort, »sind zwei ungeheuer mächtige Triebkräfte sowohl zur Erzeugung wie auch zur Zerstörung integriert. Auf der positiven Seite nimmt die kreative Triebkraft Bezug auf das, was die Menschheit für ihren eigenen Gebrauch aus der Natur gewinnen kann; auf der negativen Seite belastet die negative Triebkraft auf Schwerste die Fähigkeit der Natur, auf die Anforderungen zu reagieren, die an sie gestellt werden. Früher oder später jedoch geraten diese beiden Triebkräfte natürlich in Widerspruch und werden miteinander unvereinbar.« Die Überausbeutung der Ressourcen der Natur und deren natürlicher Abfallabflüsse durch den Kapitalismus führt letztendlich zum Ergebnis einer Untergrabung von beidem, zunächst nur auf regionaler, später jedoch sogar auf planetarischer Basis. Ein ernsthaftes Vorgehen gegen die Umweltkrise erfordert »eine Umkehrung, nicht nur eine Verlangsamung der unterschwelligen Trends der letzten paar Jahrhunderte«. Dies kann jedoch nicht ohne einen wirtschaftlichen Regimewechsel erreicht werden.[91]

Angesichts dessen, dass der Klimawandel mittlerweile mehr und mehr zu einem Anliegen des Establishments geworden ist und die Versuche, ihn zu verhindern, in wachsendem Maße in der etablierten Ordnung institutionalisiert werden, haben einige Leute auf den »Tod der Umweltschutzbewegung« als oppositioneller Bewegung in der Gesellschaft verwiesen.[92] Wenn auch einige Umweltschützer in der vagen Hoffnung, den Planeten auf diese Weise zu retten, zu kapitalistisch begründeten Strategien übergegangen sind, haben sich andere dennoch in die gegenteilige Richtung bewegt: hin zu einer Kritik des Kapitalismus als von Natur aus umweltzerstörerisch. Ein schlagendes Beispiel dafür ist James Gustave Speth, der als der »ultimative Insider« innerhalb der Umweltbewegung bezeichnet wurde. Speth diente unter Präsident Jimmy Carter als Vorsitzender des Council on Environmental Quality, war Gründer des World Resources Institute und Mitbegründer des Natural Resources Defense Council, fungierte als Chefberater in Bill Clintons Übergangsteam und leitete von 1993 bis 1999 das Entwicklungsprogramm der Vereinten Nationen. Zurzeit ist er Dekan der angesehenen Yale

---

91 Vgl. Paul M. Sweezy, »Kapitalism and the Environment«, in: *Monthly Review* 41, Nr. 2, Juni 1989, S. 1–10.
92 Vgl. Michael Shellenberger und Ted Nordhaus, »The Death of Environmentalism«, in: *Environmental Grantmakers Association*, Oktober 2004, siehe: http://thebreakthrough.org/PDF/Death_of_Environmentalism.pdf.

School of Forestry and Environmental Studies. Außerdem ist er Träger des japanischen Blue-Planet-Preises.

Kürzlich jedoch hat sich Speth in seinem Buch *Bridge at the Edge of the World: Capitalism, the Environment, and Crossing from Crisis to Sustainability* (Die Brücke am Rand der Welt: Kapitalismus, Umwelt und Übergang von der Krise zur Nachhaltigkeit) als radikaler Kritiker der Umweltzerstörung durch den modernen Kapitalismus erwiesen. »Der Kapitalismus, wie wir ihn heute kennen«, erklärt Speth, »ist unfähig, die Umwelt zu erhalten.« Das entscheidende Problem aus einer umweltbezogenen Perspektive ist das exponenzielle ökonomische Wachstum, welches das treibende Element des Kapitalismus darstellt. Hinsichtlich dessen kann die sogenannte Entmaterialisierung (die Vorstellung, dass Wachstum eine sinkende Belastung für die Umwelt zur Folge haben kann) wenig Hoffnung schaffen, seitdem bewiesen werden kann, dass die Ausdehnung der Produktionsleistung alle Effizienzzuwächse beim Material- und Energiedurchlauf überflügelt. Folglich kann man nur zu der Schlussfolgerung gelangen, dass »im Augenblick [...] das Wachstum der Feind der Umwelt ist. Ökonomie und Umwelt bleiben auf Kollisionskurs.« Hierbei wird die Thematisierung des Kapitalismus unvermeidlich. »Ökonomisches Wachstum ist das wichtigste und wertvollste Produkt des modernen Kapitalismus.« Speth zitiert mit Vorliebe Samuel Bowles und Richard Edwards *Understanding Capitalism* (Den Kapitalismus verstehen), in dem festgestellt wird: »Der Kapitalismus unterscheidet sich von anderen Wirtschaftssystemen durch seinen Trieb zur Akkumulation, seine Neigung zur Veränderung und die ihm innewohnende Tendenz zur Expansion.«

Das Hauptumweltproblem für Speth ist demnach der Kapitalismus als »Betriebssystem« der modernen Wirtschaft. »Die heutigen Unternehmen sind als ›Auslagerungsmaschinen‹ bezeichnet worden.« Tatsächlich »gibt es im Kapitalismus grundlegende Ausrichtungen, die die Gegenwart vor der Zukunft und das Private vor dem Öffentlichen bevorzugen«. Indem er die Systemverteidiger Paul Samuelson und William Nordhaus aus der siebzehnten Ausgabe ihres Lehrbuches *Macroeconomics* zitiert, führt Speth aus, dass der Kapitalismus die »rücksichtsloseste Wirtschaftsform« schlechthin darstellt, die sich der »unbarmherzigen Jagd nach Profiten« verpflichtet sieht.

Auf dieser Kritik aufbauend, gelangt Speth in seinem Buch zu der Schlussfolgerung, dass: (1) »das heutige polit-ökonomische System, hier als moderner Kapitalismus bezeichnet, sich zerstörerisch gegenüber der Umwelt verhält, und zwar nicht in geringfügiger Weise, sondern auf eine Art, die den Planeten zutiefst bedroht«; (2) »die wohlhabenden Gesellschaften, wie Keynes es formuliert hat, den Punkt erreicht haben oder ihn bald erreicht haben werden, an dem das ökonomische Problem gelöst ist [...] dort gibt es genug zu verteilen«; (3) »in wohlhabenderen Gesellschaften der moderne Kapitalismus nicht länger das menschliche Wohlbefinden erhöht«; (4) »die internationale soziale Veränderungsbewegung – die sich selbst als ›unaufhaltsame Erhebung des globalen Antikapitalismus‹ bezeichnet – bereits stärker ist, als viele meinen, und noch an Stärke gewinnen wird; und dass es dort eine Koalition von Kräften für Frieden, soziale Gerechtigkeit, Gemeinschaft, Ökologie, Feminismus – eine Bewegung von Bewegungen gibt«; (5) »Menschen und Gruppen von Menschen durch eine Unmenge von Absprachen emsig die Saat der Veränderung pflanzen und noch viele weitere attraktive Wege zum Aufbau eines neuen Betriebssystems ausfindig gemacht worden sind«; und (6) »das Ende des Kalten Krieges [...] die Tür öffnet [...], um den heutigen Kapitalismus infrage zu stellen«.

Speth nimmt den Sozialismus nicht als Teil der Lösung wahr, den er in Kalter-Krieg-Manier in erster Linie mit sowjetartigen Gesellschaften in ihrer rückschrittlichsten Form assoziiert. Folglich tritt er ausdrücklich für eine »nicht sozialistische« Alternative zum Kapitalismus ein. Solch ein System würde von Märkten (aber nicht von der selbst regulierten Marktwirtschaft des traditionellen Kapitalismus) Gebrauch machen und sich für eine »Neue Welt der Nachhaltigkeit« oder eine »Grüngesellschaftliche Welt« (auch »Öko-Kommunalismus« genannt) einsetzen, wie sie von der Global Scenario Group geschildert wurde. Letzteres Szenarium ist mit sozialistischen Denkern wie William Morris (der sowohl von Karl Marx als auch John Ruskin inspiriert war) identifiziert worden. In diesem Sinne stehen Speths Argumente denen der sozialistischen Bewegung des 21. Jahrhunderts nicht fern, die auf die Kernwerte von sozialer Gerechtigkeit und ökologischer Nachhaltigkeit ausgerichtet ist. Das Ziel liegt darin, eine Zukunft zu schaffen, in der noch kommende Generationen dazu in der Lage sein werden, ihre kreativen Fähigkeiten in vollen Zügen zu nutzen, während ihre Grundbedürfnisse erfüllt werden: ein Ergebnis, das nur durch eine vernünftige Reorganisierung des menschlichen Stoffwechsels mit der Natur durch assoziierte Produzenten ermöglicht wird.[93]

---

93 Vgl. James Gustave Speth, *The Bridge at the End of the World: Capitalism, the Environment, and Crossing from Crisis to Sustainability* (New Haven: Yale University Press, 2008), S. xi, 48–64, 107, 194–98; Samuel Bowles and Richard Edwards, *Understanding Capitalism* (New York: Oxford University Press, 1985), S. 119, 148–152. Zur

Solch eine vernünftige Reorganisation des Metabolismus zwischen Natur und Gesellschaft darf notwendigerweise nicht nur auf den Klimawandel gerichtet sein, sondern muss auch eine ganze Reihe anderer Umweltprobleme berücksichtigen. Keine einzelne Frage ist in der Lage, die Tiefe und Breite dessen zu erfassen, was wir als »das Umweltproblem bezeichnen«, das all diese, unsere Gesellschaft betreffenden und darüber hinausgehenden ökologischen Widersprüche umfasst. Wenn wir uns heute im Hinblick auf die Ökologie einem »Moment der Wahrheit« gegenübersehen, dann hat dies mit dem gesamten Spektrum der kapitalistischen Auswirkungen auf die natürliche (und menschliche) Reproduktion zu tun. Jeder Versuch, eines dieser Probleme (wie den Klimawandel) zu lösen, ohne dabei auch die übrigen anzugehen, ist wahrscheinlich zum Scheitern verurteilt, da diese ökologischen Krisen, auch wenn sie sich in mancherlei Hinsicht unterscheiden, typischerweise gemeinsame Ursachen haben. Nur eine vereinte Sichtweise, die menschliche Produktion nicht nur als gesellschaftlich betrachtet, sondern auch in einem metabolischen Verhältnis zur Natur versteht, wird die erforderliche Grundlage dafür bereitstellen, um einem ökologischen Bruch entgegenzutreten, der heute so umfassend ist wie der Planet selbst.

## Warum nicht?

Im Jahre 1884 schrieb William Morris, einer der großen kreativen Künstler, revolutionären sozialistischen Intellektuellen und Umweltdenker des späten 19. Jahrhunderts, einen Artikel für die sozialistische Zeitschrift *Commonweal* mit dem Titel »Warum nicht?«. Er war besonders besorgt über die Tatsache, dass die meisten Leute, einschließlich vieler Sozialisten seiner Zeit, in ihrer Rebellion gegen die Übel des Kapitalismus dazu neigten, die Zukunft in Begriffen zu schildern, die nicht weit von den schlimmsten, umweltmäßig und menschlich zerstörerischsten Aspekten des Kapitalismus entfernt waren. »Heute, unter dem gegenwärtigen kapitalistischen System«, bemerkte Morris,

> »ist es schwierig, irgendetwas zu erkennen, was das Wachstum dieser grauenvollen Backsteinlager aufhalten könnte; seine Tendenz geht zwei-

---

Global Scenario Group siehe Kapitel 13. Zu ökologischer Nachhaltigkeit, klassischem Sozialismus und der marxschen Kritik des metabolischen Bruchs des Kapitalismus mit der Natur vgl. John Bellamy Foster, *Marx's Ecology* (New York: Monthly Review Press, 2000).

felsohne dahin, das Land und die kleinen Städte zugunsten der großen Handels- und Manufakturzentren zu entvölkern; aber dieses Übel, das einen monströsen Charakter hat, wird nicht länger ein notwendiges Übel sein, wenn wir erst einmal das Landmonopol, die Fabrikation für den Profit einzelner und die blödsinnige Verschwendung der auf Wettbewerb ausgerichteten Distribution losgeworden sind.«

Über das »Grauen und die mühsame Plackerei« hinausschauend, mit der die meisten Leute unterdrückt wurden, argumentierte Morris, dass es ein Bedürfnis gebe, andere Ziele gesellschaftlicher Existenz zu erkennen, ganz besonders die Lebensfreude, der die Sozialisten entgegensähen. Er fragte,

»Warum sollte ein Drittel Englands so von Rauch erstickt und vergiftet sein, dass im größten Teil von Yorkshire (zum Beispiel) die allgemeine Vorstellung herrschen muss, dass Schafe von Natur aus schwarz sind? Und warum müssen die Flüsse von Yorkshire und Lancashire verdreckt und verfärbt dahinfließen? Auf die Profite wird es ankommen: Niemand wird mehr so tun, als ob es nicht ein Leichtes wäre, solche Verbrechen gegen ein anständiges Leben zu verhindern: aber die ›Organisatoren der Arbeit‹, die besser ›Organisatoren des Drecks‹ genannt werden sollten, wissen, dass sich dies nicht auszahlen würde; und da sie den größten Teil des Jahres sicher auf ihren Landsitzen verbringen, oder bei der Jagd in den Highlands, oder beim Segeln im Mittelmeer, lieben sie stattdessen zur Abwechslung den Blick auf das verrauchte Land als etwas, so ist anzunehmen, das ihre Fantasie anregt – nun, man muss ja nicht gleich theologisch werden.«

In Ablehnung all dessen fragte Morris, ob es nicht möglich sei, Bedingungen für ein anständigeres, schöneres, erfüllteres, weniger höllenähnliches Leben zu schaffen, an dem alle als »Teil der gemeinsamen Mutter Erde« mitwirken und in dem schließlich mit der erbärmlichen Welt der »Profitplackerei« Schluss gemacht würde? Warum nicht?[94]

---

94  Vgl. William Morris, »Why Not?«, in: Morris, *Political Writings* (Bristol: Thoemmes Press, 1994), S. 24–27.

# Kapitel 3
# Rachel Carsons ökologische Kritik

Dieses Kapitel wurde auf Grundlage eines Artikels unter demselben Titel für das vorliegende Buch überarbeitet und korrigiert, der unter Mitwirkung von Brett Clark in *Monthly Review* 59, Nr. 9 (Februar 2008), S. 1–17, veröffentlicht wurde.

Rachel Carson wurde im Jahre 1907 geboren. Ihr berühmtestes Buch, *Silent Spring* (deutsch: *Der Stumme Frühling*), das 1962 veröffentlicht wurde, wird häufig als Initiator für das Entstehen der modernen Umweltbewegung angesehen. Obwohl eine ungeheure Menge über Carson und ihre Arbeit geschrieben worden ist, wurde die Tatsache, dass sie objektiv gesehen eine »Frau der Linken« ist, oft heruntergespielt. Heute ruft die sich schnell beschleunigende planetarische ökologische Krise, vor der sie, mehr als jeder andere, gewarnt hat, nach einer Untersuchung der kritischen Natur ihres Denkens und ihres Verhältnisses zu der umfangreicheren Revolte innerhalb der Wissenschaft, mit der sie verbunden war.

Carson war in erster Linie und vor allem Naturalistin und Wissenschaftlerin. Sie wurde jedoch durch ihr Verständnis von den destruktiven ökologischen Kräften, die in der modernen Gesellschaft am Werk sind, in die Rolle einer radikalen Kritikerin getrieben. Eine kürzlich erschienene Biografie versucht, dies in ihrem Titel zu erfassen: *The Gentle Subversive* (Die sanfte Umstürzlerin). Die Hauptursachen der ökologischen Zerstörung seien, wie Carson beharrte, »die Götter des Profits und der Produktion«. Das Haupthindernis für ein nachhaltiges Verhältnis zur Umwelt liege in der Tatsache, dass wir »in einem Zeitalter [leben], das von der

Industrie beherrscht wird, in dem das Recht, um jeden Preis Geld zu verdienen, selten angefochten wird«.[95]

*Der Stumme Frühling* war gegen die chemische Industrie und ihre Produktion tödlicher Pestizide gerichtet. Carson kombinierte die beste, damals zugängliche wissenschaftliche Information mit den Fähigkeiten einer großen Schriftstellerin und erzielte eine außergewöhnliche Wirkung dabei, das öffentliche Bewusstsein über diese Frage zu wecken. Dennoch verloren Carson und diejenigen, die ihren Fußstapfen folgten, trotz einer Reihe von Siegen den Krieg gegen die synthetischen Pestizide, die sie vorzog »Biozide« zu nennen. Auch wenn sie zugestand, dass es einige Situationen gab, in denen die Anwendung solcher Chemikalien angebracht sein könnte, glaubte sie fest, dass »das Verbot der Anwendung anhaltend giftiger Pestizide das Ziel sein sollte« – wie in dem 1963er-Bericht des Komitees für Wissenschaftsberatung des Präsidenten über Pestizide festgestellt wurde, den sie als »Rehabilitierung« ihrer Ansichten betrachtete. Chemische Bekämpfung sollte, wo immer es machbar war, durch biologische Bekämpfung (organische Methoden, die auf natürliche Feinde der Schädlinge zurückgreifen) ersetzt werden. Sie nannte dies im abschließenden Kapitel ihres Buches »den anderen Weg«. Nichtsdestotrotz obsiegte, abgesehen von der Ächtung einiger der tödlichsten Gifte wie DDT, die chemische Industrie, die eine Ausweitung der Produktion dieser Art von Chemikalien durchsetzte.[96]

Der wachsende Gebrauch synthetischer Pestizide hatte nichts mit vernünftiger Anwendung von Wissenschaft zu tun. Obwohl die chemische Industrie und ihre Verbündeten zu demonstrieren versuchten, dass Carson Fehler beging und in ihren Argumenten die Gefahren von Pestiziden übertrieb, hatte ihre Untersuchung im Allgemeinen Bestand. Darüber hinaus sind die von ihr in Bezug auf die Akkumulation dieser gefährlichen Chemikalien in lebenden Organismen aufgeworfenen Fragen heute sogar von noch größerer Bedeutung. Carson war besonders besorgt über die langfristigen, breit gestreuten Auswirkungen solcher Biozide, die in immer größeren Mengen angewandt wurden, sich lange in der Umwelt einlagerten und unkontrolliert verbreiteten, wobei sie sich häufig in

---

95 Rachel Carson, *Lost Woods* (Boston: Beacon Press, 1998), S. 210; vgl. dies., *Silent Spring* (Boston: Houghton Mifflin, 1994), S. 13; Mark Hamilton Lytle, *The Gentle Subversive* (New York: Oxford University Press, 2007).

96 Vgl. Lytle, *The Gentle Subversive*, S. 184; Carson, *Silent Spring*, a.a.O., S. 277–297; Appendix IV, »Recommendations of the President's Scientific Advisory Committee on the Use of Pesticides«, in: Robert L. Rudd, *Pesticides and the Living Landscape* (Madison: University of Wisconsin Press, 1964), S. 297.

Organismen konzentrierten, die weitab vom Ort der Einbringung lagen. Sie sagte genau vorher, dass die Abhängigkeit von synthetischen Pestiziden zu einer Pestizidtretmühle führen würde, da sich die Organismen rasch in widerstandsfähigere Formen verwandelten, die entweder höhere Dosen oder neue Biozide erforderlich machten. »So ist der chemische Krieg«, schrieb sie, »niemals gewonnen, und in seinem heftigen Kreuzfeuer bleibt alles Leben auf der Strecke.«

In den späten 1980er-Jahren war die Produktion von pestizidaktiven Bestandteilen, die für US-Farmen bestimmt waren, um mehr als das Doppelte der frühen 1960er gewachsen, als Carson *Silent Spring* geschrieben hatte. Im Jahr 1999 verwendeten über einhundert Millionen US-Haushalte irgendeine Art von Pestiziden zu Hause, auf ihren Rasenflächen und in ihren Gärten. Viele derartige Produkte, die heutzutage auf dem Markt sind, wurden nicht auf angemessene Weise getestet. Währenddessen hat die US-Agroindustrie weiterhin verbotene Pestizide produziert und in andere Länder exportiert. Einige der Nahrungsmittel, die von außerhalb in die Vereinigten Staaten importiert werden, sind unter Anwendung dieser Substanzen angebaut worden.

In den letzten eineinhalb Jahrzehnten hat sich die Hauptbesorgnis in Bezug auf Pestizide und damit zusammenhängende Chemikalien von Krebserkrankungen und dem potenziellen genetischen Mutationen – beide zählen weiterhin zu den größten Gefahrenmomenten dieser Chemikalien – auf die Unterbrechung des endokrinen Systems verlagert, was unzählige Körperfunktionen beeinträchtigt. Zahlreiche Pestizide ähneln dem weiblichen Hormon Östrogen, und die Forschung hat die Vermutung nahegelegt, dass sie die Fruchtbarkeit mindern, Hoden- und Brustkrebs erzeugen und zu Missbildungen der Genitalien führen können. Dazu haben sich Fragen zu den komplexen und noch wenig bekannten Auswirkungen dieser Chemikalien auf tierische und menschliche Reproduktionssysteme ergeben. Zwischen den frühen 1970er- und den späten 1990er-Jahren nahm das Auftreten von Hodenkrebs in den Vereinigten Staaten um etwa fünfzig Prozent zu; gleichzeitig wurde im Verlauf des letzten halben Jahrhunderts ein weltweiter Rückgang der Spermienanzahl um ungefähr fünfzig Prozent festgestellt.

Außerdem richtet sich die Aufmerksamkeit auch auf andere synthetische Chemikalien, die in zahllosen Produkten in die Umwelt gelangen. Über 70.000 synthetische Chemikalien befinden sich im Handel, während nur zehn oder 20 Prozent davon systematisch getestet worden sind. Die Unterlassung angemessener Tests oder eine Beschränkung in der Anwendung solcher Chemikalien über

45 Jahre nach der Veröffentlichung von *Der Stumme Frühling* verleiht Carsons Buch schon allein aus diesem Grund aktuelle Bedeutung.[97]

Carsons Angriff auf synthetische Pestizide ist jedoch nicht allein ihre bemerkenswerteste Leistung. Es ist eher ihre weitergehende ökologische Kritik der gesamten Natur unserer Gesellschaft, die heute so wichtig ist. Carson lässt sich besser verstehen, wenn wir erkennen, dass sie nicht, wie häufig angenommen, nur eine einfache isolierte Figur, sondern Teil einer größeren Rebellion unter Wissenschaftlern und linken Denkern in den 1950er- und 1960er-Jahren war, die sich anfänglich aus der Besorgnis über die Auswirkungen nuklearer Verstrahlung entwickelt hatte. Die Besorgnis über oberirdische Nukleartests und die schädlichen Auswirkungen der Strahlung, gekoppelt mit den Ängsten vor einem Atomkrieg, trieben Wissenschaftler, die in erster Linie aus den Reihen der Linken stammten, dazu an, eindringliche Fragen hinsichtlich der Destruktivität unserer Zivilisation aufzuwerfen. Aus dieser Gruppe ist die moderne Umweltbewegung hervorgegangen.

## Strahlung und Ökologie

Carsons Erörterungen der Auswirkungen von Pestiziden auf lebende Objekte nahmen starken Bezug auf frühere Feststellungen von Wissenschaftlern im Hinblick auf Strahlung. Sie berief sich in *Der Stumme Frühling* und an anderer Stelle wiederholt auf die Durchbrüche des US-Genetikers H.J. Muller in den 1920er-Jahren, der als Erster die Entdeckung gemacht hatte, dass die Belastung von Organismen mit Strahlung genetische Mutationen hervorrufen konnte. Dazu erklärte sie im Oktober 1962, zwei Wochen nach der Veröffentlichung ihres Buches, gegenüber dem Nationalen Frauenrat der Vereinigten Staaten:

---

97 Die hier gemachten Angaben beziehen sich schlicht nur auf »konventionelle Pestizide« (Herbizide und Insektizide) und schließen Holzschutzmittel (Fungizide) und andere Bestandteile der erweiterten EPA-Liste aus. Vgl. Carson, *Der Stumme Frühling*, S. 8; Shirley A. Briggs, »Thirty-Five Years with Silent Spring«, in: *Organization & Environment*, 10:1, März 1997, S. 73–84; Al Gore, »Introduction«, in: Carson, *Silent Spring*, a.a.O., S. xv–xxvi; Carson, *Lost Woods*, a.a.O., S. 218, 244; Dan Fagin and Marianne Lavelle, *Toxic Deception* (Monroe, Maine: Common Courage Press, 1999); Theo Colborn et al., *Our Stolen Future* (New York: Dutton, 1996); »Sperm in the News«, in: *Rachel's Environment and Health Weekly*, 18. Januar 1996; Audubon, »Reduce All Pesticides but Eliminate Those Used on the Lawn«, siehe: http://www.audubon.org/bird/at_home/Reduce PesticideUse.html.

»Als ich mein Aufbaustudium bei dem großen Genetiker H. S. Jennings an der John Hopkins University absolvierte, befand sich die gesamte Biologenwelt in Aufruhr über die jüngsten Entdeckungen eines anderen hervorragenden Genetikers, Professor H.J. Muller, der damals an der University of Texas tätig war. Professor Muller hatte herausgefunden, dass er, indem er Organismen einer Strahlung aussetzte, plötzliche Veränderungen bei erblichen Merkmalen erzeugen konnte, die von den Biologen Mutationen genannt werden.

Bis dahin war angenommen worden, dass Keimzellen unveränderlich seien – immun gegen Umwelteinflüsse. Mullers Entdeckung bedeutete, dass es bei vielen, sei es durch Zufall oder mit Absicht, möglich war, den Lauf der Vererbung zu verändern, wenn auch die Natur der Veränderungen nicht kontrolliert werden konnte.

Erst viel später entdeckten zwei schottische Forscher, dass gewisse Chemikalien eine ähnliche Kraft zur Erzeugung von Mutationen besaßen und es in anderer Weise der Strahlung gleichtun. Dies geschah vor den Tagen der modernen synthetischen Pestizide, und bei der in diesen Experimenten verwendeten Chemikalie handelte es sich um Senfgas. Im Laufe der Jahre erkannte man jedoch, dass eine wie die andere der als Insektizide oder als Unkrautvernichtungsmittel eingesetzten Chemikalien die Kraft hat, bei den getesteten Organismen Mutationen zu verursachen oder auf die eine oder andere Weise die Chromosomenstruktur zu verändern oder zu schädigen.«[98]

Carson stellte dazu in *Der Stumme Frühling* fest: »Unter den Herbiziden gibt es einige, die man zur Gruppe der ›Mutagene‹ zählt, zu Stoffen, die imstande sind, die Gene, das Material der Vererbung zu verändern. Wir sind mit Recht entsetzt über die genetischen Wirkungen von radioaktiver Strahlung; wie könnten wir dann gegenüber den gleichen Wirkungen von Chemikalien, die wir so stark in unserer Umwelt verbreiten, gleichgültig bleiben?!«[99]

---

98 Carson zitiert in Paul Brooks, *The House of Life* (Boston: Houghton Mifflin, 1989), S. 301–302; Carson, *Silent Spring*, a. a. O., S. 211; Carson, *Lost Woods*, a. a. O., S. 106–109.
99 Carson, *Silent Spring*, a. a. O., S. 36–37. Zu den mutagenen Auswirkungen organischer Chloride, einschließlich einiger Pestizide, vgl. Joe Thornton, *Pandora's Poison* (Cambridge, Massachusetts: MIT Press, 2000), S. 84–85.

Muller, der dann 1946 für seine Entdeckungen mit dem Nobelpreis ausgezeichnet wurde, war eine komplexe Persönlichkeit mit einer langen Geschichte als Sozialist und Kapitalismuskritiker. Er war in den frühen 1930er-Jahren Fakultätsbeirat des texanischen Zweigs der National Student League gewesen und hatte an der Finanzierung und Herausgabe von deren Publikation *Spark* (Funke), die nach Lenins *Iskra* benannt war, mitgewirkt. Muller ging 1933 in die Sowjetunion, um in den dortigen fortgeschrittenen Genlabors zu arbeiten, geriet jedoch im Zusammenhang mit der Lyssenko-Kontroverse[100] in Konflikt mit dem Regime und in direkten Widerspruch zu Stalin. Er kämpfte in den Internationalen Brigaden im Spanischen Bürgerkrieg und arbeitete mit dem kanadischen Arzt Norman Bethune, einem späteren Helden von Maos »Langem Marsch«, zusammen.

Obwohl Muller (aufgrund der Schließung des genetischen Institutes, bei dessen Aufbau er mitgewirkt hatte und der Ermordung einiger seiner engen Freunde und Kollegen) zu einem Gegner der stalinistischen Sowjetunion wurde, behielt er viele seiner kritischen Überzeugungen bei, einschließlich seines Glaubens an den Sozialismus. Er hielt an seinem früheren dialektischen Verständnis fest, indem er »die komplizierten Prozesse (›Bewegungen‹ im marxschen Sinne), mittels derer [...] Objekte untereinander in Beziehung stehen und denen ihre Entwicklung unterliegt«, hervorhob; solch ein dialektischer Ansatz war, wie er argumentierte, entscheidend für die »Erkenntnis der komplexen Gegebenheiten der Materie, insbesondere der lebenden Materie und ihrer wechselseitigen Vernetzung«.[101]

Die Verleihung des Nobelpreises für seine Arbeit über die genetischen Auswirkungen von Strahlung kurz nach dem Abwurf der Bomben auf Hiroshima und Nagasaki machten Muller zu einer öffentlichen Figur. Er warnte häufig vor den langfristigen Gefahren des radioaktiven Niederschlags aus einem Atomkrieg (und auch aus nuklearen Tests), sensibilisierte die Öffentlichkeit für diese Problem und geriet deshalb in Konflikt mit der US-Atomenergiebehörde, die ihn als

---

100 Trofim D. Lyssenko (1896–1976), Biologe, behauptete, alle Erbeigenschaften seien durch Umweltbedingungen bestimmt. Damit widersprach er allen genetischen Erkenntnissen. Lyssenkos Thesen waren absolut unwissenschaftlich.

101 Loren R. Graham, *Science and Philosophy in the Soviet Union* (New York: Alfred A. Knopf, 1972), S. 451–453; vgl. H. J. Muller, »Lenin's Doctrines in Relation to Genetics« (1934) in Graham, S. 463; Elof Axel Carlson, *Genes, Radiation, and Society* (Ithaca: Cornell University Press, 1981). Muller war in anderem Zusammenhang eine kontroverse Figur wegen seines lebenslangen Eintretens für eine »progressive Eugenik«. Sein übergreifendes humanistisches Engagement war jedoch offensichtlich. Im Jahr 1963 erhielt er von der Amerikanischen Humanistischen Vereinigung den »Preis für den Humanisten des Jahres«.

Hindernis bei der vollen Ausweitung der nuklearen Rüstung betrachtete. Muller war später der profilierteste wissenschaftliche Verteidiger von Carsons *Silent Spring*. In einer Besprechung für die *New York Herald Tribune*, die gleichzeitig mit der Veröffentlichung des Buches erfolgte, nannte er dieses »eine krachende Anklageschrift, die die katastrophalen Folgen der chemischen Massenkriegsführung für Mensch und Natur aufzeigen, die sich heutzutage unterschiedslos gegen schädliche Insekten, ›Un‹kraut und Pilze richtet«. Dennoch lag die wirkliche Bedeutung von *Silent Spring*, wie er zu verstehen gab, in dem tiefen Verständnis, mit dem es die Wechselverbindungen innerhalb der Natur und zwischen Natur und Gesellschaft vermittelte: in »der Aufklärung, mit der es der Öffentlichkeit die hohe Komplexität und die Wechselbezogenheit des Lebensnetzes näherbringt, in dem unser Dasein begründet ist«.[102]

Muller war einer der elf prominenten Intellektuellen, die den Russell-Einstein-Brief unterschrieben, der 1957 zur Pugwash-Konferenz führte, die eine Kontrolle der nuklearen Waffen zum Ziel hatte. Er war, gemeinsam mit Tausenden anderen Wissenschaftlern, auch Unterzeichner der Petition an die Vereinten Nationen, die 1958 (mit Unterstützung des Biologen Barry Commoner) von dem Chemiker und Nobelpreisgewinner Linus Pauling initiiert wurde und zu einer Beendigung der Atomwaffentests aufrief.

Als im Jahr 1954 das Geheimnis gelüftet wurde, welches das Problem der nuklearen Niederschläge (Fallout) umgab, wurde die wissenschaftliche Gemeinschaft in die Lage versetzt, das Ausmaß der Umweltzerstörung und Kontamination zu studieren, das von den Atomwaffentests hervorgerufen wurde. Solch eine Arbeit erforderte den Sachverstand von Biologen, Genetikern, Ökologen, Pathologen und Meteorologen, die die Auswirkungen der Strahlung auf Pflanzen und Tiere, wie auch die Bewegung radioaktiven Materials durch Atmosphäre, Ökosysteme und Nahrungsketten untersuchten. Die Nukleartests hatten die Weltbevölkerung einem gemeinsamen Umweltschicksal unterworfen, da der radioaktive Fallout durch Wind, Wasser und lebende Kreaturen weltumspannend verbreitet wurde. Von Menschen erzeugte radioaktive Isotope wie Strontium-90, Jod-31, Cäsium-137 und Karbon-14 wurden in die globale Umwelt eingebracht und von diesem Moment an Teil der körperlichen Zusammensetzung des Menschen und allen Lebens. Unterschiedliche radioaktive Elemente besaßen unterschiedliche Eigenschaften und setzten die Menschen und die Umwelt einzigartigen Bedro-

---

102 H. J. Muller, »Silent Spring«, in: *New York Herald Tribune*, 23. September 1962.

hungen aus. Pflanzen und Tiere nahmen solche Materialien in sich auf, die durch die Nahrungskette weitertransportiert wurden. Strontium-90 integrierte sich in die Knochen und Zähne von Kindern, Cäsium-137 konzentrierte sich in den Muskeln, und Jod-131 lagerte sich in die Schilddrüsen ein, wodurch das Krebsrisiko gesteigert wurde. Linus Pauling verwies auf die unzähligen biologischen Bedrohungen, die mit Karbon-14 verbunden waren, das in allen Gewebefasern des Körpers hängenblieb.

Bei der Erforschung der Auswirkungen radioaktiver Substanzen auf die Nahrungsketten etablierten sich die Begrifflichkeiten der Bioakkumulation und der biologischen Magnifikation und wurden später auf das Engste mit Carsons *Silent Spring* identifiziert. Die Bioakkumulation nimmt Bezug auf einen Prozess, durch den eine toxische Substanz vom Körper schneller absorbiert wird, als sie sich verflüchtigt. Zum Beispiel ist Strontium-90 ein radioaktives Isotop, das chemisch dem Kalzium ähnelt und sich in den Knochen ansammelt, wo es genetische Mutationen und Krebs verursachen kann. Biologische Magnifikation kommt dann zustande, wenn eine Substanz im Verlauf der Nahrungskette ihre Konzentration erhöht. Ein Beispiel dafür ereignete sich, als bei Radionukliden, die in geringen Mengen aus der Atomanlage Hanford in den Columbia River gelangt waren, auf ihrem Weg durch die Nahrungskette eine mengenmäßige Zunahme festgestellt wurde. Solch eine biologische Magnifikation wird von einer Anzahl von Variablen beeinflusst, wie die Länge der Nahrungskette, die Geschwindigkeitsrate der Bioakkumulation innerhalb eines Organismus, die Halbwertzeit des Nuklids (im Falle radioaktiver Substanzen) und die Konzentration der toxischen Substanz in der ummittelbaren Umwelt. Der Ökologe Eugene Odum bemerkte, dass es aufgrund der biologischen Magnifikation möglich war, eine »harmlose Menge an Radioaktivität [freizusetzen] und sie [die Natur] uns diese in einer tödlichen Vergiftung zurückgibt!«. Carson selbst hat darauf hingewiesen, wie biologische Magnifikation in den Körpern alaskischer Inuit und skandinavischer Samen am Ende einer Nahrungskette, die Flechten und Rentiere umfasste, zu einer gefährlich hoher Belastung mit Strontium-90 und Cäsium-137 führen konnte.

In der 1961er-Ausgabe von *The Sea Around Us* (deutsch: *Geheimnisse des Meeres*), warf Carson, die in den Protesten gegen die Verklappung radioaktiver Abfälle in den Ozeanen engagiert war, die bedeutungsvolle Frage auf:

»Was geschieht denn bei der vorsichtigen Berechnung eines ›maximal zulässigen Wertes‹ [an Radioaktivität] bei den winzigen Organismen, die von größeren gefressen werden und so weiter die Nahrungskette hinauf bis zum Menschen? Bei einem solchen Vorgang entwickelten Thunfische in einem Gebiet, das sich eine Million Quadratmeilen um das Bikini-Bombentestareal herum erstreckt, einen Grad an Radioaktivität, der um ein Vielfaches höher lag als der des Meereswassers.«

Die Detonation der Castle-Bravo-Wasserstoffbombe auf dem Bikini-Atoll im März 1954, auf die Carson sich hier bezieht, war einer von 67 Nukleartests, die zwischen 1946 und 1958 von den Vereinigte Staaten auf den Marshallinseln durchgeführt wurden, und zwar der mit den schlimmsten Auswirkungen. Das Ausmaß der Explosion – fünfzehn Megatonnen, was tausendfach der Bombe entsprach, die auf Hiroshima abgeworfen wurde – war mehr als doppelt so groß wie erwartet. Der radioaktive Niederschlag regnete auf unbewohnte Bereiche der Marshallinseln und auf ein japanisches Fischerboot, die ›Lucky Dragon‹, nieder, das etwa achtzig Seemeilen vom Atoll entfernt war, und kontaminierte das ozeanische Leben in einer ausgedehnten Zone, was zu einer internationalen Kontroverse führte, als die Vereinigten Staaten ihre Verantwortung leugneten.[103]

Eine Schlüsselfigur, die die wissenschaftliche Kritik des nuklearen Fallouts und die Umweltwidersprüche im Allgemeinen mit den Kämpfen sozialer Bewegungen verband, und mit der Carson sich enge identifizierte, war der Biologe und Sozialist Barry Commoner. Im Jahre 1956 diskutierte Commoner mit seiner Freundin und marxistischen Aktivistin Virginia Brodine die Möglichkeit der Organisierung einer Kampagne für den Test von Milch auf Strontium-90, die nach dem Vorbild der vorhergehenden Kampagne für saubere Milch gestaltet war, die Frauen in St. Louis durchgeführt hatten. Dies führte im April 1958 zur Bildung des Greater St. Louis Citizens Committee for Nuclear Information (CNI). Nach 1963 als Komitee für Umweltinformation (Committee for Environmental Information) bekannt, brachte es Wissenschaftler (die »technische Abtei-

---

103 Vgl. Barry Commoner, *Science and Survival* (New York: Viking, 1966); Joel B. Hagen, *An Entangled Bank* (New Brunswick, NJ: Rutgers University Press, 1992), S. 100–107, 115–118; Richard Rhodes, *Dark Sun* (New York: Simon and Schuster, 1995), S. 541–542; Tokue Shibata, »The H-Bomb Terror in Japan«, in: *Monthly Review* 4, Nr. 2, Juni 1954, S. 72–76; Eugene P. Odum, *Fundamentals of Ecology* (Philadelphia: Saunders, 1959), S. 467; Carson, *Lost Woods*, a. a. O., S. 108–109, 237–238; »U.S. Nuclear Testing Program in the Marshall Islands«, siehe: http://www.nuclearclaimstribunal.com; Helen Caldicott, *Nuclear Power Is Not the Answer* (New York: New Press, 2006), S. 64, 73.

lung« des CNI) mit Aktivisten zusammen. Das CNI startete bald seine berühmte Babyzahnexpertise, um Säuglingszähne auf Strontium-90 hin zu untersuchen. Carson lobte Commoners Kritik an den Fehlern des Systems bei der Befassung mit Problemen wie Luftverschmutzung, bevor neue potenziell gefährliche Technologien eingeführt wurden. In ihrer 1963er-Rede über »Unsere verschmutzte Umwelt« unterstrich sie die Bedeutung der CNI-Untersuchung über die Auswirkungen des radioaktiven Fallouts.[104]

## Carson und die Ökosystemökologie

Ein weiterer sehr wichtiger Einfluss auf Carsons Umweltdenken war das Aufkommen der Ökosystemökologie und der neuen Entwicklungen der Evolutionstheorie in ihrer Zeit. Die Ökologie war zu diesem Zeitpunkt noch ein junges Feld. Der Schlüsselbegriff des »Ökosystems« war erst wenige Jahrzehnte zuvor im Jahre 1935 von dem britischen Ökologen Arthur Tansley eingeführt worden. Tansley war ein fabianischer Sozialist, der unter dem führenden darwinischen Biologen seiner Zeit, E. Ray Lankester, studiert hatte. Lankester war ein unerschütterlicher Materialist, ein früher scharfer Kritiker der Umweltzerstörung und junger Freund von Karl Marx, der bei dessen Begräbnis zugegen war.

In den späten 1920er- und 1930er-Jahren, als Tansley seine Schriften verfasste, war das neue Feld der Ökologie von teleologischen Vorstellungen beherrscht (Betonung einer aus endlichen Ursachen hervorgehenden Zweckgerichtetheit der Natur), die mit der Arbeit von Frederick Clements in den Vereinigten Staaten und Jan Christian Smuts und seinen Kollegen in Südafrika verbunden waren. (Smuts, ein ehemaliger südafrikanischer Premierminister, war eine der Hauptfiguren bei der Etablierung der Vorbedingungen für das Apartheidsystem.) Empört über die idealistischen und rassistischen Interpretationen von Ökologie, die von Smuts und seinen Anhängern vorgebracht wurden, entwickelte Tansley den Begriff des »Ökosystems« als materialistische Alternative zu Smuts' teleologischem »Holismus«. »Auch wenn die Organismen unser vorrangiges Interesse beanspruchen mögen«, schrieb er, »können wir sie nicht von ihrer besonderen

---

104 Vgl. Virginia Brodine, *Green Shoots and Red Roots* (New York: International Publishers, 2007), S. 3–10; Carson, *Lost Woods*, a.a.O., S. 232, 240. Briggs war von 1962 bis 1969 Herausgeber der CNI/CEI-Veröffentlichung *Nuclear Information* (später *Science and Citizen*).

Umwelt trennen, mit der sie ein physikalisches System bilden [...] Diese Ökosysteme, wie wir sie nennen könnten, sind von verschiedenster Art und Größe. Sie bilden eine Kategorie der unüberschaubaren physischen Systeme des Universums, die vom Universum als Ganzem bis hinunter zum Atom reichen.« Tansley war tief beunruhigt über »die zerstörerischen Aktivitäten des Menschen in der modernen Welt«. »Die Ökologie«, so argumentierte er, »muss auf die Zustände angewandt werden, die durch menschliches Handeln verursacht worden sind«, und zu diesem Zweck war das Konzept des Ökosystems, das alles Leben in die größere materielle Umgebung stellte und »unter die Formen der natürlichen Wesenheiten« vordrang, die essenzielle Art der Analyse.[105]

Ein weiterer Begründer der modernen Ökosystemanalyse war der britische Zoologe Charles Elton, ein enger Mitarbeiter Tansleys, dessen Arbeit für die Entwicklung von Carsons ökologischer Kritik grundlegend werden sollte. Elton war berühmt für seine Pionierarbeit von 1927 zum Thema Tierökologie. Gleichwohl war es eine Arbeit, die er 1958 unter dem Titel *The Ecology of Invasions by Animals and Plants*, in der er das neue Ökosystemkonzept zur Anwendung brachte, das viel von der breiteren Argumentation von *Silent Spring* inspirieren sollte. Hinsichtlich synthetischer Pestizide erklärte Elton, dass »der erstaunliche Regen des Todes auf einen solch großen Teil der Weltoberfläche« großteils unnötig sei und »das sehr empfindlich miteinander verflochtene System von Populationen« in einem vorgegebenen Ökosystem bedrohe. Es gab »andere und dauerhaftere Methoden zum Schutz des organischen Reichtums der Welt«, die eher Komplexität und Diversität als biologische Vereinfachung zur Geltung brachten. Die gedankenlose Anwendung »chemischer Kriegführung« auf lebende Objekte, so brachte er, dem US-Ökologen und Umweltschützer Aldo Leopold folgend, vor, spiegelte das Versagen eines auf ökonomischen Werten basierenden Systems wider, in dem es keinen Platz für die höheren Werte einer biotischen Gemeinschaft gab. Er betonte, dass diese Handlungsweise eines Tages so gesehen werden könnte, wie wir es heute in Bezug auf die »Exzesse der kolonialen Ausbeutung« tun. Carson zitierte Eltons Stellungnahme zum »Regen des Todes« in ihrem Brief vom April 1959 an die *New York Times*, mit dem sie ihren Angriff auf die Pesti-

---

105 Vgl. A. G. Tansley, »The Use and Abuse of Vegetational Concepts and Terms«, in: *Ecology* 16, Nr. 3, Juli 1935, S. 299, 303–304. Bei der Entwicklung seines Ökosystemkonzepts wurde Tansley von den dialektischen Systemanalysen beeinflusst, die von dem marxistischen britischen Mathematiker Hyman Levy in *The Universe of Science* (New York: The Century Co., 1933) vorgelegt wurden.

zide eröffnete; später würde sie das Zitat in *Silent Spring* als Leitmotiv ihres Kapitels »Indiscriminately from the Skies« (Wahllos aus dem Himmel) noch einmal wiederholen.[106]

Elton hatte die Grundlage für die Arbeit von Carsons Freund und Kollegen Robert Rudd geschaffen, einem Professor für Zoologie an der University of California in Davis. Carson nahm im April 1958 zum ersten Mal Kontakt mit Rudd auf, um Hilfestellung bei ihrer Untersuchung über Pestizide und einige seiner Publikationen zum Thema zu erhalten. Er besuchte sie im Juli mit seinen Kindern in ihrem Häuschen in Maine, und die beiden schlossen Freundschaft und nahmen eine enge Arbeitsbeziehung auf.

Rudd war ein anspruchsvoller linker Denker mit Gespür für die Ökologie, Soziologie und politische Ökonomie der Pestizidproblematik. Als er mit Carson zusammentraf, hatte er bereits mit seinem eigenen Buch zum Thema begonnen, das von der Conservation Foundation finanziert wurde. Im Jahr 1959 schrieb er zwei Artikel für die Wochenzeitschrift *The Nation*: »The Irresponsible Poisoners« (Die unverantwortlichen Vergifter) im Mai und »Pesticides: The Real Peril« (Pestizide: die reale Gefahr) im Juli. In »The Irresponsible Poisoners« argumentierte er, dass die Anwendung von tödlichen Pestiziden wie DDT auf einer unangebrachten Schwerpunktsetzung auf die Produktion beruhe. »Die Überproduktion lastet auf uns wie eine Plage [...] Chemische Anwendungen zur Steigerung der Produktion werden fortwährend in Anspruch genommen; und nur wenige halten inne, um zu fragen ›Warum?‹« In »Pesticides: The Real Peril« vertrat er die Auffassung, dass die Schlüsselursache dafür, dass solche Chemikalien verwendet wurden, wie auch der maßgebliche Effekt ihrer Anwendung – in einer Art sich selbst verstärkendem Teufelskreis – in der extremen »Simplifizierung« lag, die der Umwelt durch die industrielle Landwirtschaft auferlegt wurde. Auf die Frage, warum wachsendes Vertrauen in solche tödlichen Chemikalien entstand, »würde ein Ökologe antworten [...] wegen der Simplifizierung des Ökosystems, [die] das Ergebnis der meistverbreiteten Produktionspraxis in den Vereinigten Staaten ist«. Die einzig wirkungsvolle Art, mit dem Problem umzugehen, sei deshalb die Veränderung der Produktionspraxis: die »Pflege der ökologischen Diversität« und das Vertrauen auf biologische Kontrolle. »Zum Guten für uns alle müssen

---

106 Vgl. Charles Elton, *The Ecology of Invasions by Animals and Plants* (London: Methuen and Co., 1958), S. 137–42; Carson, *Lost Woods*, a.a.O., S. 190; *Silent Spring*, a. a. O., S. 155.

Chemietechniken einer ökologischen Schwerpunktsetzung Platz machen. Die Pflege der Ökosystemvielfalt wird Ertragssicherheit, Produktionsnachhaltigkeit und eine Reduzierung chemischer Risiken hervorbringen.« Das aufkommende System des globalen Agrobusiness müsse von Anfang an infrage gestellt werden: »Unser Export von amerikanischem agrarwirtschaftlichem ›know-how‹ könnte den ›begünstigten‹ Ländern einen letzten Bärendienst erweisen.«

Carson nahm in zwei Kapiteln von *Der Stumme Frühling* („Und keine Vögel singen« und »Der Tod zieht in die Flüsse ein«) ausführlich Bezug auf Rudds Untersuchung. Rudds *Nation*-Artikel waren auch als Anregung für Murray Bookchins erste Arbeit über Ökologie hilfreich, die unter dem Titel *Our Synthetic Environment* (deutsch: *Unsere synthetische Umwelt*) im Jahr 1962 (im selben Jahr wie *Silent Spring*) unter dem Pseudonym Lewis Herber veröffentlicht wurde.

Rudds ökosystembasierte Kritik der Pestizidindustrie und des Agrobusiness als Ganzem war so kompromisslos, dass er selbst von den entsprechenden Interessengruppen angegriffen wurde und seine universitäre Position gefährdet war. Anders als Carson war er kein unabhängiger Schriftsteller, sondern Universitätsprofessor an einer ländlichen Stipendiatenhochschule und abhängig von Veröffentlichungen und Fachbegutachtungen von Doktorarbeiten. Sein Hauptwerk, *Pesticides and a Living Landscape* (Pestizide und lebendige Landschaft), wurde vor Carsons *Silent Spring* fertiggestellt. Das Verlagsunternehmen, an welches die Conservation Foundation das Manuskript gegeben hatte, lehnte es jedoch als »Polemik« ab. Das Manuskript wurde daraufhin der University of Wisconsin Press angeboten, wo es von achtzehn Gutachtern, einschließlich dem gesamten Fachbereich für Insektenkunde durchgesehen wurde – mit dem Ergebnis des Rekords für die größte Anzahl an Gutachtern für ein solches Druckwerk, sodass sich die Entscheidung über eine Veröffentlichung sehr in die Länge zog. Infolgedessen wurde *Pesticides and a Living Landscape* erst 1964, ein Jahr vor Carsons Tod, veröffentlicht. Das Buch wurde über 200-mal ganz überwiegend positiv geprüft, aber Rudd verlor seine Promotion an der University of California, und seine Karriere stand auf dem Spiel. Er wurde im Jahr 1964 fristlos und ohne Begründung von der Landwirtschaftlichen Versuchsstation der Universität entlassen.

Es gibt keinen Zweifel, dass *Pesticides and a Living Landscape* eine glänzende Arbeit und eine verheerende Kritik an der existierenden Umweltpraxis war. Rudd untersuchte eingehend die weitergehenden systematischen Probleme bezüglich der Umwandlung der Ökosysteme, die mit der Anwendung von Pestiziden zusammenhingen, und die Carson, deren Hauptziel es war, die tödliche Natur der Pestizide selbst an die Öffentlichkeit zu bringen, nicht vollständig zu behandeln in der Lage war. Laut Rudd konnte das »generelle Problem« kurz und bündig festgestellt werden:

> »Anbausysteme werden zur ökonomischen Erzeugung von vermarktbaren Nahrungsmitteln und Fasern notwendigerweise ökologisch vereinfacht. Häufige Folge davon ist ein unausgewogenes Ökosystem, in dem einige wenige Arten von Organismen jene zahlenmäßige Grenze überschreiten, die wir noch tolerieren können. Per Definitionem werden diese Arten dann zu Schädlingen […] Produktion und [Schädlings-]Protektion sind damit Teil ein und desselben Prozesses. Sie können biologisch nicht getrennt werden […] Wir können es uns nicht länger leisten, ›einzelne‹ Probleme, die aus unkontrollierten Chemikalien in der Landwirtschaft erwachsen, als fragmentarisch abzutun. Es gibt dort keine vereinzelten Probleme.«

Was die Risiken aus Pestiziden für den Menschen angeht, verwies Rudd darauf, dass es »für unsere ›Experten‹ befremdlich wäre zu erfahren, dass maßgebliche Auswirkungen sich erst langfristig zeigen. 180 Millionen menschliche Versuchskaninchen [in den Vereinigten Staaten] hätten einen hohen Preis für ihr Vertrauen bezahlt.«

Für Carson entwickelte sich das Ökosystemkonzept auf der Grundlage einer radikalen Infragestellung der menschlichen Beherrschung der Natur. Die moderne Entdeckung »der Tatsache, dass der Mensch, wie alle anderen lebenden Kreaturen, Teil der ausgedehnten Ökosysteme der Erde ist, die den Kräften der Umwelt ausgesetzt sind«, entsprach, wie sie argumentierte, Darwins Evolutionstheorie und war letztlich von dieser nicht zu trennen. Die offensichtliche logische Folgerung aus einer solchen evolutionär-ökologischen Sichtweise war, dass »der Mensch von denselben Umwelteinflüssen betroffen ist, die das Leben all der vielen Tausenden von anderen Arten beherrschen, mit denen er durch evolutionäre Bindungen in Beziehung steht«.[107]

---

107 Robert L. Rudd, »The Irresponsible Poisoners«, in: *The Nation*, 30. Mai 1959, S. 496–497; vgl. »Pesticides: The Real Peril«, in: *The Nation*, 28. November 1959, S. 399–401; Pesticides and the Living Landscape, S. 154–155, 284–291; Frank Graham Jr., *Since Silent Spring* (Boston: Houghton Mifflin, 1970), S. 167–169; Linda Lear, *Rachel Carson*

Entscheidend bei der Herausbildung von Carsons ökologischer Kritik waren die neuen Entwicklungen in der Evolutionstheorie und der Theorie über den Ursprung des Lebens. Im Jahre 1924 war eine materialistische Erklärung des Ursprungs des Lebens eingeführt worden, als der sowjetische Biochemiker A.I. Oparin die Hypothese aufstellte, dass sich Leben vor der Anwesenheit von Sauerstoff in der Atmosphäre (was es den Sonnenstrahlen ermöglicht habe, das Leben auf der Erde wirkungsvoller zu begünstigen) aus einer Wassermasse entwickelt habe, die sich nach und nach mit organischen Molekülen anreicherte, und die man später als den »Oparinschen Ozean« oder »Ursuppe« bezeichnet hat. Auf irgendeine Weise entstand Leben, als sich diese Moleküle zusammenballten und von selbst zu einem chemischen System organisierten, das dazu in der Lage war, sich selbst zu reproduzieren. Ähnliche Ideen wurden unabhängig davon 1929 von dem britischen Biologen und Marxisten J.B.S. Haldane entwickelt, der eine der bedeutenderen Persönlichkeiten in der Entwicklung der neodarwinistischen Synthese war, die Darwins Evolutionstheorie mit dem neuen Feld der Genetik verband. Dieser allgemeine Ansatz hinsichtlich der Ursprünge des Lebens wurde in den frühen 1950er-Jahren von dem Chikagoer Chemiker Harold Urey und seinem Studenten Stanley Miller experimentell vorangetrieben, denen es gelang, mittels Durchleitung eines Funkens durch Wasser unter solchen, im Labor nachgebildeten, urwüchsigen Erdbedingungen, Aminosäuren, die Bausteine der Proteine, zu erzeugen. Carson war eindeutig von dieser neuen einflussreichen wissenschaftlichen Theorie über den Ursprung des Lebens und die dadurch geschaffene vereinte evolutionär-ökologische Perspektive beeinflusst. Ihr Buch *The Sea Around Us* begann mit dem Meer als Schauplatz »für die Schaffung des Lebens aus Nicht-Leben«.

Eine der fundamentalen Vorstellungen von dieser Theorie über den Ursprung des Lebens, die zurückging auf Oparin und Haldane (und abgeleitet war von V. I. Vernadskys Biosphärenkonzept), bestand darin, dass das Leben selbst durch die Erzeugung von Sauerstoff und der Ozonschicht die Atmosphäre verändert hatte und somit eine solche spontane Bildung des Lebens aus Nicht-Leben nicht mehr möglich war. Carson wies in ihrem Vortrag über »The Pollution of Our Environment« (Die Verschmutzung unserer Umwelt) diesem Punkt und seiner Wichtigkeit für eine ökologische Kritik eine enorme Bedeutung zu, indem sie argumentierte:

(New York: Henry Holt, 1997), S. 331–332; Murray Bookchin (unter dem Pseudonym Lewis Herber), *Our Synthetic Environment* (New York: Knopf, 1962), S. 55–61; Carson, *Lost Woods*, a. a. O., S. 244–245.

»Aus all dem können wir verallgemeinern, dass es seit dem Beginn der biologischen Zeitrechnung die engstmögliche wechselseitige Abhängigkeit zwischen der physischen Umwelt und dem von ihr unterhaltenen Leben gegeben hat. Die Bedingungen auf der jungen Erde erzeugten Leben; das Leben modifizierte dann unverzüglich die Bedingungen auf der Erde, sodass dieser einzigartige außergewöhnliche Akt der spontanen Erzeugung sich nicht wiederholen konnte. In der einen oder anderen Form hat sich die Aktion und Interaktion zwischen dem Leben und seiner Umgebung seitdem immer weiter fortgesetzt.

Die historische Tatsache hat, wie ich denke, mehr als akademische Bedeutung. Wenn wir dies akzeptieren, dann sehen wir, dass wir nicht ständig Angriffe auf die Umwelt unternehmen können, wie wir es zurzeit tun. Wer die Erdgeschichte ernsthaft studiert, weiß, dass weder das Leben noch die physische Welt, die es aufrechterhält, in kleinen von einander isolierten Fächern existiert. Im Gegenteil: Er erkennt diese außerordentliche Einheit zwischen den Organismen und der Umwelt. Aus diesem Grunde weiß er, dass schädliche Substanzen, die in die Umwelt abgegeben werden, zu gegebener Zeit wieder auftauchen und Probleme für die Menschheit erzeugen [...] Der Wissenschaftszweig, der sich mit diesen Wechselbeziehungen befasst, ist die Ökologie [...] Wir können dabei weder allein an den lebenden Organismus noch an die physische Umwelt als separate Einheit denken. Beide existieren gemeinsam, wobei eines das andere beeinflusst, um einen ökologischen Komplex oder ein Ökosystem zu bilden.«[108]

Solch komplexe, im Entstehen begriffene Ökosysteme waren hochdynamische Wesenheiten. Infolgedessen waren die Veränderungen, denen sie unterworfen waren, häufig unvorhersehbar, bis es zu spät war.

Ihre ganze Arbeit hindurch betonte Carson den evolutionären Charakter und die gegenseitige Vernetzung der natürlichen Welt. Dies war es auch, was ihren lebensnahen Schriften ihre atemberaubende Qualität verlieh. In einer einsichtsvollen Analyse von Carsons Meeres-Trilogie – *Under the Sea Wind* von 1941

---

108 Robert M. Hazen, *Genesis* (Washington, D.C.: John Henry Press, 2005), S. 85–90; vgl. J. D. Bernal, *The Origin of Life* (New York: World Publishing Co., 1967); Rachel Carson, *The Sea Around Us* (New York: Oxford University Press, 1989), S. 7; Carson, *Lost Woods*, a. a. O., S. 230–231.

(deutsch: *Unter dem Meerwind*), *The Sea Around Us* von1951 (deutsch: *Geheimnisse des Meeres*) und *The Edge of the Sea* von 1955 (deutsch: *Am Saum der Gezeiten*) – zusammen mit *Silent Spring*, hat Mary McCay diese Qualität in Carsons Schriften auf ihr grundlegendes Konzept der »materiellen Unsterblichkeit« zurückverfolgt, das sie in ihrer Arbeit schon früh eingeführt hatte. Wie Carson 1937 in ihrem Artikel »Undersea« (Unterwasser) schrieb, werden die verschiedenen Formen des Lebens als Folge der »unerbittlichen Gesetze des Meeres [...] erneut in ihre Bestandssubstanz aufgelöst«. Infolgedessen »geraten die individuellen Elemente aus dem Blick, um einzig in verschiedenen Inkarnationen in einer Art materieller Unsterblichkeit wieder und wieder zu erscheinen«. Als Wissenschaftlerin näherte sich Carson der natürlichen Welt von einem materialistischen Standpunkt aus und lehnte alle nicht naturgemäßen Erklärungen ab. Als ihre Mutter einmal zu ihr sagte, dass Gott die Welt erschaffen habe, antwortete sie: »Ja, und General Motors hat meinen Oldsmobil erschaffen. Die Frage ist nur: wie.« Die Entstehung eines komplexen Netzes des Lebens war alles.[109]

## Ökologie als radikale Kraft

Carsons intensive Studie der Ökosystemökologie erhöhte im Zusammenhang mit ihrer Arbeit an *Silent Spring* dieses materialistische Verständnis und machte es zu einer radikalen Kraft. Zum Zeitpunkt ihres Todes besaß sie einen Buchvertrag zur Durchführung einer philosophischen Untersuchung der Ökologie und war dabei, Material für eine wissenschaftliche Evolutionsstudie zu sammeln. Die beiden Themen waren offensichtlich in ihrem Denken miteinander verknüpft und sollten zweifelsohne die Grundlage für eine fundamentale Kritik des gegenwärtigen menschlichen Verhältnisses zur Erde bilden.[110]

Dies brachte sie in einen direkten Konflikt mit den bestehenden Mächten. Für die herrschenden ökonomischen Interessen war, wie ihr Verleger und Biograf Paul Brooks bemerkte, »das wirklich Erschreckende«, dass Carson »die gesamte Haltung der Industriegesellschaft gegenüber der natürlichen Welt infrage stellte. Dies war eine Irrlehre und diese musste bekämpft werden.« Carson selbst war sich wohl darüber bewusst, dass sie ihre radikale ökologische Perspektive in Kon-

---

109 Vgl. Mary McCay, *Rachel Carson* (New York: Twayne Publishers, 1993), S. 23–24, 42–43, 109.
110 Vgl. Carson, *Lost Woods*, a. a. O., S. xi.

flikt mit einem System brachte, das – koste es, was es wolle – auf eine Ausweitung der privaten Produktion gerichtet war. Während des Schreibprozesses an *Silent Spring* studierte sie John Kenneth Galbraiths Werk *The Affluent Society* (deutsch: *Gesellschaft im Überfluss*), das die Frage von privatem Reichtum und öffentlichem Elend aufgeworfen hatte, das heißt die Frage der externen Zusatzkosten des Marktsystems, wobei die sozialen und umweltbezogenen Kosten auf die Gesellschaft und auf die Natur abgewälzt werden.[111]

In Beantwortung der Angriffe auf *Silent Spring* beklagte Carson den »riesigen Schwall an Propaganda«, der rationale Wissenschaftlichkeit und ökologische Werte blockiere. Sie schimpfte auf die Steuersubventionen, die an Unternehmenslobbyisten verteilt wurden, und griff die großzügigen privaten Darlehen an Universitäten an, durch welche die Unternehmen versuchten, sich eine »wissenschaftliche Front« für ihr Vorgehen zu erkaufen. Angesichts dieser ganzen Lage war die Frage, die sie beharrlich stellte: »Was geschieht [...] wenn das öffentliche Interesse gegen ausgedehnte kommerzielle Interessen steht?« Carson hatte keinen Zweifel daran, dass es innerhalb der zeitgenössischen Gesellschaft einen unversöhnlichen Konflikt zwischen Wirtschafts- und Umweltinteressen gab. Folglich klagte sie über die Förderung eines extremen »Intensivismus« in der Produktion auf der Suche nach höheren Profiten, besonders wenn dies mit der Misshandlung von Tieren verbunden war. Das Wirtschaftssystem, so hob sie in Übereinstimmung mit Rudd hervor, war auf »Überproduktion« auf Kosten der Umwelt ausgerichtet. In unserer Gesellschaft, die von materieller Akquisition beherrscht wird, werde das Leben zerstört, weil die Geschäftswelt »vom Dollarzeichen geblendet« sei. Tatsächlich, so erklärte sie, »betet die moderne Welt die Götter der Geschwindigkeit und der Quantität, sowie des schnellen und leichten Profits an, und aus dieser Vergötterung sind üble Monster entstanden«. Sie fügte hinzu, dass »der Kampf gegen die massierte Macht der Industrie zu groß ist, um von ein oder zwei Individuen [...] geführt zu werden« – eine Sichtweise, die eindeutig zur Bildung einer Umweltbewegung aufruft, um der Macht der Industrie etwas entgegenzusetzen.[112] Was jedoch die chemische Industrie an Rachel Carsons Buch

---

111 Vgl. Brooks, zitiert in Shirley A. Briggs, »Rachel Carson«, in: Gino J. Marco et al. (Hrsg.), *Silent Spring Revisited* (Washington, D.C.: American Chemical Society, 1987), S. 6; Lear, *Rachel Carson*, S. 334.

112 Vgl. Carson, *Lost Woods*, a. a. O., S. 162, 194–195, 218, 220–221; Carson, *Silent Spring*, a. a. O., S. 9; Carson zitiert in Lytle, S. 178–179.

mehr als alles andere zu verärgern schien, war, dass sie für den Beginn von *Silent Spring* einen literarischen Kunstgriff gewählt hatte: »Ein Zukunftsmärchen« ; die Geschichte »einer Stadt [...] in der alle Geschöpfe in Harmonie mit ihrer Umwelt zu leben schienen«, und die gedankenlos, fast unmerklich für sich selbst, zerstörerische Chemikalien in ihrer Mitte einsetzt. Für Carson ging »ein Schreckgespenst« in der modernen industriellen, erwerbssüchtigen Gesellschaft um und drohte den Frühling zum Verstummen zu bringen. Ihre Fabel war eindeutig und in doppeltem Sinn »in die Zukunft« gedacht: Sie spiegelte sowohl eine nie da gewesene Bedrohung allen Lebens, wie auch die Möglichkeit ihrer Überwindung wider. Das Schlechteste, was eine Gesellschaft tun könne, wäre angesichts einer solchen Bedrohung stillzustehen. Zeugnis für ihr umfassendes fortschrittliches Denken ablegend, schrieb sie an anderer Stelle: »Veränderungen und eine Entwicklung neuer Wege des Lebens sind natürlich und generell wünschenswert.«[113]

Heute bestehen viele der Probleme, auf die Carson hingewiesen hat, fort. Dies muss in einem System der Fall sein, das aus seiner ureigenen Natur heraus wachsen muss (und zwar in einer Geschwindigkeit, die das Bevölkerungswachstum übertrifft), um ökonomische Krisen zu vermeiden, und in dem die Erzeugung von mehr und immer mehr Profit die bewegende Kraft darstellt, die die Wirtschaft vorantreibt. Ein Beispiel dafür, wie ökonomische Prioritäten sich über ökologische Methoden hinwegsetzen, kann man am Fall der Erdbeerzüchter in Kalifornien sehen, die nicht so viel Geld verdienen können, wenn sie die Feldfrüchte im Wechsel anbauen und den Boden (zeitweise) von Erdbeeren frei halten. Folglich »müssen« sie ein Biozid verwenden, Methylbromid (das gleichzeitig 50-mal zerstörerischer als FCKW auf die atmosphärische Ozonschutzschicht wirkt), um die Schädlinge abzutöten, denen man durch eine ökologischere Anbaumethode für Erdbeeren viel besser beikommen könnte. Um einen Eindruck davon zu vermitteln, wie bedeutsam das Problem der Pestizidanwendung weiterhin ist, kann festgestellt werden, dass im Jahr 2006 etwa 64 Prozent der frisch erzeugten und 59 Prozent der verarbeiteten Früchte, die vom US-Landwirtschaftsministerium getestet wurden, nachweisbare Pegel von Pestizidrückständen aufwiesen.[114]

Ebenso wird uns erzählt, dass landwirtschaftliche Tierproduzenten, die mit Fabrikfarmen arbeiten, in denen Tiere unter inhumanen Bedingungen zusam-

---

113 Carson, *Silent Spring*, a. a. O., S. 1–3; *Lost Woods*, a. a. O., S. 89.
114 Vgl. U.S. Department of Agriculture, Pesticide Data Program, Annual Summary, Calendar Year 2006, Dezember 2007, siehe: http://www.ams.usda.gov.

mengepfercht werden, routinemäßig Antibiotika (natürlich auch eine Art Pestizid) zur Anwendung bringen »müssen«, um die Tiere einigermaßen schnell mästen zu können. Dies führt nicht nur zu Rückständen von Antibiotika im Fleisch, sondern auch zur Entwicklung von antibiotikaresistenten Mikroben. Die Aufzucht von Tieren in weniger dichten und humaneren Systemen, in denen Antibiotika nur benutzt werden, wenn Tiere wirklich erkranken, führt zu höheren Produktionskosten und wird folglich aufgrund der Marktprinzipien abgelehnt, die von Carson als »die Götter des Profits und der Produktion« bezeichnet wurden. Auch wenn es ein sich entwickelndes öffentliches Interesse an organisch angebauten landwirtschaftlichen Produkten und »menschlich« aufgezogenen Tieren gibt, handelt es sich dabei immer noch um Nischenmärkte.

Die US-Regierung hat sich gegenüber den Wünschen der Branche nach Beibehaltung einer weitestgehend freien Hand bei der Einführung neuer Chemikalien in die Umwelt stets besonders wohlwollend verhalten. Sie hat sich deshalb dagegen ausgesprochen, die Beseitigung möglicher Risiken anzuordnen. In einem Artikel des *San Francisco Chronicle* aus dem Jahr 2007 wurde dazu ausgeführt:

> »Die Vereinigten Staaten haben an ihrem ursprünglichen, 30 Jahre alten Regulationssystem für Chemikalien festgehalten, das es den Dienststellen erschwert, Chemikalien zu verbieten oder industrielle Testreihen zu verlangen. Während die Regierung mit der Industrie auf einer freiwilligen Basis dahingehend zusammengearbeitet hat, immerhin 2.000 Chemikalien zu untersuchen und einige davon auszusortieren, hat sie die Untersuchung von nur 200 Chemikalien bindend vorgeschrieben und seit 1976 lediglich den Gebrauch von fünf Produkten eingeschränkt.«[115]

Jenseits dieser anhaltenden Probleme im Zusammenhang mit der Einbringung synthetischer Chemikalien in unsere Umwelt, bleibt noch die Menge an ökologischen Gefahren, die von Carson angesprochen wurden. Es war diese umfassendere, die gesamte Natur des modernen Produktionssystems infrage stel-

---

115 »Methyl Bromide Still Finds Its Way into U.S. Fields«, in: *San Francisco Chronicle*, 24. November 2007; vgl. »Everyday Items, Complex Chemistry«, in: *New York Times*, 22. Dezember 2007.

lende ökologische Kritik, die ihren dauerhaftesten Beitrag darstellte. Weit entfernt davon, jene ruhige, zurückhaltende, etablierte Persönlichkeit zu sein, von der wir heutzutage häufig hören, war Carson in Wirklichkeit eine herausfordernde, radikale Stimme. Als Wissenschaftlerin und Autorin ging sie über die in »offiziellen Kreisen« gestatteten Grenzen hinaus und alarmierte und elektrisierte die Öffentlichkeit. Wenn sie von der Industrie attackiert wurde, hielt sie stand und ging dem Kern des Problems auf den Grund.

Carson verbrachte den größten Teil ihres Erwachsenenlebens mit der Entdeckung und Beschreibung der »Geheimnisse des Meeres«. Aber als sich ihre ökologische Kritik entwickelte und sie die Destruktivität der gesellschaftlichen Begegnung mit der Umwelt wahrzunehmen begann, richtete sich ihr Bestreben nicht auf eine bloße Erklärung der Welt, sondern auf ihre Veränderung.

# Kapitel 4
# Ölfördermaximum und Energie-Imperialismus

Dieses Kapitel wurde auf Grundlage eines Artikels unter demselben Titel für das vorliegende Buch überarbeitet und korrigiert, der in *Monthly Review* 60, Nr. 3 (Juli/August 2008), S. 12–33, erschienen ist.

Die Expansion von Militarismus und Imperialismus zu Beginn des 21. Jahrhunderts kann klar dem Interesse zugeschrieben werden, Kontrolle über die schwindenden Welterdölvorräte zu erlangen.[116] Im Jahr 1998 beginnend, wurde in nationalen Sicherheitskreisen der Vereinigten Staaten eine Reihe von strategischen Energieinitiativen gestartet, die Antwort geben sollten auf: (1) das Überschreiten der 50-Prozent-Schwelle bei den US-Importen von auswärtigem Öl; (2) das Ende der weltweiten Überschussproduktion von Öl; (3) die Konzentrierung eines wachsenden Prozentsatzes aller verbleibenden konventionellen Ölressourcen im Persischen Golf; und (4) sich abzeichnende Ängste vor einem Erreichen des sogenannten Peak-Points.

---

116 Der einflussreiche politische Mainstream-Analyst (und ehemalige Stratege des Weißen Hauses unter Nixon) Kevin Philips hat kürzlich argumentiert, dass das Öl im Mittleren Osten vielleicht zum wichtigsten strategischen (nicht monetären) Faktor in »der globalen Krise des (US-)amerikanischen Kapitalismus« geworden und eng mit der weltweiten Notwendigkeit einer Verschiebung in Richtung einer »neuen Energieordnung« verbunden sei. Siehe Phillips, *Bad Money: Reckless Finance, Failed Politics, and the Global Crisis of American Kapitalism* (New York: Viking, 2008), S. 124–127. Tatsächlich kann der Kampf um die Kontrolle des weltweiten Öls als das Kernstück der neuen Geopolitik des US-Imperiums betrachtet werden, welche zugleich dem Verfall der US-Hegemonie entgegenwirken soll. Siehe John Bellamy Foster, »A Warning to Africa: The New U.S. Imperial Grand Strategy«, *Monthly Review* 58, Nr. 2, Juni 2006, S. 1–12.

Die Antwort maßgeblicher Interessengruppen auf diese weltweite Ölversorgungskrise lag im Aufbau dessen, was Michael Klare in *Blood and Oil* eine globale »Strategie der maximalen Förderung« genannt hat.[117] Dies machte es erforderlich, dass die Vereinigten Staaten als Hegemonialmacht mit Rückendeckung der anderen führenden kapitalistischen Staaten versuchten, ihre Kontrolle über die Welterdölreserven mit dem Ziel auszuweiten, die Produktion ansteigen zu lassen. Unter diesem Gesichtspunkt signalisieren die Invasion und Besetzung Afghanistans (der geopolitische Zugang des Westens zu den Öl- und Gasvorkommen im Becken des Kaspischen Meeres), die Invasion des Irak 2003, die schnelle Ausweitung der US-Militäraktivitäten im afrikanischen Golf von Guinea (wo Washington sich im Wettbewerb mit Peking sieht) und den wachsenden Drohungen, die sich nun gegen den Iran und Venezuela richten, allesamt das Heraufziehen einer gefährlichen neuen Ära eines Energie-Imperialismus.

## Die Geopolitik des Öls

Im April 1998 importierten die Vereinigten Staaten zum ersten Mal den größten Teil des Erdöls, das sie verbrauchten. Die Überschreitung dieser Schwelle verwies auf eine rasches Wachstum der US-Abhängigkeit von fremdem Öl. Zur gleichen Zeit nahmen die Ängste, dass die Welt bald das Maximum der Erdölproduktion erreichen würde, stark zu. Ein Schlüsselereignis war dabei im März 1998 die Veröffentlichung von »The End of Cheap Oil« (das Ende des billigen Öls) der im Ruhestand lebenden Ölindustriegeologen Colin J. Campbell und Jean H. Laherrère in der Zeitschrift *Scientific American*. »The End of Cheap Oil« sagte voraus, dass die weltweite Erdölproduktion »wahrscheinlich im Laufe von zehn Jahren« ihren Höhepunkt erreicht haben würde. Der Artikel von Campbell und Laherrère und die Frage des Ölfördermaximums zogen sofort die Aufmerksamkeit der Internationalen Energiebehörde (International Energy Agency – IEA), der Energieorganisation der OECD, in ihrer Weltenergieprognose von 1998 auf sich. Die IEA behauptete daraufhin, dass selbst unter Übernahme der pessimistischsten Annahmen über das wirkliche Ausmaß der Weltölreserven und der Existenz einer glockenförmigen Produktionskurve (jedoch ohne die von Campbell suggerierte krasse Preiserhöhung) ihr eigenes Langzeitversorgungsmodell »seinen Höhepunkt bis 2008–2009 nicht erreicht haben würde«. Überdies würde die

---

117 Michael T. Klare, *Blood and Oil* (New York: Henry Holt, 2004), S. 82.

Verwendung der eigenen Annahmen der IEA bezüglich der Reserven den Höhepunkt nur um etwa ein Jahrzehnt weiter nach hinten verschieben.[118] Dieser Zeitpunkt läge allerdings auch nicht sehr weit entfernt. Das Erreichen des Fördermaximums für britisches Nordseeöl im Jahr 1999 (die norwegische Produktion erreichte ihren Höhepunkt zwei Jahre später), verstärkte noch das Bewusstsein der Dringlichkeit.

Matthew Simmons, der Vorstandsvorsitzende der in Houston ansässigen Investmentbank Simmons and Company International und Mitglied des Nationalen Erdölrates (National Petroleum Council) und des Rates für Auswärtige Angelegenheiten (Council on Foreign Relations), veröffentlichte im Jahr 1999 einen Artikel in der Zeitschrift *Middle East Insight*, in dem er die »weitaus raschere« Erschöpfung der bedeutenderen Ölfelder aufgrund der hoch entwickelten Fördertechnologie hervorhob. Anstatt die Lebensdauer der Ölfelder, wie zuvor angenommen, zu verlängern, beschleunige die Einführung dieser Technologie höchstwahrscheinlich deren Erschöpfung. In Bezug auf Ölfelder, die »seit 1970 in Betrieb genommen wurden«, bemerkte Simmons, dass »fast alle dieser neuen Felder bereits ihr Fördermaximum erreicht haben und nun rasche Rückgangsraten erfahren [...] Und wenn nun die stabile Basis der alten, aber riesigen Felder sich auch zu erschöpfen beginnt«, so fragte er, »welche Wirkung hat dies dann auf die durchschnittliche weltweite Erschöpfungsfrequenz?«[119]

Im Jahr 2000 führten Simmons' Besorgnisse bezüglich der Verminderung der Erdölversorgung dazu, dass er zum Energieberater für George W. Bushs Präsidentschaftswahlkampagne ernannt wurde. Wie er später in einem Interview vom Februar 2008 erzählte, hatte er Bushs »Vetter ersten Grades« Anfang März 2000 »beiseitegenommen«, um ihm von einer früheren Unterredung zu berichten, die er mit einem Assistenten von Energieminister Bill Richardson gehabt hatte, der losgeschickt worden war, um die überschüssige Ölförderkapazität der OPEC-Länder zu untersuchen. Demnach berichtete Simmons Bushs Vetter:

> »Ich sagte: ›Wenn Sie da jemanden haben, der an der Spitze der US-Ölpolitik steht, der sie anruft und in 20 Sekunden ungefähr fünf Mal

---

118  Vgl. Colin J. Campbell and Jean H. Laherrère, »The End of Cheap Oil«, *Scientific American*, März 1998, S. 78–83; International Energy Agency, *World Energy Outlook 1998* (Paris: OECD, 1998), S. 94–103.

119  Matthew R. Simmons, »Has Technology Created $10 Oil?«, in: *Middle East Insight*, Mai/Juni 1999, S. 37, 39.

[Scheiße! sagt], dann steht alles sehr viel schlimmer, als man uns prophezeit hat.‹ Ich sagte: ›Wenn all das zwischen heute und den Wahlen losgeht und Bush schlecht informiert ist, dann kann er jeden Staatschef der Welt falsch aussprechen, aber das, das ist Ihr Untergang.‹ Und das war es, was mich dazu verleitet hat, bei der Schaffung des umfassenden Energieplans mitzumachen, der von Bush eingebracht wurde, als er dann im Amt war.«[120]

Simmons war Mitglied des Beratungskomitees von Bush und Cheney für den Energiewechsel, das auf die wachsenden Zwänge in Bezug auf Erdöl hinwies. Sein 2005 veröffentlichtes Buch *Twilight in the Desert: The Coming Saudi Oil Shock and the World Economy*, das damit argumentierte, dass das Fördermaximum für saudisches Öl unmittelbar bevorstehe, ist zu einer der einflussreichsten Arbeiten geworden, die den Begriff des Ölfördermaximums vorbrachten.[121]

Die Energieinformationsbehörde (Energy Information Administration – EIA) des US-Energieministeriums führte bereits im Juli 2000 eine vollständige Begutachtung der Frage des Fördermaximums durch, in der eine ganze Reihe von Szenarien Berücksichtigung fanden. Im Gegensatz zu denjenigen, die das Maximum »bereits für das Jahr 2004« erreicht sahen, zog die EIA den Schluss, dass »die konventionelle weltweite Ölproduktion noch zwei Jahrzehnte oder mehr steigen kann, bevor sie zu sinken beginnt«. Die Analyse selbst war jedoch nicht dazu geeignet, die maßgeblichen Interessengruppen vollkommen zu beruhigen, da sie darauf hinwies, dass ein weltweites Ölmaximum bereits im Jahr 2021 erreicht werden könnte.[122]

Diese Besorgnis in Bezug auf die weltweite Erdölversorgung, die sich in der Periode von 1998–2001 in den Korridoren der Macht ausbreitete, führte zu einer breit gefächerten Debatte innerhalb der inneren Machtzirkel in den Vereinigten Staaten über die Natur des Ölförderungsproblems und über die strategischen

---

120 Matthew R. Simmons, »An Oil Man Reconsiders the Future of Black Gold«, in: *Good Magazine*, 11. Februar 2008, siehe: http://www.goodmagazine.com/section/Features/the_accidental_environmentalist/. Die Setzung in eckige Klammern innerhalb des Zitats entstammt dem Original.
121 Vgl. Matthew R. Simmons, *Twilight in the Desert: The Coming Saudi Oil Shock and the World Economy* (Hoboken, New Jersey: John Wiley and Sons, 2005).
122 Vgl. John Wood and Gary Long, »Long Term World Oil Supply (A Resource Base/Production Path Analysis)«, in: *Energy Information Administration, U.S. Department of Energy*, 28. Juli 2000, siehe: http://www.eia.doe.gov/pub/oil_gas/petroleum/presentations/2000/long_ term_supply/.

Mittel zu seiner Linderung. Dies wurde von Gruppen wie dem Projekt für ein Neues Amerikanisches Jahrhundert (Project for a New American Century) in weiter gespannte Fragestellungen, die Ausdehnung des US-Imperiums betreffend, eingebunden.[123]

Im Juli 1998 startete das Zentrum für Strategische und Internationale Studien (Center for Strategic and International Studies – CSIS) auf Drängen des ehemaligen Vorsitzenden des Senatskomitees für Bewaffnete Dienste und des früheren Verteidigungsministers (und ehemaligen Energieministers) James R. Schlesinger seine »Strategische Energie-Initiative«. Im November 2000 gab diese Initiative unter dem Kovorsitz von Nunn und Schlesinger einen dreibändigen Bericht mit dem Titel *The Geopolitics of Energy into the 21st Century* (Die energiebezogene Geopolitik eingangs des 21. Jahrhunderts) heraus. Darin wurde betont, dass der Persische Golf seine Energieproduktion angesichts der steigenden Nachfrage und der sinkenden Ölförderung anderswo auf der Welt »für die Zeit von 2000–2020 um annähernd 80 Prozent« ausweiten müsse, um den weltweiten Energiebedarf zu befriedigen.

Auch die Frage eines weltweiten Ölfördermaximums im Jahrzehnt von 2000–2010 wurde untersucht, wobei man sich besonders auf die Argumente von Campbell und Laherrère und von Simmons konzentrierte. Die Strategische Energie-Initiative des CSIS wies die Vorstellung, dass das Weltfördermaximum für Öl bereits im Jahr 2010 erreicht würde, offiziell zurück. Gleichwohl nahm ihr Bericht die Angelegenheit des Ölmaximums ausgesprochen ernst. Als die »einzige Supermacht« hätten die Vereinigten Staaten, wie sie erklärte, »besondere Verantwortlichkeiten zur Sicherstellung der weltweiten Energieversorgung« und den »freien Zugang« zum Weltöl. Unterbewertet wurde im gesamten Bericht die Notwendigkeit, Wege zu finden, um den Ölexport aus dem Irak und dem Iran zu steigern, die damals beide unter US-Wirtschaftssanktionen standen.[124]

Im Jahr 2001 traten das *James A. Baker III Institute for Public Policy* an der Rice University und der Rat für Auswärtige Beziehungen als Mitunterstützer einer Studie über die Herausforderungen der strategischen Energiepolitik im 21. Jahrhundert auf, die unter dem Vorsitz des Energieanalytikers Edward L. Morse durchgeführt wurde. Die Arbeitsgruppe umfasste als Mitglieder sowohl Ölop-

---

123 Vgl. Klare, *Blood and Oil*, 13–14.
124 Vgl. Sam Nunn und James R. Schlesinger, *The Geopolitics of Energy into the 21st Century*, 3 Bände (Washington, D.C.: Center for Strategic and International Studies, November 2000), Band 1, S. xvi–xviii; Band 2, S. 30–31; Band 3, S. 19.

timisten wie Morse und Daniel Yergin von den Cambridge Energy Research Associates, als auch Ölpessimisten wie den Verfechter eines Ölmaximums wie Simmons. Der gemeinsame Bericht des Baker Instituts und des Rates für Auswärtige Beziehungen hob die Kapazität der Weltölreserven für die kommenden Jahrzehnte hervor, argumentierte jedoch, dass man in Bezug auf das weltweite Öl aufgrund einer »Unterinvestition« in neue Förderkapazität und »volatile Staaten« vor einer angespannten Versorgungslage stehe. Überkapazitäten seien »beseitigt worden« fielen aber unter »unbedeutende« Mengen, aufgrund dessen, dass Erdöl produzierende Länder die erzielten Einnahmen sozialen Projekten widmeten, anstatt sie in neue Förderkapazitäten zu investieren.

In dieser Situation verwies der gemeinsame Bericht darauf, dass der Irak sich als »Schaukelproduzent« von Öl erwiesen habe, der beträchtlich unter Kapazität operiere und im vorigen Jahr »seine Hähne auf- und zudrehte, wenn er das Gefühl hatte, dass ein solches Handeln in seinem strategischen Interesse war«. Dies stelle eine wachsende Gefahr für die kapitalistische Weltwirtschaft dar, einschließlich der »Möglichkeit, dass Saddam Hussein das irakische Öl für einen längeren Zeitraum vom Markt nehmen könnte«. Tatsächlich »repräsentieren die irakischen Reserven«, wie der Bericht hervorhob, »einen größeren Aktivposten, der den Weltölmärkten schnell Kapazitäten hinzufügen und dem Ölhandel einen wettbewerbsmäßigeren Verlauf geben kann«. Investitionen in die Ausweitung der irakischen Ölförderkapazität seien unerlässlich. Das Problem sei, was man mit Saddam Hussein tun solle.

Insgesamt seien, wie der Bericht des Baker Instituts und des Rates für Auswärtige Beziehungen betonte, die (irakischen) Anteile außerordentlich hoch, sodass die Gefahr bestünde, dass der Ölpreis stiege und Lieferengpässe dazu führen würden, dass »die Vereinigten Staaten eher wie ein armes Entwicklungsland erscheinen«.

Die Antwort für die westlichen Mächte unter Führung der Vereinigten Staaten liege darin, eine direktere Rolle bei der Entwicklung der Weltölressourcen zu spielen. Diese wäre gekoppelt mit der Ersetzung der gegenwärtigen Ölwirtschaft, die von nationalen Ölgesellschaften beherrscht werde, die mit dem Anwachsen des »Ressourcennationalismus« in der Dritten Welt aufgekommen seien, durch ein System, in dem die in den fortgeschrittenen kapitalistischen Ökonomien konzentrierten multinationalen Konzerne erneut die Aufsicht über Reserven und Investitionen übernähmen.[125]

---

125 Vgl. Edward L. Morse, *Strategic Energy Policy Challenges for the 21st Century*,

Diese Berichte seitens nationaler Sicherheitsanalysten wurden im Mai 2001 von der Veröffentlichung der Nationalen Energiepolitik durch das Weiße Haus, die unter der Leitung von Vizepräsident Dick Cheney herausgegeben wurde, bestätigt. Auch hierin wurde die Notwendigkeit für eine US-Erdölsicherheit betont, indem festgestellt wurde, dass die gesamte US-Ölproduktion um 39 Prozent unter ihr Maximum von 1970 gefallen war und dass die Abhängigkeit der USA von ausländischen Ölimporten bis 2020 auf nahezu zwei Drittel ihres gesamten Benzin und Heizölverbrauches anwachsen könnte. Außerdem warnte Präsident Bush im Mai 2001 davor, dass die Abhängigkeit von ausländischem Rohöl die »nationale Energiesicherheit« in die Hände »fremder Staaten, von denen einige unsere Interessen nicht teilen«, legen würde.

In Bezug auf die Langzeitvorhersage der Weltölversorgung rechnete die Internationale Energieprognose des US-Energieministeriums von 2001 – ausgehend vom Niveau des Jahres 1999 – mit einer benötigten Verdopplung der Ölproduktion im Persischen Golf bis ins Jahr 2020, um die erwartete weltweite Nachfrage zu befriedigen. Diese Prognose konnte dennoch ohne eine massive Investition in eine Kapazitätsausweitung im Persischen Golf unmöglich erfüllt werden, sodass es unwahrscheinlich erschien, dass sie von den dortigen Schlüsselstaaten wie dem Irak und dem Iran, ja nicht einmal von Saudi-Arabien vorgenommen werden würde. Die irakische Rohölförderung war im Jahre 2001 um 31 Prozent geringer als 1979, während die des Iran seit 1976 um etwa 37 Prozent gefallen war. Beide Staaten wurden aufgrund der Unterinvestition und der Auswirkungen der Sanktionen als unterproduzierend bewertet. Die IEA schätzte, dass die Staaten am Persischen Golf bis 2030 über eine halbe Billion Dollar in neue Ausrüstung und Technologie im Sinne der Ausweitung der Produktionskapazität würden investieren müssen, um die projektierten Ölproduktionswerte zu erreichen.[126]

Nationale Sicherheits- und Energieanalysten der USA waren infolgedessen, ebenso wie Energiekonzerne und die Bush-Administration, im Frühjahr 2001

---

(Washington, D.C: Council on Foreign Relations Press, April 2001), siehe: http://www.cfr.org/ content/publications/attachments/Energy%20TaskForce.pdf, S. 3–17, 29, 43–47, 84–85, 98; vgl. auch Edward L. Morse, »A New Political Economy of Oil?«, in: *Journal of International Affairs* 53, Nr. 1, Herbst 1999, S. 1–29.

126 Vgl. White House, National Energy Policy (Cheney report), Mai 2001, siehe: http://www.whitehouse.gov/energy/National-Energy-Policy.pdf, S. 1–13; Department of Energy, Energy Information Administration, *International Economic Outlook 2001*, siehe: http://www.eia.doe.gov/oiaf/archive/ieo01/pdf/ 0484(2001).pdf, S. 240; International Petroleum Outlook, April 2008, Tabellen 4.1b und 4.1d; Klare, *Blood and Oil*, S. 15, 79–81.

zu dem Schluss gekommen, dass die Kapazitäten, solange es noch substanzielle Ölreserven gab, äußerst angespannt waren und prophezeiten eine ganze Serie von Ölpreisschocks. Nur ein gewaltiger Anstieg der Ölproduktion im Persischen Golf als Ganzem konnte über die nächsten zwei Jahrzehnte die enorme Lücke zwischen Ölproduktion und -nachfrage verhindern. Hinter all dem stand das Gespenst des Ölproduktionsmaximums.

Anstatt zu versuchen, das Problem auf der Nachfrageseite durch Verminderung des Verbrauchs zu lösen, wandte sich die Bush-Administration, wie alle anderen Regierungen zuvor, dem Militär als ultimativem Garanten zu. Dazu schrieb Michael Klare in seinem Buch *Blood and Oil*:

»In den Monaten vor und nach 9/11 arbeitete die Bush-Administration eine umfassende Strategie für die US-amerikanische Vorherrschaft am Persischen Golf und die Bereitstellung von stetig wachsenden Mengen an Erdöl aus. Es ist unwahrscheinlich, dass diese Strategie jemals in einem einzigen, alles umfassenden Dokument des Weißen Hauses offiziell gemacht wurde. Stattdessen verabschiedete die Administration eine Reihe von politischen Maßnahmen, die eine Blaupause für das politische, ökonomische und militärische Handeln am Golf bildeten. Dieser Ansatz, den ich die Strategie der maximalen Förderung nenne, zielte vorrangig darauf ab, den Ölausstoß der Golfproduzenten in die Höhe zu treiben. Aber da die begehrten Zuwächse durch Instabilität und Konflikte in der Region wieder verloren gehen konnten, machte die Strategie außerdem eine stärkere militärische Intervention erforderlich.«[127]

Militärisch gesehen ging es angesichts wachsender Anzeichen von Instabilität darum, Saudi-Arabien abzustützen, einen Regimewechsel im Irak vorzunehmen und maximalen Druck auf den Iran auszuüben. Schlüsselfiguren in der Bush-Administration wie Donald Rumsfeld und Paul Wolfowitz hatten schon vor der Wahl auf eine Invasion im Irak gedrängt. Nach den Angriffen im Jahr 2001 führte der »Krieg gegen den Terrorismus« zunächst zur Invasion in Afghanistan, die den Vereinigten Staaten einen geopolitischen Zugang (und eine Pipelinestrecke) nach Zentralasien und ins Becken des Kaspischen

---

127 Klare, *Blood and Oil*, a. a. O., S. 82–83.

Meeres verschaffte, gefolgt von der Invasion im Irak im Jahr 2003. Vom Standpunkt der Geopolitik des Öls wurde die Beseitigung Saddam Husseins und die Besetzung des Irak als eine Verbesserung der Sicherheit des Öls im Mittleren Osten betrachtet, die die Möglichkeit zu einem großen Aufschwung für die irakische Ölproduktion bot und den Bereitstellungsraum für eine gesteigerte militärische, politische und ökonomische US-Dominanz am Golf lieferte. Die strategische Kontrolle des Mittleren Ostens und seines Öls durch die USA wurde als Schlüssel zur Etablierung eines »neuen amerikanischen Jahrhunderts« angesehen.

Der ehemalige Vorstandsvorsitzende der US-Notenbank, Alan Greenspan, der wirtschaftliche Topfunktionär der USA in dieser Zeit, stellte dazu in seinem Buch *The Age of Turbulence* im Jahre 2007 fest: »Es macht mich traurig, dass es politisch unzulässig ist, einzugestehen, was jedermann weiß: nämlich dass es beim Irakkrieg größtenteils um Öl geht.« Die US-Invasion im Irak müsse laut Greenspan vor dem Hintergrund vorheriger westlicher Militärinterventionen gesehen werden, die auf die Sicherung des Öls in der Region abzielten, zum Beispiel: »die Reaktion auf Mossadeghs Nationalisierung anglo-iranischen Öls und deren Rückgängigmachung im Jahr 1951 [die im Sturz des iranischen Premierministers Mossadegh durch die CIA und die Einsetzung des Schahs im Jahre 1953 endete] und der gescheiterte Versuch Großbritanniens und Frankreichs, die 1956 erfolgte Übernahme des Suezkanals, der Schlüsselverbindung für den Ölzufluss nach Europa, durch Nasser umzukehren«. Die Intervention der USA im Irak und ihre gewachsene militärische Rolle im Mittleren Osten war für Greenspan – den führenden Sprecher des Finanzkapitals in den 1990er- und 2000er-Jahren – durch die Tatsache gerechtfertigt, dass »das weltweite Wachstum über das nächste Vierteljahrhundert hinweg, verglichen mit den Raten des vergangenen Vierteljahrhunderts, zwischen einem Viertel und zwei Fünfteln mehr Öl benötigen wird, als wir heute brauchen«. Daher müsse dieser gewaltige Zuwachs bei der Ölproduktion weitgehend vom Persischen Golf kommen, wo zwei Drittel der Weltreserven und folglich die größten Kapazitäten für eine gesteigerte Förderung angesiedelt seien.[128]

Obwohl die Bush-Administration Greenspans Feststellung kritisierte, war die zentrale Bedeutung des Öls bei der Besetzung des Irak nicht zu leugnen. In einer Fernsehansprache am 13. September 2007 erklärte Bush zur Hauptsendezeit,

---

128 Vgl. Alan Greenspan, *The Age of Turbulence* (London: Penguin, 2007), S. 462–463.

dass für den Fall, dass sich die Vereinigten Staaten aus dem Irak zurückzögen, »Extremisten einen Schlüsselanteil der globalen Energieversorgung kontrollieren könnten«.[129]

## Das Ölfördermaximum: Ein globaler Wendepunkt?

Fünf Jahre, nachdem die Vereinigten Staaten in den Irak einmarschiert waren, hatte sich die Weltölversorgung substanziell verschlechtert. Schätzungen über das Potenzial einer gesteigerten irakischen Ölproduktion, die vor dem Krieg angestellt wurden, hatten nahegelegt, dass ein von Sanktionen freier Irak seine Rohölproduktion innerhalb eines Jahrzehnts möglicherweise von einer vor 1979 erreichten Höhe von 3,5 Millionen Barrel pro Tag (million barrels a day = mb/d) auf sechs oder sogar zehn mb/d steigern könnte[130] (1 Barrel = 158,987 l). Stattdessen war die jährliche Ölproduktion des Landes im Jahr 2007 um 13 Prozent unter das Niveau von 2001 gefallen, indem es von 2,4 auf 2,1 mb/d gesunken war. Die Ölproduktion im Persischen Golf als Ganzem stieg zwischen 2001 und 2005 im Durchschnitt um 2,4 mb/d und fiel dann 2005–07 parallel zur Stagnation der Weltgesamtproduktion an Öl um vier Prozent.[131]

Zu der Zeit, als die US-Truppen Bagdad erreichten, war der Terminus »Ölfördermaximum« bereits zum Gespenst geworden, das um den Globus spukte. Heute stellt es bei allen etablierten Diskussionen der Welterdölfrage einen Faktor dar. Ein Fördermaximum ist nicht dasselbe wie ein Zu-Ende-Gehen des Öls. Stattdessen bedeutet es einfach das Erreichen des Maximums und zunehmendes Sinken der Ölproduktion, das in erster Linie von geologischen und technologischen Faktoren bestimmt wird. Die Förderung von Öl aus jedwedem Ölvorkommen nimmt typischerweise den Verlauf einer symmetrischen, glockenförmigen Kurve an, die mit der Förderung ständig, beispielsweise um zwei Prozent im Jahr, ansteigt, bis ein Höhepunkt erreicht ist, wenn etwa die Hälfte des verfügbaren

---

129 James A. Baker Institute for Public Policy, »The Changing Role of National Oil Companies in International Markets«, in: *Baker Institute Policy Report*, Nr. 35, April 2007, S. 1, 10–12, 17–19, siehe: http://www.bakerinstitute.org/publications/BI_ PolicyReport_35.pdf.
130 Vgl. Fareed Muhamedi und Raad Alkadiri, »Washington Makes Its Case for War«, in: *Middle East Report*, Nr. 224, Herbst 2002, S. 5; John Bellamy Foster, *Naked Imperialism* (New York: Monthly Review Press, 2006), S. 92.
131 Vgl. U.S. Department of Energy, Energy Information Administration, *International Petroleum Monthly*, April 2008, Tabellen 4.1b und 4.1d.

Öls gefördert ist. Da die Ölproduktion eines ganzen Landes einfach das Produkt der Gesamtsumme einzelner Bohrlöcher ist, kann davon ausgegangen werden, dass auch die nationale Ölproduktion die Form einer glockenförmigen Kurve annimmt. Geologen sind Experten darin geworden, den Punkt abzuschätzen, an dem ein Maximum nationaler Produktion erreicht werden wird. Diesen Methoden wurde in den 1950er-Jahren durch den Geologen M. King Hubbert der Weg bereitet, der durch seine erfolgreiche Vorhersage des US-Ölfördermaximums im Jahr 1970 Berühmtheit erlangte. Das letztendliche Maximum einer Ölförderung ist deshalb als »Hubbert's peak« bekannt.

Das Ölfördermaximum wird im Allgemeinen in Bezug auf das Maximum der konventionellen Ölbestände betrachtet, auf denen die hauptsächlichen Schätzungen der Ölreserven basieren. Es gibt auch unkonventionelle Quellen von Öl, das zu viel höheren Kosten und mit einem Verhältnis von viel weniger gewonnener als investierter Energie produziert werden kann. Dazu gehören Schweröl, aus Ölsand gewonnenes Erdöl und Schieferöl. Wenn der Ölpreis steigt, werden einige dieser Quellen besser verwertbar, jedoch zu weit höheren Kosten, sowohl monetär als auch für die Umwelt betrachtet. Es wird geschätzt, dass ein Äquivalent von zwei Barrel Öl benötigt wird, um die Energie und andere Kosten zu bezahlen, die mit der Gewinnung von drei Barrel Öl aus den Teersandbeständen in Alberta verbunden sind. So werden etwa 28,3 Millionen $m^3$ Erdgas benötigt, um eine Million Barrel synthetischen Öls aus Ölsand herzustellen. Zwei Tonnen Sand müssen abgebaut werden, um ein Barrel Öl zu gewinnen. Ölsandabbau erfordert auch gewaltige Mengen an Wasser, wobei für jedes gewonnene Barrel Öl fast zehn Liter toxische Flüssigabfälle anfallen. Dieser Flüssigabfall wird in riesigen und schnell anwachsenden »Rückstandsbecken« gelagert. Die ökonomischen und umweltbezogenen Kosten sind somit unerschwinglich. Das Ölfördermaximum bezeichnet deshalb das Ende billigen Öls.[132]

Ein Schlüsselelement dieser Argumentation der Hypothese vom Ölfördermaximum ist die Tatsache, dass die Entdeckungen von Ölfeldern weltweit in den 1960er-Jahren ihren Höhepunkt fanden, während die durchschnittliche Größenordnung der Neuentdeckungen mit der Zeit ebenfalls abgenommen hat. Diejenigen, die argumentieren, dass das Fördermaximum unmittelbar bevorstehe,

---

132 Vgl. Richard Heinberg, *The Party's Over* (Garbiola Island, B.C: New Society Publishers, 2005), S. 127–128; Michael Klare, *Rising Powers, Shrinking Planet* (New York: Henry Holt, 2008), S. 41; Greenpeace, »Stop the Tar Sands/Water Pollution«, siehe: http://www.greenpeace.org/canada/en/campaigns/tarsands/threats/water-pollution.

beharren darauf, dass die Schätzungen über nachgewiesene Reserven im Allgemeinen aus politischen Gründen übertrieben würden, und dass die aktuell abrufbaren Vorkommen möglicherweise beträchtlich geringer seien. Die konventionelle Vorstellung, dass noch etwa vierzig Jahre an Rohölproduktion zu den gegenwärtigen Förderungsraten verbleiben, wird als irreführend angesehen, da sie die im Boden befindlichen Reserven überhöht und die Tatsache herunterspielt, dass eine wachsende Wirtschaft es derzeit erforderlich macht, dass die Nachfrage- und Produktionsraten für Erdöl steigen. Analysten des Fördermaximums konzentrieren sich deshalb eher auf die Produktion als auf die Reserven.

Die Krise im Zusammenhang mit dem Ölfördermaximum ist schärfer definiert als die Energiekrise im Allgemeinen, da Erdöl nicht nur der wandelbarste Brennstoff ist, sondern auch der am meisten herausragende Flüssigtreibstoff im Transportwesen, weshalb es in den benötigten Mengen nicht so leicht zu ersetzen ist. Deshalb entfallen mehr als zwei Drittel der US-Ölnachfrage auf den Benzin- und Petrodieselverbrauch von Autos und Lastwagen. Ein bevorstehendes Ölfördermaximum betrifft also das Lebenselixier der bestehenden kapitalistischen Wirtschaft. Dies offenbart die Möglichkeit einer drastischen wirtschaftlichen Krise.[133]

Die Debatte um das Fördermaximum, die im Laufe des vergangenen Jahrzehnts oft leidenschaftlich geführt worden ist, hat sich nun auf zwei Grundpositionen verengt. Eine davon ist die der »Frühhöhepunktler« (die häufig als die eigentlichen Verfechter des Fördermaximums angesehen werden). Diese Analysten argumentieren, dass der Höhepunkt jetzt erreicht ist. Die Alternativposition, die von den »Späthöhepunktlern« vertreten wird, liegt bei der Annahme, dass das Weltfördermaximum nicht vor 2020 oder 2030 erreicht ist.[134] Infolgedessen gibt es einen wachsenden Konsens darüber, dass das Ölfördermaximum früher oder später zur Realität wird. Die Hauptfrage ist nun, wie bald dies geschieht und ob es schon vor der Tür steht.

---

133 Vgl. Energy Watch Group, Crude Oil: The Supply Outlook, Oktober 2007, S. 33–34, http://www.energywatchgroup.org/filadmin/global/pdf/EWG_Oilreport_10- 2007.pdf.

134 Die Unterscheidung zwischen »Früh-« und »Späthöhepunktlern« findet sich bei Richard Heinberg, *The Oil Depletion Protocol* (Gabriola Island, B.C: New Society Publishers, 2006), S. 17–23. Zu einigen repräsentativen Arbeiten aus der »Frühhöhepunktler«-Perspektive vgl. Kenneth S. Deffeyes, *Hubbert's Peak* (Princeton: Princeton University Press, 2001); David Goodstein, *Out of Gas* (New York: W. W. Norton, 2004); und Heinberg, *The Party's Over*. Die Cambridge Energy Research Associates ist der führende unabhängige Vertreter der »Späthöhepunktler«-Sichtweise. Siehe auch http://www.cera.com/aspx/cda/public1/home/home.aspx.

Zusätzlich wird erwogen, ob die Welterdölproduktion eine klassische glockenförmige Kurve zeigt, die in einem schlanken, abgerundeten Scheitelpunkt kulminiert, und dann einem schnellen Abstieg folgt (innerhalb dessen, was als eine symmetrische Kurve angesehen werden kann) – oder ob die Produktion zu einem Plateau aufsteigt und dann dort für eine Weile verharrt, bevor sie wieder absinkt. Tatsächlich scheint die Weltölversorgung über die letzten Jahre bereits ein Plateau auf dem Level von 85 mb/d erreicht zu haben. Dies hat darum der Auffassung Glaubwürdigkeit verliehen, dass dies die Form sei, die der Höhepunkt annehmen wird.

Schaubild 1 zeigt Welterdölproduktion und -versorgung von 1970 bis 2007. Der Begriff »Öl« wird laut IEA (und EIA, die einen nahezu identischen Begriff anwendet) wie folgt definiert: Er beinhaltet »alle flüssigen Brennstoffe und wird auf der Erzeugnisstrukturstufe ausgewiesen. Die Vorkommen umfassen Erdgasflüssigkeiten und Kondensate, raffinerieverarbeitete Veredelungen und die Produktion von konventionellem und unkonventionellem Öl.« Konventionelles oder Rohöl ist bereits gefördertes Öl, »das aus unterirdischen Kohlenwasserstoffreservoirs mittels erschlossener Ölquellen gewonnen wurde«. Unkonventionelles Öl stammt aus anderen Prozessen wie verflüssigtem Erdgas, Ölsand, Ölschiefer, verflüssigter Kohle, Biotreibstoffen, »und/oder [anderen Brennstoffe, die] [...] eine zusätzliche Verarbeitung zur Herstellung von synthetischem Rohöl benötigen«.[135] Die untere Linie in Schaubild 1 mit der Bezeichnung »Rohölproduktion« bezieht sich lediglich auf die Produktion von konventionellem Öl. Die obere Linie mit der Bezeichnung »Weltölversorgung« schließt auch unkonventionelle Quellen plus Nettogewinne (-verluste) aus Raffinerieverarbeitung mit ein. Die Linie der »Rohölproduktion« zeigt bei 2005–07 eine ganz geringfügige Abnahme, wodurch die Tatsache abgebildet wird, dass die Rohölproduktion von einem Durchschnitt von 73,8 mb/d im Jahr 2005 auf 73,3 mb/d im Jahr 2007 gefallen ist. Die Linie der »Weltölversorgung« bleibt dagegen aufgrund eines kompensierenden Anstiegs bei den unkonventionellen Quellen über dieselbe Zeitperiode auf einem Niveau von etwa 85 mb/d, was als etwas ausgeprägteres Plateau in Erscheinung tritt.

---

135 International Energy Agency, *World Energy Outlook*, 1998, S. 83–84. Die gewachsene Bedeutung nicht konventionellen Öls hat in jüngster Zeit in Berichten des Energieministeriums zu steigenden Bezugnahmen auf »Flüssigkeiten« im Gegensatz zum »Öl« als solchem geführt. Siehe Michael T. Klare, »Beyond the Age of Petroleum«, in: *The Nation*, 25. Oktober 2007.

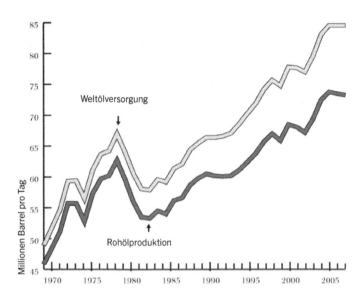

Schaubild: Weltölproduktion und -versorgung
Quelle: Energie Informationsbehörde, US-Energieministerium, International Petroleum Monthly, April 2008, http://www.eia.doe.gov/ipm/supply.html, Tabellen 1.4d und 4.4.

Indem er erklärt, dass ein Plateau das wahrscheinlichste Anfangsergebnis auf Weltebene ist, schreibt Richard Heinberg, ein führender Verfechter eines Ölmaximums:

»Warum das Plateau? Die Ölproduktion ist an ökonomische Bedingungen (in einem wirtschaftlichen Abschwung fällt die Nachfrage nach Öl ab), wie auch an politische Ereignisse wie Kriege und Revolutionen gebunden. Zusätzlich wird die Gestalt der Produktionskurve durch die wachsende Verfügbarkeit von unkonventionellen Erdölquellen (einschließlich Schweröl, Anlagen zur Erdgasverflüssigung und Teersandvorkommen), wie auch von neuen Fördertechnologien verändert. Die kombinierte Wirkung all dieser Faktoren besteht in der Abfederung des Maximums und der Verlängerung der absteigenden Kurve.«[136]

---

[136] Richard Heinberg, *Power Down* (Gabriola Island, B.C.: New Society Publishers, 2004), S. 35; vgl. James Howard Kunstler, *The Long Emergency* (New York: Atlantic Monthly Press, 2005), S. 67–68. In einem wichtigen Papier über die Auswirkungen eines Ölfördermaximums auf die globale Erwärmung legen Pushker Kharecha and James Hansen

Die Vorstellung, dass sich ein teils geologisch-technisches, teils politisch-ökonomisches Plateau herausbildet, ist nun zur vorherrschenden Ansicht in der Industrie geworden. Im November 2007, berichtete das *Wall Street Journal*:

»Eine wachsende Anzahl von Ölindustrie-Kapitänen befürwortet einen Gedanken, der lange Zeit für randständig gehalten wurde: Die Welt ist dabei, sich einer praktischen Begrenzung der Anzahl von Barrels an Rohöl zu nähern, die täglich abgepumpt werden können [...] Die Anhänger [der Sichtweise vom Ölmaximum] – die von Vorstandsmitgliedern westlicher Ölgesellschaften bis zu gegenwärtigen und ehemaligen Amtsträgern der größten Weltexportländer reichen – glauben nicht, dass der globale Öltank bereits an der Halbpegelmarke angelangt ist. Sie teilen jedoch die Überzeugung, dass eine globale Produktionsobergrenze aus anderen Gründen näher rücke: ein begrenzter Zugang zu den Ölfeldern, eine Kostenspirale und eine in wachsendem Maße komplexe Ölfeldgeologie. Dies werde zur Entstehung eines Produktionsplateaus und nicht zu einem Gipfelpunkt führen, wobei der Ölausstoß relativ konstant bleibe anstatt zu steigen oder zu fallen.«

Der *Wall Street Journal*-Artikel bezog sich auf Schätzungen der [US-Beratungsfirma] Cambridge Energy Research Associates, die geltend macht, dass der Gipfel nicht vor 2030 erreicht und sich dann zunächst als ein »wellenförmiges Plateau« manifestieren werde. Der *Journal*-Artikel nahm jedoch auch die Ansichten von Simmons ernst, der darauf hinwies, dass aufgrund der sinkenden Produktion auf den alten Feldern, ein gesteigerter Durchschnitt bei der täglichen Ölproduktion benötigt würde, die dem Zehnfachen der gegenwärtigen Produktion in Alaska entspräche, »nur um ausgeglichen zu bleiben«. Tatsächlich werde die mit dem weltweiten Maximum in der konventionellen Ölproduktion verbundene Krise »im krassesten Fall [...] in den Jahren 2008 bis 2012« erreicht. Ebenso haben Manager der Ölindustrie das Gespenst einer Versorgungsobergrenze von

vom Goddard Institute for Space Studies der NASA und des Columbia University Earth Institute (in einem Szenarium) eine Grafik über ein Plateau bei den ölbasierten $CO_2$-Emissionen vor, das sich von etwa 2016 bis 2036 erstreckt. Vgl. Pushker A. Kharecha und James E. Hansen, »Implications of ›Peak Oil‹ for Atmospheric CO2 and Climate«, in: *Global Biogeochemistry*, 2008, Abbildung 3, siehe: http://pubs.giss.nasa.gov/abstracts/inpress/Kharecha_Hansen.html.

100 Millionen Barrels (konventionell und unkonventionell) heraufbeschworen, wonach die Versorgung binnen eines Jahrzehntes hinter der erwarteten Nachfrage zurückbliebe.[137]

Angesichts der Annahme eines weltweiten Ölproduktionsplateaus und einer Stagnation der Ölversorgung auf einem Niveau von 85 mb/d, ist es nicht überraschend, dass einige Analysten glauben, das Ölfördermaximum sei bereits erreicht. Infolgedessen haben Simmons und der Texasöl-Milliardär T. Boone Pickens die Frage aufgeworfen, ob das Maximum nicht bereits im Jahr 2005 erreicht worden sei, während die Energy Watch Group in Deutschland, die sowohl Wissenschaftler als auch Mitglieder des Deutschen Bundstages umfasst, die Auffassung vertritt, dass »die weltweite Ölproduktion [...] im Jahr 2006 ihren Höhepunkt erreicht hatte«.[138]

Energieunternehmen und Medien haben das Problem des Fördermaximums häufig als ein »Randproblem« gekennzeichnet. Dennoch wurde die Frage im Verlauf des vergangenen Jahrzehnts systematisch und bei wachsender Besorgnis innerhalb der höchsten Entscheidungsebenen der kapitalistischen Gesellschaft verfolgt: sowohl innerhalb der Staaten als auch der Konzerne.[139] Im Februar 2005 brachte das US-Energieministerium einen von ihm in Auftrag gegebenen Bericht unter dem Titel *Peaking of World Oil Production: Impacts, Mitigation, and Risk Management* (Die Weltölproduktion am Scheitelpunkt: Auswirkungen, Abhilfen und Risikomanagement) heraus. Der Projektleiter war Robert L. Hirsch von der (Wissenschaftsberatungsfirma) Science Applications International Corporation. Hirsch hatte ehemals Führungspositionen in der US-Atomenergiebehörde, bei Exxon und ARCO bekleidet. Der Hirsch-Report kam zu dem Schluss, dass das Fördermaximum wenig mehr als zwei Jahrzehnte entfernt war. »Selbst die optimistischsten Vorhersagen legen nahe«, so wird festgestellt, »dass das weltweite Ölfördermaximum in weniger als 25 Jahren eintreten wird.« Der Hauptschwerpunkt des vom Energieministerium beauftragten Hirsch-Reports lag gleichwohl bei der Frage der massiven Transformationen, die

---

137 Vgl. »Oil Officials See Limit Looming on Production«, in: *Wall Street Journal*, 11. November 2007; Klare, *Beyond the Age of Petroleum*, a.a.O.
138 Phillips, *Bad Money*, a.a.O., S. 130–131, 153; Energy Watch Group, *Crude Oil: The Supply Outlook*, Oktober 2007, S. 71.
139 Phillips benennt als eine zentrale Ursache für diese Diskrepanz zwischen den Analyseergebnissen und den öffentlichen Verlautbarungen in Washington den Wunsch, der Öffentlichkeit die Tatsache vorzuenthalten, dass das US-System selbst dabei ist, seinen Höhepunkt zu erreichen. Vgl. Phillips, *Bad Money*, a.a.O., S. 127.

in der Wirtschaft und insbesondere im Transportwesen erforderlich sein würden, um die schädlichen Auswirkungen des zur Neige gehenden billigen Öls zu entschärfen. Das enorme Problem der Umrüstung nahezu des gesamten Bestandes der USA an Autos, Lastwagen und Flugzeugen in nur (höchstens) einem Vierteljahrhundert wurde als unlösbar angesehen.[140]

Im Oktober 2005 schrieb Hirsch eine Analyse für das *Bulletin of the Atlantic Council of the United States* (Bulletin des Atlantikrates der Vereinigten Staaten) über »Das unvermeidliche Maximum der Weltölproduktion«. Dort erklärte er: »[...] vorherige Energieumwandlungen (Holz zu Kohle, Kohle zu Öl etc.) waren graduell und evolutionär; das Ölmaximum wird abrupt und revolutionär sein. Die Welt hat noch niemals vor einem solchen Problem gestanden. Ohne eine Entschärfung mindestens ein Jahrzehnt vor Eintreten der Tatsache, wird das Problem beherrschend und langfristig sein.«[141]

In ähnlicher Weise veröffentlichte die US-Armee im September 2005 einen größeren eigenen Bericht, in dem festgestellt wurde:

»Die Verdoppelung der Ölpreise von 2003–2005 ist keine Besonderheit, aber ein Abbild der Zukunft. Die Ölproduktion nähert sich ihrem Höhepunkt; ein langsames Wachstum der Verfügbarkeit kann für die nächsten fünf bis zehn Jahre erwartet werden. Da die weltweite Erdölproduktion ihre Obergrenze erreicht, werden Geopolitik und Marktökonomie noch weitere signifikante Preissteigerungen und Sicherheitsrisiken hervorrufen. Man kann über den Ausgang dieses Szenariums nur spekulieren, während die Welterdölproduktion sinkt.«[142]

---

140 Vgl. Robert L. Hirsch (Projektleiter), *Peaking of World Oil Production: Impacts, Mitigation, and Risk Management*, U.S. Department of Energy, Februar 2005, S. 13, 23–25, http://www.netl.doe.gov/publications/others/pdf/Oil_Peaking_ NETL.pdf. Eine andere und offiziellere Position wurde in Form einer Präsentation unter dem Titel »When Will World Oil Production Peak?« anlässlich der zehnten jährlichen Öl- und Gaskonferenz in Kuala Lumpur, Malaysia, am 13. Juni 2005 von der EIA durch deren Chefadministrator Guy Caruso herausgegeben. Das zentrale Szenario gab jedoch eine Einschätzung ab, die das weltweite Ölfördermaximum erst im Jahr 2044 erreicht sah, eine Kennzahl, die von allen anderen, für glaubwürdig gehaltenen Studien allzu sehr abwich. Siehe http://www.eia.doe.gov/ neic/speeches/Caruso061305.pdf.
141 Robert L. Hirsh, »The Inevitable Peaking of World Oil Production«, in: *Bulletin of the Atlantic Council of the United States* 16, Nr. 2, Oktober 2005, S. 8.
142 Daniel F. Fournier und Eileen T. Westervelt, U.S Army Engineer Research and Development Center, U.S. Army Corps of Engineers, *Energy Trends and Their Implications for U.S. Army Installations*, September 2005, S. vii, siehe: http://www. globalpolicy.org/empire/challenges/overstretch/2005/09energytrends.pdf.

In der Tat gab es 2005 wenig Zweifel in herrschenden Kreisen über die Wahrscheinlichkeit ernsthafter Ölverknappungen und darüber, dass das Ölmaximum früher oder später eintreten werde. In ihrer Weltenergieprognose von 2005 nahm die IEA die Problematik von Simmons' Behauptungen in *Twilight in the Desert* (Dämmerung in der Wüste) auf, dass Saudi-Arabiens gigantisches Ghawar-Ölfeld, das größte der Welt, nach den Worten der IEA »kurz vor Erreichen seines Maximums stehen könnte, wenn dies nicht schon eingetreten ist«. Desgleichen ruderte das US-Energieministerium, das die Einschätzung von Simmons anfänglich zurückgewiesen hatte, zwischen 2004 und 2006 zurück, indem es seine Projektion bezüglich der saudischen Ölproduktion bis zum Jahr 2025 um 33 Prozent herunterstufte.[143]

Im Februar 2007 veröffentlichte der US-Rechnungshof (Government Accountability Office – GAO) einen 75 Seiten starken Bericht über Rohöl mit dem pointierten Untertitel: *Unsicherheit über zukünftige Ölversorgung macht die Entwicklung einer Strategie zur Begegnung von Höhepunkt und Fall der Ölproduktion wichtig*. Er argumentierte, dass fast alle Studien gezeigt hätten, dass ein weltweites Ölfördermaximum irgendwann vor 2040 eintreten werde und dass die US-Bundesbehörden noch nicht begonnen hätten, die Frage der notwendigen nationalen Bereitschaft aufzugreifen, sich diesem bevorstehenden Ernstfall zu stellen. Für den GAO wurde die Bedrohung durch eine größere Ölknappheit durch die politischen Risiken verschlimmert, die in erster Linie mit vier Ländern in Verbindung gebracht wurden, die über fast ein Drittel der (konventionellen) Weltreserven verfügten: Iran, Irak, Nigeria und Venezuela. Die Tatsache, dass Venezuela »nahezu 90 Prozent der nachgewiesenen Extra-Schwerölreserven der Welt« kontrollierte, machte es umso bemerkenswerter, dass es von Washingtons Standpunkt aus gesehen ein signifikantes »politisches Risiko« darstelle.[144]

Im April 2008 verkündete Jeroen van der Veer, Vorstandsvorsitzender von Royal Dutch Shell: »[...] wir wären nicht überrascht, wenn dieses [Leicht-]Öl irgendwann in den nächsten zehn Jahren sein Maximum erreichen würde.« Aufgrund einer Kombination verschiedener Faktoren – Produktionsausfälle und ein

---

143 Vgl. International Energy Agency, World Energy Outlook, 2005 (Paris: OECD, 2005), S. 510–512; Simmons, *Twilight in the Desert*, S. 170–179; Klare, *Rising Powers, Shrinking Planet*, a.a.O., S. 38.
144 Vgl. United States Government Accountability Office, »Crude Oil: Uncertainty about Future Oil Supply Makes It Important to Develop a Strategy for Addressing a Peak and Decline in Oil Production«, 28. Februar 2007, S. 4, 20–22, 35–38.

fallender Dollarkurs – erreichte der Ölpreis im Mai 2008 eine Höhe von über 135 $ pro Barrel (bei einem Durchschnitt von 66 $ im Jahr 2006 und 72 $ im Jahr 2007). Noch im selben Monat schockierte Goldman Sachs die Weltkapitalmärkte mit der Prognose, dass die Ölpreise in den nächsten zwei Jahren bis auf 200 $ steigen könnten. Die westlichen Ölkonzerne waren besonders dadurch alarmiert, dass die erste Produktion aus dem kasachischen Ölfeld von Kashagan (das als größte Öllagerstätte der Welt außerhalb des Mittleren Ostens gilt) aufgrund der Tatsache, dass die dortigen Gewässer das halbe Jahr über gefroren sind, acht Jahre hinter dem Zeitplan lag. Im Mai 2008 bereitete die IEA, laut Auskunft von Analysten der *New York Times* eine Reduzierung seiner Prognosen auf die Weltölproduktion für das Jahr 2030 von seinen früheren Vorhersagen von 116 mb/d auf nicht mehr als 100 mb/d vor.[145]

Es war die Beunruhigung über die Benzinpreise und die nationale Energiesicherheit (und ohne Zweifel das Gespenst eines weltweiten Ölfördermaximums), die die Bush-Administration im Jahr 2006 dazu veranlassten, eine aggressivere Haltung bei der Förderung einer auf Mais aufbauenden Äthanolproduktion als Treibstoffersatz einzunehmen. Im Jahr 2007 wurden 20 Prozent der US-Maisproduktion für Äthanol zur Betankung von Autos verwendet. Der Getreidepreis schoss aus diesem Grund weltweit in die Höhe. Der Umweltschützer Lester R. Brown schrieb dazu in seinem Buch *Plan B 3.0*: »Plötzlich steht die Welt vor einer nie da gewesenen Frage: Sollen wir Getreide dazu verwenden, Autos zu betanken oder Menschen zu ernähren? [...] Der Markt sagt: Lasst uns die Autos betanken.«[146]

---

145 Vgl. Bloomberg.com, »Goldman's Murti Says Oil ›Likely‹ to Reach a $150–$200 (Update 5)«, 6. Mai 2008; »The Cassandra of Oil Prices«, in: *New York Times*, 21. Mai 2008; Klare, *Rising Powers, Shrinking Planet*, a.a.O., S. 121–122; Jeroen van der Veer (interview), »Royal Dutch Shell CEO on the End of ›Easy Oil‹«, siehe: http://www.cfr.org/publication/15923/end_of_easy_oil.html?breadcrumb=%2F; »Not Enough Oil Is Lament of BP, Exxon on Spending (Update 1)«, auf: Bloomberg.com, 19. Mai 2008; Mike Nizza, »Market Faces a Disturbing Oil Forecast«, auf: The Lede (New York Times blog), 22. Mai 2008, siehe: http://thelede.blogs.nytimes.com/2008/05/22/market-faces-a-disturbing-oil-forecast.

146 Lester R. Brown, *Plan B 3.0* (New York: W. W. Norton, 2008), S. 41; Vgl. Fred Magdoff, »The World Food Crisis«, in: *Monthly Review* 60, Nr. 1, Mai 2008, S. 1–15; und »The Political Economy and Ecology of Biofuels«, in: *Monthly Review* 60, Nr. 3, Juli/August 2008.

## Der neue Energie-Imperialismus

Die Antwort der nationalen Sicherheitskreise der USA auf das offenkundige Plateau der Ölproduktion, das Verschwinden der Fähigkeit zur Überschussproduktion und die wachsenden Befürchtungen vor dem Ölmaximum kam schnell. Im Oktober 2005 brachte das CSIS einen weiteren Bericht heraus, diesmal zum Thema *Changing Risks in Global Oil Supply and Demand* (Sich verändernde Risiken bei der globalen Ölversorgung und Nachfrage), verfasst von Anthony Cordesman, einem langjährigen nationalen Sicherheitsanalysten für das US-Verteidigungsministerium und jetzigen Inhaber des Arleigh-A.-Burke-Lehrstuhls für Strategie beim CSIS, und von Khalid R. Al-Rodhan, einem auf die Golfproblematik spezialisierten Strategieanalysten. Cordesman und Al-Rodhan zitierten die Vorhersage der IEA aus ihrer Weltenergieprognose von 2004, dass die globale Ölproduktion »ihren Höhepunkt nicht vor 2030 erreichen wird, wenn die notwendigen Investitionen getätigt werden«. Das unmittelbare Problem sei eher das »verzögerte Investment« im Mittleren Osten. Die Problematik des Ölmaximums sei noch nicht vollständig widerlegt. Infolgedessen bemerkten Cordesman und Al-Rodhan:

> »Einige Analysten haben aufgrund der mangelnden Produktion von Reservekapazitäten die Fähigkeit des [saudischen] Königreiches infrage gestellt, plötzlichen Nachfrageanstieg zu befriedigen, und andere – wie Matthew Simmons – sind zu der Einschätzung gelangt, dass die saudische Produktion sich in Richtung auf eine Periode anhaltenden Rückgangs bewegen könnte.«

Cordesman und Al-Rodhan fügten hinzu:

> »Mit der Stabilität in den Erdöl exportierenden Regionen steht es kaum zum Besten. Algerien, Iran und Irak weisen alle unmittelbare Sicherheitsprobleme auf, wobei die jüngste Erfahrung gezeigt hat, dass die Exportländer in Afrika, am Kaspischen Meer und in Südamerika nicht stabiler sind als der Golf. Es hat Pipelinesabotagen in Nigeria, Arbeiterstreiks in Venezuela, vermutete Korruption in Russland und zivile Unruhen in Usbekistan und anderen ehemaligen Teilstaaten der Sowjetunion gegeben.«[147]

---

147 Anthony H. Cordesman and Khalid R. Al-Rodhan, *The Changing Risks in Global Oil Sup-*

Noch zentraler als die CSIS-Studie war ein Bericht des Rates für Auswärtige Beziehungen, der im Jahr 2006 unter dem Vorsitz des ehemaligen CIA-Direktors John Deutch und James Schlesinger unter dem Titel *National Security Consequences of U.S. Oil Dependency* (Konsequenzen der Ölabhängigkeit der USA für die nationale Sicherheit) erarbeitet wurde. Der Deutch-Schlesinger-Report konzentrierte sich auf eine unzureichende Ölproduktionskapazität, durch welche die OPEC nicht länger die Überschusskapazität besaß, um die Preise unter Kontrolle zu halten. Die Produktion aus den bestehenden konventionellen Ölfeldern überall auf der Welt sei »im Schnitt um jährlich etwa fünf Prozent (rund 4,3 Millionen Barrel am Tag) rückläufig, und selbst die Beibehaltung der gegenwärtigen Verbrauchslevels« sei ungeheuer schwer. Darüber hinaus »bedeutet die Erschöpfung insbesondere der Quellen, die sich in der Nähe der Hauptmärkte in den Vereinigten Staaten, Westeuropa und Asien befinden, dass die Produktion und der Transport von Öl noch abhängiger von einer Infrastruktur wird, die bereits jetzt verwundbar ist«. Große Energielieferanten wie Russland, Iran und Venezuela seien eher bereit, Öl zur Verfolgung heimischer und geopolitischer Ziele zu nutzen, als die Öleinnahmen zu reinvestieren. Saudi-Arabien, der Irak, der Iran und Westafrika seien allesamt Zentren der Instabilität. China versuche, den Ölnachschub in Afrika, am Kaspischen Meer und sonst wo »zu blockieren«.

Obwohl der Deutch-Schlesinger-Report einige Maßnahmen auf der Nachfrageseite erörterte, um den Verbrauch und die Ölabhängigkeit seitens der USA zu verringern, so betonte er doch die Rolle des US-Militärs bei der Absicherung des Ölnachschubs. Folglich erklärte der Report, dass

> »die Vereinigten Staaten eine starke militärische Position voraussetzen und unterhalten [besonders im Persischen Golf], die eine angemessen rasche Entsendung in die Region erlaubt, wenn es erforderlich ist [...] Jeder Staat [oder innerstaatliche Gruppierung], der [die] Gewalt in jeglichem Maßstab in Betracht zieht, muss mit der Möglichkeit einer Prävention, Intervention oder Vergeltung seitens der USA rechnen.«[148]

---

ply and Demand, Center for Strategic and International Studies, 3. Oktober 2005 (erster Arbeitsentwurf), S. 8, 13–19, 55–59, 79, 83.
148 John Deutch und James R. Schlesinger, *National Security Consequences of U.S. Oil Dependence*, Council on Foreign Relations, 2006, S. 3, 16–30, 48–56, siehe: http://www.cfr.org/publication/11683/.

Nicht weniger bedeutend war ein »Politikreport«, der im April 2007 vom James A. Baker III Institute for Public Policy über »Die sich verändernde Rolle der nationalen Ölgesellschaften auf den internationalen Energiemärkten« herausgegeben wurde. Unter Hervorhebung, dass staatliche Ölgesellschaften aktuell 77 Prozent der gesamten Weltreserven beherrschten, während die westlichen multinationalen Konzerne nur bloße zehn Prozent kontrollierten, merkte der Bericht an, dass dies die Schlüsselfrage bei der Bewältigung des gegenwärtigen Problems der weltweiten Ölversorgung sei. »Wenn die Vereinigten Staaten dazu in der Lage wären, die Existenz einer Welt herbeizuwünschen, die ihre Handelsbedingungen und ihren Supermachtstatus begünstigen würde«, ging das Baker Institut so weit zu erklären,

> »würden alle staatlichen Ölgesellschaften privatisiert, ausländische Investoren genauso behandelt wie örtliche Gesellschaften und die OPEC aufgelöst, um freien Handel und wettbewerbsbezogene Märkte zu ermöglichen, um die weltweit benötigte Energie zu Preisen zu liefern, die allein vom Markt bestimmt werden. Es sei jedoch schwer, sich vorzustellen, warum große Öl produzierende Länder dem zustimmen sollten. Im Lichte dieser Realität würden die Vereinigten Staaten die Existenz der staatlichen Ölgesellschaften als reale Gegebenheit akzeptieren müssen, sollten aber Schritte unterstützen, deren Aktivitäten geschäftsmäßiger, transparenter und – so weit wie möglich – frei von lästigen Regierungseingriffen sind.«

Vor allem solle es das imperiale Ziel der USA sein, wo immer möglich »die Monopolmacht der Ölproduzenten« und die Verwendung ihrer Ölressourcen zur Verfolgung anderer nationaler Ziele als solcher rein kommerzieller Art »aufzubrechen«. Das Hauptbeispiel solcher staatlicher Einmischung in die Ölproduktion sei, wie der Bericht des Baker-Instituts feststellte, Venezuela unter der Führung von Hugo Chávez. Die Bolivarische Revolution habe nicht nur »die Regierungspolitik der nationalen Entwicklung« und »sozialer und kultureller Investitionen« gegenüber »einer kommerziellen Entwicklungsstrategie« priorisiert, sondern außerdem das Öl als Instrument für »außenpolitischen Aktivismus« benutzt. Dies könne man an den geopolitisch motivierten Abkommen mit Bolivien, Ecuador, Nicaragua und den Karibikstaaten erkennen. Ein weiterer Fall von geostrategischer Handhabung von Ölmacht sei der Iran, der damit gedroht habe, dass er »den lebenswichtigen Transitweg der Straße von Hormuz blockieren könnte«, wenn er sich einem US-Militärangriff ausgesetzt sähe. Eine Gefahr, vor der die Vereinigten Staaten auf der Hut sein müssten, sei eine »feindliche« Allianz zwischen großen Öl produzierenden und Öl verbrauchenden Staaten wie im Fall von Russland, China, dem Iran und den zentralasiatischen Staaten. Eine weitere Schlüsselerwägung bezüglich einer robusten Ölgeopolitik sei, wie das Baker-Institut unterstrich, die fortdauernde politische Instabilität im Irak. Trotz der Versuche Washingtons zur Stabilisierung dieses Landes, gingen die politischen Unruhen und der Krieg weiter und verhinderten die Ölerkundung in den westlichen Wüstengebieten des Irak.[149]

Die sich verschärfende Ölsituation war Anlass für ein schnelles Wachstum des US-Energie-Imperialismus jenseits der andauernden Kriege im Irak und in Afghanistan. Die Sicherheit von Saudi-Arabien bleibt ein vorrangiger Schwerpunkt. Washingtons Pläne für eine massive Ausweitung von Investment und Produktion in Saudi-Arabien, das laut US-Energieministerium seinen Ölausstoß bis 2030 verdoppeln muss, hängt davon ab, ob die feudale Herrschaft fortdauert. Indessen gibt es aufkommende soziale Spannungen, die aus der weitgehend ungleichen Verteilung der Öleinnahmen des Landes erwachsen. Neunzig Prozent der Arbeitsplätze im privaten Sektor gehen an Ausländer. Die Geschlechter sind vollkommen getrennt. Die repressive Struktur der Gesellschaft verdeckt den massiven populären Unmut. Jede Destabilisierung der Gesellschaft würde wohl Anlass einer US-Militärintervention sein. James Howard Kunstler schrieb dazu in *The Long Emergency* (Der andauernde Notstand): »[...] eine verzweifelte Supermacht kann das Gefühl haben, keine andere Wahl zu besitzen als zu versuchen, die größten auf dem Planeten verbleibenden Ölfelder um jeden Preis zu kontrollieren« – besonders wenn sie sich einer wachsenden Rivalität anderer Staaten gegenübersieht.[150]

Die Vereinigten Staaten waren bestrebt, die Möglichkeit eines Energiebündnisses zwischen Russland, China, Iran und den zentralasiatischen Ölstaaten

---

149 Vgl. Baker Institute, »The Changing Role of National Oil Companies in International Oil Markets«, a.a.O., S. 1, 10–12, 17–19.
150 Vgl. Kunstler, *The Long Emergency*, a.a.O., S. 76–84; Baker Institute, »Changing Role of National Oil Companies«, a.a.O., S. 12.

durch die Ausweitung ihrer Militärbasen in Afghanistan und Asien zu kontern, namentlich durch ihren Luftwaffenstützpunkt Manas in Kirgisien an der Grenze zum ölreichen Kasachstan.

Starker diplomatischer Druck und die Androhung von Wirtschaftssanktionen gegen den Iran sind mittlerweile an der Tagesordnung und werden durch seine angeblichen Versuche, sich durch die Entwicklung der Atomenergie Nuklearwaffen zu verschaffen und seine »Einmischung« im Irak begründet. Die iranische Entwicklung der Atomenergie ist, wie eine Studie der Nationalen Akademie der Wissenschaften von 2007 bestätigt hat, einem Rückgang der Exportrate um zehn bis zwölf Prozent, die aus einer wachsenden heimischen Energienachfrage bei gleichzeitiger rascher Erschöpfung der Ölfelder resultiert, sowie fehlender Investitionen in die Ausweitung der Kapazitäten geschuldet. Dies hat dazu geführt, dass der Iran seine OPEC-Ölexportquote nicht erfüllen konnte. Der gegenwärtige Trend verweist auf die Wahrscheinlichkeit, dass die iranischen Erdölexporte bis 2014–2015 auf null absinken werden. Vom Standpunkt westlicher Analysten und der nationalen Sicherheit aus gesehen, haben die Regierung des Iran und seine staatliche Ölgesellschaft die monopolistische Politik der Unterinvestition im Ölsektor ergriffen, um in Erwartung beständig steigender Preise die Produktion zu verlangsamen und auf diese Weise das Lebenselixier der Weltwirtschaft zu drosseln.[151]

Während der letzten Jahre hat das US-Militär seine Militärbasen und Operationen in Afrika dramatisch verstärkt, insbesondere im Golf von Guinea. Die Vereinigten Staaten erwarteten, für 2010 zwanzig Prozent und für 2015 25 Prozent ihrer Ölimporte aus Afrika zu beziehen. Das US-Militär stellte im Jahr 2007 ein separates Afrikakommando auf, das alle US-Militäroperationen in Afrika (außerhalb Ägyptens) steuert. Washington sieht sich hinsichtlich des afrikanischen Öls in direkter Konkurrenz zu Peking – eine Konkurrenz, die nicht nur unter rein ökonomischen, sondern auch unter militärstrategischen Gesichtspunkten betrachtet wird.[152]

Die US-Kapitalinteressen haben auch zu einer Zunahme von Drohungen in Richtung Venezuela, Ecuador, Bolivien und anderer lateinamerikanischer Staaten

---

151 Vgl. Roger Stern, »The Iranian Petroleum Crisis and the United States National Security«, in: *Proceedings of the National Academy of Sciences* 104, Nr. 1, 2. Januar 2007, S. 377–382.
152 Foster, »A Warning to Africa«; Michael Watts, »The Empire of Oil: Kapitalist Dispossession and the New Scramble for Africa«, in: *Monthly Review* 58, Nr. 4, September 2006, S. 1–17; Klare, *Rising Powers, Shrinking Planet*, a.a.O., S. 146–176.

geführt, die des »Ressourcen-Nationalismus« bezichtigt und als Gefahr für die nationale Sicherheit der USA dargestellt werden. Mit dem eindeutigen Ziel eines Regimewechsels hat Washington einen Versuch nach dem anderen unternommen, um Venezuelas demokratisch gewählten Präsidenten Hugo Chávez abzusetzen und die venezolanische Bolivarische Revolution zu stürzen. Dies umfasste die Steigerung seiner massiven militärischen Intervention in Kolumbien und die Unterstützung des kolumbianischen Militärs und sein wiederholtes Vordringen in die Nachbarländer. Im Jahr 2006 führte das US-Südkommando eine interne Studie durch, die besagte, dass Venezuela, Bolivien, Ecuador und möglicherweise sogar Mexiko (das damals vor Wahlen mit möglichem populistischem Ausgang stand) ernsthafte Bedrohungen für die US-Energiesicherheit darstellten. »Bei ausstehenden günstigen Veränderungen des Investitionsklimas«, so wurde dort erklärt, »stehen die Aussichten für eine langfristige Energieproduktion in Venezuela, Ecuador und Mexiko gegenwärtig auf dem Spiel.« Die militärische Drohung war offensichtlich.[153]

All dies liegt im Einklang mit der Geschichte des Kapitalismus und der Reaktion der schwächer werdenden Hegemonien auf die globalen Kräfte. Der neue Energie-Imperialismus der Vereinigten Staaten führt bereits zu sich ausbreitenden Kriegen, die wahrhaft global werden könnten, da Washington versucht, die bestehende kapitalistische Wirtschaft zu retten und seinen eigenen Verfall aufzuhalten. Simmons warnte in diesem Zusammenhang: »Wenn wir keine Lösung dieser enormen potenziellen Lücke zwischen unserem immanenten Energiebedarf und der Verfügbarkeit von Energie zustande bringen, dann werden wir den schlimmsten und letzten Krieg erleben, den wir jemals führen werden. Ich meine einen Krieg im wörtlichen Sinne.«[154]

Im Januar 2008, veröffentlichte Carlos Pascual, der Vizepräsident der Brookings Institution und ehemaliger Leiter des Büros für Wiederaufbau und Stabilisierung der Bush-Administration, die Analyse »The Geopolitics of Energy«, in der er die faktische Abhängigkeit des US-Kapitalismus von der Ölproduktion in »Saudi-Arabien, Russland, Iran, Irak, Venezuela, Nigeria und Kasachstan« beleuchtete, die er alle als große Bedrohungen für die Sicherheit darstellte.

---

153 Vgl. »U.S. Military Sees Oil Nationalism Spectre«, in: *Financial Times*, 26. Juni 2006; Council on Foreign Relations, »The Return of Resource Nationalism«, 13. August 2007, siehe: http://www.cfr.org/publication/13989/return_of_resource_nationalism.html; Eva Golinger, *Bush vs. Chávez* (New York: Monthly Review Press, 2008).
154 Simmons, »An Oil Man Reconsiders the Future of Black Gold«, a.a.O.

»Aufgrund kommerzieller Auseinandersetzungen, lokaler Instabilität oder ideologischer Gründe investieren Russland, Venezuela, der Iran, Nigeria und der Irak nicht in langfristige Produktionskapazitäten.« Dies wurde von Pascual als sowohl ökonomisches wie auch militärisches Problem für Washington bezeichnet.[155]

Besonders beunruhigend in dieser neuen Phase des Energie-Imperialismus ist das Fehlen von Widerstand seitens der Bevölkerungen innerhalb der zentralen kapitalistischen Länder selbst. Folglich spielen linksliberale Publikationen in den reichen Ländern häufig mit den Vorurteilen ihrer Leser (die von steigenden Benzinpreisen gebeutelt werden) und ermutigen sie, den Ölimperialismus zu unterstützen, der dazu bestimmt ist, den westlichen Kapitalismus zu retten. David Litvin forderte, als er 2006 für den Londoner *Guardian* über »Öl, Gas und Imperialismus« schrieb, dass »die Unvermeidlichkeit eines modernen Energie-Imperialismus anerkannt werden muss«. Dabei wurden die Bedrohungen durch Russland, die OPEC, Venezuela und Bolivien hervorgehoben. Die Vereinigten Staaten, wurde uns da gesagt, seien in den Irak zum Teil aus Gründen der »Ölsicherheit« einmarschiert. In eindeutiger Sympathie für diese Form des Energie-Imperialismus, der »es mit sich bringt, dass Verbraucherstaaten politische oder militärische [Interventionen] starten, um den Nachschub zu sichern«, kam Litvin zu dem Schluss: »Der Energie-Imperialismus wird von Dauer sein und die Bemühungen sollten [daher] darauf gerichtet sein, ihn zu einer positiveren Kraft zu machen.«[156]

In ähnlicher Weise schrieb Joshua Kurlantzick, als freier Autor für *Mother Jones* einen Beitrag unter dem Titel »Put a Tyrant in Your Tank« (Setz dir einen Tyrannen in den Tank) für die Mai/Juni-Ausgabe 2008 dieses Magazins. Er schrieb die Ölversorgungsprobleme den staatlichen Ölgesellschaften zu und argumentierte – Bezug nehmend auf den Bericht des Baker-Instituts über »The Changing Role of National Oil Companies« (Die sich verändernde Rolle der staatlichen Ölgesellschaften) –, dass das Öl besser geschützt wäre, wenn man es wie früher in die Hände der multinationalen Ölkonzerne legen würde. Letztere, so wird den Lesern mitgeteilt, »müssten sich dazu eventuell bei üblen Regimen einschmeicheln [...] wären aber letztlich dazu gezwungen, um auf öffentliche Kritik zu reagieren«. Kurlantzick richtete wiederholte Vorwürfe an Hugo Chávez in

---

155 Vgl. Carlos Pascual, »The Geopolitics of Energy«, *Brookings Institution*, Januar 2008, S. 3–4, http://www.cfr.org/publication/15342/brookings.html.
156 Daniel Litvin, »Oil, Gas and Imperialism«, in: The Guardian (UK), 4. Januar 2006.

Venezuela wegen seines »Ressourcennationalismus« und ging so weit, Venezuela als »autoritär und korrupt« mit Burma und Russland zu vergleichen, indem er aus einer Studie der neokonservativen, weitgehend von der US-Regierung finanzierten NGO Freedom House zitierte. Der Artikel in *Mother Jones* schenkte auch der internen Studie Glauben, die im Jahr 2006 vom Südkommando des Pentagon durchgeführt worden war und die Gefahren für die nationale Sicherheit der Vereinigten Staaten im Ressourcennationalismus Venezuelas, Boliviens und Ecuadors lokalisierte. Weitere Erdölstaaten, die einer scharfen Kritik unterzogen wurden, waren der Iran, Russland, Kasachstan, Nigeria und Libyen. Die staatlichen chinesischen Ölgesellschaften standen wegen ihrer Aggressivität bei der weltweiten Suche nach Öl und ihrem Mangel an Umweltbewusstsein unter Beschuss. Der US-Energie-Imperialismus wurde folglich mit der Hoffnung und dem Vertrauen, die hauptsächlich auf das »Große Öl« und das Pentagon gesetzt wurden, sogar von der angeblich fortschrittlichen Zeitschrift *Mother Jones* als gerechtfertigt angesehen.[157]

### Ein planetarischer Flächenbrand?

Die allergrößte Ironie der Krise des Ölfördermaximums ist natürlich, dass die Welt rasch auf dem Weg des Klimawandels voranschreitet, der aus der Verfeuerung fossiler Brennstoffe resultiert und binnen Jahrzehnten die menschliche Zivilisation und das Leben auf dem Planeten bedroht. Wenn die Kohlendioxidemissionen aus dem Verbrauch solcher Brennstoffe nicht drastisch reduziert werden, droht eine globale Katastrophe. Für die Umweltschützer ist deshalb das Ölmaximum an sich keine Tragödie, da die wesentliche Herausforderung für die Menschheit gegenwärtig darin liegt, die Welt von der excessiven Abhängigkeit von fossilen Brennstoffen zu befreien. Die Ausschaltung des Sonnenenergiehaushaltes, die durch die Kohlenwasserstoffe ermöglicht worden ist, hat einen biosphärischen Bruch geschaffen, der, wenn man sich nicht rasch darum kümmert, die Zukunft verhindert.[158]

---

157 Vgl. Joshua Kurlantzick, »Put a Tyrant in Your Tank«, in: *Mother Jones*, Mai/Juni 2008, S. 38–42, 88–89.
158 Vgl. Richard Heinbergs ausgezeichnetes Kapitel über »Bridging Peak Oil and Climate Change Activism« in seinem Buch *Peak Everything* (Gabriola Island, B. C.: New Society Publishers, 2008), S. 141–157. Zum Konzept eines biosphärischen Bruchs vgl. Brett Clark und Richard York, »Carbon Metabolism: Global Kapitalism, Climate Change, and the Biospheric Rift«, in: *Theory & Society* 34, Nr. 4, 2005, S. 391–428. In ihrem Papier

Dennoch ist der exzessive Verbrauch von fossilen Brennstoffen und besonders von Erdöl immanenter Bestandteil der Struktur der gegenwärtigen kapitalistischen Weltwirtschaft. Die sofortige Antwort des Systems auf das Ende des leicht erhältlichen Öls lag deshalb darin, sich einem neuen Energie-Imperialismus zuzuwenden – einer Strategie der maximalen Förderung mit allen verfügbaren Mitteln. Er hat das Ziel in der Besänftigung dessen, was Rachel Carson einmal »die Götter des Profits und der Produktion« genannt hat.[159] Dies führt allerdings zur Bedrohung durch vielfache globale Flächenbrände: globale Erwärmung, Ölmaximum, schnell ansteigender Hunger in der Welt (teilweise ein Ergebnis der Biotreibstoffproduktion) und Atomkrieg – all das zur Absicherung eines Systems, das auf wachsende Ungleichheit ausgerichtet ist.

Angesichts der ungeheuren Risiken, denen das Leben auf dem Planeten heute ausgesetzt ist, ist es nötig, einen neuen Weg einzuschlagen – hin zu Gemeinwohl und globaler Gerechtigkeit: zu einem Sozialismus für den ganzen Planeten. Es gilt zu verstehen, dass die immense Gefahr, der sich die menschliche Art gegenwärtig gegenübersieht, in der Hauptsache nicht den geologischen oder klimatischen Zwängen der natürlichen Umwelt geschuldet ist, sondern aus dem gestörten gesellschaftlichen System erwächst, das außer Kontrolle gerät und, genauer gesagt, vom US-Imperialismus bestimmt wird. Dies ist die Herausforderung unserer Zeit.

---

zu Ölmaximum und globaler Erwärmung präsentieren Kharecha und Hansen ein atmosphärisches Ausgangsszenario zur Kohlenstoffstabilisierung, in dem die ölbasierten $CO_2$-Emissionen im Jahr 2016, hauptsächlich durch den »Höhepunkt« der Weltölproduktion (vermittels ökonomischer und sozialer wie auch geologischer Faktoren), ihren Gipfelpunkt erreichen. Wenn sich ein solcher Höhepunkt ereigne, so argumentieren sie, würde dies die Stabilisierung des atmosphärischen Kohlenstoffs auf (oder unter) einem Wert bedeuten, der von Wissenschaftlern zunehmend als das oberste, sichere Niveau von 450 Millionstel (verbunden mit einem globalen durchschnittlichen Temperaturanstieg um rund 2 °C über vorindustrielle Höhe) angesehen wird. Eine Stabilisierung des atmosphärischen $CO_2$ auf diesem Niveau würde es jedoch auch erforderlich machen, dass die $CO_2$-Emissionen aus kohlebefeuerten Kraftwerken um das Jahr 2025 ihren Höhepunkt erreichen und Kohlekraftwerke ohne Kohlenstoffabscheidung »vor der Jahrhundertmitte« vollständig abgewickelt würden. Pusher and Kharecha, »Implications of ›Peak Oil‹ for Atmospheric $CO_2$ and Climate«.

159 Rachel Carson, *Lost Woods*, a.a.O., S. 210.

# Kapitel 5
# Das Pentagon und der Klimawandel

Dieses Kapitel wurde auf Grundlage eines Artikels unter demselben Titel für das vorliegende Buch überarbeitet und korrigiert, der in *Monthly Review* 56, Nr. 1 (Mai 2004), S. 1–13, erschienen ist.

Der abrupte Klimawandel ist seit mehr als einem Jahrzehnt in wachsendem Maße zum Gegenstand der Besorgnis für die Klimawissenschaftler geworden, die befürchten, dass die globale Erwärmung den Meeresstrom zum Erliegen bringen könnte, der den Nordatlantik erwärmt und so Europa und Teile Nordamerikas binnen weniger Jahrzehnte sibirische Klimabedingungen bescheren würde. Aber erst durch das Erscheinen eines Pentagonberichtes über die möglichen sozialen Auswirkungen eines abrupten Klimawandels – in Form von Instabilität und Krieg – erregte das Thema öffentliches Aufsehen. Der britische *Observer* schrieb dazu: »[...] der Klimawandel könnte im Verlauf der nächsten 20 Jahre zu einer globalen Katastrophe führen und durch Kriege und Naturkatastrophen Millionen von Leben kosten.«[160] Tatsächlich war die öffentliche Alarmstimmung, besonders in Europa, die vorhersehbare Reaktion auf den Pentagon-Report vom Oktober 2003 mit dem Titel *An Abrupt Climate Change Scenario and Its Implications for United States National Security* (Szenario für einen abrupten Klimawandel und seine Auswirkungen auf die nationale Sicherheit der Vereinigten Staaten).[161] Beim Ver-

---

160 *The Observer* (London), 22. Februar 2000.
161 Vgl. Peter Schwartz und Doug Randall, »An Abrupt Climate Change Scenario and Its

such, diese Ängste zu beruhigen, beeilten sich Beamte des Verteidigungsministeriums und die Autoren des Berichtes zu verkünden, dass die ganze Übung spekulativ und »absichtlich extrem« gewesen und die Angelegenheit in gewissen Presseberichten fehlinterpretiert und übertrieben worden sei.

War dies also einfach nur ein großes »Tohuwabohu« um nichts, wie die Zeitung *San Francisco Chronicle* suggerierte, oder gibt es mit dem Klimawandel verbundene Gefahren, die bisher nicht ausreichend berücksichtigt worden sind? Um diese Frage zu beantworten, ist es notwendig, die Problematik schrittweise anzugehen, indem man sich zunächst mit der globalen Erwärmung befasst, dann mit dem abrupten Klimawandel und seinen immanenten sozialen Gefahren und schließlich mit der Art und Weise, in der das gegenwärtige Produktionssystem ein Hindernis für jede griffbereite Lösung darstellt.

### Die globale Erwärmung: Wie schlimm ist sie wirklich?

Ein natürlicher Treibhauseffekt ist entscheidend für die Erdatmosphäre. Da Kohlendioxid, Methan und andere Treibhausgase sich in der Atmosphäre sammeln, fangen sie die Wärme ein, die andernfalls in den Weltraum abstrahlen würde. Dieser natürliche Treibhauseffekt dient neben der Nähe zur Sonne dazu, die Erde zu erwärmen und sie somit für verschiedene Arten bewohnbar zu machen. Nun jedoch treibt derselbe Treibhauseffekt aufgrund der erhöhten Treibhausgasemission aus menschlicher Produktion, namentlich der Verfeuerung von fossilen Brennstoffen, die durchschnittlichen globalen Temperaturen höher und höher. Die Kohlendioxidkonzentration ist nun auf dem höchsten Punkt der letzten 420.000 und wahrscheinlich sogar der letzten zwanzig Millionen Jahre. Steigende Meeresspiegel, Hitzewellen, Missernten, sich verschlimmernde Überflutungen und Trockenperioden sowie andere extreme Wetterbedingungen sind als Ergebnis solcher Steigerungen der globalen Durchschnittstemperaturen allgemein zu erwarten.

Ein Teil der für die kommenden Jahrzehnte zu erwartenden Erwärmung ist bereits festgeschrieben. Treibhausgase haben eine atmosphärische Lebensdauer von Jahrzehnten bis zu Jahrhunderten. Selbst wenn die Gesellschaften noch

---

Implications for United States National Security«, Oktober 2003, siehe: http://www.climate.org/PDF/clim_change_scenario.pdf.

heute den Gebrauch fossiler Brennstoffe einstellten und alle anderen Formen von Treibhausgasemissionen beendeten, würde die Akkumulation solcher Gase in der Atmosphäre wahrscheinlich in diesem Jahrhundert zu einer signifikanten Erwärmung in der Größenordnung von 0,5 °C führen. Solange wir nichts zur Begrenzung solcher Emissionen tun, könnten die durchschnittlichen globalen Oberflächentemperaturen möglicherweise zwischen 1990 und 2100 um bis zu 5,8 °C steigen und so die Temperaturveränderung übertreffen, die uns heute von der letzten Eiszeit trennt. Wenig informierte Analysten erwarten heute, dass die Steigerung der globalen Durchschnittstemperatur unter Bedingungen des business as usual unter 2 °C bleiben wird. Die Hauptbefürchtung besteht jedoch gegenwärtig darin, dass der Anstieg der globalen Temperaturen zwei- oder dreimal so hoch sein wird, wenn die menschliche Gesellschaft sich unfähig zeigt, entschlossen zu handeln.[162]

Die globale Erwärmung wird in den kommenden Jahrzehnten als ein wachsender Faktor in Bezug auf das Artensterben eingeschätzt, dessen Geschwindigkeit in der Gegenwart höher ist als jemals zuvor seit dem Verschwinden der Dinosaurier vor fünfundsechzig Millionen Jahren. In den Bergregionen sind die Pflanzen- und Tierarten rund um die Erde dabei, im Zuge der Erwärmung weiter und weiter hinaufzusteigen. Die Berge reichen aber nur bis zu einer gewissen Höhe. In der Folge befinden sich die Arten, die die höchsten ökologischen Nischen besetzen, aktuell im Prozess »in den Himmel« emporzusteigen.[163] Wir wissen nicht, wie viele Arten im Verlauf dieses Jahrhunderts dieses Schicksal teilen werden. Was wir aber wissen, ist, dass die Arten im Allgemeinen massiv betroffen sein werden, dass die biologische Vielfalt weiter schrumpfen wird, und dass, wenn wir nichts unternehmen und die globalen Durchschnittstemperaturen bis auf die oberen Werte steigen, die von führenden Klimawissenschaftlern bis zum Jahr 2100 für möglich gehalten werden, sich dies als katastrophal erweisen, die Ökosysteme bedrohen und die menschliche Gesellschaft destabilisieren könnte.

Die herrschenden ökonomischen und politischen Interessen und die ihr dienenden Eliten erzählen uns noch immer, dass wir uns keine Sorgen machen sol-

---

162 Vgl. Thomas R. Karl and Kevin E. Trenberth, »Modern Global Climate Change«, in: *Science* 302, S. 1721; Intergovernmental Panel on Climate Change, *Climate Change 2001* (Cambridge: Cambridge University Press, 2001), S. 7, 13; Tom Athanasiou und Paul Baer, *Dead Heat* (New York: Seven Stories, 2002), S. 43–47.

163 Vgl. »All Downhill from Here?«, in: *Science* 303, 12. März 2004.

len. Egal was die Bedrohungen für andere Arten sind. Die menschliche Gesellschaft, so wird uns häufig gesagt, ist anders. Sie kann sich durch ökonomische und technologische Mittel rasch entwickeln und sich so an die globale Erwärmung anpassen, die von ihrem Standpunkt aus als langsamer, »allmählicher« Wandel betrachtet werden kann. Was für die globale Gesellschaft oft prognostiziert wird, ist daher eher ein wachsendes Unbehagen als massive soziale Unruhen und Verwerfungen. Orthodoxe Ökonomen warnen im Allgemeinen davor, etwas zu tun, was das ökonomische Wachstum begrenzen könnte. Stattdessen sehen sie die einzige Antwort in einer wachsenden Wirtschaft, die uns mehr Mittel in die Hand geben werde, um künftige Eventualitäten in Angriff zu nehmen.

## Der abrupte Klimawandel

Gleichwohl spricht alles dafür, anzunehmen, dass es kurzsichtig und naiv ist, als Antwort auf die globale Erwärmung so viel Vertrauen in ökonomisches Wachstum und technologischen Wandel zu legen. Es herrscht beträchtliche Unsicherheit darüber, inwieweit die menschliche Gesellschaft solch einen »allmählichen« Klimawandel aushalten kann, da doch die Menschen selbst Teil der Natur sind und in mannigfacher Weise von der Umwelt abhängen, die sie umgibt. Aber das ist nicht das ganze Problem. Wissenschaftler werfen heute die weitaus alarmierendere Frage eines abrupten Klimawandels auf, das heißt eines Klimawandels in einem Ausmaß und einer Plötzlichkeit, der – in einer Verschiebung von einer Zeitspanne von Jahrzehnten bis Jahrhunderten auf eine Spanne von Jahren bis Jahrzehnten – letztlich katastrophale Auswirkungen auf die menschliche Gesellschaft haben würde.

Ein abrupter Klimawandel wird für gewöhnlich als ein Wandel angesehen, der, graduell entstehend, zum Überschreiten einer Schwelle führt und eine plötzliche Verschiebung hin zu einem neuen Stadium auslöst, wobei die Verschiebung vom Klimasystem selbst bestimmt wird und in einer weit rascheren Geschwindigkeit abläuft als die kausale Ursache.[164] Solche Verschiebungen haben in der Geschichte mehrmals stattgefunden, am deutlichsten bei der abrupten Abkühlung der Jüngeren Dryaszeit (benannt nach dem botanischen Namen einer arktischen Wildblume, die im Klima jener Zeit gedieh), die vor 12.700 Jahren begann,

---

164 Vgl. National Research Council, *Abrupt Climate Change: Inevitable Surprises* (Washington, D.C.: National Academy Press, 2002), S. 14.

1.300 Jahre dauerte und die Erwärmung unterbrach, die mit dem Ende der letzten Eiszeit verbunden ist. Ein kleineres Beispiel für abrupten Klimawandel ereignete sich vor 8.200 Jahren und dauerte rund ein Jahrhundert. Im schlechtesten aller gegenwärtig plausiblen Szenarios könnte sich solch ein abrupter Klimawandel im Laufe der nächsten paar Jahrzehnte ereignen, obwohl dies von Wissenschaftlern noch als höchst unwahrscheinlich angesehen wird.

Solch ein abrupter Klimawandel wird für den Fall einer Unterbrechung der thermohalinen Zirkulation angenommen, einer globalen Meeresströmung, die warme, salzige tropische Gewässer, mit dem Golfstrom als nördlichem Arm, nordwärts in den Atlantik transportiert und sich dann in einer Schleife nach Süden wendet. (»thermohalin« kommt von den griechischen Worten für Wärme, »thermos«, und Salz, »halos«.) Die Wärme aus diesen wärmeren Gewässern wird bei Erreichen des Nordatlantiks in die Atmosphäre freigesetzt, sorgt für mildere Winter, als es sie sonst in diesen Breiten gibt, und ermöglicht es dem dichten Oberflächenwasser, abzukühlen und herabzusinken. Dies zieht zusätzliches wärmeres, salzhaltiges Wasser aus dem Süden an und hält die Strömungszufuhr in Gang. Unterschiede in der Dichte der Meeresgewässer, die mit ihrem Salzgehalt zusammenhängen, treiben den Förderstrom an.

Ein abrupter Klimawandel entsteht aus einem Nachlassen oder Zusammenbruch der thermohalinen Zirkulation aufgrund steigenden Zustroms aus den Flüssen, Eisschmelze und Veränderungen der Niederschlagsmengen, was alles zu einem Anwachsen der Versorgung des Nordatlantiks mit Frischwasser beiträgt. Da der Salzgehalt der Ozeangewässer abnimmt, kann es zu einer dramatischen Verringerung oder einem vollständigen Zusammenbruch der nordatlantischen Förderzirkulation kommen. Die gegenwärtige globale Erwärmung kann möglicherweise als Auslöser dieses Effektes gelten. In Übereinstimmung mit dem Zwischenstaatlichen Forum der Vereinten Nationen zum Klimawandel (IPCC) von 2001, »könnte nach 2100 die thermohaline Zirkulation vollständig und möglicherweise unumkehrbar in beiden Hemisphären zum Erliegen kommen«, wenn die globale Erwärmung »lang genug [ist] und lange genug wirkt«.[165] Zwei grundlegende Szenarios sind hier eine Betrachtung wert: (1) Wenn der ozeanische Förderstrom sich verlangsamt oder in den beiden nächsten Jahrzehnten zusammenbricht, könnte dies die Nordatlantikregion bis zu 5 °C abkühlen

---

165 United Nations Intergovernmental Panel on Climate Change, *Climate Change 2001: Synthesis Report* (Cambridge: Cambridge University Press, 2001), S. 16.

und zu sehr viel strengeren Wintern führen. (2) Wenn hingegen der Förderstrom sich in einem Jahrhundert verlangsamt, könnte das Absinken der Temperatur im Nordatlantik das mit dem verstärkten Treibhauseffekt verbundene Ansteigen der Oberflächentemperatur zeitweise ausgleichen, obgleich die »verzögerte« Erwärmung, wenn die thermohaline Zirkulation erst einmal wieder hergestellt ist, binnen eines Jahrzehntes in Gang gesetzt wird. Das zweite dieser Szenarios wird als sehr viel wahrscheinlicher angesehen. Dennoch haben jüngste wissenschaftliche Studien, einschließlich eines Berichtes der Nationalen Akademie der Wissenschaften im Jahre 2002, hervorgehoben, dass die thermohaline Zirkulation sich möglicherweise »sehr schnell [...] abschwächen« könnte, was zu einem plötzlichen Klimaumschwung in der Frühzeit dieses Jahrhunderts führen würde, der – wenn auch noch für unwahrscheinlich gehalten – insgesamt nicht ausgeschlossen werden kann. Diese Befürchtungen bestätigend, kam ein Bericht der Zeitschrift *Nature* im Jahr 2002 zu dem Schluss, dass der Nordatlantik sich vierzig Jahre lang dramatisch aufgefrischt habe, während ein um ein Jahr früherer Bericht darauf hindeutete, dass der ozeanische Förderstrom sich bereits in der Verlangsamung befinden könnte.[166]

Mit den ungewissen Risiken eines solchen Ereignisses »geringer Wahrscheinlichkeit, [aber] hoher Wirkung« konfrontiert, sprachen Wissenschaftler, die mit der Studie der Nationalen Akademie der Wissenschaften verbunden waren, die Empfehlung aus, dass die Gesellschaft, wenn es nicht zu kostspielig sei, unternehmen solle, was sie nur könne, um sich selbst gegen eine solch extreme Auswirkung zu schützen. Richard Alley, der dem Wissenschaftlerteam vorstand, bemerkte in seinem Buch *The Two-Mile Time Machine*:

> »Wenn es bald zu einem Erliegen käme, könnte dies zu einer langfristigen Erscheinung führen, die annähernd so lange dauern könnte wie die Jüngere Dryaszeit, bei der die nördlichen Temperaturen fallen und sich Trockenheiten verbreiten, die weit umfassender wären als die Veränderungen, von denen Menschen betroffen waren, solange es Geschichts-

---

166 Vgl. Robert B. Gagosian, »Abrupt Climate Change: Should We Be Worried?«, World Economic Forum, Davos, Switzerland, 27. Januar 2003, siehe: http://www.whoi.edu; National Research Council, *Abrupt Climate Change*, a.a.O., S. 115–16B.; Dickson et al., »Rapid Freshening in the Deep Atlantic Ocean over the Past Four Decades«, in: *Nature* 416, 25. April 2002; B. Hansen et al., »Decreasing Overflow from the Nordic Seas into the Atlantic Ocean through the Faroe Bank Channel since 1950«, in: *Nature*, 411, 21. Juni 2001.

aufzeichnungen gibt, und sich vielleicht die Erwärmung im fernen Süden beschleunigt. Das Ende der Menschheit? Nein. Eine unbehagliche Zeit für die Menschheit? Ja.«[167]

Diese Einschätzungen und Empfehlungen in Bezug auf einen abrupten Klimawandel wurden von den Klimawissenschaftlern mit so viel Vorsicht formuliert, dass sie von einer Gesellschaft, die sich in ihren oberen Rängen wenig mehr als der Kapitalakkumulation widmet, allesamt leicht hätten ignoriert werden können. Dass dies nicht geschah, ist der Tatsache geschuldet, dass die Angelegenheit im Pentagon-Report aufgegriffen und dramatisiert worden ist.

## Das Pentagon schlägt Alarm

Die Geschichte des Pentagon-Reports zum abrupten Klimawandel ist fast so bemerkenswert wie der Report selbst. Die Studie der Nationalen Akademie ging über den Schreibtisch von Andrew Marshall, Leiter des Office of Net Assessment (Büro für Internet-Angelegenheiten) im Pentagon. Marshall, der für jeden Verteidigungsminister seit James Schlesinger in den 1970er-Jahren gearbeitet hat, ist der legendäre »weise Mann«, der im Pentagon als »Yoda« (Figur aus der Science-Fiktion-Filmreihe *Star Wars*) bekannt war. Wenn jemand gebraucht wurde, der über große Dinge nachdachte, wandte sich das Verteidigungsministerium an Marshall. Seine berühmteste Leistung war die Propagierung der Raketenabwehr. Es war Marshall, der 100.000 Dollar Fördermittel für Peter Schwartz und Doug Randall vom Global Business Network genehmigte, um den abrupten Klimawandel für das Pentagon zu analysieren. Die Absicht war, ökonomische Zukunftsforscher die möglichen Auswirkungen eines solchen abrupten Klimawandels visualisieren zu lassen, da sie am besten dazu in der Lage sein würden, über den ökonomischen und sozialen Niederschlag einer solch katastrophalen Entwicklung zu spekulieren und somit zu einem Hauptanliegen des Pentagon zu machen.

In den 1990er-Jahren war Schwartz freier Mitarbeiter für das Technologie-Magazin *Wired*. Zusammen mit Peter Leyden, einem der Chefredakteure des Magazins, und Joe Hyatt von der betriebswissenschaftlichen Fakultät der Stanford University Business School war er von der Idee besessen, dass die New Eco-

---

[167] Richard B. Alley, *The Two-Mile Time Machine* (Princeton: Princeton University Press, 2000), S. 184.

nomy, die in der heutigen digitalen Hochtechnologie verwurzelt ist, auf eine langen ökonomischen Aufschwung hindeute, der sich von 1980 bis mindestens ins Jahr 2020 hinziehen werde. Während dieser Zeit werde die Wirtschaft aufgrund des Modells der New Economy einfach »stärker wachsen«, wobei das globale Wachstum »möglicherweise sogar sechs Prozent« erreichen könne.[168] Die erste Version dieser These erschien im Juli 1997 in ihrem Artikel in *Wired*. Der Artikel stellte, zusammen mit dem Buch, das später folgte, die extremste Variante der großen Jahrtausendfeier dar. Laut Schwartz und seinen Koautoren, welche die hauptsächlichen ökonomischen Tendenzen der Zeit grob missverstanden, wachse die US-Wirtschaft in den 1990er-Jahren sehr schnell und werde sich in den 2000er-Jahren voraussichtlich weiter beschleunigen. Diese ganze New-Economy-Mythologie fand jedoch durch das Platzen der Spekulationsblase und dem dramatischen Börsensturz des Jahres 2000 ihr Ende, gefolgt von der Rezession von 2001 und schleppendem Wachstum sowie der seither stagnierenden Beschäftigungslage. Dennoch war es Schwartz, der gescheiterte Prophet eines langen New-Economy-Aufschwungs, an den sich Marshall wandte, um die Konsequenzen eines abrupten Klimawandels zu dramatisieren.[169]

Schwartz und Randalls *An Abrupt Climate Change Scenario* (Szenario für einen abrupten Klimawandel) und seine Auswirkungen auf die nationale Sicherheit der Vereinigten Staaten beginnt mit der Infragestellung der Art und Weise, in der man sich dem Klimawandel für gewöhnlich nähert:

> »Wenn die Menschen an Klimawandel denken, stellen sie sich graduelle Temperatursteigerungen und nur marginale Veränderungen anderer klimatischer Verhältnisse vor, die sich endlos fortsetzen oder irgendwann in der Zukunft einpendeln. Die herkömmliche Meinung

---

168 Vgl. Peter Schwartz, Peter Leyden, und Joel Hyatt, *The Long Boom: A Vision for the Coming Age of Prosperity* (Cambridge, Massachusetts: Perseus Publishers, 2000), S. 266.

169 Es gab zweifellos rationale Motive dafür, die Aufgabe, einen solchen Bericht zu verfassen, Schwartz zu erteilen, der all die Eigenschaften des professionellen Zukunftsforschers besaß. Angesichts seiner Vergangenheit und seines absoluten Vertrauens in das System, konnte man ihn weder als Untergangspropheten noch als Unternehmensfeind ansehen. Überdies hatte er in einem Abschnitt in *The Long Boom* (Der lange Aufschwung, S. 153) gerade auf die Möglichkeit eines Erliegens des thermohalinen Kreislaufs und des Aufkommens einer »weiteren Eiszeit« hingewiesen – allerdings wurde dies in eine allgemeine pollyanaischen Sichtweise der ökologischen Krise eingebracht, in welcher der »lange Aufschwung« selbst alle Antworten lieferte.

geht davon aus, dass die moderne Zivilisation sich so oder so an jegliche Wetterverhältnisse, denen wir ausgesetzt sind, anpassen und das Tempo des Klimawandels die Anpassungsfähigkeit der Gesellschaft nicht übersteigen wird, oder dass unsere Bemühungen, wie etwa diejenigen, die im Kyoto-Protokoll zum Ausdruck kommen, ausreichen werden, um seine Auswirkungen zu lindern. Das IPCC dokumentiert [dass] der drohende graduelle Klimawandel und seine Auswirkungen auf die Versorgung mit Nahrungsmitteln und anderen Ressourcen, die für die Menschen von Bedeutung sind, nicht so ernst sein werden, um eine Bedrohung für die Sicherheit zu erzeugen. Optimisten versichern, dass die Leistungen der technologischen Innovation dazu in der Lage sein werden, die negativen Effekte des Klimawandels hinter sich zu lassen.

Klimatisch gesehen geht die graduelle Sichtweise der Zukunft davon aus, dass die Landwirtschaft weiterhin gedeihen werde und die Vegetationsperioden sich verlängerten. Nordeuropa, Russland und Nordamerika würden landwirtschaftlich gedeihen, während Südeuropa, Afrika sowie Zentral- und Südamerika unter zunehmender Dürre, Hitze, Wasserknappheit und Produktionseinbrüchen litten. Insgesamt gesehen aber werde die globale Nahrungsmittelproduktion unter vielen typischen Klimaszenarien wachsen.«

Schwartz und Randall argumentierten gegen solche Sichtweisen der globalen Erwärmung, indem sie darauf beharrten, dass diese nur unzureichend die Unstetigkeiten berücksichtigen, die dadurch aufkommen können, dass die Erwärmung dazu führt, dass verschiedene Schwellen überschritten werden. Häufigere Trockenheiten zum Beispiel könnten verheerende und geballte Auswirkungen haben. Die schlimmsten Auswirkungen einer solchen graduellen Erwärmung werden dennoch in der Hauptsache als eher die ärmeren Länder des globalen Südens als die reicheren Länder des globalen Nordens betreffend gesehen, die schließlich die Hauptquelle der Kohlendioxidemissionen sind. All dies führt zur Ermunterung einer Haltung des Nichts- oder Wenigtuns in den nördlichen Machtzentren der Welt.

Ein abrupter Klimawandel verändert dieses Bild dramatisch. Eine solche Veränderung würde katastrophale Verhältnisse für die menschliche Gesellschaft erzeugen; und eher als auf den globalen Süden einzuwirken, würden die direkten Auswirkungen eines zum Erliegen kommenden thermohalinen Förderstromes den globalen Norden treffen – insbesondere diejenigen Länder, die an den Ufern des Nordatlantiks liegen. Schwartz und Randall sind sich darüber im Klaren, dass ihre Vorhersage eines solchen abrupten Klimawandels genau genommen nicht auf die nahe Zukunft gerichtet ist, auch wenn dies in der langfristigen Zukunft sicherlich geschehen wird. Stattdessen bieten sie ein »plausibles«, wenn auch wenig wahrscheinliches Szenario, für das es begründete Anhaltspunkte gibt, die es rechtfertigen, »mögliche Auswirkungen auf die nationale Sicherheit der Vereinigten Staaten zu untersuchen«. Sie gestalten ihr Szenario eher nach den Gegebenheiten vor 8.200 Jahren als nach den viel schlechteren Zuständen des Jüngeren Dryas. In ihrem Szenario verursacht ein »Zusammenbruch der thermohalinen Zirkulation« ein Fallen der durchschnittlichen Oberflächentemperatur in Nordeuropa von bis zu 3,3 °C parallel zu gravierenden Temperaturabfällen im gesamten Nordatlantik, die sich über ein Jahrhundert lang hinziehen. Kältere Temperaturen, Wind und Trockenheit im globalen Norden werden von zunehmender Hitze und Trockenheit in großen Teilen der übrigen Welt begleitet.

Das von ihnen gezeichnete Bild besteht aus landwirtschaftlichem Verfall sowie extremen Wetterverhältnissen und angespannten Energieressourcen rund um den Globus. Relativ wohlhabende Bevölkerungen mit weit gespanntem Potenzial zur Produktion natürlicher Ressourcen und Nahrungsmittel wie die Vereinigten Staaten und Australien sind dabei, »Verteidigungsfestungen« um sich herum zu errichten, um massive Wellen möglicher Immigranten abzuhalten, während weite Teile der Welt in Richtung Krieg taumeln:

> »Gewalt und Zersetzung, die auf die Belastungen zurückgehen, die von den abrupten Veränderungen des Klimas erzeugt werden, stellen eine andere Art von Bedrohung für die nationale Sicherheit dar, als wir es heutzutage gewohnt sind. Eine militärische Auseinandersetzung kann eher durch den Bedarf nach natürlichen Ressourcen wie Energie, Nahrung und Wasser ausgelöst werden als durch Konflikte wie Ideologie, Religion oder nationale Ehre. Der sich verlagernde Anlass zur Konfrontation verändert das Kriterium, welche Länder am meisten verwundbar und was die bestehenden Warnsignale für eine Bedrohung ihrer Sicherheit wären.«

Da sich die Belastbarkeit der Welt unter rauen Klimaverhältnissen verringert, verbreiten sich militärische Konflikte; dies birgt die wachsende Gefahr eines thermonuklearen Krieges. Für Schwartz und Randall ist die Lektion eindeutig: Die menschliche Gesellschaft muss »sich auf die unvermeidlichen Auswirkungen eines abrupten Klimawandels vorbereiten, der – ungeachtet der menschlichen Aktivitäten – wahrscheinlich kommen wird [die einzige Frage ist, wann]«. Wenn das von ihnen bebilderte Szenario aktuell wirklich bevorsteht, könnte es bereits zu spät sein, noch irgendetwas zu tun, um es aufzuhalten. Was unter diesen Umständen getan werden kann, ist, wie sie nahelegen, die Gewährleistung, dass die notwendigen Sicherheitsmaßnahmen getroffen werden, um die katastrophalen Folgen abzuwenden, die aus sozialer Instabilität resultieren. Da es sich um einen Bericht handelt, der vom Pentagon in Auftrag gegeben wurde, liegt der Schwerpunkt darauf, wie »Verwundbarkeitsmaßstäbe geschaffen« werden können, um zu bestimmen, welche Länder wohl ökologisch, ökonomisch und gesellschaftlich am härtesten betroffen werden und folglich in Richtung Krieg getrieben werden könnten. Eine solche Information macht es den Vereinigten Staaten dann möglich, gemäß ihren Sicherheitsinteressen zu handeln. Die engere Zielsetzung besteht folglich darin, die Festung Amerika um jeden Preis zu bewahren.

Obwohl man von der Annahme ausgeht, dass die ökologischen Rückwirkungen den globalen Norden am härtesten treffen werden, konzentriert sich das vom Pentagon-Report aufgelegte Szenario, im Hinblick auf Instabilität und Krieg konventionellen ideologischen Pfaden folgend, in erster Linie auf den globalen Süden. Die Möglichkeit, dass die Vereinigten Staaten selbst unter solchen Umständen versuchen könnten, die Weltölvorräte und andere natürliche Ressourcen an sich zu reißen, wird in dem Bericht nicht angesprochen. Die Reaktion der USA wird als vollkommen defensiv geschildert, hauptsächlich darum besorgt, Wellen von Einwanderern abzuhalten und zu versuchen, eine Atmosphäre von Frieden und Stabilität in einer Welt unter sehr viel raueren globalen Verhältnissen zu erhalten.

Angesichts der Schlussfolgerungen des Berichtes ist es nicht überraschend, dass er anfänglich Bestürzung und umfassende Ängste ausgelöste, als er im Februar öffentlich gemacht wurde. Zu diesem Zeitpunkt trat das Pentagon rasch in Aktion, um die Alarmstimmung wieder zu beruhigen. Marshall selbst veröffentlichte eine Stellungnahme, dass die Pentagon-Studie »die Grenzen wissenschaftlicher Modelle und Informationen bei der Voraussage der Auswirkungen einer abrupten globalen Erwärmung widerspiegelt«. Obwohl von »signifikanten wissenschaftlichen Anhaltspunkten« gestützt, »ist vieles von dem, was die Studie vorhersagt«, laut Marshalls Aussage »noch Spekulation«. Pentagonfunktionäre erklärten, der Bericht über einen abrupten Klimawandel, obwohl vom legendären

»Yoda« in Auftrag gegeben, sei bisher nicht an Marshalls Vorgesetzte im Verteidigungsministerium und in der Bush-Administration weitergegeben worden.[170] Dennoch liegt die wahre Bedeutung von *An Abrupt Climate Change Scenario* nicht in seiner Wirkung auf die Generäle im Pentagon und noch viel weniger auf die herausgeforderten Vorgesetzten, die damals das Weiße Haus bewohnten. Vielmehr leitet sich sein historischer Stellenwert aus der zu Beginn des Berichtes aufgestellten allgemeineren Behauptung ab, dass »aufgrund seiner möglichen düsteren Folgen, das Risiko eines abrupten Klimawandels, auch wenn dieser ungewiss und möglicherweise ziemlich gering ist, über eine wissenschaftliche Debatte hinaus zu einer Angelegenheit der nationalen Sicherheit der USA erhoben werden sollte«. Es ist nur ein kleiner Schritt von dieser Sichtweise zu einer anderen, die darauf beharrt, dass es die Natur der Bedrohung erforderlich macht, dass wir damit beginnen, andere, radikale gesellschaftliche Alternativen zum business as usual in Betracht zu ziehen, die in den Vordergrund der öffentlichen Diskussion geschoben werden müssen.

## Der beschleunigte Klimawandel

Hierbei ist es entscheidend zu erkennen, dass ein abrupter Klimawandel, wie er gegenwärtig von Wissenschaftlern dargestellt wird, obschon äußerst dramatisch, nicht das einzige Ergebnis einer globalen Erwärmung darstellt. Wissenschaftler sind zurzeit noch besorgter über das Potenzial an Rückkopplungen, die eine globale Erwärmung erheblich verstärken werden, indem sich die Geschwindigkeit, mit der verschiedene ökologische Schwellen überschritten werden, erhöht. Laut Mitteilung des IPCC in *Climate Change 2001* »werden Ozean und Land aufgrund zunehmender Konzentration von $CO_2$ in der Atmosphäre nur noch einen schrumpfenden Bruchteil der anthropogenen $CO_2$-Emissionen aufnehmen. Die Vernetzungswirkung der Klimarückkopplungen von Land und Ozean wird, wie modellhaft beschrieben, durch Reduzierung der $CO_2$-Absorption sowohl durch die Meere wie auch das Land zu einer Steigerung der geplanten atmosphärischen $CO_2$-Konzentrationen führen.« Der hydrologische Kreislauf (Verdunstung, Niederschlag und Abfluss) könnte sich aufgrund der globalen Erwärmung beschleunigen und die Temperaturen schneller in die Höhe treiben. Wasserdampf, das stärkste natürliche Treibhausgas, könnte zusätzliche Wärme einfangen und somit

---

170 Vgl. *San Francisco Chronicle*, 25. Februar 2004; *New York Times*, 29. Februar 2004.

die Geschwindigkeit steigern, in der die durchschnittlichen Oberflächentemperaturen anwachsen. Das Abschmelzen von hochreflektierendem Eis und Schnee könnte zu einer weiteren Absorbierung von Sonnenlicht führen und für zusätzliche globale Erwärmung sorgen. Die Fähigkeit sowohl der Wälder wie auch der Meere, Kohlendioxid zu absorbieren, könnte schrumpfen und eine positive Rückkopplungsschleife erzeugen, die den Klimawandel beschleunigt. All dies wird bis zu einem gewissen Maße in den Berichten des IPCC berücksichtigt. Angesichts des Ausmaßes an Unsicherheit ist die Möglichkeit für überraschende Entwicklungen unter diesen Umständen jedoch sehr groß.

Die düstere Realität besteht darin, dass die bedrohlicheren Szenarios bezüglich des Klimawandels mit fortlaufendem Datenaufkommen zunehmend plausibler werden. Der Gehalt an Kohlendioxid in der Atmosphäre hat von 2003 auf 2004 in rasantem Maße zugenommen. Der Zuwachs von 3 ppm (parts per million = Millionstel) lag deutlich über den 1,8 ppm an jährlichem durchschnittlichem Anstieg über das letzte Jahrzehnt und dreifach über der jährlichen Zunahme, den man vor einem halben Jahrhundert erlebte. Obwohl dies möglicherweise nichts als eine jährliche Schwankung widerspiegelt, führen diese Art von Hinweisen die Wissenschaftler zu der Besorgnis, dass positive Rückkopplungen bereits im Gange sind, die dazu führen, das ganze Problem zu beschleunigen.[171]

## Kapitalismus und Kohlendioxid

Sowohl die kapitalistische Wirtschaft als auch das Weltklima stellen komplexe, dynamische Systeme dar. Die Ungewissheit bezüglich des Klimawandels und seiner ökonomischen Auswirkungen hat mit der Wechselwirkung zwischen diesen komplexen Systemen zu tun. Um das Ganze noch schlimmer zu machen, unterliegen sowohl das klimatische System wie auch die menschliche Ökonomie dem Erdsystem und sind auf äußerst komplexe Art und Weise untrennbar mit unzähligen weiteren bio-geo-chemischen Prozessen verwoben. Dabei werden viele dieser zusätzlichen biosphärischen Vorgänge auch durch menschliches Handeln verändert.

Bei Analysen des Klimawandels ist es nicht unüblich anzunehmen, dass die Weltwirtschaft, abgesehen von den Störungen, die dem Klima entstammen könnten, im Großen und Ganzen gesund sei. Dies ist jedoch ein Irrtum und unter-

---

171 Vgl. *New York Times*, 21. März 2004.

schätzt die Verletzlichkeit von Populationen und ganzen Gesellschaften. Gegenwärtig »lebt die Hälfte der Weltbevölkerung von weniger als zwei Dollar am Tag, wobei die meisten davon chronisch unterernährt sind oder sich ständig darum sorgen müssen, wo ihre nächste Mahlzeit herkommt. Viele haben keinen Zugang zu sauberem Wasser (eine Milliarde), Elektrizität (zwei Milliarden) oder sanitären Anlagen (zweieinhalb Milliarden)«.[172] Das wirtschaftliche Wachstum verlangsamt sich in einer Weise, die die ökonomische Krise für ganze Gesellschaften vertieft hat. Zur selben Zeit ist auch die »Ökonomie der Natur« in Schwierigkeiten, wenn man sie in Bezug auf die Vielfalt des Lebens auf dem Planeten betrachtet. Ökonomische und ökologische Wunden sind überall zu finden.

Für das Pentagon erscheint die Antwort auf alle diese Gefahren ganz einfach: Bewaffne dich bis an die Zähne, sei bereit für größere Bedrohungen aus einem thermonuklearen Krieg, und baue eine undurchdringliche Mauer rund um die Vereinigten Staaten, um die globalen Massen außen vor zu halten. All dies wird von Schwartz und Randall beschrieben. Eine vernünftigere Antwort auf hochwirksame Klimaereignisse jedoch läge in dem Bestreben nach einer Neuorganisierung der Gesellschaft und einem Abschied von den Zwängen der Akkumulation, Ausbeutung und Zerstörung der natürlichen Umwelt – dem System des »nach mir die Sintflut«, das den meisten unserer globalen Probleme zugrunde liegt.

Der wissenschaftliche Konsens in Bezug auf die globale Erwärmung legt die Notwendigkeit einer 60- bis 80-prozentigen Reduzierung der Treibhausgasemissionen unter das Niveau von 1990 in den nächsten Jahrzehnten nahe, um bis zum Ende dieses Jahrhunderts katastrophale Umwelteffekte zu vermeiden – wenn nicht schon eher. Die bedrohliche Natur solcher Reduzierungen für die kapitalistische Wirtschaft wird in dem gegenwärtigen, ziemlich hoffnungslosen Zustand des Kyoto-Protokolls deutlich, das von den reichen Industrieländern gefordert hatte, ihre Treibhausgasemissionen zwischen 2008–2012 um durchschnittlich 5,2 Prozent unter das Niveau von 1990 zu senken. Die Vereinigten Staaten, die trotz ihrer wiederholten Versprechungen, ihre Emissionen zu begrenzen, ihren Kohlendioxidausstoß seit 1990 ständig erhöht hatten, zogen sich im Jahr 2001 mit der Begründung zu hoher Kosten aus dem Kyoto-Protokoll zurück. Dennoch war das Kyoto-Protokoll niemals zu etwas anderem gedacht, als ein erster, kleiner und in sich vollkommen unzureichender Schritt zur Begrenzung der Emissionen zu sein. Die wirklich großen Einschnitte sollten erst folgen.

---

172 Fred Magdoff, »A Precarious Existence«, in: *Monthly Review* 55, Nr. 9, Februar 2004.

Das Kyoto-Protokoll selbst aber erzeugt ebenfalls Probleme: Werden die reichen Länder des globalen Nordens zustimmen, ihre Kohlenstoffemissionen im erforderlichen Ausmaß zu beschneiden? Wie können die ärmeren Länder des globalen Südens in das Klimaabkommen einbezogen werden? Es gäbe für die meisten dieser armen Länder wenig Möglichkeiten, sich wirtschaftlich zu entwickeln, wenn sie dazu gezwungen würden, ihr durchschnittliches Pro-Kopf-Aufkommen bei den Treibhausgasemissionen zum jetzigen Zeitpunkt massiv zu beschneiden. Da die Atmosphäre kein weiter steigendes Niveau an Kohlendioxid verträgt und die meisten Kapazitäten dafür, ohne einen hohen Grad an globaler Erwärmung zu verursachen, bereits von den reichen Ländern des Zentrums in Anspruch genommen wurden, werden die Länder der Peripherie wahrscheinlich in ihrem Gebrauch fossiler Brennstoffe streng eingeschränkt werden müssen, außer wenn die zentralen Länder ihr Emissionsniveau in einer Größenordnung von 80–90 Prozent drastisch reduzieren.

Die Länder der Dritten Welt beharren darauf, dass der Norden gegenüber dem Süden eine ökologische Schuld hat, die aus einer Geschichte des ökologischen Imperialismus erwächst, und dass die einzige Art und Weise, dies wiedergutzumachen und eine gerechte und nachhaltige Klimaordnung zu schaffen, darin besteht, jede Lösung auf Pro-Kopf-Emissionen zu begründen. Solch eine Position basiert auf der Erkenntnis, dass die Vereinigten Staaten, um das berüchtigtste Beispiel zu nehmen, pro Jahr 5,6 metrische Tonnen Kohlendioxid pro Person ausstoßen (in Kohlenstoffeinheiten gemessen), während der gesamte Rest der Welt außerhalb der G-7-Länder (die Vereinigten Staaten, Kanada, Deutschland, Großbritannien, Japan, Italien und Frankreich) im Durchschnitt nur 0,7 Tonnen $CO_2$ pro Person freisetzt.[173] Eine Ungleichheit dieser Art ist das größte Hindernis für einen gleichmäßigen klimatischen Übergang und bedeutet, dass die erforderliche Veränderung revolutionärer Natur sein muss. Die einzige gerechte und nachhaltige Klimaordnung wäre, dass es eine Schrumpfung des Pro-Kopf-Ausstoßes von Kohlendioxid auf ein niedriges, global nachhaltiges Niveau, bei gleichzeitiger diesbezüglicher Annäherung reicher und armer Länder gäbe. Solch ein sicherer Pro-Kopf-Ausstoß würde bei weniger als einem Zehntel dessen liegen, was der Norden gegenwärtig pro Kopf emittiert. Eine Schätzung erhebt dabei die Forderung, dass »jeder in der Welt, aufgrund der Zielsetzung von 1990 zur Kli-

---

173 Vgl. John Bellamy Foster, *Ecology Against Kapitalism* (New York: Monthly Review Press, 2002), S. 18. Siehe auch Kapitel 12.

mastabilisierung, einen Pro-Kopf-Anteil von rund 0,4 Tonnen Kohlenstoff pro Jahr hätte«.[174] Offensichtlich ist die Angleichung der Pro-Kopf-Emissionen auf für alle Länder niedrigem Niveau nichts, was die Vereinigten Staaten und die anderen Länder aus dem Zentrum des Systems akzeptieren werden. Dennoch kann von den Ländern der Dritten Welt, die eine Entwicklung dringend benötigen, nicht erwartet werden, das Recht auf Gleichheit bei den Pro-Kopf-Emissionen aufzugeben. Jeder Versuch, die Hauptlasten der globalen Erwärmung in Übereinstimmung mit vergangenen imperialistischen Praktiken den unterentwickelten Ländern aufzubürden, wird folglich unvermeidlich fehlschlagen. In dem Maße, in dem die Vereinigten Staaten und andere fortgeschrittene kapitalistische Länder solch eine Strategie propagieren, werden sie die Welt nur in ein Stadium der Barbarei drängen, während sie das menschliche Verhältnis zur Biosphäre auf katastrophale Weise untergraben.

## Die Osterinsel und die Erde

Für Umweltschützer war die Zerstörung der Ökologie und der Zivilisation der Osterinsel von etwa 1400–1600 lange sowohl ein Rätsel als auch eine Metapher unserer Zeit. Wir wissen nun, dass die riesigen Steinfiguren, deren Aufstellung zu einer Zerstörung der Wälder und damit einer ganzen Ökologie und Zivilisation geführt hat, Hauptsymbole von Macht und Prestige widerstreitender Häuptlinge und ihrer Stämme gewesen sind. Jared Diamond erklärt hierzu: »Der Status eines Häuptlings hing von seinen Statuen ab: Jeder Häuptling, der es versäumte, Bäume zu fällen, um Statuen zu transportieren und aufzurichten, hätte seine Stellung verloren.«[175] Dank einer solchen Logik – einer frühen Tretmühle der Produktion, die der unseren entspricht – trieben die Bewohner der Osterinsel ihre Ökologie und Gesellschaft bis zum Punkt der Auslöschung.

Stehen wir heute vor einem ähnlichen Desaster – nur in planetarischem Maßstab? Um nochmals Diamond zu zitieren:

> »Dank Globalisierung, internationalem Handel, Düsenflugzeugen und Internet teilen alle Länder der Erde heutzutage Ressourcen

---

[174] Andrew Sims, Aubrey Meyer und Nick Robbins, »Who Owes Who? Climate Change, Debt, Equity and Survival«, in: Athanasiou und Baer, *Dead Heat*, a.a.O., S. 63–97.
[175] Jared Diamond, »Twilight at Easter«, in: *New York Review of Books*, 25. März 2004, S. 6–10.

und beeinflussen einander, gerade so wie die elf Stämme der Osterinsel. Die polynesische Osterinsel war im Pazifischen Ozean ebenso isoliert wie es die Erde heute im Weltraum ist. Wenn die Bewohner der Osterinsel in Schwierigkeiten gerieten, dann gab es nichts, wohin sie hätten fliehen, oder niemanden, an den sie sich hätten um Hilfe wenden können; genauso wenig wie wir modernen Erdlinge irgendwo eine Zuflucht haben, wenn unsere Probleme weiter zunehmen. Dies sind die Gründe, warum es Leute gibt, die den Zusammenbruch der Osterinselgesellschaft als Metapher ansehen, als Worst-Case-Szenario für etwas, das in der Zukunft vielleicht vor uns liegt.«

Die Gesellschaft der Osterinsel geriet aufgrund ihres Klassensystems in Schwierigkeiten. Während ihre Inselwelt immer mehr unter ökologischen Druck geriet, wurden die Häuptlinge und Priester von militärischen Anführern gestürzt, die Gesellschaft verfiel in die Barbarei des Bürgerkrieges und dann in den vollständigen Niedergang. Hier liegt ebenfalls eine Lehre für unsere Zeit: Wir müssen uns dem Klassensystem widersetzen und die Gesellschaft in Übereinstimmung mit den Bedürfnissen all ihrer Mitbewohner neu organisieren, bevor die Barbarei über uns hereinbricht.

Der Pentagon-Bericht selbst bekommt hier eine andere Bedeutung. Er schilderte einen abrupten Klimawandel und einen Übergang zum Vernichtungskrieg. Er war »absichtsvoll extrem«. Wie jedoch das Schicksal der Osterinsel nahelegt, war er vielleicht nicht extrem genug.

# Kapitel 6
# Das Jevons-Paradox:
# Umwelt und Technologie
# unter dem Kapitalismus

Dieses Kapitel wurde für das vorliegende Buch auf der Grundlage eines früheren Artikels überarbeitet und korrigiert, der gemeinsam mit Brett Clark unter dem Titel »William Stanley Jevons and The Coal Question: An Introduction to Jevons's ›Of the Economy of Fuel‹« verfasst und in *Organization and Environment* 14, Nr. 1 (März 2001), S. 93–98, veröffentlicht wurde.

William Stanley Jevons (1835–1882) ist als der britische Ökonom bekannt, der mit einer auf den Begriff des Grenznutzen basierenden subjektiven Werttheorie einer der Pioniere zeitgenössischer neoklassischer Wirtschaftsanalyse war. Seine angewandte Wirtschaftslehre markierte neue Ausgangspunkte für spätere Ökonomen, die die neoklassische Tradition detaillierter ausgestalteten. Jevons ist jedoch aufgrund seiner Pionierarbeit in *Tee Coal Question* (die Kohlefrage) von 1865, in der er grundlegende Fragen in Bezug auf Energieeffizienz und Brennstoffwirtschaft behandelte[176], auch als früher Theoretiker der ökologischen Wirtschafts- und Energiewissenschaften in Erinnerung geblieben.

---

176 Vgl. William Stanley Jevons, *The Coal Question: An Inquiry concerning the Progress of the Nation, and the Probable Exhaustion of Our Coal-Mines* (London: Macmillan, 1906); Juan Martinez-Allier, *Ecological Economics* (Oxford: Basil Blackwell, 1987).

Jevons' intellektuelle Karriere blühte wegen seines frühen Todes kaum zwanzig Jahre. Seine Entwicklung als Ökonom durchlief verschiedene Umwege. Die gut situierte Familie wurde durch den Tod der Mutter im Jahr 1845 und den Bankrott des Eisenhandelsgeschäftes seines Vaters im Jahr 1848 zerrissen.[177] Die wirtschaftlich gefährdete Lage der Familie trug später zu Jevons' Entscheidung bei, das University College in London, wo er Chemie und Mathematik studierte, zu verlassen, um 1853 eine Stellung als Assistenzprüfer an der Königlichen Münzanstalt im australischen Sydney anzunehmen. In Australien erforschte Jevons die Kolonie, indem er die Natur und Meteorologie studierte. Aber seine Interessen für das Studium und die Erklärung der Prozesse in der Gesellschaft brachten ihn dazu, im Jahre 1859 auf die lukrative Stellung zu verzichten, sodass er nach London zurückkehren konnte, um Philosophie, Logik, politische Ökonomie, Mathematik, Altphilologie und Geschichte zu studieren. Bis 1862 hatte Jevons seinen Bachelor und seinen Master of Arts vollendet und war dabei, eine Synthese aus Logik, Mathematik und Philosophie zu entwerfen, die seinem ökonomischen Denken unterlagen. Er betrachtete die Ökonomie als eine mathematische Wissenschaft, die sich mit Zeit, Konsumtion, Produktion und Investition befasste.[178] Jevons' Gesetze der Logik waren so mechanisch strukturiert, dass er eine »Logikmaschine« zur Ausführung von Denkprozessen konstruierte, die als Vorläufer moderner Computer gilt.

Nachdem er 1863 als Tutor am Owens College in Manchester begonnen hatte, wurde Jevons 1865 aufgrund seiner Verdienste auf diesen Wissenschaftsgebieten zum Professor für Logik sowie Mental- und Moralphilosophie habilitiert.[179] Jevons' Veröffentlichungen handelten von den Gesetzen des logischen Denkens, den Veränderungen des Goldwertes, von Handelskreisläufen und Preiszyklen, von Wirtschaftspolitik (Freihandel) und der Rolle des Staates. Eine Art von benthamitischem Utilitarismus bildete das Herzstück seines Wirtschaftsmodells, wie es in seinem Buch *The Theory of Political Economy* von 1871 vorgestellt wird. Produktionsarbeit war Qual (negativer Nutzen), und Konsumtion war Vergnügen (Nutzen). Das Gleichgewicht der Preise war proportional zu Nütz-

---

177 Vgl. R. D. C. Black, »W. S. Jevons, 1835–82«, in: D. P. O'Brien und J. R. Presley (Hrsg.), *The Pioneers of Modern Economics in Britain* (Totowa, NJ: Barnes & Noble, 1981), S. 2–4.

178 Vgl. R.D.C. Black, »Jevons, William Stanley«, in: J. Eatwell, M. Milgate, und P. Newman (Hrsg.), *The New Palgrave Dictionary of Economics* (London: Macmillan, 1987), S. 1009.

179 Vgl. Black, »W. S. Jevons«, a.a.O., S. 4–6.

lichkeitsabstufungen und Produktionskosten.[180] Jevons ging von der Annahme aus, dass die Individuen gierig auf eine Maximierung ihrer Befriedigung hinwirkten, und schuf so die Grundlage für spätere Theorien des Verbraucherverhaltens.

Jevons' obsessive Triebkraft, zu lernen und zu schreiben, machte ihn zu einem der führenden Denker der Wirtschaftswissenschaft und Logik und führte 1872 zu seiner Wahl als Mitglied der Royal Society durch die Kanzler Gladstone und Lowe. Aber seine Gesundheit litt unter dem rastlosen Arbeitstempo und führte im Jahr 1876 zu seinem Rückzug aus Manchester. Jevons nahm aufgrund der leichteren Lehrverpflichtungen eine Stellung am University College in London an, trat aber im Jahr 1880 zurück, um sich vollauf seinen Studien und Schriften zu widmen. Dennoch verschlechterte sich seine Gesundheit weiterhin bis zu dem Tag, an dem er 1882 im Urlaub beim Baden ertrank.

In den 1860er-Jahren stellte man sich im Unterhaus die Frage, ob die britische Vormachtstellung in der Welt in Bezug auf Industrieproduktion und ökonomische Wettbewerbsfähigkeit auf lange Sicht durch die Erschöpfung der Kohlereserven bedroht sein könnte. Zu dieser Zeit war noch keine Studie über die Kohlereserven und ihre Auswirkungen auf industriellen Verbrauch und wirtschaftliches Wachstum durchgeführt worden. Edward Hulls *Coalfields of Great Britain*, das 1861 veröffentlicht wurde, gab nur eine Schätzung über die Menge der Kohle ab. Jevons ergriff die Gelegenheit, die Angelegenheit zu untersuchen, und hoffte, dies werde ihm aufgrund der Besorgnis über die Kohle und die britische Wirtschaftskraft nationale Anerkennung einbringen. Mit gewohnter Intensität schrieb Jevons 1864 in einem einzigen Sommer das Buch *The Coal Question: An Inquiry Concerning the Progress of the Nation, and the Probable Exhaustion of Our Coal-Mines* (Die Kohlefrage: Eine Erhebung den Fortschritt der Nation und die mögliche Erschöpfung unserer Kohlenminen betreffend), das ihm nationale Bekanntheit und akademische Unterstützung einbrachte. Jevons argumentierte, dass das britische Industriewachstum auf billiger Kohle beruhe, und dass die aufgrund der tiefer gegrabenen Flöze steigenden Kohlekosten eine ökonomische Stagnation verursachten. Indem er innerhalb der allgemeinen malthusianischen Argumentation Korn durch Kohle ersetzte, bemerkte er: »Unser Lebensunterhalt hängt nicht länger von unseren Kornerträgen ab. Die folgenschwere Aufhebung der

---

180 Vgl. William Stanley Jevons, *The Theory of Political Economy*, hrsg. Von R.D.C. Black (London: Penguin, 1970), S. 203–205.

Korngesetze schleudert uns vom Korn auf die Kohle.«[181] Jevons argumentierte, dass weder Technologie noch die Ersetzung der Kohle durch andere Energiequellen dies ändern könne.

Jevons lag erstaunlich falsch mit seinen Berechnungen. Sein Hauptfehler war die Unterschätzung der Bedeutung von Kohlesubstituten wie Erdöl und Wasserkraft. Jevons' Versagen in dieser Hinsicht wirkt angesichts seiner Behandlung einer früheren Ersetzung in Bezug auf die Geschichte des Eisenhandels einigermaßen ironisch. Jevons lenkte die Aufmerksamkeit auf die Verwendung von Nutzholz in Form von Holzkohle zur Produktion von Eisen, die dem weit verbreiteten Gebrauch von Kohle bei diesem Prozess vorausging. Jevons bemerkte dazu: »Das Ansteigen des [Eisen-]Handels drohte England seiner Wälder zu berauben, die früher sowohl als eine Zierde des Landes wie auch als wesentlich für seine Sicherheit betrachtet wurden, da sie das Eichenholz für unsere Marine lieferten.« Als die Hölzer nahezu erschöpft waren, wurde die Produktion nach Irland verlegt und dessen Wälder beseitigt (und aufgebraucht), um Eisen für den Export nach Großbritannien zu produzieren. Jevons verwies darauf, dass »die Ersetzung von Holzkohle durch Kohle zur Notwendigkeit geworden war«, um den Anteil an Holz zur Aufrechterhaltung des Wachstums und der Entwicklungen innerhalb des Produktionsprozesses wirkungsvoll zu bekämpfen.[182] Folglich wusste Jevons, dass Kohle die Verwendung von Nutzholz bei dieser Art von Produktion ersetzt hatte, konnte jedoch keine weitere Substituierung von Kohle erkennen. Jevons präsentierte diese Geschichte, als ob es sich einfach um die natürliche Entwicklung produktiver Systeme handelte und ignorierte die gesellschaftlichen Beziehungsverhältnisse, die diesen Veränderungen und den ökologischen Konsequenzen dieses Prozesses Gestalt verliehen. Im Jahr 1936 kommentierte Keynes Jevons' Argumentation bezüglich des Kohleverbrauchs, indem er feststellte, dass sie »überzogen und übertrieben« sei. Man könnte auch hinzufügen von eingeschränkter Sichtweise.[183]

Es gibt jedoch einen Aspekt in Jevons' Argumentation, der weiterhin als eine der wegweisenden Einsichten in die ökologische Ökonomie gilt und heute als das »Jevons Paradox« bekannt ist.[184] Das 7. Kapitel von *The Coal Question* trug

---

181 Jevons, *The Coal Question*, a.a.O., S. 194–195.
182 Jevons, *The Coal Question*, a.a.O., S. 373–379.
183 Vgl. John Mainard Keynes, *Essays in Biography* (London: R. Hart-Davis, 1951), S. 259.
184 Vgl. Mario Giampietro und Kozo Maiumi, »Another View of Development, Ecological Degradation, and North-South Trade«, in: *Review of Social Economy*, 56, Nr. 1, 1998, S. 24–26.

die Überschrift »Of the Economy of Fuel« (Über die Brennstoffwirtschaft). Hier argumentierte Jevons, dass steigende Effizienz bei der Verwendung einer natürlichen Ressource wie Kohle nur eine gesteigerte Nachfrage nach dieser Ressource erzeuge und nicht, wie man erwarten könnte, einen sinkenden Bedarf. Dies geschehe deshalb, weil eine verbesserte Effizienz zu weiterer ökonomischer Expansion führe. Jevons schrieb:

> »*Es ist eine vollständige Gedankenverwirrung anzunehmen, dass die wirtschaftliche Verwendung von Brennstoff einem verminderten Verbrauch entspräche. Genau das Gegenteil ist zutreffend.* In der Regel führen neue Wirtschaftsweisen gemäß eines in vielen gleichlaufenden Fällen anerkannten Prinzips zu einem Anstieg des Verbrauchs [...] Die gleichen Prinzipien treffen, sogar mit größerer Kraft und Deutlichkeit, auf so ein allgemein anwendbares Hilfsmittel wie Kohle zu. Es ist eben genau die Wirtschaftlichkeit ihrer Anwendung, die zu ihrem ausgedehnten Verbrauch führt. [...] Es ist auch nicht schwer zu erkennen, wo dieses Paradoxon herkommt. [...] Wenn zum Beispiel die in einem Hochofen verwendete Kohlemenge im Vergleich zum Ertrag vermindert wird, erhöhen sich die Geschäftsgewinne, neues Kapital wird angezogen, der Preis für Roheisen fällt, aber die Nachfrage steigt; und schließlich macht die größere Anzahl an Öfen den verminderten Verbrauch jedes einzelnen wieder mehr als wett. Und wenn sich solches nicht immer innerhalb einer einzelnen Branche ergibt, dann muss bedacht werden, dass der Fortschritt jeglichen Herstellungszweiges eine neue Aktivität in den meisten anderen Branchen anregt und so indirekt, wenn nicht direkt, zu wachsenden Zugriffen auf unsere Kohleflöze führt. [...] Zivilisation, sagt Baron von Liebig, besteht in der *Ökonomie der Macht*, und unsere Macht liegt in der Kohle. Es ist eben genau die Ökonomie der Verwendung von Kohle, die unsere Industrie zu dem macht, was sie ist; und um so effizienter und ökonomischer wir sie werden lassen, desto mehr wird unsere Industrie gedeihen und unser zivilisatorisches Werk wachsen.«[185]

Jevons fuhr fort, darauf zu beharren, dass die gesamte Geschichte der Dampfmaschine – eine Geschichte aufeinander folgender Wirtschaftsweisen in ihrer

---

185 Jevons, *The Coal Question*, a.a.O., S. 140–42. Hervorhebungen im Original.

Anwendung sei – und jedes Mal zur ökonomischen Expansion und einer steigenden Zusatznachfrage nach Kohle führe. »Eine jede solche Verbesserung«, bemerkter er, »bewirkt bei ihrem Eintreten nichts weiter als eine erneute Beschleunigung des Kohleverbrauches. Jede Herstellungsbranche erhält einen frischen Impuls – Handarbeit wird immer mehr durch mechanische Arbeit ersetzt.«[186]

Die heute aktuelle Bedeutung des Jevons-Paradoxons kann in Bezug auf das Automobil in den Vereinigten Staaten gesehen werden. Die Einführung energieeffizienterer Automobile in den Vereinigten Staaten Mitte der 1970er- Jahre ließ die Nachfrage nach Treibstoff nicht schrumpfen, weil der Individualverkehr zunahm und sich die Anzahl der Autos auf der Straße schließlich verdoppelte. Gleichermaßen hatten technologische Verbesserungen bei der Kühlung bloß mehr und größere Kühlschränke zur Folge. Diese Tendenz ist nicht etwa auf den individuellen Konsum beschränkt, sondern trifft in viel stärkerem Maße auf die Industrie selbst zu.

Auch wenn Jevons für die Einführung seines Paradoxons Ansehen genießt, wird der entscheidende Punkt in dem von ihm aufgeworfenen Problem nicht analysiert. Als einer der frühen neoklassischen Ökonomen hatte Jevons die zentrale Hervorhebung von Klasse und Akkumulation aufgegeben, die das Werk der klassischen Wirtschaftswissenschaftler kennzeichnete. Seine ökonomische Analyse nahm die Form einer statischen Gleichgewichtstheorie an. Folglich war diese schlecht ausgestattet, um sich mit dynamischen Fragen wie Akkumulation und Wachstum auseinanderzusetzen. Jevons, der den Kapitalismus eher als ein natürliches Phänomen denn als gesellschaftlich aufgebaute Realität ansah, konnte keine anderen Erklärungen für die stetig wachsende Nachfrage finden als den Verweis auf individuelles Verhalten und malthusianische Demografie. Die Vorstellung von einer auf Klassen beruhenden Kapitalakkumulation als Quelle der unablässigen Wachstumsdynamik des Kapitalismus befand sich jenseits seiner Sicht der Dinge. Obwohl das Jevons-Paradox große Bedeutung für die heutigen ökologischen Probleme hat (zum Beispiel hinsichtlich der Versuche, das Tempo der globalen Erwärmung durch eine größere Brennstoffeffizienz zu verringern), wäre es ein Fehler, seiner Argumentation in *The Coal Question* einen rein ökologischen Charakter beizumessen. Trotz der Bedeutung, die er ökologischem Wirtschaften beimaß, befasste sich Jevons selbst nicht mit den ökologischen und sozialen Problemen, die mit der Erschöpfung der Energiereserven in Großbritannien oder

---

186  Jevons, *The Coal Question*, a.a.O., S. 152–153.

der übrigen Welt verbunden waren. Er versäumte es sogar, die Luft-, Land- und Wasserverschmutzung anzusprechen, welche die Kohleproduktion begleitete. Die Berufskrankheiten und gesundheitlichen Risiken, denen die Arbeiter in den Bergwerken ausgesetzt waren, gingen nicht in seine Analyse ein. Jevons' vorrangige Besorgnis lag darin, wie das schnelle Tempo des Kohleverbrauchs das ökonomische Wachstum, die Wettbewerbsfähigkeit und die Macht Großbritanniens innerhalb des globalen kapitalistischen Systems beeinträchtigen würde. Jevons wollte die britische Industrie am Laufen halten, auch wenn dies die Erschöpfung der Kohlereserven bedeuten würde.

Kohle war der Ursprung der ökonomischen Macht Großbritanniens, und Jevons befürchtete, dass die (unwahrscheinliche) Entwicklung einer alternativen Energiequelle die britische industrielle Vormachtstellung zerstören würde. Aufgrund der industriellen Entwicklung und der Handelsbeziehungen des Landes »ergießen sich Nahrung und Rohstoffe aus dem Ausland über uns, und wir erwirtschaften unseren Lebensunterhalt durch die Rücklieferung von Fertigprodukten und gleichwertigen veredelten Waren«.[187]

Das menschliche Beziehungsverhältnis zur Natur »besteht darin, unseren kleinen Anteil von Energie auf zufriedene Weise und in einem glücklichen Moment zu entnehmen und zu nutzen«, wie er glaubte. »Die Ressourcen der Natur sind«, wie er schrieb, »fast unendlich«.

»Ökonomie besteht in der Entdeckung und Auswahl der meist winzig kleinen Teilbereiche, die unseren Zwecken am besten dienen. Wir vernachlässigen die überreiche Vegetation und leben vom kleinen Korn des Getreides; wir brennen den größten Baum nieder, um seine Asche nutzen zu können; oder wir waschen zehntausend Teile von Felsen und Sand und Kies aus, um ein Partikelchen Gold herauszuholen. Zugleich leben und arbeiten und sterben Millionen in gewohnten Bahnen, während Lee oder Savery oder Crompton oder Watt [Wissenschaftler und Erfinder] ihre persönlichen Arbeitsbeiträge bestmöglich nutzen.«[188]

Jevons geht von der einfachen Annahme aus, dass diese massiven Eingriffe und Zersetzungen der Erde nur vom Standpunkt einer wachsenden Wirtschaft

---

187 Jevons, *The Coal Question*, a.a.O., S. 15–16, 189–190, 221.
188 Jevons, *The Coal Question*, a.a.O., S. 163.

aus gesehen werden können. Obwohl die Verknappung der Kohle Fragen in seiner Analyse aufwirft, wird die Problematik der ökologischen Nachhaltigkeit als solche zu keinem Zeitpunkt angesprochen. Da die Wirtschaft zur Anhäufung von Reichtum in Bewegung bleiben muss, vernachlässigte Jevons natürliche Energiekräfte wie Wasser und Wind als unzuverlässige Quellen konstanter Energie, die auf bestimmte Zeiten und Räume begrenzt seien.[189] Kohle bot dem Kapital hingegen eine universelle Energiequelle, um die Produktion ohne Unterbrechung in Betrieb zu halten.

Diese Geringschätzung der Natur stand im Gegensatz zu den Ansichten von Jevons Zeitgenossen Marx und Engels, die gegen den Missbrauch der Natur argumentierten.[190] Marx entwickelte ein allumfassendes Konzept des »metabolischen Bruches« in der menschlichen Beziehung zur Natur, welches den Verfall der Erde und den Erhalt der Energie in Rechnung stellte.[191] In einem Schreiben an Marx von 1882 bemerkte Engels »dass der arbeitende Mensch nicht nur ein Fixierer gegenwärtiger, sondern ein noch viel größerer Verschwender vergangner Sonnenwärme ist. Was wir in Verschleuderung von Energievorräten, Kohlen, Erzen, Wäldern usw. leisten, kennst Du besser als ich.«[192]

In der *Dialektik der Natur* warnte Engels vor der Abholzung von Bäumen an Berghängen, da sie zu Überflutungen, der Zerstörung bebauten Landes, Schlammlawinen und Bodenverlusten führte. Die spanischen Plantagenbesitzer in Kuba brannten die Wälder nieder, um einen Düngeeffekt zu erzielen, der ihnen ein Jahr lang Gewinn einbrachte, aber dann spülten die schweren Regenfälle den Boden hinweg, weil keine Bäume mehr die Hänge bedeckten. In Bezug auf die weitere politische Ökonomie und das soziale Beziehungsverhältnis zur Natur kommentierte Engels: »Bei der heutigen Produktionsweise kommt vorwiegend nur der erste, handgreiflichste Erfolg in Betracht; und dann wundert man sich noch, dass die entfernteren Nachwirkungen der hierauf gerichteten Handlungen ganz andre, meist ganz entgegengesetzte sind, dass die Harmonie von Nachfrage und Angebot in deren polaren Gegensatz umschlägt.« Er beschrieb die ökologische Zerstörung, die unter dem kapitalistischen System stattfand und stellte

---

189 Vgl. Jevons, *The Coal Question*, a.a.O., S. 164–171.
190 Vgl. Nicholas Georgescu-Roegen, *The Entropy Law and the Economic Process* (Cambridge, Massachusetts: Harvard University Press, 1971), S. 2.
191 Siehe Kapitel 9.
192 Friedrich Engels, *Brief an Marx in Ventor vom 19. Dezember 1882*, MEW Band 35 (Berlin: Dietz Verlag, 1967), S. 134.

damit ein System infrage, das auf kurzfristigem Profit und der Anhäufung von Reichtum beruht. In Bezug auf einen nachhaltigen, geregelten Austausch mit der Natur stellte Engels fest, dass »eine vollständige Umwälzung unsrer bisherigen Produktionsweise und mit ihr unsrer jetzigen gesamten gesellschaftlichen Ordnung« erforderlich sei.[193]

Jevons selbst hatte keine wirkliche Antwort auf das Paradoxon, das er aufgestellt hatte. Großbritannien konnte seine billige Brennstoffquelle – die Kohle, auf der seine Industrialisierung beruhte – schnell aufbrauchen oder ihre Verwendung langsamer angehen. Am Ende wählte Jevons den schnellen Verbrauch:

> »Wenn wir die Schaffung unserer Reichtümer sowohl materiell wie intellektuell freigiebig und kühn vorantreiben, ist der Grad an positiver Wirkung, den wir in der Gegenwart erreichen können, kaum zu überschätzen. *Die andauernde Aufrechterhaltung einer solchen Position ist jedoch physisch unmöglich. Wir haben die bedeutsame Wahl zu treffen zwischen kurzer, aber wahrhaftiger Größe und länger andauernder Mittelmäßigkeit.*«[194]

In dieser Weise ausgedrückt gab es eine klare Wahl: gegenwärtiges Wohlergehen zu suchen und eine drastisch reduzierte Lage für zukünftige Generationen in Kauf zu nehmen. Da das Jevons-Paradox heute weiterhin gilt – und angesichts dessen, dass Technologie für sich genommen aufgrund gewisser Produktions- und Akkumulationsmuster keinen Ausweg aus unseren Umweltdilemmata weist –, müssen wir entweder die Schlussfolgerung von Jevons übernehmen oder eine Alternative verfolgen, die Jevons nie erörtert hat und die ihm zweifellos niemals in den Sinn gekommen ist: die Umgestaltung der sozialen Verhältnisse in Richtung auf eine Gesellschaft, die nicht durch das Streben nach Gewinn, sondern durch die wahren Bedürfnisse der Menschen und die Erfordernisse sozio-ökologischer Nachhaltigkeit regiert wird.

---

193 Friedrich Engels, *Die Dialektik der Natur*, MEW Band 20 (Berlin: Dietz Verlag, 1962), S. 454.
194 Jevons, *The Coal Question*, a.a.O., S. 459-460, Hervorhebung im Original.

# Kapitel 7
# Eine planetarische Niederlage: Das Versagen der globalen Umweltreform 1992–2009

> Dieses Kapitel wurde für das vorliegende Buch auf Grundlage eines Artikels überarbeitet und korrigiert, der unter demselben Titel in *Monthly Review* 54, Nr. 8 (Januar 2003), S. 1–9, erschienen ist. Er beruhte auf Notizen für verschiedene, vom Autor in Johannesburg, Südafrika, auf Veranstaltungen während des Weltgipfels zur Nachhaltigkeit im August/September 2002 gehaltene Redebeiträge.

Der erste Weltklimagipfel, der 1992 in Rio de Janeiro abgehalten wurde, erzeugte beträchtliche Hoffnung, dass die Welt auf lange Sicht ihre globalen ökologischen Probleme angehen und einen Prozess nachhaltiger Entwicklung einleiten würde. Zum Zeitpunkt des zweiten Gipfels jedoch, der zehn Jahre später in Johannesburg stattfand, hatte sich dieser Traum weitgehend verflüchtigt. Im Jahr 2013 befanden sich die Hoffnungen auf eine internationale Umweltreform auf einem so niedrigen Niveau, dass Umweltschützer sich in ihrer Verzweiflung in wachsendem Maße der Kapitalakkumulation als Lösung zuwenden, die jedoch die Hauptursache des Problems darstellt. Dies muss als großer Rückfall verstanden werden und verweist auf die Notwendigkeit einer ökologischen Revolution.

## Von Rio nach Johannesburg

Zum Zeitpunkt des zweiten Weltgipfeltreffens zur Nachhaltigen Entwicklung von 2002 in Johannesburg war engagierten Umweltschützern, die aktiv am Prozess beteiligt waren, klar, dass die weltweite Nachhaltigkeitsbewegung im vorangegangenen Jahrzehnt eine krachende Niederlage erlitten hatte. Johannesburg markierte das fast vollständige Scheitern des Gipfels von Rio und seiner Agenda 21 bei der Erzielung sinnvoller Ergebnisse und beleuchtete die Schwäche der globalen Umweltgipfelpolitik. Zu den offensichtlichen Misserfolgen, die für diejenigen erkennbar waren, die 2002 in Johannesburg zusammengekommen waren, zählten:

1. Die Weigerung der USA, die beiden wichtigsten Grundsatzabkommen zu unterzeichnen, die sich aus Rio ergeben hatten – das Kyoto-Protokoll und die Konvention zur Biologischen Diversität. Die Vereinigten Staaten hatten außerdem ihre Ablehnung einer globalen Umweltreform dadurch signalisiert, dass sie verkündeten, dass Präsident Bush nicht am Gipfeltreffen von Johannesburg teilnehmen würde.

2. Sowohl die rasche Globalisierung der neoliberalen Agenda in den 1990er-Jahren wie auch das Aufkommen einer massiven Antiglobalisierungsbewegung im November 1999 in Seattle beleuchteten den Widerstand des Systems gegen alle Versuche der Förderung von ökonomischer und ökologischer Gerechtigkeit.

3. Der Weltgipfel zur Nachhaltigen Entwicklung fand in einem Zeitraum ökonomischer und finanzieller Krisen in Folge des Platzens der New-Economy- oder IT-Blase statt, was für diejenigen, die mit den Problematiken der Umwelt- und Drittweltentwicklung befasst waren, nichts Gutes verhieß. Die kapitalistische Weltwirtschaft als Ganzes erlebte globale Instabilität. Am härtesten wurden die Länder des globalen Südens getroffen, die – aufgrund der neoliberalen Globalisierung – zunehmende wirtschaftliche Krisen erlebten, über die sie immer weniger Kontrolle besaßen.

4. Eine virulente imperialistische Welle erhob sich, als die Vereinigten Staaten in Reaktion auf die Ereignisse des 11. September 2001 einen Weltkrieg gegen Terrorismus begannen. Diese nahm die Form von US-Militärinterventionen nicht nur in Afghanistan, sondern auch gegen den Irak an (die Interventionsdrohung wurde genau zum Zeitpunkt des Johannesburggipfels selbst erhoben), die von militärischen Aktivitäten seitens der USA an vielen weiteren Orten der Dritten Welt verstärkt wurden. Der Krieg triumphierte über die Umwelt.

5. Südafrika, das gegen Ende des 20. Jahrhunderts durch die Überwindung der Apartheid zum Symbol der Menschenrechte aufgestiegen war und nicht zuletzt aus diesem Grund als Austragungsort für die zweite Weltklimakonferenz ausgewählt worden war, begann um die Zeit des Johannesburger Gipfels jedoch etwas völlig anderes zu symbolisieren: das gierige Wachstum des Neoliberalismus und die Ablehnung, sich um die größer werdenden umweltbezogenen und gesellschaftlichen Krisen zu kümmern.

## Die Unterminierung von Rio

Das Scheitern des Gipfels von 1992 in Rio, Prozesse in Bewegung zu setzen, die zu einer echten nachhaltigen Entwicklung führen würden, beeinflusste auch die Vorstellungen darüber, was zehn Jahre später in Johannesburg möglich sein könnte. In den Worten der sechszehn Umweltschützer, die ihren Beitrag zum so genannten Jo'burg Memo leisteten, das für den Weltgipfel zur Nachhaltigen Entwicklung verfasst und von Wolfgang Sachs redigiert wurde, heißt es:

> »Rio 1992 enthüllt sich als ein leeres Versprechen. Obwohl die Regierungen sich beim Weltklimagipfel vor den Augen der Welt verpflichtet hatten, gegen Umweltschäden und soziale Polarisierung die Initiative zu ergreifen, ist selbst nach einem ganzen Jahrzehnt keine Umkehr dieser Trends zu erkennen. Dagegen verstrickt sich die Welt tiefer in Armut und ökologischem Verhängnis, ungeachtet der Tatsache, dass an einigen Orten der Reichtum wächst [...] In fünfzig Jahren, wenn die Erde höhere Temperaturen aufweist, die Artenvielfalt weiter geschrumpft ist und noch mehr Menschen kein Auskommen finden, dann wird man Rio 1992 vielleicht als die letzte Ausfahrt sehen, die vor der Fahrt in den Niedergang verpasst wurde.«[195]

Wie kann es sein, dass das 1992er- Gipfeltreffen von Rio, das eine entschiedene Veränderung im menschlichen Verhältnis zur Umwelt markieren sollte,

---

195 Wolfgang Sachs, *The Jo'burg Memo: Fairness in a Fragile World – Memorandum for the World Summit on Sustainable Development*, hrsg. von Heinrich-Böll-Stiftung, 2002, siehe: http://www.worldsummit2002.org. Neben Sachs gehörten so bekannte Umweltschützer wie Hilary French, Paul Hawken, Hazel Henderson und Anita Roddick (von The Body Shop) zu den sechzehn Mitwirkenden am *Jo'burg Memo.*

letztlich als kolossaler Fehlschlag betrachtet wurde? Die Antwort liegt darin, dass er vom globalen Kapital sowohl von innen wie von außen unterminiert wurde.

Eine nähere Untersuchung des Gipfels von Rio offenbart, dass er weit von der ökofreundlichen Erscheinung entfernt war, die er zu sein versprach. Die Konvention über Biologische Diversität handelte weit mehr davon, zu entscheiden, wer das Recht auf Ausbeutung der lebenden Natur haben sollte, als die Biodiversität der Erde zu schützen. (Die Vereinigten Staaten standen dem Abkommen trotzdem ablehnend gegenüber, weil es die Rechte des Südens auf seine genetischen Ressourcen gegen die Forderungen der US-amerikanischen biotechnologischen Industrie unterstützte.) Das UN-Netzwerk für Klimawandel, das später zum Kyoto-Protokoll wurde, traf wegen seiner Angriffe auf die Automobiltreibstoffwirtschaft in den Vereinigten Staaten und anderen Ländern auf Widerstand. Die Vereinbarung über Waldrichtlinien, die sich aus Rio entwickelte, erwähnte nicht einmal das Problem der Entwaldung, sondern befasste sich viel mehr mit dem souveränen Recht eines jeden Landes, seine Wälder nach Gutdünken zu nutzen und auszubeuten. Die vierzig Kapitel der Agenda 21, die die Voraussetzungen für den weltweiten Umweltschutz im 21. Jahrhundert schaffen sollten, stellten ökonomisches Wachstum unter freien Marktbedingungen als erstrangiges Ziel dar, im Rahmen dessen eine Selbstverpflichtung auf die Umwelt anzusiedeln war. »Die Marktwirtschaft der Welt« wurde als der Rahmen angesehen, in dem alle ökologischen Probleme zu behandeln waren. Pratap Chatterjee und Matthias Finger bemerkten dazu in *The Earth Brokers*, der wichtigsten Kritik an der Rio-Klimakonferenz: »Die einzige Erwähnung der Konzerne in der Agenda 21 lag in der Propagierung ihrer Rolle bei der nachhaltigen Entwicklung. Keine Erwähnung fand dagegen die Rolle der Konzerne bei der Verschmutzung des Planeten.«

Diese Ergebnisse waren teilweise auf direkten Druck zurückzuführen, der vom Kapital ausgeübt wurde. Eine bedeutende Lobbyarbeit ging dabei vom Business Council for Sustainable Development (Handelsrat für Nachhaltige Entwicklung) unter Führung des Schweizer Industriellen Stephan Schmidheiny aus. Die Mitgliedschaft des Business Council umfasste die Vorstandsmitglieder führender multinationaler Konzerne: Chevron Oil, Volkswagen, Mitsubishi, Nissan, Nippon Steel, S.C. Johnson and Son, Dow Chemical, Browning-Ferris Industries, ALCOA, DuPont, Royal/Dutch Shell und andere. Schmidheinys Buch von 1992, *Changing Course* (Kurswechsel), das geschrieben wurde, um den Rio-Gipfel zu beeinflussen, propagierte die Ansicht, dass der Marktmechanismus, wenn es ihm erlaubt werde, sich frei zu entfalten, das einzig denkbare Mittel sei, um eine nachhaltige Entwicklung zu erzielen. Die vorrangigen Wirkkräfte eines solchen Überganges zu einer nachhaltigeren Welt seien die multinationalen Konzerne, die angeblich die Grundsätze eines vollständigen Qualitätsmanagements und einer vollen Kostenkalkulation verbreiten würden, um alle anfallenden Umweltbelange einzubeziehen. Das Business Council for Sustainable Development spielte durch die mit ihm verbundenen Konzerne eine Rolle bei der Finanzierung der Weltklimakonferenz von 1992 und gelangte so direkt in den Kernbereich seiner Planung.[196]

Wenn der Rio-Gipfel schon von innen heraus zu einem Vehikel umgestaltet wurde, das hauptsächlich den Interessen des Kapitals diente, dann gab es auch außerhalb von Rio andere Prozesse, die weiterhin jeglichen Versuch zu einer globalen Umweltreform schwächten. Während noch der Rio-Gipfel im Gange war, fand in Uruguay die Verhandlungsrunde über das Allgemeine Zoll- und Handelsabkommen (General Agreement on Tarifs and Trade – GATT) statt. Mit der Etablierung der Welthandelsorganisation (World Trade Organization – WTO) im Jahre 1995 hatten die kapitalistischen Staaten eine internationale Struktur zur Propagierung neoliberaler Freihandelsprinzipien geschaffen, die Umweltreformen in einzelnen Ländern sehr viel schwieriger machten. Die Globalisierung des Kapitalismus sollte örtliche Kontrolle ersetzen, Länder wurden dazu ermuntert, ihre natürlichen Ressourcen aufs Vollste auszuschöpfen, öffentliches Eigentum wurde einer schrankenlosen Privatisierung geöffnet und Umweltregulierungen an den niedrigsten gemeinsamen Nenner gekoppelt, um den freien Handel nicht zu behindern. Die WTO war dazu gedacht, den vollständigen Triumph des Kapitalismus zu markieren, und begrenzte umwelt- und entwicklungspolitische Maßnahmen in der Dritten Welt auf solche, die für die herrschenden Interessen der wohlhabenden kapitalistischen Länder akzeptabel waren.

Es war das Versprechen auf Entwicklung an der Peripherie der kapitalistischen Weltwirtschaft, das beständig als Rechtfertigung benutzt wurde, um eine wirksame globale Umweltveränderung zu verwässern und wirkungsvoll auszuschließen. Da von den Zentren des Weltkapitals aus konzipiert, konnte Entwicklung nur durch die Verfolgung der neoliberalen Agenda der Öffnung ganzer Länder und aller einzelnen Bereiche wirtschaftlicher Aktivität für die Marktkräfte stattfinden. Weit davon entfernt, den globalen Süden zu entwickeln, diente

---

196 Vgl. Stephan Schmidheiny, *Changing Course* (Cambridge, Massachusetts: MIT Press, 2002).

diese Strategie einzig dazu – parallel zu einer beschleunigten Umweltzerstörung –, die wirtschaftliche Stagnation bzw. den Niedergang der meist Drittweltländer zu vertiefen und die wachsende Lücke zwischen reichen und armen Ländern zu verstärken. So weit es den ökonomischen Interessen der reichen Länder diente, wurde dies als Erfolg angesehen.

Ein Blick auf globale Tendenzen in Bezug auf Umwelt und Entwicklung in dieser Zeit zeigt, in welchem Ausmaß sich der ungebremste globale Kapitalismus in den zehn Jahren zwischen Rio und Johannesburg als verheerend erwiesen hat. Der Kohlendioxidanteil in der Atmosphäre stieg weiter bis auf das höchste Niveau seit 420.000 Jahren an. Die Kohlendioxid-Emissionen stiegen (andere Treibhausgase ausgenommen) weltweit zwischen 1990 und 2000 um neun Prozent und in den Vereinigten Staaten um das Doppelte an. Mitte der 1990er-Jahre litten ungefähr 40 Prozent der Weltbevölkerung in etwa achtzig Ländern unter Wasserknappheit. Die Zerstörung von Lebensraum, besonders in den tropischen Wäldern, mit etwa der Hälfte der erdgebundenen Arten, die im Laufe dieses Jahrhunderts als bedroht und gefährdet galten, geriet ins Blickfeld. Genetisch veränderte Getreidesorten warfen erneut die Problematik des Zauberlehrlings auf, da die Agrarindustrie weiterhin die Grundlagen des Lebens und der menschlichen Nahrungsversorgung in einer Weise veränderte, die evolutionären Prozessen radikal entgegenstand.[197]

Was die Entwicklung selbst betraf, so gab es keine erkennbaren Gewinne in Bezug auf die relative Lage des globalen Südens, der insgesamt gesehen weiter hinter die reichen Länder zurückgefallen war. Die Ungleichheit der Einkommen war sowohl innerhalb der Länder wie zwischen den Ländern gewachsen. 52 Länder erlebten im Verlauf der 1990er-Jahre ein negatives Wachstum. Zwischen 1975 und 2000 fiel das Prokopfeinkommen im subsaharischen Afrika (was die Kaufkraftparität angeht) von einem Sechstel auf nur ein Vierzehntel dessen der reichen Länder der Organisation für Wirtschaftliche Zusammenarbeit und Entwicklung (OECD). Das Einkommen der reichsten zehn Prozent der US-Bevölkerung (rund 25 Millionen Leute) betrug im Jahre 2002 genauso viel

---

197 Vgl. United Nations Environment Programme, *Global Outlook 3* (Sterling, VA: Earthscan, 2002), S. 150–152; Worldwatch Institute, *State of the World 2002* (New York: W. W. Norton, 2002), S. 5–12; International Forum on Globalization, *Intrinsic Consequences of Economic Globalization on the Environment: Interim Report* (San Francisco: IFG, 2002), S. 101, 146; Lester R. Brown, *Eco-Economy* (New York: W .W. Norton, 2001), S. 9, 27, 71.

wie das der ärmsten 43 Prozent der Weltbevölkerung oder etwa zwei Milliarden Menschen.[198]

## Der Johannesburg-Gipfel: Ein Griff nach den Sternen

Angesichts dieses trostlosen Bildes des bisher Erreichten kam zur Zeit des Johannesburggipfels sogar unter den Umweltaktivisten, die scharfe Kritiker des globalen Neoliberalismus, der multinationalen Konzerne, des IWF, der Weltbank und der WHO waren, Tendenzen auf, irgendeine Art von Kompromiss zu suchen. Einige der Aktivisten sahen sich sogar bemüßigt, Rettung bei genau den Institutionen zu suchen, denen sie die gegenwärtigen Übel anlasteten.

Das *Jo'burg Memo*, vielleicht das wichtigste grüne Dokument, das in Bezug auf den Weltgipfel zur Nachhaltigen Entwicklung erarbeitet worden war, bot dafür ein Beispiel. Die Autoren dieses Memorandums standen insoweit links, als sie sich mit der Antiglobalisierungsbewegung identifizierten. Sie argumentierten, dass der Neoliberalismus und insbesondere die WHO das in Rio eingeführte Umweltreformprogramm zunichtegemacht hätten.

Sie glaubten, dass die Welt die soziale Gerechtigkeit und die Umwelt an die erste Stelle zu setzen habe. Ihre Lösungen für den Weltgipfel zur Nachhaltigen Entwicklung stellten jedoch einen Versuch dar, in Bezug auf neoliberale Politikformen einen Kompromiss zu finden, ohne die Grundlagen des neoliberalen Projektes, geschweige denn die Logik der Kapitalakkumulation selbst, infrage zu stellen.

Was die in Übereinstimmung mit dem *Jo'burg Memo* durch Rio erzeugten Hoffnungen zunichtemachte, war »eine verhängnisvolle Art des Wirtschaftens«. Deshalb erwies sich eine neue Art von Wirtschaftswissenschaft als notwendig, die weniger gegen Nachhaltigkeit gerichtet war. Was würde dieser neue wirtschaftswissenschaftliche Stil beinhalten? Die allgemeineren Vorschläge in dieser Hinsicht waren aus der Arbeit des US-Umweltschützers und grünen Unternehmers Paul Hawken abgeleitet. Als Mitwirkender an dem Memorandum argumentierte Hawken zugunsten eines von ihm so bezeichneten »natürlichen Kapitalismus« – oder eines Kapitalismus, der die Natur in vollem Umfang in sein Wertesystem einbezieht. Im *Jo'burg Memo* wurde dazu festgestellt: »Solange die kurz- und lang-

---

198 Vgl. United Nations, *Human Development Report 2002* (New York: Oxford University Press, 2002), S. 17–19.

fristigen Interessen von Unternehmen vom öffentlichen Interesse abweichen, kann kein Herumbasteln, keine Reform, keine Regulierung und schon gar kein Weltgipfel etwas am Status quo ändern.« Die Lösung bestehe also darin, dass die Konzerne sich bezüglich der Umwelt nach dem öffentlichen Interesse richteten. Dies könne dadurch erreicht werden, dass man umweltbezogene Vorzüge, die vom Standpunkt des Marktes gesehen wertlos sind, in Waren verwandelt, die Marktwert besitzen. Ein Wirtschaftssystem sei, wie das Memorandum feststellte, solange nicht vollständig »kapitalistisch«, solange nicht alles – die Natur eingeschlossen – als Kapital behandelt werde. Darüber hinaus habe das Potenzial zu »radikaler Ressourcenproduktivität« – die effizientere Nutzung von Energie und Material durch neue Technologie – die Bedeutung, dass es keine Unverträglichkeit zwischen schnellem und unbegrenztem kapitalistischem Wirtschaftswachstum und Umweltnachhaltigkeit gebe. Eine Umweltreform müsse also nur die »unvergleichliche Effektivität« der Märkte erschließen.

Auf internationaler Ebene werde laut *Jo'burg Memo*, ein »globaler Deal« insbesondere zwischen dem globalen Norden und dem globalen Süden benötigt, der die Entwicklung nachhaltig gestalten werde, während zugleich die Entwicklungsmöglichkeiten des Südens verbessert würden.[199] Unter den Vorschlägen gab es auch die Vorstellung, dass es nötig sei »die WHO nachhaltig zu gestalten«. Folglich werde die WHO, die allein mit dem Einmarsch des Kapitals in jeden Winkel und jede Ritze des Globus beschäftigt war, in eine sehr viel breiter aufgestellte Institution umgewandelt, die sich dann auch für Umweltnachhaltigkeit einsetze. Dies sei durch die Ingangsetzung eines »Multilateralen Investitionsabkommens für Nachhaltigkeit« durch die WHO zu bewerkstelligen, das verifizierbare Richtlinien für ausländische Direktinvestitionen durch multinationale Konzerne aufstellen würde.

Die Reformpläne hörten auch nicht bei der WHO auf. »Sowohl der IWF als auch die Weltbank müssen«, wie das Memorandum feststellte, »neu ausgerichtet, demokratisiert und restrukturiert werden«, um die Umweltbedürfnisse zu berücksichtigen. Der IWF müsse seine strukturellen Anpassungsprogramme aufgeben. Des Weiteren könne zwischen den Institutionen von Bretton Woods,

---

199 Das Worldwatch Institute argumentierte in seinem für den Johannesburg-Gipfel ausgearbeiteten Bericht auch zu Gunsten eines »global fair deal«. Im Falle von Worldwatch bedeutete dies das Schmieden neuer »Partnerschaften« zwischen multinationalen Konzernen, NGOs, Regierungen und internationalen Organisationen. Vgl. Worldwatch, *State of the World 2002*, a.a.O., S. 183, 198.

namentlich dem IWF, der Weltbank und dem GATT, sowie dem UN-System eine »Machtbalance« etabliert werden. Dies werde ein Gleichgewicht zwischen finanziellen und eher universellen Zielsetzungen ermöglichen, die mit Umwelt und sozialer Gerechtigkeit befasst sind. Ein großer Schritt nach vorn, so wurde suggeriert, sei die Schaffung einer Weltumweltorganisation innerhalb des Systems der Vereinten Nationen. Ein weiterer Schlüsselvorschlag des *Jo'burg Memo* war die Etablierung einer Konvention zur Haftbarmachung von Unternehmen, die eine rechtsverbindliche Wiedergutmachung angesichts von unternehmerischem Fehlverhalten erlauben würde.

Das Internationale Forum zur Globalisierung, eine führende, in San Francisco ansässige und von John Cavanagh und Jerry Mander geführte Organisation, brachte ähnlich kapitalzentrierte Änderungsvorschläge ein. In seiner Schrift *Intrinsic Consequences of Economic Globalization on the Environment* (Immanente Folgen der wirtschaftlichen Globalisierung auf die Umwelt) empfahl das Forum in Vorbereitung auf den Gipfel von Johannesburg eine »Zügelung der Macht der Unternehmen«. Zusätzlich zur Schaffung einer Organisation für Unternehmerische Verantwortung, die Konzerne überwachen und Informationen über deren Geschäftspraktiken bereitstellen sollte, wurde vorgeschlagen, die personelle Ausstattung von IWF und Weltbank zu reduzieren und im Rahmen des UN-Systems eine eigene Internationale Finanzorganisation zu schaffen. Der wesentliche Mangel der gegenwärtigen Weltwirtschaft, so wurde den Lesern erzählt, sei ihre Hervorhebung der Globalisierung der Wirtschaftsbeziehungen. Stattdessen solle, wo immer möglich, ein Prinzip der örtlichen Anpassung zur Anwendung kommen, um ökologisches Wohlergehen und nachhaltige Entwicklung zu fördern.

Ziel dieser vorgeschlagenen Reformen war es sicherlich, gesellschaftliche und umweltbezogene Gerechtigkeit zu fördern. Dennoch zielten die Vorschläge darauf ab, im Einklang mit neoliberalen Institutionen zu bleiben und die dem System innewohnende Logik unberührt zu lassen. Eines musste denjenigen, die angesichts der kapitalistischen Wirklichkeit des 21. Jahrhunderts nicht blind waren, jedoch klar sein: Die WHO und ihre Schwesterinstitutionen waren schlichtweg nicht dazu in der Lage, Nachhaltigkeit zu fördern, da dies ihrer gesamten Zielbestimmung zuwidergelaufen wäre. Ihre Aufgabe war es, die Akkumulation von globalem Kapital zu erleichtern und die Großbanken und Finanzzentren im Norden zu schützen. Eine Strategie des »Gleichgewichts der Macht«, welche die Institutionen des UN-Systems gegen die Einrichtungen von Bretton Woods stellte, war zu kurz gedacht, da sie auf der Illusion basierte, dass die wirkliche Macht bei diesen Institutionen anstatt bei den Interessengruppen läge, denen sie dienten. Infolgedessen liegt die wichtigste Lehre, die man aus dem Scheitern einer globalen Umweltreform, die mit dem Gipfel von Río verbunden ist und durch den Johannesburg-Gipfel verstärkt wurde, ziehen sollte, darin, dass es keine Möglichkeit zu einer wirkungsvollen Bewegung für soziale Gerechtigkeit und Nachhaltigkeit gibt, die vom revolutionären Kampf zur Schaffung einer alternativen Gesellschaft zu trennen wäre. Ein Ansatz, der das Scheitern einer globalen Umweltreform anerkannte und zugleich die durch Margaret Thatcher berühmt gewordene Position des »Es gibt keine Alternative« zur gegenwärtigen marktgesteuerten Ordnung übernahm, hatte im Hinblick auf einen realen Wandel wenig zu bieten. Derartige Initiativen waren auf wenige Veränderungen von oder Ergänzungen zu internationalen Organisationen, die mythische Verwandlung von Konzernen in »öffentliche Bürger« oder die Illusion beschränkt, dass die Rettung der Erde darin liege, die Natur (und folglich alles, was existiert) als Kapital zu behandeln.

## Der wahre Kampf

Die Wahrheit ist, dass die führenden kapitalistischen Mächte nicht dazu bereit waren, in Rio oder Johannesburg eine Vereinbarung zu treffen. Die Hauptthemen, die in Johannesburg auf der Tagesordnung standen, waren Freihandel und Entwicklung. Die Länder des Südens forderten, dass der Norden seine eigenen Prinzipien befolgen müsse, indem er zolltarifliche und nicht zolltarifliche Schranken aufhebt, genau wie der Norden forderte, dass die protektionistischen Maßnahmen im Süden aufgehoben werden sollten. Auf den Gipfelgesprächen wurden jedoch weder echter Freihandel noch umweltbezogene Nachhaltigkeit vorangebracht. Die reichen Länder im Zentrum des kapitalistischen Weltsystems hatten nicht die Absicht, auf sich selbst genau die gleichen Regeln anzuwenden, die sie den armen Staaten an der Peripherie auferlegten. Ihr Ziel war es, der Peripherie weiterhin Profite zu entziehen.

Wie sich der globale Kampf um nachhaltige Entwicklung abspielte, konnte man in Südafrika daran erkennen, dass die Betroffenen sich für den Johannesburg-Gipfel von 2002 vorgenommen hatten, diesen zu einem wahrhaftigen Gipfel des Südens zu machen. Tragischerweise wurde Südafrika jedoch zu einem Symbol für den globalen Neoliberalismus und imperiale Expansion. Bis 2002 befand sich Südafrika in einer Auseinandersetzung mit der eigenen Bevölkerung über die Privatisierung des Wassers und anderer Basisdienstleistungen wie zum Beispiel der Elektrizität. Dies stand in krassem Gegensatz zu dem, was man sich nur ein Jahrzehnt zuvor ausgemalt hatte, als die Überwindung der Apartheid Südafrika zu einem Symbol für Fortschritt und Freiheit gemacht hatte. Zehn Jahre nachdem der Anti-Apartheid-Kampf die Welt erschüttert hatte, war Südafrika zur wichtigsten subimperialistischen Kraft hinter der neoliberalen Durchdringung des afrikanischen Kontinents durch die Neue Partnerschaft für Afrikas Entwicklung (New Partnership for Africa's Development – NEPAD) geworden. Es ist genau dieses subimperialistische Südafrika, mit dem die Vereinigten Staaten in wachsendem Maße Geschäfte machten, da dessen Ziele mit denen des US-amerikanischen Imperiums vereinbar waren. Nichts davon hatte jedoch mit echter, nachhaltiger Entwicklung zu tun.

Aber es gab auch noch ein anderes Südafrika. In genau jenen Jahren entstand dort eine militante Massenbewegung gegen den Neoliberalismus, die ihre Wurzeln in denselben Townships hatte, die den Kampf gegen die Apartheid angeführt hatten. Wenn der Gipfel von Johannesburg trotz allem noch eine Hoffnung für die Welt symbolisierte, dann hatte dies weniger mit dem Gipfelprozess selbst als mit den sozialen Massenaktionen zu tun, die sich in den Straßen von Johannesburg, Durban und überall auf der Welt abspielten. Am Ende gab es eine absolute Gewissheit in einer ungewissen Welt – der Kampf für eine gerechte und nachhaltige Welt der Zukunft wird weitergehen.

## Der Katastrophenkapitalismus und das Ende des Umweltreformismus

Heute hat sich der weltweite ökologische Kampf mehr denn je polarisiert. Ein beträchtlicher Teil der Umweltbewegung (einschließlich vieler, die früher links standen) ist zu Strategien eines »grünen Kapitalismus« und »ökologischen Modernismus« übergegangen. Nachhaltige Entwicklung wird mittlerweile in wachsendem Maß mit der Förderung der Akkumulation innerhalb des Systems, ja sogar mit einer Art von Allianz mit dem Neoliberalismus in Verbindung gebracht. Umweltreform wird in der Hauptsache als die reformistische Erschaffung eine Umweltstaates über einer kapitalistischen Wirtschaft gesehen (in einer Art, die dem alten Wohlfahrtsstaat ähnelt), wird häufig als investmentgesteuerter Prozess begriffen, der einfach nur die Vorderflanke der Wirtschaft bildet. Diese Ansicht wurde durch das Breakthrough Institute und Thomas Friedmans marktgesteuertes Modell einer »grünen Revolution« bekannt.[200] Das Geschäft mit der »Nachhaltigkeit« ist nach dieser Auffassung einfach Neuland für die Akkumulation, in dem der Kohlenstoffhandel das Modellschema bildet.

In dieser tragischen Ära ist die Bedrohung des Planeten und der lebenden Arten mit einer Jahresrate an globalen Kohlenstoffemissionen, die in diesem Jahrzehnt bisher mehr als das Dreifache des Wertes der 1990er-Jahre betrug, gewachsen.[201] Die Kippwerte, die auf eine globale Katastrophe hindeuten, kommen rasch näher. Dadurch, dass die westliche Gesellschaft der größten ökonomischen Krise seit der Depression der 30er-Jahre des 20. Jahrhunderts gegenübersteht und durch zunehmende »Präventivkriege«, ist die Welt in einen Zustand verfallen, den Naomi Klein treffend das Zeitalter des »Katastrophenkapitalismus«[202] genannt hat.

Das Ergebnis davon ist, dass Massen von Menschen rund um die Welt – wie bereits bei den Graswurzelkämpfen in Südafrika zu Beginn des Jahrzehnts deutlich wurde – nun gegen den Katastrophenkapitalismus und für eine radikale ökologische Revolution kämpfen. Eine solche Revolution wird nicht versuchen, einen lediglich technologischen Wandel durchzusetzen und das Akkumulationssystem konservieren. Stattdessen wird sie bestrebt sein, die gesellschaftlichen Verhältnisse selbst umzugestalten, und folglich auch das menschliche Verhältnis zur Erde. Umweltschutz bereitet somit einer ökologischen Revolution den Weg, die notwendigerweise eine gesellschaftliche Revolution sein muss, und zwar in einem vorher in der Geschichte der menschlichen Zivilisation nie erlebten Ausmaß.

---

200 Vgl. Ted Nordhaus und Michael Shellenberger, *Break Through* (Boston: Houghton Mifflin, 2007); Thomas Friedman, *Hot, Flat, and Crowded* (New York: Farrar, Straus and Giroux, 2008).
201 »Climate Warming Gases Rising Faster than Expected«, in: *Guardian*, 15. Februar 2009.
202 Vgl. Naomi Klein, *Die Schock Strategie: Der Aufstieg des Katastrophen-Kapitalismus* (Frankfurt am Main: S. Fischer Verlag, 2007). Zur globalen Wirtschaftskrise siehe John Bellamy Foster und Fred Magdoff, *The Great Financial Crisis* (New York: Monthly Review Press, 2009). Zu den neuen imperialistischen Kriegen siehe John Bellamy Foster, *Naked Imperialism* (New York: Monthly Review Press, 2006).

# Teil 2
# Die Marxsche Ökologie

# Kapitel 8
# Die marxsche Ökologie aus historischer Sicht

Dieses Kapitel wurde für das vorliegende Buch auf Grundlage eines Artikels überarbeitet und korrigiert, der unter diesem Titel in *International Socialism* 96 (Herbst 2002), S. 71–86, erschienen ist. Er beruhte auf einem Redebeitrag, der auf der Konferenz Marxism 2002 am 6. Juli 2002 in London gehalten wurde.

»Für den frühen Marx ist die einzig relevante Art des Verständnisses der Geschichte die menschliche Natur [...] Marx ließ dabei die Natur als solche (im Gegensatz zur menschlichen Natur) unberücksichtigt.« Diese Worte entstammen George Lichtheims einflussreichem Buch *Marxism: An Historical and Critical Study*, das zuerst im Jahr 1961 veröffentlicht wurde.[203] Wenn er auch kein Marxist war, unterschied sich seine Sichtweise nicht von der allgemeinen Sicht des westlichen Marxismus zur jener Zeit. Heutzutage jedoch würden die meisten Sozialisten diese Perspektive für lächerlich halten. Nach jahrzehntelangen Untersuchungen der Beiträge von Marx zu ökologischen Debatten und der Publikation seiner wissenschaftlich-technischen Notizbücher ist es keine Frage mehr, ob Marx sich mit der Natur befasst hat, sondern ob er ein Verständnis der Dialektik zwischen Natur und Gesellschaft entwickelt hat, das einen entschei-

---

203 Vgl. George Lichtheim, *Marxism: An Historical and Critical Study* (New York: Praeger, 1961), S. 245.

denden Ausgangspunkt zum Verständnis der ökologischen Krise der kapitalistischen Gesellschaft bildet.[204]

Während dies nun weithin anerkannt ist, beharren jedoch zahlreiche Kommentatoren, darunter einige selbst ernannte Ökosozialisten, darauf, dass diese Einsichten in seinem Werk relativ marginal seien, dass er sich nie vom »Prometheanismus« befreit habe (ein Begriff, der für gewöhnlich in Bezug auf ein extremes Bekenntnis zur Industrialisierung um jeden Preis benutzt wurde), und dass er kein signifikantes ökologisches Erbe hinterlassen oder irgendeine Beziehung zur nachfolgenden Entwicklung der Ökologie gehabt habe.[205] In einer kürzlich in der Zeitschrift *Capitalism, Nature, Socialism* geführten Diskussion argumentierte eine Reihe von Autoren, dass Marx nichts von fundamentaler Bedeutung zur Entwicklung ökologischen Denkens habe beitragen können, da er seine Schriften im 19. Jahrhundert, vor dem Nuklearzeitalter und vor dem Auftauchen von PCB, FCKW und DDT verfasst habe, und weil er in seinem Werk niemals das Wort »Ökologie« verwandt habe.[206]

Meine eigene Sicht auf die Geschichte des ökologischen Denkens und sein Verhältnis zum Sozialismus, wie ich sie in meinem Buch *Marx's Ecology* zum Ausdruck gebracht habe, ist eine andere.[207] Dabei müssen wir uns, so denke ich, davor hüten, in »die enorme Herablassung der Nachwelt«[208] zu verfallen, wie es E.P. Thompson genannt hat. Ganz besonders müssen wir erkennen, dass Marx und Engels, gemeinsam mit Pierre-Joseph Proudhon (in *Was heißt Eigentum?*) und William Morris, in einer Zeit lebten, in welcher der Übergang vom Feudalismus zum Kapitalismus noch im Gange war oder erst in jüngster Vergangenheit stattgefunden hatte. Folglich waren die Fragen, die sie zur kapitalistischen Gesellschaft und zum Verhältnis zwischen Gesellschaft und Natur stellten, oft von grundlegenderer Art als das, was soziales und ökologisches Denken heutzutage auf der Linken auszeichnet. Es ist wahr, dass sich die Technologie verändert und massive neue Bedrohungen für die Biosphäre mit sich gebracht hat, die

---

204 Zu den Stärken der marxschen ökologischen Analyse siehe John Bellamy Foster, *Marx's Ecology* (New York: Monthly Review Press, 2000) und Paul Burkett, *Marx and Nature* (New York: St. Martin's Press, 1999).
205 Zu einer detaillierten Aufschlüsselung der verschiedenen Umweltkritiken von Marx siehe folgendes Kapitel.
206 Vgl. Maarten de Kadt und Salvatore Engel-Di Mauro, »Marx's Ecology or Ecological Marxism: Failed Promise«, in: *Kapitalism, Nature, Socialism*, 12, Nr. 2, Juni 2001, S. 52–55.
207 Vgl. Foster, *Marx's Ecology*, a.a.O.
208 E. P. Thompson, *The Essential E. P. Thompson* (New York: New Press, 2001), S. 6.

in früheren Zeiten unvorstellbar waren. Paradoxerweise jedoch war das antagonistische Verhältnis des Kapitalismus zur Umwelt für die Sozialisten des 19. und des frühen 20. Jahrhunderts in gewisser Weise offensichtlicher als es das für die Mehrheit der grünen Denker von heute ist. Dies spiegelt die Tatsache wider, das nicht die Technologie die vorrangige Problematik ist, sondern vielmehr die Natur und Logik des Kapitalismus als seine spezifische Produktionsweise. Sozialisten haben auf fundamentale Weise in allen Stadien zur Entwicklung der modernen ökologischen Kritik beigetragen. Die Aufdeckung dieses unbekannten Erbes ist ein wichtiger Teil der Bemühungen zur Entwicklung einer ökologisch-materialistischen Analyse.

## Stoffwechsel bei Liebig und Marx

Ich wurde mir der Bedeutung der ökologischen Einsichten von Marx zum ersten Mal durch eine Untersuchung der Verbindung zwischen Liebig und Marx bewusst. 1862 gab Justus von Liebig die siebte Auflage seiner wissenschaftlichen Pionierarbeit *Die organische Chemie in ihrer Anwendung auf Agrikultur und Physiologie* heraus, die zuerst 1840 erschienen war und auf die gewöhnlich als seine *Agrarchemie* Bezug genommen wird. Die Ausgabe von 1862 enthielt eine neue, ausführliche und für die Briten skandalöse Einleitung. Aufbauend auf einer Argumentation, die er in den späten 1850er-Jahren entwickelt hatte, erklärte Liebig, dass die Intensivackerbau-Methoden der britischen Landwirtschaft ein »räuberisches System« darstellten, das jeder vernünftigen Agrarwirtschaft entgegenstünde.[209] Sie machten den Transport von Nahrung und Fasern über große Entfernungen vom Land in die Stadt notwendig, ohne für die Rezirkulation der sozialen Nährstoffe wie Stickstoff, Phosphor und Kalium zu sorgen, die stattdessen als Beitrag zum städtischen Müll und als Verschmutzung in Form von menschlichen und tierischen Abfällen endeten. Ganze Länder wurden auf diese Weise der Nährstoffe ihrer Böden beraubt. Für Liebig war dies Teil einer ausgedehnteren britischen imperialen Politik der Ausbeutung der Bodenressourcen, einschließlich der Knochen, anderer Länder. »Großbritannien«, erklärte er,

---

209 Außer wenn anders angegeben sind alle Kurzzitate von Liebig in unten stehendem Text einer unveröffentlichten englischen Übersetzung der 1862er deutschen Ausgabe seiner *Agricultural Chemistry* von Lady Gilbert entnommen.

»[...] entzieht allen Ländern die Voraussetzungen ihrer Fruchtbarkeit. Es hat die Schlachtfelder von Leipzig, Waterloo und der Krim aufgewühlt; es hat die Knochen vieler Generationen verbraucht, die in den Katakomben von Sizilien aufgeschichtet waren; und nun zerstört es jährlich die Nahrung für eine zukünftige Generation von dreieinhalb Millionen Leuten. Es hängt wie ein Vampir an der Brust Europas und der Welt, um dort, ohne jede wirkliche Notwendigkeit oder einen dauerhaften Gewinn für sich selbst, seinen Lebenssaft herauszusaugen.«[210]

Die Bevölkerung Großbritanniens war dazu in der Lage, sich gesunde Knochen und größere physische Proportionen zu erhalten, in dem sie, wie Liebig argumentierte, das übrige Europa seiner Bodennährstoffe, einschließlich seiner skelettalen Hinterlassenschaften beraubte, die andernfalls die eigenen Böden genährt und seinen Völkern ermöglicht hätte, die gleiche Entwicklung zu erreichen wie die englische.

»Raub«, darauf verwies Liebig, »verfeinert die Kunst der Räuberei.« Die Erosion des Bodens führte zu einer Konzentration der Landwirtschaft auf eine kleine Zahl von Besitzern, die intensivierte Methoden anwandten. Aber keine davon vermochte es, etwas am langfristigen Nachlassen der Bodenproduktivität zu ändern. England konnte seine industrialisierte kapitalistische Landwirtschaft nur dadurch beibehalten, dass es Guano aus Peru, sowie Knochen aus Europa importierte. Die Guano-Importe wuchsen von 1.700 Tonnen im Jahr 1841 auf 220.000 Tonnen nur sechs Jahre später.[211]

Zur Aufrechterhaltung des Ausplünderungssystems war, so erklärte Liebig, die Entdeckung von »Lagerstätten von Dung oder Guano [...] in der Größenordnung der englischen Kohlefelder« erforderlich. Aber die bestehenden Herkunftsquellen versiegten, ohne dass zusätzliche Vorkommen entdeckt wurden. In den frühen 1860er-Jahren importierte Nordamerika mehr Guano als ganz Europa

---

210 Die Übersetzung dieser Passage aus der Einleitung der 1862er-Ausgabe von Liebigs Arbeit folgt Erland Mårold in »Everything Circulates: Agricultural Chemistry and Recycling Theories in the Second Half of the Nineteenth Century«, in: *Environment and History* 8, 2002, S. 74.
211 Vgl. Lord Ernle, *English Farming Past and Present* (Chicago: Quadrangle, 1961), S. 369. Zu einer umfangreicheren Erörterung von Marxens ökologischer Argumentation und seinem Verhältnis zum Guanohandel des 19. Jahrhunderts vgl. John Bellamy Foster und Brett Clark, »Ecological Imperialism«, in: *Socialist Register 2004* (New York: Monthly Review Press, 2003), S. 186–201.

zusammengenommen. »In den vergangenen zehn Jahren«, schrieb er, »haben britische und [US-]amerikanische Schiffe alle Meere abgesucht und dabei gibt es keine kleine Insel und keine Küste, die ihren Nachforschungen nach Guano entgangen wäre. Die Hoffnung auf Entdeckung neuer Guanolagerstätten wäre eine absolute Torheit.«

Im Wesentlichen exportierten ländliche Gebiete und ganze Nationen die Fruchtbarkeit ihres Landes:»Jedes Land muss durch die kontinuierliche Ausfuhr von Getreide in Verarmung geraten, ebenso wie durch den nutzlosen Abfall der akkumulierten Produkte der Umwandlung von Materie durch die Stadtbevölkerungen.«

All dies deutete auf das »Gesetz der Rückgabe« als das Hauptprinzip einer vernünftigen Landwirtschaft. Die der Erde entnommenen Mineralien mussten der Erde wieder zurückgegeben werden. »Der Bauer« hatte »seinem Land genau so viel zurückzuerstatten, wie er daraus entnommen hat«, wenn nicht mehr.

Es ist unnötig zu sagen, dass die britische Landwirtschaft Liebigs Botschaft mit ihrer Anklage des Intensivackerbaus nicht gerade freundlich gegenüberstand. Anstatt die deutsche Ausgabe seiner *Agrarchemie* von 1862 unverzüglich übersetzen zu lassen, wie im Falle vorheriger Ausgaben, vernichtete Liebigs britischer Verleger die einzige Kopie die in seinem Besitz war. Als diese letzte Ausgabe von Liebigs großartiger Arbeit schließlich ins Englische übersetzt und veröffentlicht wurde, geschah dies in einer gekürzten Fassung unter einem anderen Titel (*The Natural Laws of Husbandry* – Die natürlichen Gesetze des Ackerbaus) und ohne Liebigs ausführliche Einleitung.

Trotzdem entging die Bedeutung von Liebigs Kritik nicht der Aufmerksamkeit von Karl Marx, der gerade den ersten Band des *Kapital* beendete. Im Jahr 1866 schrieb er an Engels: »Die neue Agrikulturchemie in Deutschland, speziell Liebig und Schönbein, die wichtiger für diese Sache sind als alle Ökonomen zusammen genommen [...] musste durchgeochst werden.« In der Tat sei »Die Entwicklung der negativen, d. h. zerstörerischen Seite der modernen Agrikultur, vom naturwissenschaftlichen Standpunkt«, wie Marx in Band Eins des *Kapital* bemerkte, »eins der unsterblichen Verdienste Liebigs«.[212]

Marx endet mit einer Analyse »der negativen Seite der modernen Agrikultur«. In diesen Passagen bringt Marx eine Reihe entscheidender Argumente vor: (1) habe der Kapitalismus einen »irreparablen Bruch« in der »Stoffwechselbe-

---

212 Karl Marx, *Das Kapital*, Band 1, MEW Band 23, a.a.O., S. 529.

ziehung« zwischen Menschen und Erde geschaffen, der ewigen von der Natur gesetzten Produktionbedingung; (2) erfordere dies die »systematische Wiederinstandsetzung« dieser notwendigen Stoffwechselbeziehung als »regulatives Gesetz gesellschaftlicher Produktion«; (3) trotzdem intensiviere das Wachstum der industriellen Landwirtschaft unter dem Kapitalismus nur den metabolischen Bruch und weite ihn noch aus; (4) spiegele sich die Verschwendung der Bodennährstoffe in der Verschmutzung und Vermüllung der Städte – »In London«, so schrieb er, »weiß sie [die kapitalistische Wirtschaft] mit dem Dünger von 4½ Millionen Menschen nichts Beßres anzufangen, als ihn mit ungeheuren Kosten zur Verpestung der Themse zu gebrauchen.«; (5) arbeiteten Großindustrie und mechanisierte Großlandwirtschaft in diesem zerstörerischen Prozess zusammen, wobei »Industrie und Handel ihrerseits der Agrikultur die Mittel zur Erschöpfung des Bodens verschaffen«; (6) sei dies ein Ausdruck des antagonistischen Verhältnisses zwischen Stadt und Land unter dem Kapitalismus; (7) sei eine vernünftige Landwirtschaft, die entweder kleiner unabhängiger Bauern, die auf eigene Rechnung produzieren, oder der Tätigkeit assoziierter Produzenten bedürfte, unter modernen kapitalistischen Bedingungen unmöglich; und (8) erforderten die bestehenden Umstände eine vernünftige Regulierung des metabolischen Verhältnisses zwischen den Menschen und der Erde, die über die kapitalistische Gesellschaft hinaus in Richtung Sozialismus und Kommunismus wiesen.[213]

Die marxsche Vorstellung vom metabolischen Bruch bildete das Kernelement dieser ökologischen Kritik. Der menschliche Arbeitsprozess wird im *Kapital* definiert als »allgemeine Bedingung des Stoffwechsels zwischen Mensch und Natur, ewige Naturbedingung des menschlichen Lebens«.[214] Daraus folgt, dass der Bruch in diesem Stoffwechsel nicht weniger bedeutet, als die Untergrabung dieser »ewigen Naturbedingung des menschlichen Lebens«. Darüber hinaus gibt es die Frage der Nachhaltigkeit der Erde, das heißt, in welchem Maße diese in einem ähnlichen oder besseren Zustand als heute an zukünftige Generationen weitergegeben werden sollte. Dazu schrieb Marx:

> »Vom Standpunkt einer höheren ökonomischen Gesellschaftsformation wird das Privateigentum einzelner Individuen am Erdball ganz

---

213 Vgl. Marx, *Das Kapital*, Band 1, MEW Band 23, a.a.O., S. 636–639; Karl Marx, *Das Kapital*, Band 3, MEW Band 25, a.a.O. S. 110–114, 821.
214 Marx, *Das Kapital*, Band 1, MEW Band 23, a.a.O., S. 198.

so abgeschmackt erscheinen wie das Privateigentum eines Menschen an einem andern Menschen. Selbst eine ganze Gesellschaft, eine Nation, ja alle gleichzeitigen Gesellschaften zusammengenommen, sind nicht Eigentümer der Erde. Sie sind nur ihre Besitzer, ihre Nutznießer, und haben sie als boni patres familias [als gute Haushaltsvorstände] den nachfolgenden Generationen verbessert zu hinterlassen.«[215]

Die Problematik der Nachhaltigkeit ging für Marx weit über das hinaus, was die kapitalistische Gesellschaft mit ihrer ständigen Intensivierung und Vergrößerung des metabolischen Bruchs zwischen Menschen und Erde entwickeln konnte. Der Kapitalismus, so bemerkte er, »schafft zugleich die materiellen Voraussetzungen einer neuen, höheren Synthese, des Vereins von Agrikultur und Industrie, auf Grundlage ihrer gegensätzlich ausgearbeiteten Gestalten«. Um jedoch diese höhere Synthese zu erreichen, sei es für die assoziierten Produzenten in der neuen Gesellschaft nötig, »diesen ihren Stoffwechsel mit der Natur rationell [zu] regeln« – ein Erfordernis, das für eine postrevolutionäre Gesellschaft fundamentale und anhaltende Herausforderungen aufwarf.[216]

Bei ihrer Analyse des metabolischen Bruchs hörten Marx und Engels nicht beim Bodennährstoffkreislauf oder beim Verhältnis Land-Stadt auf. Sie behandelten an verschiedenen Stellen ihrer Arbeit solche Themenbereiche wie Entwaldung, Wüstenbildung, Klimawandel, die Ausrottung der Hirsche in den Wäldern, die Inwertsetzung der Arten, Umweltverschmutzung, Industrieabfälle, toxische Kontamination, Abfallverwertung, die Erschöpfung der Kohleminen, Krankheit, Überbevölkerung und die Evolution (und Koevolution) der Arten.[217]

## Marx und die materialistische Konzipierung der Natur

Kraft und Schlüssigkeit der marxschen Analyse des metabolischen Bruchs überzeugten mich. Was gab es in Marx Hintergrund, das seine Fähigkeit erklären

---

215 Marx, *Das Kapital*, Band 1, MEW Band 23, a.a.O., S. 784.
216 Vgl. Marx, *Das Kapital*, Band 3, MEW Band 25, a.a.O., S. 784.
217 Eine Dokumentation der verschiedenen ökologischen Anliegen von Marx ist in Foster, *Marx's Ecology*, a.a.O. und Burkett, *Marx and Nature*, a.a.O. zu finden. In ihrer Zeit warfen Marx und Engels das Problem eines lokalen Klimawandels auf (Mutmaßungen über Temperaturveränderungen auf Grund von Entwaldungen). Siehe Engels' Anmerkungen zu Fraas in Marx und Engels, MEGA IV, 31 (Berlin: Akadamie Verlag, 1999), S. 512–514.

konnte, naturwissenschaftliche Beobachtungen auf so wirkungsvolle Weise in seine Analyse einzubinden? In welchem Verhältnis stand dies zur Vorstellung von der Entfremdung der Natur, die neben der Entfremdung der Arbeit solch ein deutliches Merkmal seines Frühwerkes war? Konnte es sein, dass Marx' Materialismus im Hinblick auf eine simple materialistische Konzeption der menschlichen Geschichte nicht hinreichend zu erfassen war, sondern auch im Sinne der Naturgeschichte und des dialektischen Verhältnisses zwischen beiden betrachtet werden musste? Oder, um es etwas anders darzustellen, war Marx' materialistisches Geschichtsverständnis von dem, was Engels als »materialistische Naturanschauung« bezeichnet hatte, nicht zu trennen?[218] Hatte Marx seine dialektische Methode bei der Analyse von beidem angewandt?

Die Suche nach einer Antwort führte mich auf eine lange intellektuelle Reise durch die Werke von Marx und den historisch-intellektuellen Zusammenhang, in dem sie verfasst wurden, und der letztlich zur marxschen Ökologie geführt hat. Lassen Sie mich nur ein paar Höhepunkte der von mir aufgedeckten Geschichte erwähnen, da ich nicht genügend Raum habe, hier alles im Einzelnen zu untersuchen. Meine Darstellung unterscheidet sich von den meisten heutigen Darstellungen der marxschen Entwicklung, indem sie die formative Bedeutung von Marx' Doktorarbeit über Epikur, den größten antiken Materialisten, beleuchtet und fortfährt, das lebenslange Engagement von Marx und Engels bezüglich der Naturwissenschaften in Ansatz zu bringen. Dies umfasst die Opposition von Marx und Engels gegen die naturtheologische Tradition, wie sie besonders von Malthus offenbart wurde, ihre Behandlung der Arbeit von Liebig über den Nährstoffkreislauf und deren Bezug zum metabolischen Bruch, und schließlich ihre kreative Begegnung mit Darwin, der Koevolution und dem, was als »die Revolution in ethnologischer Zeit« bezeichnet worden ist und der Entdeckung der ersten prähistorischen menschlichen Hinterlassenschaften folgt.[219]

In den meisten Interpretationen der Entwicklung von Marx wird sein frühes Denken weitgehend als durch Feuerbach vermittelte Antwort auf Hegel angesehen. Ohne Hegels Bedeutung zu leugnen, argumentiere ich, dass Marx' formative Phase sehr viel komplexer ist, als sie für gewöhnlich dargestellt wird. Parallel

---

218 Vgl. Friedrich Engels, *Ludwig Feuerbach und das Entstehen der Klassischen Deutschen Philosophie*, MEW Band 21, (Berlin: Dietz Verlag, 1975), S. 284.
219 Der Ausdruck »die Revolution in ethnologischer Zeit« wurde entnommen aus T. R. Trautmann, *Lewis Henry Morgan and the Invention of Kinship* (Berkeley: University of California Press, 1987), S. 35, 220.

zum Deutschen Idealismus kämpfte Marx frühzeitig mit der antiken materialistischen Naturphilosophie und ihrem Verhältnis zur wissenschaftlichen Revolution des 17. Jahrhunderts und zur Aufklärung des 18. Jahrhunderts. Bei all dem warf Epikur lange Schatten. Für Kant hieß es: »Epikur kann als der erste Philosoph der Empfindsamkeit bezeichnet werden«, genau wie Plato der erste Philosoph »des Intellektuellen« war. Epikur, so behauptete Hegel, war »der Erfinder der empirischen Naturwissenschaft«. Für Marx selbst war Epikur »die bedeutendste Persönlichkeit der Griechischen Aufklärung«.[220]

Epikur repräsentierte für Marx primär einen nicht reduktionistischen, nicht deterministischen Materialismus und formulierte eine Philosophie menschlicher Freiheit. Bei Epikur war eine materialistische Naturvorstellung zu finden, die jegliche Teleologie und alle religiösen Vorstellungen natürlichen und gesellschaftlichen Daseins ablehnte. Beim Studium von Epikurs Naturphilosophie sprach Marx eine Sichtweise an, die großen Einfluss auf die Entwicklung der europäischen Wissenschaft und die modernen naturalistisch-materialistischen Philosophien gehabt und zugleich die Entwicklung des europäischen sozialen Denkens tief beeinflusst hatte. In der epikureisch-materialistischen Welt begann Wissen mit den Sinnen. Die beiden ursprünglichen Thesen von Epikurs Naturphilosophie machen aus, was wir heute als das Konservierungsprinzip bezeichnen: Nichts kommt aus dem Nichts, und nichts, was zerstört wird, wird zum Nichts. Für die Epikureer gab es keinen natürlichen Maßstab, keine Setzung von harschen, unüberbrückbaren Gräben zwischen Menschen und den übrigen Lebewesen. Die Kenntnis von Epikur liefert einen Weg zum Verständnis vom tiefen marxschen Materialismus auf dem Gebiet der Naturphilosophie. Seine Untersuchungen des antiken und modernen Materialismus versetzten Marx mitten in den Streit über das wissenschaftliche Verständnis der natürlichen Welt, und zwar in einer Weise, die sein gesamtes Denken beeinflusste, das in seiner Bedeutung zutiefst ökologisch war, da es sich auf Evolution und Erscheinung konzentrierte und die Natur und nicht Gott zum Ausgangspunkt machte. Außerdem muss die dialektische Begegnung von Marx mit Hegel im Hinblick auf die Auseinandersetzung, die er zugleich unter Beachtung der Natur der materialistischen Philosophie und Wissenschaft führte, verstanden werden.

Darwin besaß ähnliche Wurzeln in der nationalen Philosophie, die mit der anti-teleologischen Tradition verbunden war, die sich bis zu Epikur erstreckte,

---

220 Vgl. Foster, *Marx's Ecology*, S. 49–51.

der seinen modernen Vertreter in Bacon gefunden hatte. Wir wissen nun aufgrund der Veröffentlichung von Darwins Notizbüchern, dass der Grund, warum er zwanzig Jahre gewartet hatte, bevor er seine Theorie über die Transmutation der Arten vorlegte, der Tatsache geschuldet war, dass seine Theorie starke materialistische Wurzeln hatte und somit im Viktorianischen England das Problem der Häresie aufwarf. Darwins Ansichten richteten sich gegen alle teleologischen Erklärungen, wie die der naturteologischen Tradition. Er präsentierte eine Darstellung der Evolution der Arten, die nicht von übernatürlichen Kräften und wundersamen Effekten abhing, sondern vom eigenen Wirken der Natur.

Marx und Engels begrüßten Darwins Theorie sogleich als »den Tod der Teleologie« und Marx beschrieb sie als »die Grundlage für unsere Ansicht in der Naturgeschichte«.[221] Sie studierten Darwin nicht nur intensiv, sondern wurden auch in die Debatten, die menschliche Evolution betreffend, hineingezogen, die als Ergebnis der Entdeckung der ersten prähistorischen menschlichen Hinterlassenschaften unmittelbar auf Darwins Arbeit folgten. Im Jahr 1856 waren in Frankreich die Überreste von Neandertalern gefunden worden. Es war jedoch die Entdeckung prähistorischer Gebeine in der englischen Höhle von Brixham, die schnell als solche anerkannt wurden, im Jahre 1859, demselben Jahr, in dem Darwin sein *Die Entstehung der Arten* veröffentlichte, was eine Revolution in ethnologischer Zeit auslöste und innerhalb der Wissenschaft die biblische Chronologie der menschlichen Geschichte und der Prähistorie für immer auslöschte. Plötzlich wurde klar, dass die menschlichen (oder die hominiden) Arten aller Wahrscheinlichkeit nach bereits seit einer Million Jahren oder länger existierten und nicht erst seit ein paar Tausend Jahren. Heute glaubt man, dass es hominide Arten seit etwa sieben Millionen Jahren gegeben hat.

In nur wenigen Jahren wurden viele bedeutende Arbeiten, meist von Darwianern, bekannt, die sich mit dieser neuen Realität befassten, und Marx und Engels studierten sie intensiv. Darunter befanden sich Charles Lyells *Geological Evidences of the Antiquity of Man* (1863), Thomas Huxleys *Evidence as to Man's Place in Nature* (Deutsch: *Zeugnisse für die Stellung des Menschen in der Natur*) (1863), John Lubbocks *Prehistoric Times* (1865), Darwins *Descent of Man* (Deutsch: *Die Abstammung des Menschen*) (1871), neben einer Menge weiterer Arbeit auf ethnologischem Gebiet, samt Lewis Henry Morgans *Ancient Society* (Deutsch: *Die Urgesellschaft*) (1881).

---

221 Vgl. Foster, *Marx's Ecology*, S. 196–207, 212–221.

Aus den Studien von Marx und Engels ergab sich die These über die Rolle der Arbeit in der menschlichen Evolution, die sich als fundamental erweisen sollte. Inspiriert von der griechischen Bedeutung für Organ (organon) oder Werkzeug, welche die Vorstellung zum Ausdruck brachte, dass Organe ihrem Wesen nach die »angewachsenen« Werkzeuge der Tiere seien, bezeichnete Marx solche Organe als »natürliche Technologie«, die in gewisser Hinsicht mit menschlicher Technologie verglichen werden könne. Ein ähnlicher Ansatz wurde bei Darwin deutlich, und Marx war dazu in der Lage, Darwins Vergleich der Entwicklung spezialisierter Organe bei Pflanzen und Tieren mit denen spezialisierter Werkzeuge zu nutzen (in Kapitel 5 von *Die Entstehung der Arten* über »Gesetze der Abänderung«), um seine eigene Konzeption von der Entwicklung natürlicher und menschlicher Technologie zu erklären. Die Evolution der natürlichen Technologie, so argumentierte Marx, indem er seine Analyse auf *Die Entstehung der Arten* stützte, war eine Widerspiegelung der Tatsache, dass Tiere und Pflanzen fähig waren, Organe durch Vererbung weiterzugeben, die in einem Prozess, den man als »›Aufhäufung‹ durch Erblichkeit« bezeichnen könnte, durch natürliche Auslese entwickelt worden sind. Tatsächlich lag die treibende Kraft für Darwin laut Interpretation von Marx in den »allmählich gehäuften [auf natürliche Weise selektierten] Erfindungen der lebendigen Subjekte«.[222]

Laut dieser Vorstellung waren Menschen von Tieren dadurch zu unterscheiden, dass sie auf effektivere Weise Werkzeuge benutzten, die zu Fortsätzen ihrer Körper wurden. Werkzeuge und durch sie der weitere Bereich der Natur wurden, wie Marx zuvor in seinen *Ökonomischen und Philosophischen Manuskripten* gesagt hatte, zum »unorganischen Leib des Menschen«. Oder wie er dann im *Kapital* bemerkte: »[...] so wird das Natürliche selbst zum Organ seiner [des Menschen] Tätigkeit, ein Organ, das er seinen eignen Leibesorganen hinzufügt seine natürliche Gestalt verlängernd, trotz der Bibel.«[223]

Engels sollte diese Argumentation später in seinem bahnbrechenden Werk *Der Anteil der Arbeit an der Menschwerdung des Affen* (1876 geschrieben und posthum 1896 veröffentlicht) weiterentwickeln. Die aufrechte Haltung entwickelte sich, als die Primaten, die Vorfahren der Menschen, von den Bäumen

---

222 Karl Marx, *Theorien über den Mehrwert*, Band 3, MEW Band 26.3 (Berlin: Dietz Verlag, 1976) S. 294–295.
223 Vgl. auch John Bellamy Foster und Paul Burkett, »The Dialectic of Organic/Inorganic Relations: Marx and the Hegelian Philosophy of Nature«, in: *Organization and Environment*, 13, Nr. 4, Dezember 2000, S. 403–425.

gestiegen waren (noch vor der Evolution des menschlichen Gehirns), wodurch die Hände zur Verwendung als Werkzeuge frei wurden. Auf diese Weise war:

> »[...] die Hand [...] frei geworden und konnte sich nun immer neue Geschicklichkeiten erwerben, und die damit erworbene größere Biegsamkeit vererbte und vermehrte sich von Geschlecht zu Geschlecht. So ist die Hand nicht nur das Organ der Arbeit, *sie ist auch ihr Produkt.*«[224]

Im Ergebnis waren die frühen Menschen (Hominiden) dazu in der Lage, ihr Verhältnis zur lokalen Umwelt zu verändern, indem sie ihre Anpassungsfähigkeit radikal verbesserten. Diejenigen, die bei der Herstellung und Verwendung von Werkzeugen am erfindungsreichsten waren, hatten eine höhere Überlebenschance, was bedeutet, dass der evolutionäre Prozess selektiven Druck hin zu einer Vergrößerung des Gehirns und zur Entwicklung der Sprache ausübte (die für die sozialen Prozesse von Arbeit und Werkzeugherstellung erforderlich war), was allmählich zum Entstehen der modernen Menschen führte. Infolgedessen entwickelte sich nach Ansicht von Engels das menschliche Hirn, wie die Hand, durch ein komplexes, interaktives Beziehungsgeflecht, was heute von Evolutionsbiologen als »Gen-Kultur-Koevolution« bezeichnet wird. Alle wissenschaftlichen Erklärungen für die Evolution des menschlichen Gehirns sind, wie Stephen Jay Gould ausgeführt hat, insoweit Theorien einer Gen-Kultur-Koevolution gewesen, wobei »die besten Argumente des 19. Jahrhunderts für eine Gen-Kultur-Koevolution von Engels geliefert wurden«.[225]

All dies weist darauf hin, dass Marx und Engels ein fundamentales Verständnis ökologischer und evolutionärer Probleme besaßen und in der Lage waren, wichtige Beiträge zu unserem Verständnis der Interaktion von Gesellschaft und Natur zu leisten.

## Ökologischer Materialismus nach Marx

Engels' *Dialektik der Natur* enthält zahlreiche ökologische Erkenntnisse. Es wird allerdings häufig behauptet, dass der Marxismus die Entwicklung ökologischen Denkens ganz und gar außer Acht gelassen habe oder gar anti-ökologisch sei, und

---

224 Friedrich Engels, *Dialektik der Natur*, MEW Band 20 (Berlin: Dietz Verlag 1975), S. 445.
225 Stephen J. Gould, *An Urchin in the Storm* (New York: 1987), S. 111–112.

dass es nach Engels bis zur Frankfurter Schule und Alfred Schmidts *Der Begriff der Natur in der Lehre von Karl Marx*, das 1962 veröffentlicht wurde, keine wichtigen marxistischen Beiträge zur Untersuchung der Natur gegeben habe.[226] Diese Position ist falsch. Es hat sehr wohl zahlreiche marxistische Beiträge zur Analyse des Verhältnisses Natur-Gesellschaft gegeben, und Sozialisten haben, insbesondere in ihren Entwicklungsstadien eine sehr große Rolle bei der Entwicklung der Ökologie gespielt. Der Einfluss von Marx und Engels war nicht auf das 19. Jahrhundert beschränkt.

Es ist jedoch nicht bloß eine Frage des Erbes gewisser Lehrsätze im Hinblick auf Natur und Ökologie. Marx und Engels brachten eine materialistische Konzeption von Natur zur Anwendung, die für die großen Revolutionen innerhalb der Wissenschaft ihrer Zeit grundlegend war (wie in Darwins Theorie offenkundig ist), und die sie mit einer Dialektik von Entstehung und Zufall kombinierten. Ein großer Teil davon spiegelte sich sowohl im sozialistischen als auch im wissenschaftlichen Denken der unmittelbar folgenden Generationen wider. Unter die Sozialisten (einige davon führende Naturwissenschaftler), die nach Marx und bis in die 1940er-Jahre hinein naturalistische und ökologische Vorstellungen in ihr Denken einbezogen, können wir solche Persönlichkeiten einreihen wie William Morris, Henry Salt, August Bebel, Karl Kautsky, Rosa Luxemburg, V. I. Lenin, Nikolai Bucharin, V. I. Vernadsky, N. I. Wawilow, Alexander Oparin, Christopher Caudwell, Hyman Levy, Lancelot Hogben, J. D. Bernal, Benjamin Farrington, J. B. S. Haldane und Joseph Needham – sowie in eher fabianischer Tradition, jedoch nicht ohne Verbindung zu Marx und zum Marxismus, E. Ray Lankester und Arthur Tansley. Bucharin verwendete das marxsche Konzept des Stoffwechsels von Natur und Gesellschaft in seinen Schriften und verortete die Menschen ausdrücklich in der Biosphäre. Er schrieb:

> »Wenn Menschen sowohl Produkte der Natur als auch Teil von ihr sind; wenn sie eine biologische Grundlage besitzen, wenn ihre soziale Existenz außer Acht gelassen wird (sie kann nicht aufgehoben werden!); wenn sie selbst natürliche Größen und Produkte der Natur sind, und wenn sie innerhalb der Natur leben (ganz gleich wie sehr sie durch

---

226 Vgl. Noel Castree, »Marxism and the Production of Nature«, *Kapital and Class* 72, Herbst 2000, S. 14; John Bellamy Foster, »Review of Special Issue of Kapital and Class«, in: *Historical Materialism* 8, Sommer 2001, S. 465–467.

besondere soziale und historische Lebensumstände und eine so genannte ›künstliche Umgebung‹ von ihr getrennt sind), was ist dann überraschend an der Tatsache, dass Menschen den Rhythmus der Natur und ihrer Kreisläufe teilen?«[227]

Kautsky behandelte, Liebig und Marx folgend, in seinem Buch *Die Agrarfrage* das Problem des Bodennährstoffkreislaufes, indem er die Frage der Düngertretmühle aufwarf und sogar auf die Gefahren der intensiven Pestizidanwendung Bezug nahm – all dies im Jahr 1899! Rosa Luxemburg befasste sich in ihren Briefen mit ökologischen Problemen und erörterte das Verschwinden von Singvögeln durch die Zerstörung ihres Lebensraumes. Lenin förderte in der Sowjetunion sowohl Naturschutz wie Ökologie und zeigte ein Bewusstsein über die Erosion der Bodenfruchtbarkeit und die Durchbrechung des Nährstoffkreislaufes unter der kapitalistischen Landwirtschaft – die Liebig-Marx-Problematik.

Die Sowjetunion der 1920er-Jahre hatte die weitest entwickelte ökologische Wissenschaft der Welt. Vernadsky hatte die Vorstellung von der Biosphäre in das Modell der dialektischen Analyse eingefügt, ein Konzept, das bis in die fortgeschrittenste Ökologie unserer Zeit reicht. Wawilow verwendete die historisch-materialistische Methode zur Festlegung der Ursprungszentren der Landwirtschaft und der Keimplasma-Banken rund um den Globus, die heute als Wawilow-Zonen bekannt sind. Oparin entwickelte gleichzeitig mit Haldane in Großbritannien die erste einflussreiche moderne materialistische Erklärung für den Ursprung des Lebens auf der Erde, die auf Vernadskys Biosphärenkonzept beruhte, eine Theorie, die einen bedeutenden Einfluss auf Rachel Carsons Vorstellung von Ökologie haben sollte.[228]

Dennoch verschwand dieses frühe marxistische ökologische Denken beziehungsweise die Tradition, die es gestützt hatte, weitgehend. Die Ökologie innerhalb des Marxismus erlitt eine Art doppelten Tod. Im Osten kam es in den 1930er-Jahren durch den Stalinismus zur buchstäblichen Eliminierung der ökologischen Elemente innerhalb der sowjetischen Führung und Wissenschaftsgemeinde – und zwar keineswegs willkürlich, da in diesen Kreisen ein Teil des Widerstandes gegen die ursprüngliche sozialistische Akkumulation zu finden

---

227 Nikolai Bucharin, *Philosophische Arabesken* (Berlin: Dietz Verlag, 2005), S. 101.
228 Vgl. dazu die Erörterungen in Foster, *Marx's Ecology*, S. 241–244; Rachel Carson, *Lost Woods*, a.a.O., S. 229–230.

war. Bucharin wurde hingerichtet. Wawilow starb 1943 in einer Gefängniszelle an Unterernährung. Zur selben Zeit nahm der Marxismus im Westen eine häufig extreme, heftig anti-positivistische Form an. Die Dialektik wurde als auf die Natur nicht anwendbar angesehen – eine Sichtweise, die oft mit Lukács in Verbindung gebracht wird, obwohl wir heute wissen, dass die Position von Lukács komplexer war.[229] Dies betraf den größten Teil des westlichen Marxismus, der dazu neigte, den Marxismus in wachsendem Maße im Hinblick auf eine menschliche Geschichte zu sehen, die großteils von der Natur getrennt war. Die Natur wurde in die Sphäre der Naturwissenschaft verbannt, die gerade als positivistisch angesehen wurde. Bei Lukács, Gramsci und Korsch, die die Revolte des westlichen Marxismus der 1920er-Jahre markiert hatten, glänzte die Natur zunehmend durch Abwesenheit. Die Natur ging zwar in die Kritik der Aufklärung seitens der Frankfurter Schule ein, aber bei der Natur, die hier zur Diskussion stand, handelte es sich meist um die menschliche Natur (was sich im Interesse an der Psychologie widerspiegelte) und selten um die sogenannte »äußere Natur«. Es gab keine materialistische Naturauffassung. Folglich waren echte ökologische Einsichten selten.

Wenn dennoch eine ungebrochene Kontinuität in der Entwicklung einer sozialistischen naturwissenschaftlichen Diskussion und ökologischen Denkens zu finden ist, dann ist ihr Weg vorrangig in Großbritannien zu verfolgen, wo eine fortlaufende Verpflichtung auf materialistische Dialektik in der Analyse der Naturgeschichte beibehalten wurde. In Großbritannien verband eine starke Tradition Wissenschaft, Darwin, Marx und Dialektik miteinander. Obwohl einige negative Merkmale dieser Tradition, die als »baconscher Strang im Marxismus« bezeichnet worden ist, wohlbekannt sind, sind ihre positiveren ökologischen Einsichten niemals voll erfasst worden.[230] Jede Darstellung der Ökologie des britischen Marxismus in dieser Zeitperiode muss Caudwell hervorheben, der – obwohl er im Alter von neunundzwanzig Jahren hinter einem Maschinengewehr auf einem Hügel in Spanien starb, als er im Spanischen Bürgerkrieg für die Republik kämpfte – ein unauslöschliches intellektuelles Erbe hinterlassen hat. Sein *Heredity and Development* (Vererbung und Entwicklung), vielleicht die bedeutendste seiner wissenschaftsbezogenen Arbeiten, wurde von der Kommu-

---

229 Zur Dialektik der Natur und der Ökologie bei Marx und Lukács siehe John Bellamy Foster, »The Dialektik der Natur and Marxist Ecology«, in: Bertell Ollman und Tony Smith (Hrsg.), *Dialectics for the New Century* (London: Palgrave Macmillan, 2008), S. 50–82.
230 Vgl. Neal Wood, *Communism and British Intellectuals* (New York: Columbia University Press, 1959), S. 145.

nistischen Partei in Großbritannien aufgrund der Lysenko-Kontroverse (er war Anti-Lysenkoist) unterdrückt und erst 1986 veröffentlicht.[231] Es enthält jedoch einen eindrucksvollen Versuch der Entwicklung einer ökologischen Dialektik. Haldane, Levy, Hogben, Needham, Bernal und Farrington haben – wie bereits zuvor angemerkt – allesamt ökologische Vorstellungen entwickelt (auch wenn Bernals Hinterlassenschaft in dieser Beziehung am widersprüchlichsten ist). Alle ließen tiefen Respekt nicht nur für Marx und Darwin, sondern auch für Epikur erkennen, der als Ursprungsquelle der materialistischen Naturvorstellung angesehen wurde. Der Einfluss dieser Denker wirkt bis zum heutigen Tage in der Arbeit späterer biologischer und ökologischer Wissenschaftler nach, wie bei Steven Rose in Großbritannien sowie bei Richard Lewontin, Richard Levins und Stephen Jay Gould in den Vereinigten Staaten.

## Der Materialismus und das Aufkommen des Ökosystemkonzeptes

Um das komplexe Beziehungsverhältnis zwischen Materialistischer Ökologie und Historischem Materialismus vom späten 19. bis zum frühen 20. Jahrhundert voll zu erfassen, möchte ich das Interesse hier auf zwei Persönlichkeiten lenken, die unter Historischen Materialisten weniger bekannt sind, eher fabianisch als marxistisch, jedoch eindeutig sozialistisch im weiteren Sinne orientiert waren: E. Ray Lankester und Arthur Tansley. Lankester lehrte am University College, London, und Tansley studierte dort. Lankester war ein Schützling von Huxley und wurde als der größte darwinistische Wissenschaftler seiner Generation angesehen. Als er noch ein Junge war, hatte ihn Darwin auf den Schultern getragen. Lankester war außerdem ein junger Freund von Karl Marx und Sozialist, wenn auch nicht Marxist. Er war in den letzten Jahren im Leben von Marx ein häufiger Gast in dessen Haushalt. Marx und seine Tochter Eleanor besuchten ihrerseits Lankester in London. Marx und Lankester hatten vor allem ihren Materialismus gemeinsam. Marx war an Lankesters Erforschung der Entartung interessiert – der Vor-

---

231 Der Lysenkoismus war eine fehlerhafte Doktrin, die mit der Arbeit des russischen Agronomen Trofim Denisovich Lysenko verbunden war, die die Bedeutung der genetischen Vererbung zugunsten einer Formbarkeit des Lebenskreislaufes herunterspielte. Zu einer ausgewogenen Diskussion des Lysenkoismus siehe Richard Levins und Richard Lewontin, *The Dialectical Biologist* (Cambridge, Massachusetts: Harvard University Press, 1985), S. 163–196.

stellung, dass Evolution nicht unbedingt vorwärts gerichtet war – und unternahm den Versuch, Lankesters Werk auf Russisch veröffentlichen zu lassen. Lankester schrieb an Marx, dass er dabei sei, seine »großartige Arbeit über das Kapital [...] mit größtem Vergnügen und Gewinn« aufzunehmen. Er schrieb einige der kraftvollsten Aufsätze, die je über das Artensterben aufgrund menschlicher Eingriffe und über andere ökologische Themen verfasst wurden und tat dies mit einer Dringlichkeit, die bis ins späte 20. Jahrhundert nicht wiederzufinden war.[232]

Arthur Tansley war der fortgeschrittenste Pflanzenökologe seiner Generation in Großbritannien und zugleich der Urheber des Ökosystemkonzeptes. Er sollte zum ersten Vorsitzenden der Britisch Ökologischen Gesellschaft werden. Tansley wurde in seinen Jahren am University College in London, abgesehen von dem Botaniker Francis Wall Oliver, stark von Lankester beeinflusst. Wie Lankester war Tansley ein fabianisch geprägter Sozialist und kompromissloser Materialist. Und wie Lankester, der eine vernichtende Kritik über Henri Bergsons Konzept des Vitalismus oder des *élan vital* verfasste, stellte Tansley die Versuche, evolutionäre Ökologie in antimaterialistische, teleologische Begriffe zu fassen, infrage.[233]

In den 1920er- und 1930er-Jahren erfolgte in der Ökologie eine Spaltung. In den Vereinigten Staaten entwickelten Frederic Clements und andere das bedeutende Konzept der ökologischen Erbfolge (die Vorstellung von aufeinanderfolgenden Stadien in der Entwicklung von pflanzlichen »Gemeinschaften« in einer bestimmten Region, die in einem »Höhepunkt« oder Reifestadium endete, das mit der Vorherrschaft gewisser Arten verbunden war). Clements und seine Anhänger dehnten diese Analyse auf das Konzept eines Super-Organismus aus, das dazu diente, den Prozess der Erbfolge zu erklären. Dieser ökologische Ansatz inspirierte weitere Neuerungen in der ökologischen Theorie in Edinburgh und Südafrika.

Südafrikanische ökologische Denker unter Führung von Jan Christian Smuts führten den Begriff des »Holismus« in den ökologischen Bereich ein, was zu den modernen Vorstellungen der Tiefenökologie führen sollte (*Holism and Evolution*, 1926). Smuts war einer der Hauptakteure beim Aufbau des Apart-

---

232 Siehe dazu die detaillierteren Erörterungen von Lankester in Jon Bellamy Foster, *Marx's Ecology*, S. 221–225; und John Bellamy Foster, »E. Ray Lankester, Ecological Materialist: An Introduction to Lankester's ›Effacement of Nature by Man‹«, in: *Organization and Environment* 13, Nr. 2, Juni 2000, S. 233–235.

233 Zu biografischen Informationen über Tansley vgl. Peder Anker, *Imperial Ecology: Environmental Order in the British Empire* (Cambridge, Massachusetts: Harvard University Press, 2001), S. 7–40.

heidsystems. Wie sehr Smuts selbst direkt zur Entwicklung der Apartheid beigetragen hat, mag umstritten sein, aber er war ein starker Befürworter der territorialen Segregation der Ethnien und dessen, was er »die große weiße Rassenaristokratie« nannte. Man erinnert sich an ihn am besten als den südafrikanischen General, der Gandhi verhaftet hat. Smuts war von 1910 bis 1919 südafrikanischer Verteidigungsminister und von 1919 bis 1924 Premierminister und Minister für Eingeborenenangelegenheiten. Als die Eingeborenengewerkschaft *Native Labour Union* politische Macht und Redefreiheit forderte, unterdrückte Smuts dies mit Gewalt, wobei allein in Port Elizabeth 68 Menschen getötet wurden. Als sich schwarze Juden weigerten, während des Passahfestes zu arbeiten, schickte Smuts die Polizei, und 200 Menschen wurden auf seinen Befehl hin getötet. Als es die schwarze Stammesbevölkerung 1922 in Bondelswart ablehnte, ihre Hundesteuer zu bezahlen und sich über das Vordringen von Weißen auf ihr Land beschwerte, sandte Smuts Flugzeuge und bombardierte die Dörfer. Es überrascht nicht, dass Smuts ökologischer Holismus auch eine Form von ökologischem Rassismus war.

Legendärer Gegner von Smuts' holistischer Philosophie in der großen Debatte der »Natur des Lebens« war der britische marxistische Biologe Lancelot Hogben, der zu jener Zeit an der Universität von Kapstadt lehrte. Er führte nicht nur die Debatte gegen Smuts, indem er seinen eigenen Materialismus dem Holismus von Smuts entgegenstellte und Smuts wegen seiner Rasseneugenik attackierte, sondern versteckte auch schwarze Rebellen, die der Verfolgung durch den rassistischen Staat entflohen waren. Ein weiterer großer Gegner von Smuts war der britische Marxist und Mathematiker Hyman Levy, der in seinem *The Universe of Science* die Kritik an Smuts' Holismus entlang ähnlicher Linienführungen wie Hogben entwickelte.[234]

Im Jahr 1935 befand sich Tansley in wachsendem Streit mit antimaterialistischen Ökologievorstellungen, die an Einfluss gewannen, und nahm den Kampf gegen den ökologischen Idealismus auf. Tansley schrieb einen Artikel für die Zeitschrift *Ecology* unter der Überschrift »The Use and Abuse of Vegetational

---

234 Vgl. Anker, *Imperial Ecology*, a.a.O., S. 41–75, 118–149; Jan C. Smuts, *Holism and Evolution* (London: Macmillan, 1926); Lancelot Hogben, *The Nature of Living Matter* (London: Kegan Paul, Trench, Trubner and Co., 1930); Hyman Levy, *The Universe of Science* (New York: The Century Co., 1933). Zu Smuts' rassistischen Ansichten siehe Jan Christian Smuts, *Africa and Some World Problems* (Oxford: Oxford University Press, 1930), S. 92–94.

Concepts and Terms« (Der Gebrauch und der Missbrauch pflanzlicher Konzepte und Begriffe), der Clements, Smuts und Smuts' führendem Anhänger in der südafrikanischen Ökologie, John Phillips, den Streit erklärte. Auf einen Schlag attackierte Tansley die teleologischen Vorstellungen, dass die ökologische Erbfolge immer fortschrittlich und entwicklungsbezogen sei und immer zu einem Höhepunkt führe; dass die Vegetation als Ausbildung eines Superorganismus betrachtet werden könne; dass es so etwas wie eine biotische »Gemeinschaft« (mit Mitgliedern) gebe, die sowohl Pflanzen als auch Tiere umfasse; dass eine »organismische Philosopie«, die das gesamte Universum als einen Organismus ansah, ein nützlicher Weg zum Verständnis ökologischer Beziehungsverhältnisse sei; und dass der Holismus sowohl als Ursache wie auch als Wirkung von allem in der Natur betrachtet werden könne. Smuts' holistische Sichtweise, so Tansley, sei »zumindest teilweise von einem imaginierten zukünftigen ›Ganzen‹ motiviert, das sich in einer idealen menschlichen Gesellschaft verwirkliche, deren widergespiegelter Glanz auf weniger erhöhte Gesamtheiten falle, die das Bild des ›komplexen Organismus‹« in ein falsches Licht setze. Dies war eine höfliche Art und Weise, auf das System rassischer Schichtenbildung hinzuweisen, das der holistischen Ökologie von Smuts innewohnte.

In der Bekämpfung von mystischem Holismus und Superorganizismus und der Einführung des Ökosystemkonzeptes als Antwort, wandte sich Tansley der Systemtheorie zu, die in Levys *The Universe of Science* zur Anwendung kam und sich zugleich auf die Vorstellungen eines dynamischen Gleichgewichtes in natürlichen Systemen bezog, die auf Lukretius, den römischen Anhänger Epikurs und Autor des philosophischen Gedichtes *The Nature of Things,* zurückging. »Die grundlegende Vorstellung«, des neuen Ökosystemkonzeptes war – wie Tansley argumentierte –

> »die des ganzen *Systems* (im Sinne der Physik), das nicht nur den Organismuskomplex umfasst, sondern auch den gesamten Komplex der physischen Faktoren, die eine Erscheinung bilden, die man als Umwelt der Biome – der Lebensraumfaktoren im weitesten Sinne – bezeichnet. Obwohl die Organismen unser vorrangiges Interesse in Anspruch nehmen, können wir, wenn wir versuchen, grundsätzlich zu denken, sie nicht von ihrer besonderen Umwelt trennen, mit der sie ein physisches System bilden [...] Diese *Ökosysteme,* wie wir sie nennen wollen, besitzen die verschiedensten Formen und Ausmaße. Sie bilden eine Kategorie innerhalb

der zahlreichen physischen Systeme des Universums, die vom Universum als Ganzem bis hinunter zum einzelnen Atom reichen.«

Levy zufolge legte Tansley das Schwergewicht auf eine dialektische Konzeption:

»Die Systeme, die wir gedanklich eingrenzen, sind nicht nur Teile einer größeren Einheit, sondern überlagern sich, greifen ineinander und interagieren miteinander. Die Eingrenzung ist teilweise künstlich, stellt aber den einzigen Weg dar, auf dem wir voranschreiten können.«

Anstatt Ökologie in Bezug auf eine natürliche, teleologische Ordnung zu betrachten, hob Tansley Brüche und Störungen dieser Ordnung hervor, indem er Bezug nahm auf »die zerstörerischen menschlichen Aktivitäten der modernen Welt« und die Menschen als einen »außergewöhnlich mächtigen biotischen Faktor« darstellte, »der in wachsendem Maße das Gleichgewicht der bestehenden Ökosysteme durcheinanderbringt und letztlich zerstört, während er zugleich neue Systeme von andersartiger Natur heranbildet«. »Ökologie«, so argumentierte er, »muss auf Bedingungen angewandt werden, die auf menschlicher Aktivität beruhen«, und zu diesem Zweck sei das Ökosystemkonzept, welches das Leben in seine weitere materielle Umwelt einbette und »über die Formen ›natürlicher‹ Wesenheiten« in Erscheinung trete, die praktikabelste Form der Analyse. Tansleys Ökosystemkonzept war paradoxerweise eher genuin holistisch und außerdem dialektischer als der Superorganismus und der ihm vorausgehende »Holismus«, da es die organische wie auch die anorganische Welt in eine komplexere materialistische Synthese versetzte.[235]

## Die Dialektik der Entfremdung von Natur und Gesellschaft

Der Leser mag glauben, ich sein durch die intensive Beschäftigung mit Tansley von meinem Weg abgekommen. Eine Analyse, die zugleich materialistisch und dialektisch ist, ermöglicht jedoch tiefere Einsichten sowohl in Ökologie als auch in Gesellschaft, Naturgeschichte und Menschheitsgeschichte. Die marxistisch-

---

235 Vgl. Anker, *Imperial Ecology*, a.a.O., S. 152–156; Arthur G. Tansley, »The Use and Abuse of Vegetational Concepts and Terms«, in: *Ecology* 16, Nr. 3, Juli 1935, S. 284–307.

materialistische Sichtweise ist einem solchen Ansatz verpflichtet. Persönlichkeiten wie Bucharin, Vernadsky, Wawilow, Oparin, Caudwell, Haldane, Hogben, Needham und Levy – aber auch Lankester und Tansley – teilten, wenn auch mit beträchtlicher Abweichung, sowohl die materialistische Auffassung von Natur und Gesellschaft wie auch die Verpflichtung auf dialektische Lesarten menschlicher und natürlicher Beziehungsverhältnisse. Die Tatsache, dass diese Denker in unterschiedlichem Maße teilweise auch in mechanisches Denken verfielen, sollte uns dazu mahnen, uns ihrem Werk vorsichtig zu nähern.

Einige Umweltkommentatoren behaupten weiterhin, dass Marx allein an den Kampf des Menschen gegen die Natur geglaubt habe und von daher anthropozentrisch und unökologisch gewesen sei, und dass der Marxismus diese ökologische Sünde fortschreibe. Offensichtlich widerspricht dies jedoch der Beweislage. In *Die Deutsche Ideologie* bestürmt Marx Bruno Bauer wegen seiner »›Gegensätze in Natur und Geschichte‹, als ob das zwei voneinander getrennte ›Dinge‹ seien«. In der Tat hat »die vielberühmte ›Einheit des Menschen mit der Natur‹ in der Industrie von jeher bestanden«, wie Marx argumentierte, »ebenso wie der ›Kampf‹ des Menschen mit der Natur«. Ein materialistischer Ansatz leugne weder die Realität noch die Einheit noch den Kampf im menschlichen Verhältnis zur Natur. Stattdessen konzentriere er sich darauf »die sinnliche Welt«, wie Marx sagte, »als die gesamte lebendige sinnliche *Tätigkeit* der sie ausmachenden Individuen aufzufassen«.[236] Von diesem Standpunkt aus gestalten die Menschen ihre eigenen Umwelten, auch wenn dies nicht unter vollständig von ihnen selbst bestimmten Umständen, jedoch aufgrund von Bedingungen geschieht, die von der Erde und früheren Generationen im Verlauf sowohl der natürlichen wie der menschlichen Geschichte überliefert wurden.

---

236 Karl Marx, *Die deutsche Ideologie*, MEW Band 3 (Berlin: Dietz Verlag, 1990), S. 44–45.

# Kapitel 9
# Die marxsche Theorie des metabolischen Bruchs: Klassische Grundlagen der Umweltsoziologie

Dieses Kapitel ist die überarbeitete und korrigierte Version eines Artikles, der unter demselben Titel im *American Journal of Sociology* 105, Nr. 2 (September 1999), S. 366–405, veröffentlicht wurde.

Dieses Kapitel behandelt ein Paradox: Einerseits ist die Umweltsoziologie, wie sie sich gegenwärtig entwickelt, eng mit der These verbunden, dass die klassische soziologische Tradition frei von systematischen Einsichten in Umweltprobleme sei; andererseits ist das Vorhandensein von entscheidenden klassischen Beiträgen auf diesem Gebiet, besonders bei Marx, aber auch bei Weber, Durkheim und anderen zu reichhaltig, um geleugnet zu werden. Die Natur dieses Paradoxons, seine Ursprünge und die Mittel zu seiner Überwindung werden hauptsächlich durch eine Analyse der marxschen Theorie des metabolischen Bruchs veranschaulicht, die – wie umstritten auch immer – wesentliche Grundlagen der Umweltsoziologie bietet.

## Klassische Barrieren zur Umweltsoziologie

In den letzten Jahrzehnten sind wir Zeugen eines signifikanten Wandels im sozialen Denken geworden, da verschiedene wissenschaftliche Disziplinen bestrebt waren, als Reaktion auf die vom Umweltschutz aufgeworfene Herausforderung und die globale Ökologiekrise ein Umweltbewusstsein in ihre Grundmuster aufzunehmen. Es war die Geografie mit ihrer langen Geschichte der Konzentration auf die Entwicklung der natürlichen Landschaft und auf die Biogeografie der Sozialwissenschaft, die sich am schnellsten den wachsenden Umweltproblemen gewidmet hat.[237] Die Anthropologie mit einer Tradition der Erforschung des kulturellen Überlebens und dessen Bezug zu ökologischen Bedingungen stellte sich ebenso rasch auf ein größeres Umweltbewusstsein ein.[238] Die Wirtschaftswissenschaft, die in der Lage war, sich auf die theoretischen Grundlagen von A. C. Pigous Werk von 1920 *Economics of Welfare* zu beziehen, erlebte eine schnelle Entwicklung eines ausgeprägten, wenn auch begrenzten Ansatzes in Bezug auf Umweltproblematiken, der sich auf die Verinnerlichung »externer Effekte« konzentrierte und dabei die »Umweltökonomie [...] zu einer der schnellstwachsenden akademischen Subdisziplinen der gesamten industriellen Welt« machte.[239] Als ein verhältnismäßig atheoretisches Feld hatte die Politikwissenschaft kaum Schwierigkeiten bei der Einbeziehung von Umweltthemen in ihre Analyse öffentlicher Politik, ihr Augenmerk auf pluralistische Interessengruppen, ihre Sozialvertragstheorie und in neuerer Zeit ihre Betonung der rationalen Auswahltheorie. Dennoch hat der pragmatische Charakter eines Großteils der Politikwissenschaft in den Vereinigten Staaten zusammen mit dem Fehlen einer starken grünen Partei und dem Fehlen einer Verbindung zwischen Identifizierung von Umweltangelegenheiten und Wahlverhalten die Umweltpolitik am Rande der Disziplin gehalten.[240]

---

237 Vgl. Carl Sauer, *Land and Life* (Berkeley: University of California Press, 1963).
238 Vgl. Clifford Geertz, *Agricultural Involution: The Processes of Ecological Change in Indonesia* (Berkeley: University of California Press, 1963); Kay Milton, *Environmentalism and Cultural Theory* (New York: Routledge, 1996).
239 Vgl. A. C. Pigou, *The Economics of Welfare* (London: Macmillan, 1920); Michael Jacobs, »The Limits of Neoclassicism«, in: Michael Redclift und Ted Benton (Hrsg.), *Social Theory and the Global Environment* (New York: Routledge, 1994), S. 67.
240 Vgl. John Dryzek, *The Politics of the Earth* (Oxford: Oxford University Press, 1997).

Auch in der Soziologie wurden dramatische Fortschritte gemacht.[241] Trotzdem ist die Soziologie einzigartig in ihrem Widerstand gegenüber Umweltfragen. Eine Barriere, die zwischen Gesellschaft und Natur, Soziologie und Biologie errichtet wurde und die klassischen Soziologien von Marx, Weber und Durkheim von den biologischen und naturalistischen Belangen trennte, die in der präklassischen Soziologie der Sozialdarwinisten eine zentrale Rolle spielten, verhinderte die Einbeziehung der Umweltsoziologie in den Mainstream der Disziplin.[242]

Infolgedessen konnte bis vor Kurzem gesagt werden, dass »es eine allgemeine Übereinkunft unter Umweltsoziologen gab, dass die klassische soziologische Tradition für den Gedeih der ökologisch informierten soziologischen Theorie unwirtlich war«.[243] »Von einem umweltsoziologischen Standpunkt aus«, so argumentierte Frederick Buttel, »kann die klassische Tradition dahingehend als ›radikal soziologisch‹ bezeichnet werden, dass die klassischen Theoretiker (und wohl erst recht die Interpreten der klassischen Tradition des 20. Jahrhunderts) in ihrem Streben nach Befreiung des sozialen Denkens und der Soziologie von Reduktionismus, Vorurteilen, Machtverhältnissen und Magie an der Übertreibung der Unabhängigkeit gesellschaftlicher Prozesse von der natürlichen Welt hängen blieben.«[244] In ähnlicher Weise hat Ted Benton beobachtet, dass »die begriffliche Struktur oder die ›disziplinäre Matrix‹, durch welche die Soziologie, insbesondere im Hinblick auf pozentiell konkurrierende Disziplinen wie Biologie und Psychologie, zu ihrer eigenen Definition gekommen ist, Fragen über die Bezüge zwischen der Gesellschaft und ihrem ›natürlichen‹ oder ›materiellen‹ Untergrund, effektiv ausgeschlossen oder verdrängt hat«.[245] »Die Soziologie war«, laut Aussage eines bedeutenden Umweltsoziologen, »so aufgebaut, als ob die Natur ohne

---

241 Vgl. Riley Dunlap, »The Evolution of Environmental Sociology«, in: Michael Redclift und Graham Woodgate (Hrsg.), *International Handbook of Environmental Sociology* (Northampton, Massachusetts: Edward Elgar, 1997), S. 21–39.
242 Vgl. William Burch, *Daydreams and Nightmares* (New York: Harper and Row, 1971), S. 14–20; Riley Dunlap und William Catton, »Environmental Sociology«, in: Timothy O'Riordan und Ralph D'Arge (Hrsg.), *Progress in Resource Management and Environmental Planning*, Band 1 (New York: John Wiley and Sons, 1979), S. 57–85; Ted Benton, »Biology and Social Theory in the Environmental Debate«, in: Redclift and Benton, *Social Theory and the Global Environment*, S. 28–30; Raymond Murphy, *Rationality and Nature* (Boulder, Colorado: Westview, 1994), S. ix–x; Friedrich Buttel, »Environmental and Resource Sociology«, in: *Rural Sociology* 61, Nr. 1, 1996, S. 56–76.
243 Friedrich Buttel, »Sociology and the Environment«, in: *International Social, Science Journal*, 109, 1986, S. 338.
244 Buttel, »Environmental and Resource Sociology«, a.a.O., S. 57.
245 Benton, »Biology and Social Theory in the Environmental Debate«, a.a.O., S. 29.

Bedeutung sei.«²⁴⁶ Eine solche Marginalisierung der physischen Umwelt wurde teilweise durch die riesigen ökonomischen und technologischen Erfolge der industriellen Revolution möglich gemacht, die lange Zeit den Eindruck vermittelten, dass die menschliche Gesellschaft von ihrer natürlichen Umgebung unabhängig sei. Dies wird als Erklärung für die Tatsache angesehen, dass in den Vereinigten Staaten »soziologische Arbeiten über Ressourcenknappheit nie in den wichtigsten Fachblättern der Disziplin erschienen«.²⁴⁷

Im Einklang mit der innerhalb der Umweltsoziologie vorherrschenden Ansicht war die moderne Soziologie in ihrer klassischen Periode mit der humanistischen Weltsicht vereint, welche die menschliche Besonderheit in Bezug auf die Natur betonte. Dies bezeichneten einige als das alte »menschliche Ausnahmemodell« im Gegensatz zum »neuen Umweltmodell«, das den Anthropozentrismus, der angeblich für die erstgenannte Sichtweise charakteristisch war, ablehnte.²⁴⁸ Im Hinblick auf Durkheim wurde zum Beispiel argumentiert, dass das Gesellschaftliche eine unterschiedliche Realität darstelle, die von physischen, psychologischen und biologischen Belastungen verhältnismäßig unabhängig sei. »Die Schubkraft der methodologischen Argumente von Durkheim und Weber« lag Goldblatt zufolge darin, die Soziologie unter Ablehnung »jeglicher Formen von Determinismus« von Biologie und Natur abzuschirmen; während die marxsche Behandlung solcher Themen, auch wenn sie beträchtlichen Umfang besaß, sich weitgehend auf den »marginalen« Bereich der Ökonomie des Landbaus beschränkte.²⁴⁹

In der Sprache der zeitgenössischen Umweltschutzbewegung ist die Soziologie folglich eine Disziplin mit »anthropozentrischer« Orientierung, die wenig Raum für eine Berücksichtigung des gesellschaftlichen Verhältnisses zur Natur und noch viel weniger den durchgängigen »Ökozentrismus« zulässt, der von vie-

---

246 Raymond Murphy, *Sociology and Nature* (Boulder, Colorado: Westview, 1996), S. 10.
247 Riley Dunlap und Kenneth Martin, »Bringing Environment into the Study of Agriculture«, in: *Rural Sociology* 48, Nr. 2, 1983, S. 201–218; Dunlap, »The Evolution of Environmental Sociology«, a.a.O., S. 23; Riley Dunlap und William Catton, »Struggling with Human Exemptionalism«, in: *American Sociologist* 25, Nr. 1, 1994, S. 8.
248 Vgl. William Catton, Jr., und Riley Dunlap, »Environmental Sociology: A New Paradigm«, in: *American Sociologist* 13, 1978, S. 41–49; Friedrich Buttel, »Environmental Sociology: A New Paradigm?«, in: *American Sociologist* 13, 1978, S. 252–56; Dunlap und Catton, »Struggling with Human Exemptionalism«, a.a.O., S. 5–30.
249 Vgl. Benton und Redclift, »Introduction«, a.a.O.; Redclift und Benton, *Social Theory and the Global Environment*, a.a.O., S. 3; Dunlap und Catton, »Environmental Sociology«, a.a.O., S. 58; David Goldblatt, *Social Theory and the Environment* (Boulder, Colorado: Westview, 1996), S. 3.

len Umweltschützern zum Ansatz gebracht wird. Sie wurzelt in einem »soziokulturellen Determinismus«, der ökologische Fragen wirkungsvoll ausschließt. Für Riley Dunlap und William Catton muss die Soziologie daher »die vom [menschlichen] Exzeptionalismus aufgesetzten ›Scheuklappen‹« abwerfen und »die Ökosystemabhängigkeit aller menschlichen Gesellschaften« anerkennen.[250]

Ein Ergebnis dieser Problematik theoretischer Unstimmigkeit liegt darin, dass die Umweltsoziologie, trotz wichtiger Innovationen, weiterhin innerhalb der Gesamtdisziplin nur eine marginale Rolle gespielt hat. Obwohl im Jahre 1976 eine umweltsoziologische Sektion der American Sociological Association gegründet wurde, hatte dies nicht die Paradigmen verschiebende Wirkung auf die Soziologie, die führende Persönlichkeiten innerhalb der Sektion erwartet hatten. Weder wurde die Soziologie insgesamt vom Aufkommen der Umweltsoziologie sehr beeinflusst, noch wurde Umweltfragen im Rahmen der Fachrichtung viel Aufmerksamkeit geschenkt. Ein führender Praktiker der Umweltsoziologie bemerkte dazu im Jahr 1987:»Die Disziplin hat im Großen und Ganzen den Infragestellungen ihrer theoretischen Annahmen, die von Umweltsoziologen vorgenommen wurden, geschickt widerstanden.«[251]

Ein Bereich, auf dem die soziologische Kerndisziplin die größte Bereitschaft zur Anerkennung ökologischer Fragen gezeigt hat, ist das Gebiet der Umweltbewegungen. Dort hat die Literatur in den letzten Jahren durch das Anwachsen der Bewegung für Umweltgerechtigkeit rasch zugenommen. Aber diese Literatur verdankt der sozialen Bewegungstheorie sehr viel mehr als die umweltschützerische Infragestellung traditioneller soziologischer Vorstellungen.

Ein Weg, auf dem Umweltsoziologen versucht haben, diese Probleme zu lösen, lag im Rückgriff auf die präklassische sozialdarwinistische Tradition: auf Denker wie Malthus und Sumner.[252] In jüngster Zeit hat es jedoch zahlreiche Forschungen innerhalb der Umweltsoziologie gegeben, die nicht darauf gerichtet waren, die wesentlichen klassischen soziologischen Theoretiker zu umgehen, sondern alternative Grundlagen innerhalb der klassischen Literatur ausfindig zu machen, die in späteren Interpretationen vernachlässigt wurden. So wurde zum Beispiel von Raymond Murphy ein eindrucksvoller Versuch unternommen,

---

250 Vgl. Dunlap und Martin, »Bringing Environment into the Study of Agriculture«, a.a.O., S. 204; Dunlap und Catton, »Struggling with Human Exemptionalism«, a.a.O., S. 6.
251 Friedrich Buttel, »New Directions in Environmental Sociology«, in: *Annual Review of Sociology* 13, 1987, S. 466.
252 Vgl. William Catton, *Overshoot* (Urbana: University of Illinois Press, 1982).

durch die Anwendung von Webers Kritik der Rationalisierung auf den ökologischen Bereich und die Entwicklung einer »Ökologie der sozialen Aktion« eine neu-weberianische Soziologie zu etablieren.[253] Timo Järvikoski argumentierte, dass wir die Ansicht zurückweisen sollten, dass Durkheim die Natur schlicht vernachlässigt hat, und stattdessen versuchen sollten, uns mit Durkheims sozialem Konstruktivismus im Hinblick auf die Natur zu befassen, indem wir untersuchen, wie die Gesellschaft in die hierarchische Vorstellung von Natur passt, die er sich gemeinhin vorstellte.[254] Andere haben Durkheims Verwendung biologischer Analogien und die demografische Basis hervorgehoben, die er seiner sozialen Formenlehre der Trennung von Arbeit und Stadtplanung gab, die eine Vorahnung der städtisch orientierten menschlichen Ökologie von Robert Park und anderen Soziologen aus Chicago zu geben schien.[255] Das dramatischste Anwachsen von Literatur in Bezug auf die klassische Soziologie war jedoch auf die ökologischen Beiträge von Marx orientiert, die ausführlicher waren als bei anderen klassischen Theoretikern und eine ausgedehnte und vielseitige internationale Debatte hervorgebracht haben, die alle Stadien des marxschen Werkes umfasst.[256]

Bezeichnenderweise hat diese wachsende Literatur über den Bezug der klassischen soziologischen Theoretiker zur Umweltanalyse die ursprünglichen Kriti-

---

253 Vgl. Murphy, *Rationality and Nature*, a.a.O.
254 Timo Järvikoski, »The Relation of Nature and Society in Marx and Durkheim«, in: *Acta Sociologica* 39, Nr. 1, 1996, S. 73–86.
255 Vgl. Buttel, »Sociology and the Environment«, a.a.O., S. 341–342.
256 Vgl. Alfred Schmidt, *The Concept of Nature in Marx* (London: New Left Books, 1971) [dt.: *Der Begriff der Natur in der Lehre von Karl Marx*. Europäische Verlagsanstalt, Frankfurt am Main, 1971; Howard Parsons (Hrsg.), *Marx and Engels on Ecology* (Westport, Conn.: Greenwood, 1977); Anthony Giddens, *A Contemporary Critique of Historical Materialism* (Berkeley: University of California Press, 1981); Michael Redclift, *Development and the Environmental Crisis* (New York: Methuen, 1984); John Clark, »Marx's Inorganic Body«, in: *Environmental Ethics* 11, 1989, S. 243–58; Ted Benton, »Marxism and Natural Limits«, in: *New Left Review* 178, 1989, S. 51–86; Andrew McLaughlin, »Ecology, Capitalism, and Socialism«, in: *Socialism and Democracy* 10, 1990, S. 69–102; Kozo Maiumi, »Temporary Emancipation from the Land«, *Ecological Economics* 4, Nr. 1, 1991, S. 35–56; Reiner Grundmann, *Marx and Ecology* (Oxford: Oxford University Press, 1991); Robyn Eckersley, *Environmentalism and Political Theory* (New York: State University of New York Press, 1992); Michael Perelman, »Marx and Resource Scarcity«, in: *Kapitalism, Nature, Socialism* 4, Nr. 2, 1993, S. 65–88; Tim Hayward, *Ecological Thought* (Cambridge, Massachusetts: Polity, 1994); David Harvey, *Justice, Nature and the Geography of Difference* (New York: Blackwell, 1996); Paul Burkett, »Nature in Marx Reconsidered«, in: *Organization and Environment* 10, Nr. 2, 1997, S: 164 – 83; John Bellamy Foster, »The Crisis of the Earth«, in: *Organization and Environment* 10, Nr. 3, 1997, S. 278–95; Peter Dickens, »Beyond Sociology«, in: Redclift und Woodgate (Hrsg.), *International Handbook of Environmental Sociology*; James O'Connor, *Natural Causes* (New York: Guilford, 1998).

ker der klassischen Soziologie innerhalb der Umweltsoziologie dazu veranlasst, ihre Kritiken abzumildern. Dabei ging Buttel, einer der Begründer der Subdisziplin, so weit, zu behaupten, dass trotz all ihrer diesbezüglichen Unzulänglichkeiten, »aus den Arbeiten der drei klassischen Theoretiker eine aussagefähige Umweltsoziologie erstellt werden kann«.[257] Wir wissen heute zum Beispiel, dass Weber, wie er bereits 1909 in seiner Kritik von Wilhelm Ostwalds Sozialer Energetik schrieb, einige Besorgnis über die kontinuierliche Verfügbarkeit knapper Naturressourcen zeigte und dem Ökologieökonomen Georgescu-Roegen in der Argumentation vorgriff, dass das Entropiegesetz sowohl auf Materie als auch auf Energie Anwendung fände.[258] Durkheims Analyse der Folgerungen aus Darwins Evolutionstheorie verwies – wie wir weiter unten sehen werden – auf eine komplexe koevolutionäre Perspektive. Trotzdem übt die weit verbreitete Prägung durch klassische Barrieren zur Umweltsoziologie weiterhin ihren Einfluss auf die meisten Umweltsoziologen aus, unfähig, ihre theoretische Verpflichtung auf die klassische Soziologie mit ihrer Umweltsoziologie in Einklang zu bringen, die eine Schwerpunktsetzung auf die Beziehungen zwischen Gesellschaft und natürlicher Umwelt erforderlich macht.

Im Folgenden liegt das Augenmerk in der Behandlung der scheinbar paradoxen Beziehung von klassischer soziologischer Theorie und Umweltsoziologie in der Ausrichtung auf die Arbeit von Marx, während auf Weber und Durkheim nur am Rande Bezug genommen wird. Es wird argumentiert, dass die vernachlässigten, jedoch entscheidenden Elemente innerhalb der marxschen Gesellschaftstheorie feste Grundlagen für die Entwicklung einer Umweltsoziologie bieten. Im Gegensatz zu den meisten Abhandlungen über Marx' ökologische Schriften wird nicht auf seine frühen philosophischen Arbeiten, sondern auf seine spätere politische Ökonomie Nachdruck gelegt. In Letzterer lieferte Marx in Reaktion auf die Untersuchungen des deutschen Chemikers Justus von Liebig seine systematische Behandlung solcher Fragen wie der Bodenfruchtbarkeit, des organischen Recyclings und der Nachhaltigkeit – und in ihr finden wir auch sein weiteres begriffliches Bezugssystem, in dem der Bruch im Stoffwechsel zwischen der menschlichen Produktion und ihren natürlichen Bedingungen herausgearbeitet wird.[259]

---

257 Buttel, »Sociology and the Environment«, a.a.O., S: 340–305.
258 Vgl. Juan Martinez-Alier, *Ecological Economics* (Oxford: Blackwell, 1987), S. 183–192.
259 Die Frage der Nachhaltigkeit oder die Vorstellung, dass die grundlegenden ökologischen Bedingungen der Erhaltung bedürfen, sodass die Fähigkeit zukünftiger Generationen zur Erfüllung ihrer Bedürfnisse nicht in Mitleidenschaft gezogen wird, bildet das

Es mag angesichts von Marx' besonderem dualem Status als Begründer und Kritiker der klassischen Soziologie (ganz zu schweigen von seinem Ruf als Feind der Natur) ironisch erscheinen, sich ausgerechnet ihm zuzuwenden, um die Soziologie aus dem befremdlichen Dilemma zu retten, dem Verhältnis zwischen Natur und menschlicher Gesellschaft nicht genügend Beachtung geschenkt zu haben. Dennoch hat die Entdeckung oder Wiederentdeckung vernachlässigter Passagen im intellektuellen Werk von Marx in der Vergangenheit dazu gedient, die Soziologie im Hinblick auf solch kritische Themen wie die Entfremdung, den Arbeitsprozess und erst in jüngerer Zeit die Globalisierung zu revitalisieren.[260]

Beim Aufbau dieser Argumentation wird der Versuch unternommen, auf der einen Seite das Paradox der Existenz einer – wie wir jetzt erst entdecken – großen Menge an Material über Umweltfragen innerhalb der klassischen soziologischen Theorie, und andererseits die weit verbreitete Wahrnehmung breiter zu kommentieren, dass die klassische Tradition jede ernsthafte Berücksichtigung dieser Themen ausschloss und für sich genommen eine Barriere bildet, welche die Entwicklung der Umweltsoziologie verhindert. Hierbei werden zwei Hypothesen vorgebracht, die sich aus der Behandlung von Marx ergeben. Erstens ist die augenscheinliche Blindheit der klassischen soziologischen Theorie gegenüber ökologischen Fragen teilweise eine Manifestation der Art und Weise, in der man sich im späten 20. Jahrhundert die klassische Soziologie zu eigen gemacht hat. Dies kann als das Aneignungsproblem betrachtet werden. Zweitens war die Kritik der Umweltsoziologie an klassischen Traditionen oftmals selbst in einer übermäßig restriktiven Vorstellung dessen verwurzelt, was die Theoretisierung der Umwelt ausmacht, indem diese (wie durch die Tradition der Tiefenökologie veranschaulicht) auf eine enge »dunkelgrüne« Perspektive reduziert wird.[261] Dies kann als das definitorische Problem angesehen werden.

---

Leitmotiv des überwiegenden zeitgenössischen Umweltdenkens.
260 Vgl. Buttel, »Environmental and Resource Sociology«, a.a.O., S. 61.
261 Umweltschützer verwenden zuweilen die Begriffe »dunkelgrün« und »hellgrün«, um dieselbe Unterteilung zu benennen, wie die zwischen »Tiefenökologie« und sogenannter »Oberflächenökologie«. In beiden Fällen ist die Natur der Unterscheidung dieselbe: nämlich zwischen dem, was für eine »anthropozentrische« gegenüber einer eher »ökozentrischen« Sichtweise gehalten wird – folglich sind solcher Unterscheidungen schwer zu definieren. Zu einer verständnisvollen Erklärung der Tiefenökologie vgl. McLaughlin, »Ecology, Capitalism, and Socialism«, a.a.O.

## Die Debatte über Marx und die Umwelt

Es ist ein Zeichen des wachsenden Einflusses von Umweltthemen, dass in den letzten Jahren die Arbeit zahlreicher Denker, von Plato bis Gandhi, in Bezug auf die ökologische Analyse neu bewertet worden ist. Dennoch sind die ausführlichsten und kontroversesten Literaturinhalte im Hinblick auf das Werk von Marx zu finden und überlagern die Debatte um alle anderen Denker bei Weitem. Diese Literatur zerfällt (insoweit sie Umweltfragen ernst nimmt) in vier Lager: (1) diejenigen, die behaupten, dass das Denken von Marx von Anfang bis Ende antiökologisch und von der sowjetischen Praxis nicht zu unterscheiden sei;[262] (2) diejenigen, die die Auffassung vertreten, dass Marx erleuchtende Einsichten in die Ökologie geliefert habe, aber letztlich dem »Prometheanismus« (protechnologischen, antiökologischen Sichtweisen) unterlegen sei – eine Begleiterscheinung dessen, dass er glaubte, dass die Umweltprobleme aufgrund des »Überflusses«, der die postkapitalistische Gesellschaft kennzeichnen würde, beseitigt werden könnten;[263] (3) diejenigen, die argumentieren, dass Marx eine Analyse der Umweltzerstörung innerhalb der Landwirtschaft geliefert habe, die jedoch von seiner gesellschaftlichen Kernanalyse getrennt geblieben sei[264]; und (4) diejenigen, die darauf beharren, dass Marx einen systematischen Ansatz auf Natur und Umwelterosion (insbesondere hinsichtlich der Bodenfruchtbarkeit) entwickelt habe, der auf komplexe Weise mit seinem übrigen Denken verbunden sei und die Frage ökologischer Nachhaltigkeit aufwerfe.[265]

Einige der schärfsten Kritiken an Marx von einem umweltschützerischen Standpunkt aus kamen von führenden (sowohl nicht marxistischen wie auch

---

262 Vgl. Clark, »Marx's Inorganic Body«, a.a.O.; Victor Ferkiss, *Nature, Technology and Society* (New York: New York University Press, 193).
263 Vgl. Giddens, *A Contemporary Critique of Historical Materialism*, a.a.O.; Alec Nove, »Socialism«, in: John Eatwell, Murray Milgate und Peter Newman (Hrsg.), *The New Palgrave Dictionary of Economics*, Band 4 (New York: Stockton, 1987), S. 398–407; Redclift, *Development and the Environmental Crisis*; Benton, »Marxism and Natural Limits«, a.a.O.; McLaughlin, »Ecology, Capitalism, and Socialism«, a.a.O.; Eckersley, *Environmentalism and Political Theory*, a.a.O.; Jean-Paul Deléage, »Eco-Marxist Critique of Political Economy«, in: Martin O'Connor (Hrsg.), *Is Capitalism Sustainable?* (New York: Guilford, 1994), S. 37–52; Goldblatt, *Social Theory and the Environment*, a.a.O., S. 3.
264 Vgl. O'Connor, *Natural Causes*, a.a.O.
265 Vgl. Parsons (Hrsg.), *Marx and Engels on Ecology*, a.a.O.; Perelman, »Marx and Resource Scarcity«, a.a.O.; Maiumi, »Temporary Emancipation from the Land«, a.a.O.; Michael Lebowitz, *Beyond Kapital* (London: Macmillan, 1992); Elmar Altvater, *Die Zukunft des Marktes* (Münster: Westfälisches Dampfboot, 1991); Foster, »The Crisis of the Earth«, a.a.O.; und Burkett, »Nature in Marx Reconsidered«, a.a.O.

marxistischen) Soziologen, besonders in Großbritannien. Giddens zum Beispiel vertrat die Auffassung, dass Marx, obwohl er in seinen frühesten Schriften eine beträchtliche ökologische Sensibilität zeige, später eine »prometheanische Haltung« gegenüber der Natur angenommen habe. Marx' »Beschäftigung mit der Umgestaltung der ausbeuterischen menschlichen Beziehungen, die in Klassensystemen ihren Ausdruck finden, erstreckte sich«, wie Giddens schrieb, »nicht auf die Ausbeutung der Natur.«[266] Auf ähnliche Weise bemerkte Redclift, dass die Umwelt für Marx »eine ermöglichende Funktion [darbot], sich alle Werte jedoch aus der Arbeitskraft ableiteten. Es war [für ihn] unmöglich, von einer ›natürlichen‹ Grenze aus die materiellen Produktivkräfte der Gesellschaft zu erfassen. Die Barrieren, die der vollen Verwirklichung des Ressourcenpotenzials entgegenstanden, wurden eher durch Besitzverhältnisse und legale Zwänge als durch die Ausstattung mit Ressourcen gesetzt.«[267] Erst kürzlich haben Redclift und Woodgate hinzugefügt: »[...] während Marx unsere Beziehungen zur Umwelt als im Wesentlichen sozial betrachtete, fasste er sie auch als allgegenwärtig und unveränderlich, sowie für jede Phase gesellschaftlichen Daseins als gemeinsam auf. Folglich kann für Marx das Beziehungsverhältnis zwischen Mensch und Natur keine Quelle für gesellschaftliche Veränderung bieten [...] Eine solche Sichtweise erkennt nicht in vollem Umfang die Rolle der Technologie und ihrer Auswirkungen auf die Umwelt.«[268] Schließlich vertrat Alec Nove die Auffassung, dass Marx glaubte, »das Problem der Produktion sei [durch den Kapitalismus] ›gelöst‹ worden« und dass die zukünftige Gesellschaft assoziierter Produzenten deshalb »das Problem der Verteilung knapper Ressourcen nicht ernst« zu nehmen habe, was bedeutete, dass es keine Notwendigkeit für einen »ökologisch bewussten« Sozialismus gab.[269]

Marx wurde folglich beschuldigt, im Hinblick auf folgende Punkte Scheuklappen zu tragen: (1) die Ausbeutung der Natur; (2) die Rolle der Natur bei der Schaffung von Werten; (3) das Bestehen von eindeutigen natürlichen Grenzen; (4) den veränderlichen Charakter der Natur und dessen Auswirkung auf die menschliche Gesellschaft; (5) die Rolle der Technologie bei der Zerstörung der Umwelt; und (6) die Unfähigkeit bloßen ökonomischen Überflusses zur Lösung

---

266 Giddens, *A Contemporary Critique of Historical Materialism*, a.a.O., S. 59–60.
267 Redclift, *Development and the Environmental Crisis*, a.a.O., S. 7.
268 Michael Redclift and Graham Woodgate, »Sociology and the Environment«, in: Redclift and Benton (Hrsg.), *Social Theory and the Global Environment*, a.a.O., S. 53.
269 Vgl. Nove, »Socialism«, a.a.O., S. 399.

von Umweltproblemen. Wenn diese Kritikpunkte gültig waren, konnte davon ausgegangen werden, dass die Arbeit von Marx keine signifikanten Einsichten in die Probleme ökologischer Krisen bot und tatsächlich selbst ein größeres Hindernis für das Verständnis von Umweltproblemen darstellte.

Im Gegensatz dazu wird hier ein Versuch unternommen, im Zusammenhang einer systematischen Rekonstruktion der marxschen Theorie vom metabolischen Bruch darzulegen, dass diese ökologischen Scheuklappen im Denken von Marx in Wirklichkeit nicht vorhanden sind und dass jedes der oben angeführten Probleme in seiner Theorie bis zu einem gewissen Grad sehr wohl behandelt wird. Von größerer Bedeutung ist jedoch, dass Marx eine überzeugende Analyse der wichtigsten ökologischen Krise seiner Tage – des Problems der Bodenfruchtbarkeit innerhalb der kapitalistischen Landwirtschaft – vorgelegt hat, wie er auch zu den anderen bedeutenden ökologischen Krisen seiner Zeit (dem Verlust der Wälder, der Verschmutzung der Städte und dem malthusianischen Gespenst der Überbevölkerung) Stellung bezogen hat. Indem er dies tat, warf er grundsätzliche Fragen über den Gegensatz zwischen Stadt und Land, die Notwendigkeit ökologischer Nachhaltigkeit und das von ihm so bezeichnete »Stoffwechselverhältnis« zwischen Mensch und Natur auf. In seiner Theorie und seiner Antwort auf die darwinsche Evolutionstheorie legte Marx eine beträchtliche Wegstrecke in Richtung auf einen historischen Umweltmaterialismus zurück, der die Koevolution von Natur und menschlicher Gesellschaft berücksichtigte.

## Marx und die zweite Landwirtschaftsrevolution: Der metabolische Bruch
### Das Konzept der zweiten Landwirtschaftsrevolution

Obwohl es für Historiker immer noch üblich ist, eine einzige landwirtschaftliche Revolution zu benennen, die im Großbritannien des 17. und 18. Jahrhunderts stattgefunden und welche die Grundlage für die folgende industrielle Revolution gelegt hat, nehmen Landwirtschaftshistoriker im Allgemeinen auch Bezug auf eine zweite und sogar eine dritte Landwirtschaftsrevolution. Die erste Landwirtschaftsrevolution war ein allmählicher Prozess, der über mehrere Jahrhunderte hinweg verlief und mit Einzäunungen und einer wachsenden Zentralisierung der Marktbeziehungen verbunden war; technische Veränderungen umfassten verbesserte Techniken der Fruchtfolge, Düngung, Drainage und Bewirtschaftung des Viehbestandes. Die zweite landwirtschaftliche Revolution dagegen ereignete sich in einem kürzeren Zeitraum zwischen 1830 und 1880 und war gekennzeichnet durch ein Anwachsen der Düngemittelindustrie und eine Umwälzung in der Bodenchemie, die insbesondere mit dem Werk Justus von Liebigs verbunden war.[270] Die dritte Landwirtschaftsrevolution sollte sich noch später, im 20. Jahrhundert abspielen und beinhaltete die Ersetzung der tierischen Zugkraft auf den Farmen durch maschinelle Traktion und schließlich die Konzentration von Tieren auf gewaltigen Weideplätzen, nebst der genetischen Veränderung von Pflanzen (was zu Monokulturen führte) und dem intensiveren Gebrauch von chemischen Zuführungen wie Düngemitteln und Pestiziden.

Die Kritik von Marx an der kapitalistischen Landwirtschaft und seine wichtigsten Beiträge zum ökologischen Denken müssen in Bezug auf die zweite Landwirtschaftsrevolution verstanden werden. Für Marx, der in den 1860er-Jahren am *Kapital* schrieb, trennte ein Abgrund die Behandlung der landwirtschaftlichen Produktivität und der Bodenfruchtbarkeit im Werk klassischer Ökonomen wie Malthus und Ricardo vom Verständnis dieser Probleme in seinen Tagen. In Marx' Worten: »Die wirklichen naturgemäßen Ursachen der Erschöpfung des Bodens [...] [waren] sämtlichen Ökonomen, die über die Differentialrente geschrieben haben, unbekannt [...] wegen des Zustands der Agrikulturchemie zu ihrer Zeit.«[271]

Die Ursache für die unterschiedliche Fruchtbarkeit, aus der sich der Pachtzins ableitete, wurde im Werk von Malthus und Ricardo in den Eingangsjahrzehnten des 19. Jahrhunderts fast vollständig der natürlichen oder absoluten Produktivität des Bodens zugeschrieben, wobei landwirtschaftliche Verbesserung (oder Erosion) nur eine marginale Rolle spielte. Wie Ricardo anmerkte, konnte der Pachtzins definiert werden als »der Anteil des Produkts der Erde, der für die Nutzung der ursprünglichen und unzerstörbaren Kräfte des Bodens an den Grundherrn

---

270 Vgl. F. M. L. Thompson, »The Second Agricultural Revolution, 1815–1880«, in: *Economic History Review* 21, Nr. 1, 1968, S. 62–77. Thompson kennzeichnet die zweite Landwirtschaftsrevolution als Prozess, der im Verlauf der Jahre 1815–1880, das heißt seit Beginn der landwirtschaftlichen Krise stattfindet, die unmittelbar auf die Napoleonischen Kriege folgt. Ich habe den Zeitraum hier auf 1830–1880 heruntergerechnet, um besser zwischen der Krise, die gewissermaßen der zweiten Agrarrevolution vorausging, und der Revolution selbst zu unterscheiden, wobei die Veröffentlichung von Liebigs Organischer Chemie im Jahr 1840 den Wendepunkt ausmachte, gefolgt von J. B. Lawes' Errichtung der ersten Fabrik zur Herstellung von Kunstdünger (Superphosphaten) nur wenige Jahre später.
271 Karl Marx, *Das Kapital*, Band 3, MEW Band 25, a.a.O. S. 789.

bezahlt wurde«.²⁷² Diese Denker argumentierten, dass Böden, die von Natur aus die fruchtbarsten waren, als Erste genutzt wurden, und dass der steigende Pachtzins auf diese Böden und die insgesamt fallende landwirtschaftliche Produktivität das Ergebnis von Böden mit immer geringerer Fruchtbarkeit waren, die erst aufgrund des wachsenden demografischen Druckes unter Anbau genommen wurden. Solange darüber hinaus eine gewisse landwirtschaftliche Verbesserung möglich war, geschah dies in begrenzter Weise, da Produktivitätssteigerungen, die auf fortlaufenden Einsatz von Kapital und Arbeit auf jedweder Landparzelle zurückzuführen waren, als ertragsmindernd galten und dadurch eine Verlangsamung des Produktivitätswachstums in der Landwirtschaft bedingten. All dies verwies auf das malthusianische Dilemma einer Bevölkerungstendenz, die über die Nahrungsversorgung hinauswuchs – eine Tendenz, der, – wie Malthus in seinem ursprünglichen Aufsatz über die Bevölkerungszahl hervorhob, – nur durch Mangel und Elend entgegengewirkt werden konnte, was zu niedrigerer Fertilität und wachsender Sterblichkeit führte, oder durch mögliche moralische Einschränkungen zu begegnen war, wie er in späteren Ausgaben seiner Arbeit hinzufügen sollte.

Im Gegensatz dazu hat sich der klassische Marxismus von Anfang an auf die Tatsache berufen, dass eine historische Verbesserung der Bodenfruchtbarkeit möglich, wenn auch angesichts der sozialen Verhältnisse nicht zwangsläufig war. In seiner 1844 veröffentlichten Schrift »Umrisse zu einer Kritik der Nationalökonomie« verwies Friedrich Engels, unter Hinweis auf Humphry Davy und Liebig, auf die Revolutionen in der Wissenschaft und insbesondere in der Bodenchemie als Hauptgrund dafür, warum sich die Thesen von Malthus und Ricardo hinsichtlich der Möglichkeiten einer raschen Verbesserung der Bodenfruchtbarkeit und der daraus folgenden Propagierung eines günstigen Verhältnisses zwischen Nahrungsmittelvermehrung und Bevölkerungswachstum als falsch erweisen würden. Engels fuhr fort mit der Bemerkung: »Es war der letzte Schritt zur Selbstverschacherung, die Erde zu verschachern, die unser Eins und Alles, die erste Bedingung unserer Existenz ist.«²⁷³ Drei Jahre später schrieb Marx in *Das Elend der Philosophie*, dass

---

272 David Ricardo, *Principles of Political Economy and Taxation* (Cambridge: Cambridge University Press, 1951), S. 67.
273 Friedrich Engels, »Grundrisse einer Kritik der Politischen Ökonomie« in: Karl Marx, *Ökonomische und Philosophische Manuskripte von 1884*, hrsg. von Dirk J. Struik (New York: International Publishers, 1964), S. 197–226.

»die moderne Anwendung der Chemie jeden Augenblick die Natur des Grundstückes ändern kann und da gerade heute die geologischen Kenntnisse die ganze frühere Abschätzung der relativen Fruchtbarkeit umzuwälzen beginnen [...] ist die Fruchtbarkeit nicht eine so bloß natürliche Eigenschaft, wie man wohl glauben könnte: sie steht in engem Zusammenhang mit den jeweiligen gesellschaftlichen Verhältnissen.«[274]

Diese Betonung historischer Veränderungen in der Bodenfruchtbarkeit in Richtung auf eine landwirtschaftliche Verbesserung sollte ein fortlaufendes Thema im marxschen Denken werden, obwohl es an die Erkenntnis gekoppelt wurde, dass die kapitalistische Landwirtschaft die Bedingungen der Bodenfruchtbarkeit so weit untergraben konnte, dass es eher zu einer Erosion des Bodens als zu einer Verbesserung kam. Infolgedessen wurde in seinen späteren Schriften mehr Nachdruck auf die Ausbeutung der Erde im Sinne der mangelnden Erhaltung ihrer Reproduktionsbedingungen gelegt.

## Liebig und die Auszehrung des Bodens

In der Zeit von 1830–70 war die Erschöpfung der Bodennährstoffe die vordringliche Sorge der kapitalistischen Gesellschaft sowohl in Europa wie in Nordamerika, vergleichbar mit der wachsenden Verschmutzung der Städte, der Entwaldung ganzer Kontinente und der malthusianischen Ängste vor Überbevölkerung.[275] In den 1820er- und 1830er-Jahren führten diese Ängste hinsichtlich der »Bodenverarmung« sowohl in Großbritannien als auch in den anderen sich entwickelnden kapitalistischen Ökonomien Europas und Nordamerikas zu einer phänomenalen Steigerung der Nachfrage nach Dünger. Der Wert der Knochenimporte nach Großbritannien stieg von £ 14.400 im Jahr 1823 auf £ 254.600 im Jahr 1837. Das erste mit peruanischem Guano beladene Schiff löschte seine Fracht in Liverpool im Jahr 1835; 1841 wurden 1.700 Tonnen importiert und 1847 bereits 220.000. Die europäischen Bauern plünderten zu dieser Zeit napoleonische Schlachtfelder wie Waterloo und Austerlitz, so dringend benötigten sie Knochen, um sie über ihre Felder auszubringen.[276]

---

274  Karl Marx, *Das Elend der Philosophie*, MEW Band 4 (Berlin: Dietz Verlag 1990) S. 172
275  Vgl. Foster, *The Crisis of the Earth*, a.a.O.; O'Connor, *Natural Causes*, a.a.O., S. 3.
276  Vgl. Lord Ernle, *English Farming Past and Present* (Chicago: Quadrangle, 1961), S. 369; Daniel Hillel, *Out of the Earth* (Berkeley: University of California Press, 1991), S. 131–132.

Die zweite Landwirtschaftsrevolution, die mit dem Aufkommen der modernen Bodenwissenschaft verbunden war, hing eng mit diesem Bedarf gesteigerter Bodenfruchtbarkeit zur Stützung der kapitalistischen Landwirtschaft zusammen. Im Jahr 1837 beauftragte die Britische Vereinigung für den Fortschritt der Wissenschaft Liebig damit, eine Arbeit über das Beziehungsverhältnis zwischen Landwirtschaft und Chemie zu erstellen. Im folgenden Jahr wurde die Royal Agricultural Society of England (königliche Landwirtschaftsgesellschaft) gegründet, die von Ökonomiehistorikern als führende Organisation in der britischen großbäuerlichen Bewegung betrachtet wird – eine Bewegung wohlhabender Landbesitzer zur Verbesserung der Verwaltung ihrer Güter. Im Jahr 1840 veröffentlichte Liebig seine Schrift *Die organische Chemie in ihrer Anwendung auf Agrikultur und Physiologie*, welche die erste überzeugende Erklärung der Rolle der Bodennährstoffe wie Stickstoff, Phosphor und Kalium beim Wachstum der Pflanzen lieferte. Eine der am stärksten von Liebigs Ideen beeinflussten Persönlichkeiten war der wohlhabende englische Landbesitzer und Agronom J. B. Lawes. Im Jahr 1842 erfand Lawes ein Verfahren zur Herstellung der Löslichkeit von Phosphat, das ihn in die Lage versetzte, den ersten Kunstdünger einzuführen, und baute im Jahr 1843 eine Fabrik zur Herstellung seiner neuen »Superphosphate«. Mit der Aufhebung der Korngesetze im Jahr 1846 wurde Liebigs organische Chemie von den großen Landwirtschaftsinteressen in England als Schlüssel zur Erzielung größerer Ernteerträge angesehen.[277]

In den 1840er-Jahren versprach diese wissenschaftliche Revolution in der Bodenchemie zusammen mit dem Entstehen der Düngemittelindustrie einen schnelleren landwirtschaftlichen Aufschwung und beeindruckte viele zeitgenössische Beobachter, darunter auch Marx und Engels, die bis in die 1860er-Jahre glaubten, dass der Fortschritt in der Landwirtschaft die allgemeine Industrieentwicklung bald hinter sich lassen könnte. Die Fähigkeit des Kapitals, aus diesen wissenschaftlichen Durchbrüchen in der Bodenchemie Nutzen zu ziehen, war durch die systemimmanente Entwicklung der Arbeitsteilung, insbesondere durch den wachsenden Gegensatz zwischen Stadt und Land, noch begrenzt. Im Laufe der 1860er-Jahre kam Marx beim Verfassen des *Kapital* dann zu der Überzeugung, dass die Natur der kapitalistischen Landwirtschaft aufgrund zweier historischer Entwicklungen widersprüchlich und unhaltbar war: (1) die sich

---

277 Vgl. William H. Brock, *Justus von Liebig* (Cambridge: Cambridge University Press, 1997), S. 149–50.

ausweitende Krisenstimmung in der Landwirtschaft sowohl Europas als auch Nordamerikas im Zusammenhang mit der Auszehrung der natürlichen Bodenfruchtbarkeit, die aufgrund der Durchbrüche in der Bodenwissenschaft in keiner Weise abgemildert wurde, sondern verstärkt wurde; und (2) eine Verlagerung in Liebigs eigenem Werk hin zu einer ökologischen Kritik der kapitalistischen Entwicklung in den späten 1850er- und frühen 1860er-Jahren.

Während die Entdeckungen Liebigs und anderer Bodenwissenschaftler die Hoffnungen der Bauern aufrechterhielten, verstärkten sie in gewisser Weise die Krisenstimmung innerhalb der kapitalistischen Landwirtschaft, indem sie den Bauern auf direktere Art die Erschöpfung der Bodenmineralien und den Mangel an Düngemitteln bewusst machten. Der Widerspruch trat mit besonderer Schärfe in den Vereinigten Staaten zutage, insbesondere unter den Farmern im Raum New York und in der Plantagenwirtschaft des Südostens. Durch das britische Monopol des bequemen Zugangs zu Guano (der reich an Stickstoff und Phospaten war) abgeschnitten, waren die US-Kapitalisten auf der Suche nach Alternativangeboten. Dennoch blieb die Menge und Qualität des erhaltenen Düngers weit hinter den Bedürfnissen der USA zurück.[278]

Der peruanische Guano war in den 1860er-Jahren weitgehend erschöpft und musste durch chilenische Nitrate ersetzt werden. In Europa entdeckte Kaliumsalze sorgten für einen breiten Zugang zu diesem Mineral, und Phosphate wurden sowohl durch natürliche wie auch künstliche Bestände bequemer erhältlich. Dennoch blieb vor der Entwicklung zur Herstellung von synthetischem Stickstoffdünger im Jahr 1913 die Versorgung mit Düngemittelstickstoff chronisch knapp. In diesem Zusammenhang konstatierte Liebig, dass zur Überwindung dieser Barriere die Entdeckung von »Dung- oder Guanolagerstätten [...] in Größenordnungen etwa der englischen Kohlenreviere« benötigt würden.[279]

Die zweite landwirtschaftliche Revolution, die mit der Anwendung der wissenschaftlichen Chemie auf die Landwirtschaft in Verbindung stand, war daher zugleich eine Periode heftiger Widersprüche. Das Absinken der natürlichen Fruchtbarkeit des Bodens aufgrund der Unterbrechung des Nährstoffkreislaufes, die sich ausweitenden wissenschaftlichen Kenntnisse über den Bedarf an spezifischen Bodennährstoffen und die gleichzeitigen Beschränkungen in der Zufuhr

---

278 Vgl. J. M. Skaggs, *The Great Guano Rush* (New York: St. Martin's Press, 1994).
279 Liebig, zitiert in Karl Kautsky, *Die Agrarfrage*, Band 1 (Winchester, Massachusetts: Zwan, 1988), S. 53.

sowohl natürlicher wie synthetischer Düngemittel, all dies führte zu ernsthafter Besorgnis über die gegenwärtige und zukünftige Bodenfruchtbarkeit unter der kapitalistischen Agrarwirtschaft.

Im Hinterland von New York verstärkte der gewachsene Wettbewerb seitens der Bauern im Westen in den Jahrzehnten, die der Eröffnung des Erie-Kanals im Jahr 1825 folgten, die Besorgnisse über den »ausgelaugten Boden«. Im Jahr 1850 besuchte der schottische Bodenchemiker James F. W. Johnston, den Marx »den englischen Liebig« nennen sollte, die Vereinigten Staaten. In seinen Notizen über Nordamerika vermerkte Johnston den erschöpften Zustand des Bodens im Hinterland von New York, den er im Vergleich zu den fruchtbareren, weniger verbrauchten Ackerböden in Richtung Westen ungünstig beurteilte.[280] Diese Themen wurden von dem US-Ökonomen Henry Carey aufgegriffen, der in den späten 1840er- und den 1850er-Jahren betonte, dass der Fernhandel, den er mit der Trennung der Stadt vom Land und der Agrarproduzenten von den Verbrauchern in Verbindung brachte, der Hauptfaktor im Nettoverlust an Nährstoffen und für die wachsende Fruchtbarkeitskrise des Bodens sei. »Da die gesamten Energien des Landes«, wie Carey in seinen *Principles of Social Science* (Prinzipien der Sozialwissenschaft) über die Vereinigten Staaten schrieb, »auf die Ausweitung der Macht der Händler und Kaufleute verwendet werden, ist es kein Anlass zur Überraschung, dass man seine Menschen überall damit beschäftigt sieht, ›die Erde ihres Kapitalbestandes zu berauben‹«.[281]

Careys Ansichten sollten einen wichtigen Einfluss auf Liebig haben. In seinen *Naturwissenschaftlichen Briefen zur Modernen Landwirtschaft* von 1859 argumentierte Liebig, dass die »empirische Agrikultur« des Händlers ein »System der Plünderung« zur Folge hatte, in dem die »Reproduktionsbedingungen« des Bodens untergraben wurden. »Ein Feld, von dem immerfort etwas weggenommen wird«, schrieb er, »kann seine Produktivkraft unmöglich steigern oder auch nur auf gleicher Ebene fortsetzen.« Tatsächlich »[führt] jedes Ackerbausystem, das auf der Plünderung des Landes beruht, in die Armut«. »Eine vernünftige Agrikultur beruht im Gegensatz zum Ackerbausystem der Plünderung auf dem

---

280 Vgl. James F. W. Johnston, *Notes on North America* (London: William Blackwood and Sons, 1851), S. 356–365.
281 Henry Carey, *The Past, the Present and the Future* (New York: Augustus M. Kelley, 1967), S. 298–299, 304–308; *Principles of Social Science*, Band 2 (Philadelphia: J.B. Lippincott, 1867), S. 215; und *The Slave Trade Domestic and Foreign* (New York: Augustus M. Kelley, 1967).

Prinzip der Restitution; indem er den Feldern die Voraussetzung für ihre Fruchtbarkeit zurück gibt, stellt der Bauer die Fortdauer der letzteren sicher.« Für Liebig war der englische »Großackerbau [...] nicht wie das offene Raubsystem der amerikanischen Farmer [...] sondern ist raffinierte Art der Plünderung, die auf den ersten Blick nicht wie Raub aussieht«. In Wiederholung von Carey bemerkte Liebig, dass in den Vereinigten Staaten Hunderte, zuweilen Tausende von Meilen zwischen den Zentren der Getreideproduktion und ihren Märkten lagen. Die konstituierenden Bestandteile des Bodens wurden folglich zu weit von ihren Ursprungsorten entfernten Standorten transportiert, was die Reproduktion der Bodenfruchtbarkeit umso schwieriger machte.[282]

Das Problem der Verschmutzung der Städte mit menschlichen und tierischen Abfällen war ebenso an die Auszehrung des Bodens gebunden. In Liebigs Worten: »Wenn es praktikabel wäre, bei geringstem Verlust all die festen und flüssigen Exkremente der Stadtbewohner zu sammeln und jedem Bauern den Anteil zurückzugeben, der aus dem Produkt stammt, das ursprünglich von ihm in die Stadt geliefert wurde, könnte die Produktivität des Landes für kommende Zeitalter weitgehend unbeeinträchtigt erhalten werden und der bestehende Vorrat an mineralischen Elementen in jedem fruchtbaren Feld würde für die Bedürfnisse wachsender Bevölkerungszahlen bei weitem ausreichen.«[283] In seinen einflussreichen *Letters on the Subject of the Utilisation of the Municipal Sewage* (Briefe zum Thema der Verwendung gemeindlicher Abwässer) argumentierte Liebig – seine Analyse auf den Zustand der Themse stützend –, dass eine organische Regenerierung, mittels derer die im Abwasser enthaltenen Nährstoffe in den Boden zurückgeführt würden, ein unverzichtbarer Teil eines vernünftigen städtisch-agrarischen Systems wäre.[284]

## Marx und der metabolische Bruch

Als er in den frühen 1860er-Jahren am *Kapital* arbeitete, war Marx von Liebigs Analyse tief beeindruckt. Im Jahr 1866 schrieb er an Engels im Zuge der Entwicklung seiner Kritik der kapitalistischen Grundrente: »Die neue Agrikulturchemie

---

282 Vgl. Justus von Liebig, *Briefe zur modernen Agrikultur* (London: Walton and Maberly, 1859), S. 175–178, 183, 220.
283 Justus von Liebig, *Die natürlichen Gesetze des Ackerbaus* (New York: D. Appleton, 1863), S. 261.
284 Justus von Liebig, *Briefe zum Thema der Verwendung der hauptstädtischen Abwässer* (London: W.H. Collingridge, 1865).

in Deutschland, speziell Liebig und Schönbein, die wichtiger für diese Sache ist als alle Ökonomen zusammen genommen [...] musste durchgeochst werden.«[285] In der Tat ist »Die Entwicklung der negativen, d. h. zerstörerischen Seite der modernen Agrikultur, vom naturwissenschaftlichen Standpunkt«, wie Marx im *Kapital* bemerkte, »eins der unsterblichen Verdienste Liebigs.«[286] Weit entfernt davon, im Hinblick auf die Ausbeutung der Erde ökologische Scheuklappen zu haben, stand Marx unter dem Einfluss von Liebigs Arbeit der späten 1850er- und frühen 1860er-Jahre davor, eine systematische Kritik der kapitalistischen »Exploitation« des Bodens zu entwickeln.

Marx beendete seine beiden wichtigsten Erörterungen der kapitalistischen Landwirtschaft mit einer Erklärung, wie Großindustrie und Großlandwirtschaft sich darin vereinten, den Boden und den Arbeiter auszulaugen. Viel von der daraus resultierenden Kritik wurde in einer bemerkenswerten Passage am Ende der marxschen Abhandlung der »Genesis der kapitalistischen Grundrente« im *Kapital*, Band 3 herausgearbeitet, wo er schrieb:

>»Das große Grundeigentum [reduziert] die agrikole Bevölkerung auf ein beständig sinkendes Minimum und setzt ihr eine beständig wachsende, in großen Städten zusammengedrängte Industriebevölkerung entgegen; es erzeugt dadurch Bedingungen, die einen unheilbaren Riß hervorrufen in dem Zusammenhang des gesellschaftlichen und durch die Naturgesetze des Lebens vorgeschriebenen Stoffwechsels, infolge wovon die Bodenkraft verschleudert und diese Verschleuderung durch den Handel weit über die Grenzen des eignen Landes hinausgetragen wird. (Liebig.) [...] Große Industrie und industriell betriebene große Agrikultur wirken zusammen. Wenn sie sich ursprünglich dadurch scheiden, dass die erste mehr die Arbeitskraft und daher die Naturkraft des Menschen, die letztere mehr direkt die Naturkraft des Bodens verwüstet und ruiniert, so reichen sich später im Fortgang beide die Hand, indem das industrielle System auf dem Land auch die Arbeiter entkräftet und Industrie und Handel ihrerseits der Agrikultur die Mittel zur Erschöpfung des Bodens verschaffen.«[287]

---

285 Karl Marx und Friedrich Engels, »Brief an Engels vom 13. Februar 1866«, in: MEW Band 42, (Berlin Dietz 1990) S. 227.
286 Karl Marx, *Das Kapital*, Band 1, MEW Band 23, a.a.O., S. 529..
287 Karl Marx, *Das Kapital*, Band 3, MEW Band 25, a.a.O., S. 821.

Marx lieferte eine ähnliche und nicht weniger wichtige Herausarbeitung seiner Kritik auf diesem Gebiet in der Erörterung »Große Industrie und Agrikultur« in Band 1 des *Kapitals*:

> »Mit dem stets wachsenden Übergewicht der städtischen Bevölkerung, die sie in großen Zentren zusammenhäuft, häuft die kapitalistische Produktion einerseits die geschichtliche Bewegungskraft der Gesellschaft, stört sie andrerseits den Stoffwechsel zwischen Mensch und Erde, d. h. die Rückkehr der vom Menschen in der Form von Nahrungs- und Kleidungsmitteln vernutzten Bodenbestandteile zum Boden, also die ewige Naturbedingung dauernder Bodenfruchtbarkeit. [...] Aber sie zwingt zugleich durch die Zerstörung der bloß naturwüchsig entstandnen Umstände jenes Stoffwechsels, ihn systematisch als regelndes Gesetz der gesellschaftlichen Produktion und in einer der vollen menschlichen Entwicklung adäquaten Form herzustellen. [...] Und jeder Fortschritt der kapitalistischen Agrikultur ist nicht nur ein Fortschritt in der Kunst, den Arbeiter, sondern zugleich in der Kunst, den Boden zu berauben, jeder Fortschritt in Steigerung seiner Fruchtbarkeit für eine gegebene Zeitfrist zugleich ein Fortschritt im Ruin der dauernden Quellen dieser Fruchtbarkeit [...] entwickelt daher nur die Technik und Kombination des gesellschaftlichen Produktionsprozesses, indem sie zugleich die Springquellen allen Reichtums untergräbt: die Erde und den Arbeiter.«[288]

In jeder dieser beiden Passagen aus Marx' *Kapital* – die erste als Schlussfolgerung seiner Erörterung der kapitalistischen Grundrente in Band 3 und die zweite als Schlussfolgerung seiner Erörterung der Großlandwirtschaft in Band 1 – liegt das zentrale theoretische Konstrukt in einem »Bruch« im »Stoffwechsel zwischen Mensch und Erde« oder im »sozialen Stoffwechsel, der von den natürlichen Gesetzen des Lebens vorgegeben ist« durch die Entfernung der konstituierenden Bestandteile aus dem Boden, die seine »systematische Instandsetzung« erforderlich macht. Dieser Widerspruch ist mit dem gleichzeitigen Wachstum von Großindustrie und Großlandwirtschaft unter dem Kapitalismus verbunden, wobei die Erstere die Landwirtschaft mit den Mitteln zur intensiven Ausbeutung des Bodens versorgt. In Anlehnung an Liebig argumentierte Marx, dass der Fernhan-

---

288 Karl Marx, *Das Kapital*, Band 1, MEW Band 23, a.a.O. S. 528–30.

del mit Nahrung und Kleidung das Problem der Entfremdung der konstituierenden Bestandteile des Bodens zu einem umso »irreparableren Bruch« mache. Wie er an anderer Stelle im *Kapital* zu verstehen gab, konnte die Tatsache, dass das blinde Streben nach Profit den Boden von England ausgezehrt hatte, tagtäglich an den Umständen gesehen werden, die eine Düngung der englischen Felder mit aus Peru importiertem Guano erzwungen hatten.[289] Wesentlich für die marxsche Argumentation war die Vorstellung, dass eine kapitalistische Großlandwirtschaft jede wirklich vernünftige Anwendung der neuen Wissenschaft der Bodenbewirtschaftung verhindert. Trotz all seiner wissenschaftlichen und technologischen Entwicklung auf dem Gebiet der Landwirtschaft, war der Kapitalismus nicht dazu in der Lage, die notwendigen Bedingungen für die Wiederaufbereitung der konstituierenden Bestandteile des Bodens zu erhalten.

Der Schlüssel zum marxschen theoretischen Gesamtansatz ist das Konzept des sozialökologischen Metabolismus (Stoffwechsels), der in seinem Verständnis des Arbeitsprozesses verankert war. Bei der Definition des Arbeitsprozesses im Allgemeinen (im Gegensatz zu seinen spezifischen historischen Erscheinungen) verwendete Marx den Begriff des Stoffwechsels, um die menschliche Beziehung zur Natur durch Arbeit zu beschreiben:

»Die Arbeit ist zunächst ein Prozeß zwischen Mensch und Natur, ein Prozeß, worin der Mensch seinen Stoffwechsel mit der Natur durch seine eigne Tat vermittelt, regelt und kontrolliert. Er tritt dem Naturstoff selbst als eine Naturmacht gegenüber. Die seiner Leiblichkeit zugehörigen Naturkräfte, Arme und Beine, Kopf und Hand, setzt er in Bewegung, um sich den Naturstoff in einer für sein eignes Leben brauchbaren Form anzueignen. Indem er durch diese Bewegung auf die Natur außer ihm wirkt und sie verändert, verändert er zugleich seine eigne Natur. [...] Er [der Arbeitsprozess] ist allgemeine Bedingung des Stoffwechsels zwischen Mensch und Natur, ewige Naturbedingung des menschlichen Lebens.«[290]

Nur wenige Jahre zuvor hatte Marx in seinen Ökonomischen Manuskripten von 1861–63 geschrieben, dass »die wirkliche Arbeit die Aneignung des Natürli-

---

289 Karl Marx, *Das Kapital*, Band 1, MEW Band 23, a.a.O., S. 253, 348.
290 Karl Marx, *Das Kapital*, Band 1, MEW Band 23, a.a.O., S. 192, 198.

chen zur Befriedigung der menschlichen Bedürfnisse, die Tätigkeit ist, wodurch der Stoffwechsel zwischen dem Menschen und der Natur vermittelt wird«. Daraus folgte, dass die wirkliche Arbeitstätigkeit niemals vom der Natur eigenen Potenzial zur Schaffung von Reichtum unabhängig war, »da der stoffliche Reichtum, die Welt der Gebrauchswerte, nur aus Naturstoff besteht, der durch die Arbeit modifiziert ist«.[291]

Viel von dieser Diskussion des metabolischen Verhältnisses zwischen Menschen und Natur spiegelt sich in den marxschen frühen, eher direkt philosophischen Versuchen, die komplexe Wechselseitigkeit zwischen Mensch und Natur auszuweisen. In den Ökonomischen und Philosophischen Manuskripten von 1844 hatte Marx erklärt: »Der Mensch *lebt* von der Natur, heißt: Die Natur ist sein *Leib*, mit dem er in beständigem Prozeß bleiben muß, um nicht zu sterben. Dass das physische und geistige Leben des Menschen mit der Natur zusammenhängt, hat keinen andren Sinn, als dass die Natur mit sich selbst zusammenhängt, denn der Mensch ist ein Teil der Natur.«[292] Die spätere Einführung des Stoffwechselkonzeptes gab Marx eine solide – und wissenschaftlichere – Methode an die Hand, um den komplexen, dynamischen Austausch zwischen Menschen und Natur abzubilden, die aus menschlicher Arbeit resultierte. Die materiellen Aus-

---

291 Karl Marx, *Ökonomische Manuskript 1861–1863*, Band 1, MEW Band 43 (Berlin: Dietz Verlag, 1990), S. 37. Marx hob in seinen Anmerkungen zu Adolph Wagner, seinem letzten, im Jahr 1880 verfassten Werk, die methodologische Bedeutung des Konzepts des »materiellen Austausches [Stoffwechsels] zwischen Mensch und Natur« hervor. Bereits in den Jahren 1857–1858 hatte sich Marx in den Grundrissen auf das Konzept des Metabolismus (Stoffwechsels) im weiteren Sinne als System eines allgemeinen sozialen Stoffwechsels von universellen Ausmaßen, allumfassender Notwendigkeit und allgemeingültiger Leistungsfähigkeit bezogen, das sich zum ersten Mal unter Bedingungen der allgemeinen Warenproduktion herausgebildet habe. Durch seine späteren ökonomischen Werke hindurch verwendete er das Konzept, um sowohl auf den metabolischen Wechselbezug zwischen Natur und Gesellschaft vermittels menschlicher Arbeit hinzuweisen, als auch um im weiteren Sinne die komplexe, dynamische, voneinander abhängige Reihe von Bedürfnissen und Beziehungsverhältnissen zu beschreiben, die unter dem Kapitalismus in entfremdeter Form erzeugt und ständig reproduziert werden. Dadurch erhebt sich auch die Frage der menschlichen Freiheit, die dadurch aufgeworfen wird, dass man aufgrund dessen all dies in der Art und Weise verknüpft sehen könnte, dass der menschliche Stoffwechsel mit der Natur in der Organisation der menschlichen Arbeit ihren Ausdruck findet. Marx verlieh infolgedessen dem Konzept des Stoffwechsels sowohl eine spezifisch ökologische als auch eine weitergehende soziale Bedeutung. Es ist deshalb durchaus sinnvoll, von der »sozioökologischen« Natur seines Konzeptes zu sprechen. Siehe Karl Marx, *Ökonomische Manuskript 1861–1863*, Band 1, MEW 43 (Berlin: Dietz Verlag, 1990), S. 36–37, 158.
292 Karl Marx, *Ökonomisch–Philosophische Manuskripte*, MEW Band 40 (Berlin: Dietz Verlag, 1990), S. 516.

tauschvorgänge und die regulative Wirkung, die mit dem Begriff des Stoffwechsels verbunden waren, umfassten sowohl »naturgegebene Bedingungen« wie auch die Fähigkeit der Menschen, diesen Prozess zu beeinflussen. Tim Hayward zufolge erfasst das marxsche Konzept des sozio-ökologischen Metabolismus »grundlegende Aspekte der menschlichen Existenz als sowohl natürliche wie auch physische Wesen: Diese umfassen die energetischen und materiellen Austauschprozesse, die sich zwischen den Menschen und ihrer natürlichen Umgebung abspielen [...] Dieser Metabolismus wird von Seiten der Natur durch Naturgesetze reguliert, welche die verschiedenen beteiligten physikalischen Prozesse leiten, und seitens der Gesellschaft durch institutionalisierte Normen, welche die Arbeitsteilung und die Verteilung des Reichtums steuern, etc.«[293]

Angesichts der fundamentalen Art und Weise, in der Marx seine Metabolismusvorstellung konzipiert hatte – als Konstituierung des komplexen, wechselseitigen Prozesses, der die menschliche Gesellschaft mit der Natur verband –, sollte es nicht überraschen, dass dieses Konzept in die marxsche Vision von einer zukünftigen Gesellschaft assoziierter Produzenten eingeht: »Die Freiheit in diesem Gebiet [dem Reich der Naturnotwendigkeit]«, schrieb er im *Kapital*, »kann nur darin bestehen, daß der vergesellschaftete Mensch, die assoziierten Produzenten, diesen ihren Stoffwechsel mit der Natur rationell regeln, unter ihre gemeinschaftliche Kontrolle bringen, statt von ihm als von einer blinden Macht beherrscht zu werden; ihn mit dem geringsten Kraftaufwand und unter den ihrer menschlichen Natur würdigsten und adäquatesten Bedingungen vollziehn.«[294]

Ebenso wie die Einführung des Konzeptes vom »Stoffwechsel« es Marx ermöglichte, seinen Ideen eine festere, wissenschaftliche Grundlage zu verleihen, so ermutigte ihn die zentrale Position, die diese Vorstellung in seiner Theorie einnahm, einige weitergehende Schlussfolgerungen daraus zu ziehen. Der Begriff »Metabolismus« (Stoffwechsel) wurde bereits 1815 eingeführt und wurde in den 1830er- und 1840er-Jahren von deutschen Physiologen übernommen, um materielle Austauschvorgänge im Körper zu benennen, die im Zusammenhang mit der Atmung stehen.[295] Der Begriff erfuhr jedoch im Jahr 1842 durch Liebig in seiner *Tierchemie*, dem großen Werk, das seiner früheren Arbeit über den Boden

---

293 Hayward, *Ecological Thought*, a.a.O., S. 116.
294 Marx, Das Kapital, Band 3, MEW Band 25, a.a.O., S. 828.
295 Vgl. Franklin C. Bing, »The History of the Word ›Metabolism‹«, in: *Journal of the History of Medicine and Allied Sciences*, 26, Nr. 2, 1971, S. 158–80; Kenneth Caneva, *Robert Maier and the Conservation of Energy* (Princeton: Princeton University Press, 1993).

folgte, eine weitere Anwendung (und von daher eine weitere Verbreitung), indem er den Begriff des Stoffwechsels (im Zusammenhang mit der Zersetzung von Geweben) einführte. Dieser wurde anschließend noch weiter verallgemeinert und entwickelte sich zu einem der Schlüsselbegriffe, die sowohl auf der Ebene von Zellen als auch in der Analyse von ganzen Organismen in der Entwicklung der Biochemie zur Anwendung kamen.[296]

Innerhalb der biologischen und ökologischen Analyse wurde das Konzept des Metabolismus mit Beginn der 1840er-Jahre und bis in unsere Tage fortdauernd als zentrale Kategorie im systemtheoretischen Ansatz auf die Beziehung von Organismen zu ihrer jeweiligen Umgebung angewandt. Es bezieht sich auf einen komplexen Stoffwechselprozess, bei dem ein Organismus (oder eine bestimmte Zelle) auf Materie und Energie aus seiner Umgebung zugreift und diese vermittels verschiedener metabolischer Reaktionen in Proteinbausteine und andere für das Wachstum notwendige Komponenten verwandelt. Das Konzept des Metabolismus wird auch dazu verwendet, den regulatorischen Prozess zu bezeichnen, der diesen komplexen Austausch zwischen Organismen und ihrer Umwelt steuert.[297] Führende Systemökologen wie Odum gebrauchen »Metabolismus« in Bezug auf alle biologischen Ebenen, angefangen mit der einzelnen Zelle und endend mit dem Ökosystem.[298]

In letzter Zeit ist der Metabolismusbegriff aufgrund des Entstehens einer überdisziplinären Forschung über »industriellen Metabolismus« zu dem geworden, was Fischer-Kowalski »einen aufgehenden Stern« innerhalb des sozio-ökologischen Denkens genannt hat. Für einige Denker bietet er einen Ausweg aus den von Dunlap und Catton und Schnaiberg aufgeworfenen Kerndilemmata der Umweltsoziologie, welcher einer Art Vergegenwärtigung der komplexen Interaktion zwischen Gesellschaft und Natur bedarf.[299] Überdies ist das Konzept des Metabolismus lange dazu verwendet worden, den materiellen Austausch zwischen Stadt und Land in einer ähnlichen Art und Weise zu analysieren, wie Lie-

---

296 Vgl. Liebig, *Tierchemie oder organische Chemie in ihrer Anwendung auf Physiologie und Pathologie* (New York: Johnson Reprint, 1964); Brock, *Justus von Liebig*, a.a.O., S. 193; Caneva, *Robert Maier and the Conservation of Energy*, a.a.O., S. 117.
297 Vgl. Marina Fischer-Kowalski, »Society's Metabolism«, in Redclift and Woodgate (Hrsg.), *International Handbook of Environmental Sociology*, a.a.O., S. 120.
298 Vgl. Eugene Odum, »The Strategy of Ecosystem Development«, in: *Science* 164, 1969, S. 262–70.
299 Vgl. Fischer-Kowalski, »Society's Metabolism«, a.a.O., S. 119–120.; Hayward, *Ecological Thought*, a.a.O., 116–117; Allen Schnaiberg, *The Environment* (Oxford: Oxford University Press, 1980); Dunlap und Catton, »Environmental Sociology«, a.a.O.

big und Marx dies getan haben.[300] Innerhalb dieser rasch anwachsenden Literatur über den sozio-ökologischen Metabolismus wird mittlerweile anerkannt, dass »innerhalb der Grundlagen der Gesellschaftstheorie es Marx und Engels gewesen sind, die den Begriff des ›Stoffwechsels‹ auf die Gesellschaft angewandt haben«.[301] Tatsächlich argumentieren Umweltsoziologen, die das Konzept des »industriellen Metabolismus« erforschen, heute, dass ebenso wie das Material, das Vögel zum Bau ihrer Nester verwenden als Materialfluss angesehen werden kann, der mit dem Stoffwechsel der Vögel verbunden ist, ähnliche Materialflüsse auch als Teil des menschlichen Metabolismus betrachtet werden können. Fischer-Kowalski hat infolgedessen vorgeschlagen, »diejenigen materiellen und energetischen Gesetze, die die materiellen Kompartimente des Systems aufrechterhalten, als Teil des Stoffwechsels eines Gesellschaftssystems anzusehen«.[302] Die schwierige Frage ist jedoch, wie solch ein menschlicher Stoffwechsel mit der Natur auf Seiten der Gesellschaft reguliert wird. Für Marx lag die Antwort bei der menschlichen Arbeit und ihrer Entwicklung innerhalb der historischen gesellschaftlichen Formationen.

## Marx und die Nachhaltigkeit

Ein wesentlicher Aspekt des Metabolismuskonzeptes ist die Vorstellung, dass der Stoffwechsel die Grundlage bildet, auf die sich das Leben stützt und auf der Wachstum und Reproduktion ermöglicht werden. Im Gegensatz zu denjenigen, die glauben, dass er ökologische Scheuklappen trug, die ihn daran hinderten, die natürlichen Grenzen der Produktion wahrzunehmen, verwendete Marx das Konzept des metabolischen Bruches, um die materielle Entfremdung der Menschen von den natürlichen Bedingungen ihrer Existenz in der kapitalistischen Gesellschaft zu erfassen. Zu argumentieren, dass die kapitalistische Großlandwirtschaft solch einen metabolischen Bruch zwischen den Menschen und dem Boden erzeugte, bedeutete auch, dass die Grundbedingungen der Nachhaltigkeit verletzt worden waren. »Die kapitalistische Produktion«, so schrieb Marx, »wirft sich erst auf das Land, nachdem ihr Einfluss es erschöpft und seine Naturgaben

---

300 Vgl. Abel Wolman, »The Metabolism of Cities«, in: *Scientific American* 213, Nr. 3, 1965, S. 179–90; Herbert Giradet, »Sustainable Cities«, in: *Architectural Design* 67, 1997, S. 9–13.
301 Vgl. Fischer-Kowalski, »Society's Metabolism«, a.a.O., S. 122.
302 Fischer-Kowalski, »Society's Metabolism«, a.a.O., S. 121, 131.

verwüstet hat.«³⁰³ Darüber hinaus könnte dies nicht nur bezüglich des Bodens, sondern auch in Bezug auf den Gegensatz zwischen Stadt und Land so gesehen werden. Für Marx wie für Liebig hatte die Unterlassung der Rückführung der Nährstoffe in den Boden ihre Entsprechung in der Verschmutzung der Städte und in der Irrationalität der modernen Abwassersysteme. Im *Kapital* bemerkte er: »In London [...] wissen sie mit den Exkrementen, die von 4 ½ Millionen Menschen produziert werden, nicht besseres anzufangen als mit ungeheuren Kosten die Themse damit zu verpesten.«³⁰⁴ Engels war in diesem Punkt nicht weniger deutlich. Indem er die Notwendigkeit ansprach, den Gegensatz zwischen Stadt und Land zu überwinden, wies er, Liebig folgend, auf die Tatsache hin, dass »London allein eine größere Menge Dünger als das ganze Königreich Sachsen produziert, Tag für Tag unter Aufwendung ungeheurer Kosten – in die See geschüttet wird«, und auf die daraus folgende Notwendigkeit, »eine innige Verbindung der industriellen mit der ackerbauenden Produktion« aufzubauen, zusammen mit »eine[r] möglichst gleichmäßige[n] Verteilung der Bevölkerung über das ganze Land«.³⁰⁵ Für Marx mussten »die Exkremente, die aus dem natürlichen Stoffwechsel des Menschen hervorgehn«, gemeinsam mit dem Abfall aus industrieller Produktion und Konsumption als Teil eines vollständigen metabolischen Kreislaufes in die Produktion zurückgeführt werden.³⁰⁶

Die antagonistische Trennung zwischen Stadt und Land und der darin enthaltene metabolische Bruch war auch auf einer globaleren Ebene offenkundig: Ganze Kolonien sahen sich ihres Landes, ihrer Ressourcen und ihres Bodens beraubt, um die Industrialisierung der kolonisierenden Länder zu stützen. »England [hat]«, wie Marx schrieb, »seit 1 1/2 Jahrhunderten den Boden von Irland indirekt exportiert, ohne seinen Bebauern auch nur die Mittel zum Ersatz der Bodenbestandteile zu gönnen.«³⁰⁷

Die marxsche Sicht der kapitalistischen Landwirtschaft und der Notwendigkeit der Rückführung der Bodennährstoffe (einschließlich der Wiederverwendung der organischen Abfälle der Städte) führten ihn zu einer erweiterten Auffassung von ökologischer Nachhaltigkeit – ein Begriff, den er für eine kapitalistische

---

303 Karl Marx, *Theorien über den Mehrwert*, Band 3, MEW Band 26.3, a.a.O. S. 295.
304 Karl Marx, *Das Kapital*, Band 3, MEW Band 25, a.a.O., S. 195.
305 Friedrich Engels, *Zur Wohnungsfrage*, MEW Band 18, (Berlin: Dietz Verlag, 1990) S. 280.
306 Vgl. Karl Marx, *Das Kapital*, Band 3, MEW Band 25, a.a.O. S. 110.
307 Karl Marx, *Das Kapital*, Band 1, MEW Band 23, a.a.O., S. 730.

Gesellschaft von sehr begrenzter Bedeutung hielt, die, zu solch einer folgerichtigen, vernünftigen Handlungsweise unfähig, jedoch für eine zukünftige Gesellschaft assoziierter Produzenten unumgänglich sei. »Aber die Abhängigkeit der Kultur der besondren Erdprodukte von den Schwankungen der Marktpreise, und der beständige Wechsel dieser Kultur mit diesen Preisschwankungen, der ganze Geist der kapitalistischen Produktion, der auf den unmittelbaren nächsten Geldgewinn gerichtet ist, widerspricht der Agrikultur, die mit den gesamten Lebensbedingungen der sich verkettenden Menschengenerationen zu wirtschaften hat.«[308]

Indem er die Notwendigkeit der Erhaltung der Erde für »nachfolgende Generationen« hervorhob, erfasste Marx das Wesen des heutigen Begriffs der nachhaltigen Entwicklung, der von der Brundtland-Kommission als »Entwicklung, welche die Bedürfnisse der gegenwärtigen Generation erfüllt, ohne den späteren Generationen die Möglichkeiten zur Erfüllung ihrer eigenen Bedürfnisse zu verbauen« definiert worden ist.[309] Für Marx tritt an die Stelle »selbstbewußter rationeller Behandlung des Bodens als des gemeinschaftlichen ewigen Eigentums, der unveräußerlichen Existenz- und Reproduktionsbedingung der Kette sich ablösender Menschengeschlechter die Exploitation und Vergeudung der Bodenkräfte«.[310] Tatsächlich schrieb Marx in einer bemerkenswerten Passage im *Kapital*:

»Vom Standpunkt einer höheren ökonomischen Gesellschaftsformation wird das Privateigentum einzelner Individuen am Erdball ganz so abgeschmackt erscheinen wie das Privateigentum eines Menschen an einem andern Menschen. Selbst eine ganze Gesellschaft, eine Nation, ja alle gleichzeitigen Gesellschaften zusammengenommen, sind nicht Eigentümer der Erde. Sie sind nur ihre Besitzer, ihre Nutznießer, und haben sie als boni patres familias [als gute Haushaltsvorstände] den nachfolgenden Generationen verbessert zu hinterlassen.«[311]

Dies bekam noch größere Bedeutung, als er aufgrund seiner Untersuchungen über das revolutionäre Potenzial der archaischen russischen Dorfgemeinschaft

---

308 Karl Marx, *Das Kapital*, Band 3, MEW Band 25, a.a.O., S. 630.
309 Vgl. World Commission on Environment and Development (Brundtland-Kommission), *Our Common Future* (New York: Oxford University Press, 1987), S. 43.
310 Karl Marx, *Das Kapital*, Band 3, MEW Band 25, a.a.O., S. 820.
311 Karl Marx, *Das Kapital*, Band 3, MEW Band 25, a.a.O., S. 784.

(der Mir) argumentierte, dass es möglich sein würde, ein landwirtschaftliches System zu entwickeln, welches durch die Einführung »moderner agronomischer Methoden« und »im großen Maßstab organisierte genossenschaftliche Arbeit« gekennzeichnet sei. Der Wert eines solchen Systems läge darin, »der Gemeinde alle positiven Errungenschaften, die durch das kapitalistische System geschaffen worden sind, einzuverleiben«, ohne dem rein ausbeuterischen Verhältnis zum Opfer zu fallen –, das heißt, der Beraubung.[312] Die Aufnahme von Marx in die Literatur der russischen Populisten am Ende seines Lebens und seine Überzeugung, dass sich die Revolution zuerst in Russland ereignen würde – wo man nicht von ökonomischer und insbesondere landwirtschaftlicher Fülle ausgehen konnte – drängte ihn dazu, sein Augenmerk auf die agrarwirtschaftliche Unterentwicklung und auf die ökologischen Erfordernisse eines rationaleren landwirtschaftlichen Systems zu legen.[313]

Marx und Engels beschränkten ihre Erörterungen der Umweltzerstörung nicht auf die Ausraubung des Bodens; sie erkannten auch andere Aspekte dieses Problems, einschließlich der Erschöpfung der Kohlereserven, der Zerstörung der Wälder und so weiter. Engels bemerkte dazu in einem Brief an Marx:

»[…] dass der arbeitende Mensch nicht nur ein Fixierer gegenwärtiger, sondern ein noch viel größerer Verschwender vergangner Sonnenwärme ist. Was wir in Verschleuderung von Energievorräten, Kohlen, Erzen, Wäldern usw. leisten, kennst Du besser als ich.«[314]

Marx nahm Bezug auf die »verheerenden« Auswirkungen der »Entwaldung« und sah dies als ein langfristiges Ergebnis eines expropriativen Verhältnisses zur Natur (das nicht nur einfach auf den Kapitalismus beschränkt war): »Die Entwicklung der Kultur und Industrie überhaupt«, schrieb Marx, »hat sich von jeher so tätig in der Zerstörung der Waldungen gezeigt, daß dagegen alles, was sie umgekehrt zu deren Erhaltung und Produktion getan hat, eine vollständig ver-

---

312 Karl Marx, »Entwürfe einer Antwort auf den Brief von V. I. Sassulitsch«, in: MEW Band 19, S. 389.
313 Zu dieser späteren Phase der Analyse von Marx, in der er die landwirtschaftlichen Interessen der russischen Populisten behandelte, siehe Teodor Shanin, *Late Marx and the Russian Road: Marx and the Peripheries of Capitalism* (New York: Monthly Review Press, 1983).
314 Friedrich Engels, »Brief an Marx in Ventor vom 19. Dezember 1882«, in: MEW Band 35, a.a.O., S. 134.

schwindende Größe ist.«³¹⁵ Er beklagte die Tatsache, dass die Wälder in England keine »eigentlichen Wälder« seien, da »das Wild in den Parks der Großen konstitutionelles Hausvieh fett wie Londoner Aldermen [Ratsherren]« sei; während in Schottland die sogenannten Hirschwälder, die zum Nutzen der Jäger (auf Kosten der Landarbeiter) eingerichtet worden seien, zwar Wild, aber keine Bäume enthielten.³¹⁶ Unter dem Einfluss von Darwin lehnten Marx und Engels die überkommene Ansicht ab, dass die Menschen im Mittelpunkt des Universums stünden. Engels brachte »eine schmähliche Verachtung gegen die idealistische Überhebung des Menschen über die anderen Bestien«³¹⁷ zum Ausdruck.

Einige Kritiker schreiben Marx ökologische Scheuklappen in Verbindung mit einem übertrieben optimistischen Vertrauen in die überreichlichen, angeblich von den Produktionskräften unter dem Kapitalismus ermöglichten Bedingungen zu. Laut dieser Sichtweise verließ er sich in seiner Vorstellung einer zukünftigen Gesellschaft so sehr auf die Annahme eines Überflusses, dass ökologische Faktoren wie der Mangel an natürlichen Ressourcen schlichtweg nicht existent seien. Was immer jedoch Marx in seinen eher »utopischen« Vorstellungen gedacht haben mag, so wird doch aus seinen Erörterungen sowohl des Kapitalismus als auch des Übergangs zum Sozialismus deutlich, dass er weit davon entfernt war zu glauben, wie Nove behauptet, »dass das Problem der Produktion« bereits unter dem Kapitalismus »gelöst« worden sei, oder dass die natürlichen Ressourcen »unerschöpflich«³¹⁸ seien. Stattdessen war der Kapitalismus, wie er wieder und wieder betonte, von einem chronischen Produktionsproblem in der Landwirtschaft befallen, das letztlich mit einer unnachhaltigen Form der Produktion in Bezug auf die natürlichen Bedingungen zu tun hatte. So bemerkte Marx, dass die Landwirtschaft, »wenn sie naturwüchsig voranschreitet und nicht bewußt beherrscht [wird] [...] Wüsten hinter sich zurückläßt«.³¹⁹ Auch innerhalb der Industrie war Marx besorgt über die enorme Menge an erzeugtem Abfall und hob in einem Abschnitt des *Kapital* unter der Überschrift »Nutzbarmachung der Exkremente der Produktion«³²⁰ die »Reduktion« und die »Wiederverwendung«

---

315 Karl Marx, *Das Kapital*, Band 2, MEW Band 24 (Berlin: Dietz Verlag, 1963), S. 247.
316 Karl Marx, *Das Kapital*, Band 1, MEW Band 23, a.a.O., S. 759.
317 Friedrich Engels, »Brief an Marx vom 14. Juli 1858«, in: MEW Band 29 (Berlin: Dietz Verlag, 1990), S. 338.
318 Nove, »Socialism«, a.a.O., S. 399.
319 Karl Marx und Friedrich Engels, *Briefwechsel zwischen Marx und Engels 1868–1870*, MEW Band 32, (Berlin: Dietz Verlag, 1990), S. 53.
320 Marx, *Das Kapital*, Band 3, MEW Band 25, a.a.O., S. 110–113.

von Abfall hervor. Darüber hinaus gab er klar zu erkennen, dass dieses Problem jede Gesellschaft, die versucht, den Sozialismus (oder den Kommunismus) aufzubauen, weiterhin heimsuchen werde. Obwohl einige Kritiker, wie zum Beispiel McLaughlin, behaupten, dass Marx sich »einen allgemeinen materiellen Überfluss als Grundlage des Kommunismus« vorstellte und daher »keinen Grund zur Anerkennung irgendeines Interesse an der Befreiung der Natur von der Beherrschung durch den Menschen« sah, legt infolgedessen der Nachweis des Gegenteils, wie weitgehend oben ausgeführt wurde, nahe, dass Marx sich sehr wohl der Problematik der ökologischen Grenzen und der Nachhaltigkeit bewusst war.[321]

Überdies gibt es in den Schriften von Marx schlichtweg nirgends einen Hinweis darauf, dass er glaubte, dass es mit dem Übergang zum Sozialismus automatisch zu einem nachhaltigen Verhältnis zur Erde käme. Stattdessen betonte er die Notwendigkeit der Planung auf diesem Gebiet, einschließlich solcher Maßnahmen wie der Beseitigung des Gegensatzes zwischen Stadt und Land durch eine gleichmäßigere Verteilung der Bevölkerung und die Wiederherstellung und Verbesserung des Bodens durch die Rückführung der Bodennährstoffe.[322] All dies erforderte einen radikalen Wandel in der Beziehung des Menschen zur Erde mittels veränderter Produktionsverhältnisse. Der Kapitalismus schaffe, wie Marx schrieb, »zugleich die materiellen Voraussetzungen einer neuen, höheren Synthese, des Vereins von Agrikultur und Industrie, auf Grundlage ihrer gegensätzlich ausgearbeiteten Gestalten«.[323] Um aber diese »höhere Synthese« in einer Gesellschaft freier assoziierter Produzenten zu erreichen, sei es, wie er argumentierte, für diese assoziierten Produzenten unerlässlich, »ihren Stoffwechsel mit der Natur rationell [zu] regeln« – ein Erfordernis, das für eine postkapitalistische Gesellschaft fundamentale Herausforderungen aufwirft.[324]

Eine weitere ökologische Scheuklappe, die Marx für gewöhnlich zugeschrieben wird, bestünde darin, dass er die Rolle der Natur bei der Schaffung von Reichtum durch die Entwicklung einer »Arbeitstheorie des Wertes« geleugnet habe, die jede Art von Wert als aus der Arbeit abgeleitet sehe, und dass er die Natur als eine »freie Geschenkgabe« an das Kapital betrachte, der jeder eigene

---

321 Vgl. McLaughlin, »Ecology, Capitalism and Socialism«, a.a.O., S. 95.
322 Karl Marx und Friedrich Engels, *Das Kommunistische Manifest*, MEW Band 4 (Berlin: Dietz Verlag, 1990), S. 481, 491, 550.
323 Karl Marx, *Das Kapital*, Band 1, MEW Band 23, a.a.O., S. 528.
324 Karl Marx, *Das Kapital*, Band 3, MEW Band 25, a.a.O., S. 959; *Das Kapital*, Band 1, MEW Band 23, a.a.O., S. 828.

innewohnende Wert fehle.[325] Diese Kritik beruht jedoch auf einem Missverständnis der marxschen Politischen Ökonomie. Nicht Marx hat die Vorstellung erfunden, dass die Erde ein »Geschenk« der Natur an das Kapital sei. Es waren Malthus und Ricardo, die diesen Begriff in ihren ökonomischen Werken als Hauptaussage vorbrachten.[326] Er wurde später im 20. Jahrhundert von dem großen neoklassischen Ökonomen Alfred Marshall aufgegriffen und überdauerte in den neoklassischen Handbüchern bis in die 1980er-Jahre. So entdecken wir in der 10. Auflage eines weit verbreiteten Handbuches Folgendes: »Der Boden betrifft alle natürlichen Ressourcen – alles ›Freie Geschenkgaben der Natur‹ – die im Produktionsprozess zu verwenden sind.« Und weiter lesen wir: »Der Boden hat keine Produktionskosten; er ist eine ›freie und nicht reproduzierbare Geschenkgabe der Natur.‹«[327] Marx war sich der sozio-ökologischen Widersprüche, die in solchen Ansichten steckten, bewusst und griff Malthus in seinen Öko-

---

325 Vgl. Jean-Paul Deléage, »Eco-Marxist Critique of Political Economy«, in: Martin O'Connor (Hrsg.), *Is Capitalism Sustainable?* (New York: Guilford Press, 1994), S. 48; Ward Churchill, *From a Native Son* (Boston: South End Press, 1996), S. 467–468.; Nicholas Georgescu-Roegen, *The Entropy Law and the Economic Process* (Cambridge, Massachusetts: Harvard University Press, 1971), S. 2. Zehn Jahre nachdem dieser Aufsatz erstmals publiziert wurde, wird dieser Irrtum weiterhin in der Literatur wiederholt. Infolgedessen schrieb Luiz Barbosa, dass Marx »glaubte, dass die Rohstoffe uns von der Natur gratis (umsonst) zur Verfügung gestellt werden und dass erst die menschliche Arbeit ihnen einen Wert verleiht. Folglich versäumte es Marx, den der Natur innewohnenden Wert zu bemerken.« Luiz C. Barbosa, »Theories in Environmental Sociology«, in: Kenneth A. Gould und Tammy Lewis (Hrsg.), *Twenty Lessons in Environmental Sociology* (New York: Oxford University Press, 2009), S. 28. Barbosa hat zweifelsohne die Tatsache nicht bemerkt (die in der folgenden Erörterung erklärt wird), dass die Vorstellung von der Natur als einer »freien Geschenkgabe« zuerst von Malthus eingebracht wurde und bis heute als ein ökonomisches Gesetz der orthodoxen Wirtschaftslehre angesehen wird. Er scheint sich auch nicht über die Tatsache im Klaren zu sein, dass Marx, indem er sich auf diese tief eingeprägte Vorstellung bezieht (die aus der Funktionsweise des Kapitalismus selbst hervorgeht), einer Kritik des Systems des Wertes der Arbeit unter dem Kapitalismus verpflichtet war, mittels derer er darauf beharrte, dass Reichtum so zu verstehen war, dass er sowohl aus der Natur als auch aus der Arbeit hervorging. Diese Fehlinterpretation entstammt der Sicht von Marx als Anhänger der Theorie vom Wert der Arbeit als übergreifendem historischem Gesetz anstatt als Ursprung des spezifisch kapitalistischen Wertgesetzes, das seiner Ansicht nach überwunden werden muss. Nichts könnte also demzufolge absurder sein, als allein auf dieser Grundlage zu argumentieren, wie Barbosa es tut, dass Marx die Vorstellung des »innewohnenden Wertes« ablehnte – ein Konzept, das Problemstellungen weit über den Bereich der ökonomischen Wertanalyse hinaus aufwirft. Zu einer zweckdienlichen Erörterung hierzu siehe Paul Burkett, »On Some Misconceptions about Nature and Marx's Critique of Political Economy«, *Capitalism, Nature, Socialism* 7, September 1996, S. 64–66.
326 Vgl. Thomas Malthus, *Pamphlets* (New York: Augustus M. Kelley, 1970), S. 185.
327 Campbell McConnell, *Economics* (New York: McGraw Hill, 1970), S. 20, 672.

*nomischen Manuskripten* von 1861–63 wiederholt dafür an, auf die »physiokratische« Vorstellung zurückzufallen, dass die Umwelt »ein Geschenk der Natur an den Menschen« sei, während er nicht berücksichtige, wie diese mit dem exakten Aufbau der gesellschaftlichen Verhältnisse verbunden sei, die durch das Kapital erzeugt würden.[328]

Selbstverständlich stimmte Marx mit der liberalen Wirtschaftslehre darin überein, dass der Natur unter dem Wertgesetz des Kapitalismus kein eigener Wert zugestanden wurde. »Die Erde ist [...] als Produktionsagent bei der Herstellung eines Gebrauchswertes, eines materiellen Produkts, des Weizens, tätig«, schrieb er. »Aber sie hat nichts zu tun mit der Produktion des Weizenwertes.«[329] Der Wert des Weizens sei, wie im Fall einer jeden Ware unter dem Kapitalismus, aus der Arbeit abgeleitet. Für Marx spiegelte dies jedoch nur die enge, begrenzte Konzeption des in den kapitalistischen Warenbeziehungen und in einem rund um den Tauschwert aufgebauten System verkörperten Reichtums wider. Echter Reichtum bestand aus Gebrauchswerten – der Eigenschaft von Produktion im Allgemeinen, die über ihre kapitalistische Form hinausging. Folglich war die Natur, die zur Produktion von Gebrauchswerten beitrug, ebenso sehr eine Quelle von Reichtum wie die Arbeit. »Es versteht sich von selbst mit Lucretius«, schrieb Marx im Kapital, »›nil posse creari de nihilo‹. Aus nichts wird nichts. [...] Ihrerseits ist die Arbeitskraft vor allem im menschlichen Organismus umgesetzter Naturstoff.«[330]

Daraus folgt, dass »Arbeit«, wie Marx zu Beginn des *Kapital* feststellte, »nicht die einzige Quelle der von ihr produzierten Gebrauchswerte, des stofflichen Reichtums [ist]. Die Arbeit ist sein Vater, wie William Petty sagt, und die Erde seine Mutter.«[331] In der *Kritik des Gothaer Programms* kritisierte Marx diejenigen Sozialisten, die, wie er es nannte, »der Arbeit übernatürliche Schöpfungkraft« zuschrieben, indem sie diese als die einzige Quelle von Reichtum ansahen und die Rolle der Natur unbeachtet ließen.[332] Unter dem Kommunismus, so argumentierte er, würde Reichtum in weit universelleren Begrifflichkeiten konzipiert werden müssen, da er aus jenen materiellen Gebrauchswerten bestehe, welche

---

328 Vgl. Karl Marx, *Ökonomische Manuskripte 1861–1863*, MEW Band 43 (Berlin: Dietz Verlag, 1990), S. 181, 225.
329 Karl Marx, *Das Kapital*, Band 3, MEW Band 25, a.a.O., S. 824.
330 Karl Marx, *Das Kapital*, Band 1, MEW Band 23, a.a.O., S. 229.
331 Karl Marx, *Das Kapital*, Band 1, MEW Band 23, a.a.O., S. 58.
332 Karl Marx, *Kritik des Gothaer Programms*, MEW Band 19, a.a.O., S. 15.

die Grundlage für die volle Entwicklung der menschlichen Kreativkräfte bildeten, »die Entwicklung der reichen Individualität, die ebenso allseitig in ihrer Produktion als Konsumtion ist«, dabei den Reichtum an Verbindungen ausdehnend, der durch die Natur ermöglicht wird, während er gleichzeitig die Entwicklung des menschlichen Stoffwechsels mit der Natur reflektiert.[333]

Marx stellte sich deshalb all jenen entgegen, die dachten, dass der Beitrag der Natur zur Produktion von Reichtum außer Acht gelassen werden könne, oder dass die Natur vollständig menschlichen Zwecken, gleich welcher Art, unterzuordnen sei. Indem er Bacons Maxime kommentierte, dass »die Natur nur zu überwinden ist, indem man ihr gehorcht« – auf deren Grundlage Bacon vorschlug, die Natur zu »bezwingen« –, stellte Marx fest, dass für den Kapitalismus die Entdeckung der autonomen Gesetze der Natur »nur als List [erscheint], um sie den menschlichen Bedürfnissen, sei es als Gegenstand des Konsums, sei es als Mittel der Produktion zu unterwerfen«.[334]

Auch für Engels war klar, dass der Aufbau einer Gesellschaft auf der vagen Hoffnung der totalen Eroberung der äußeren Natur eine schiere Verrücktheit darstellte. In der *Dialektik der Natur* schrieb er dazu:

»Schmeicheln wir uns indes nicht zu sehr mit unsern menschlichen Siegen über die Natur. Für jeden solchen Sieg rächt sie sich an uns. [...] wir [werden] bei jedem Schritt daran erinnert, dass wir keineswegs die Natur beherrschen, wie ein Eroberer ein fremdes Volk beherrscht, wie jemand, der außer der Natur steht – sondern dass wir mit Fleisch und Blut und Hirn ihr angehören und mitten in ihr stehn, und dass unsre ganze Herrschaft über sie darin besteht, im Vorzug vor allen andern Geschöpfen ihre Gesetze erkennen und richtig anwenden zu können.«[335]

Für Marx war »der menschliche Stoffwechsel mit der Natur« ein hochgradig dynamisches Beziehungsverhältnis, das Veränderungen in der Art widerspiegelt, in der die Menschen durch Produktion zwischen Natur und Gesellschaft vermitteln. Engels und Marx lasen *Der Ursprung der Arten*, nachdem es 1859 erschien,

---

333 Vgl. Karl Marx, *Grundrisse der Kritik der Politischen Ökonomie*, MEW Band 42, (Berlin: Dietz Verlag, 1963), S. 244.
334 Karl Marx, *Grundrisse der Kritik der Politischen Ökonomie*, MEW Band 42, a.a.O., S. 323; Francis Bacon, *Novum Organum* (Chicago: Open Court, 1994), S. 29, 43.
335 Friedrich Engels, *Dialektik der Natur*, MEW Band 20, a.a.O., S. 452–453.

und waren begeisterte Befürworter von Darwins Theorie der natürlichen Auslese. Marx bezeichnete Darwins Buch als ein »epochemachendes Werk« und schrieb im Januar 1861 an den deutschen Sozialisten Ferdinand Lassalle, Darwin habe der »›Teleologie‹ in den Naturwissenschaften« den »Todesstoß« versetzt.[336] Marx brachte Darwins grundlegender Theorie keinerlei Bedenken entgegen – nicht einmal in Bezug auf Darwins Anwendung des malthusianischen »Existenzkampfes« auf die Welt der Pflanzen und Tiere – dennoch stand er allen Versuchen der Sozialdarwinisten äußerst kritisch gegenüber, diese Analyse über ihr eigenes Gebiet hinauszutragen und auf die menschliche Geschichte anzuwenden. Unglücklicherweise haben manche Kritiker seine warnenden Bemerkungen in dieser Hinsicht als eine Kritik an Darwin selbst aufgefasst.[337]

Darwins Evolutionstheorie führte Marx und Engels zu einem »behutsamen Konstruktivismus«.[338] Für Marx unterschied sich die menschliche Evolution, das heißt die menschliche Geschichte, von der Evolution, wie sie unter Pflanzen und Tieren stattfand. Marx vertrat die Position, dass die natürliche Evolution der physischen Organe der Letzteren, das heißt »die Geschichte der natürlichen Technologie«, ihre Entsprechung in der menschlichen Geschichte in der bewussten Entwicklung der »produktiven Organe des Gesellschaftsmenschen« (der Technologie) hatten, die dazu beitrug, die Bedingungen für die menschliche Vermittlung zwischen Natur und Gesellschaft mittels Produktion zu begründen.[339] Marx war sich bewusst, dass das griechische Wort für Organ (organon) auch Werkzeug

---

336 Vgl. Karl Marx, *Das Kapital*, Band 1, MEW Band 23, a.a.O. S. 361; Karl Marx und Friedrich Engels, Briefe Januar 1860–September 1864, MEW Band 30 (Berlin: Dietz Verlag, 1967), S. 578.
337 Das komplexe Verhältnis von Marx und Engels zu Darwins Werk – die weder einen Bezug zwischen Gesellschaft und Biologie leugnete noch die eine auf die andere reduzierte – mag auch etwas darüber aussagen, warum sie niemals den Begriff »Ökologie« verwendet haben, der von Darwins führendem deutschem Gefolgsmann Ernst Haeckel erst im Jahr 1866, dem Jahr vor der Veröffentlichung des ersten Bandes des *Kapital*, geprägt wurde. Obwohl das Konzept der Ökologie nur allmählich allgemein in Gebrauch kam, waren Marx und Engels mit Haeckels Arbeit sehr vertraut und werden seine Prägung dieses Konzepts wohl gekannt haben. Dennoch war die Art und Weise, in der Haeckel, der ein strenger Sozialdarwinist war, den Begriff ursprünglich definierte, kaum dazu geeignet, sie dazu zu veranlassen, ihn zu übernehmen. »Unter Ökologie«, so hatte Haeckel geschrieben, »verstehen wir das Wesen des Wissens, das die Ökonomie der Natur betrifft [...] mit einem Wort ist Ökologie die Untersuchung all der komplexen Wechselbeziehungen, auf die Darwin als Bedingungen für den Kampf ums Dasein Bezug nimmt.« Haeckel, zitiert in Frank Golley, *A History of the Ecosystem Concept in Ecology* (New Haven: Yale University Press, 1993), S. 207.
338 Dunlap, »The Evolution of Environmental Sociology«, S. 31–32.
339 Vgl. Karl Marx, *Das Kapital*, Band 1, MEW Band 23, a.a.O. S. 392.

bedeutete, und dass die Organe anfänglich als die »angewachsenen« Werkzeuge der Tiere betrachtet wurden – ein Ansatz, der auch von Darwin selbst verwendet wurde, der die Entwicklung spezialisierter Organe mit der Entwicklung spezialisierter Werkzeuge verglich.[340]

Engels sollte dem später seine Analyse *Der Anteil der Arbeit an der Menschwerdung des Affen* hinzufügen.[341] Im Einklang mit dieser Theorie (die im 20. Jahrhundert durch die Entdeckung des Australopithecus bewiesen wurde), entwickelte sich zuerst, vor der Evolution des menschlichen Gehirns, die aufrechte Haltung und machte die Hände für Werkzeuge frei. Auf diese Weise veränderte sich das Verhältnis des Menschen (des Hominiden) zu seiner Umgebung auf radikale Art und änderte die Grundlage für die natürliche Auslese. Diejenigen Hominiden, die am erfolgreichsten bei der Herstellung von Werkzeugen waren, hatten die besten Fähigkeiten sich anzupassen, was bedeutete, dass der Evolutionsprozess selektive Druckmechanismen auf die Entwicklung des Gehirns ausübte und letztlich zur Entstehung des modernen Menschen führte. Das menschliche Gehirn entfaltete sich laut Engels nun in einem komplexen, interaktiven Prozess, der heute als »Gen-Kultur-Evolution« bezeichnet wird. Wie der Biologe und Paläontologe Stephen Jay Gould bemerkt hat, haben bisher alle wissenschaftlichen Erklärungen der Evolution des menschlichen Gehirns die Form der Gen-Kultur-Evolution übernommen, und »die beste Ausführung zur Gen-Kultur-Revolution des 19. Jahrhunderts wurde von Friedrich Engels vorgenommen«.[342] Die Analyse von Marx und Engels verwies folglich auf eine Koevolution, die weder die Gesellschaft auf die Natur reduzierte, noch die Natur auf die Gesellschaft, sondern ihre Wechselwirkungen untersuchte.[343] Tatsächlich ist die Ansicht, dass »die Natur ausschließlich auf den Menschen wirke, die Naturbedingungen überall seine geschichtliche Entwicklung ausschließlich bedingten«, wie Engels bemerkte, »einseitig und vergißt, dass der Mensch auch auf die Natur zurückwirkt, sie verändert, sich neue Existenzbedingungen schafft«.[344]

Der Schlüssel zum metabolischen Verhältnis zwischen Menschen und Natur ist also die Technologie, eine Technologie, die jedoch sowohl durch gesellschaft-

---

340 Vgl. Anton Pannekoek, *Marxism and Darwinism* (Chicago: Charles H. Kerr, 1912); Charles Darwin, *The Origin of Species* (Middlesex: Penguin, 1968), S. 187f.
341 Vgl. Friedrich Engels, *Dialektik der Natur*, MEW Band 20, a.a.O. S. 444–445.
342 Stephen Jay Gould, *An Urchin in the Storm* (New York: W.W. Norton, 1987), S. 111–112.
343 Vgl. Richard Norgaard, *Development Betrayed* (New York: Routledge, 1994).
344 Friedrich Engels, *Dialektik der Natur*, MEW Band 20, a.a.O., S. 498.

liche Verhältnisse wie auch durch natürliche Bedingungen konditioniert ist. Entgegen jenen, die argumentieren, dass Marx bei der Vergegenwärtigung der technologischen Grenzen bei der Überwindung ökologischer Probleme ökologische Scheuklappen getragen habe, argumentierte er in seiner Kritik der kapitalistischen Landwirtschaft ausdrücklich, dass der Kapitalismus, als er zur Förderung der »technischen Entwicklung in der Agrikultur« beitrug, auch gesellschaftliche Verhältnisse erzeugte, die mit einer nachhaltigen Landwirtschaft »unvereinbar« waren. Die Lösung liegt folglich weniger in der Anwendung einer vorhandenen Technologie, als in der Umgestaltung gesellschaftlicher Verhältnisse. Überdies setzt die Natur für Marx, selbst wenn sich die fortgeschrittensten verfügbaren technischen Mittel in Händen der assoziierten Produzenten befänden, gewisse Grenzen. Die Reproduktion »pflanzlicher und tierischer Stoffe« ist zum Beispiel »gewisse[n] [an] natürliche Zeiträume gebundnen Gesetzen unterworfen«.[345] Marx wiederholte die Feststellung des italienischen Politökonomen Pietro Verri, dass die menschliche Produktion im eigentlichen Sinne kein Akt der Schöpfung sei, sondern nur »eine Reproduktion des Wertes«, und folglich davon abhänge, was die Erde liefere.[346] Die menschliche Interaktion mit der Natur habe stets die Form eines metabolischen Kreislaufes anzunehmen, der um der nachfolgenden Generationen willen aufrecht erhalten werden müsse. Technologische Verbesserungen seien ein notwendiges, aber unzureichendes Mittel für die »Verbesserung« im menschlichen Verhältnis zur Erde. Für Marx veränderten die Menschen ihr Verhältnis zur Natur, jedoch nicht unbedingt so, wie es ihnen gefiele; sie täten dies vielmehr gemäß der aus der Vergangenheit ererbten Bedingungen und infolge eines komplexen historischen Entwicklungsprozesses, der ein sich veränderndes Verhältnis zur natürlichen Welt widerspiegele, der in sich selbst von dynamischem Charakter sei. Redclift und Woodgate irren deshalb, wenn sie sagen, dass Marx hinsichtlich der Koevolution von Natur und Gesellschaft Scheuklappen getragen habe, indem er das menschliche Verhältnis zur Natur als ein »unveränderliches« betrachtet habe.[347] Engels begann seine *Dialektik der Natur* mit einer dramatischen Beschreibung der historischen Überwindung der Naturvorstellungen des 18. Jahrhunderts, in denen die natürliche Welt nur im Raum und nicht in der Zeit existiert habe und »alle Veränderung, alle Entwicklung der Natur verneint [wurde]«.[348]

345 Karl Marx, *Das Kapital*, Band 3, MEW Band 25, a.a.O., S. 128.
346 Vgl. Karl Marx, *Das Kapital*, Band 1, MEW Band 23, a.a.O., S. 58.
347 Vgl. Redclift and Woodgate, »Sociology and the Environment«, a.a.O., S. 53.
348 Engels, *Dialektik der Natur*, MEW Band 20, a.a.O., S. 315.

## Jenseits von Aneignungs- und Definitionsproblemen

Das vorab Gesagte legt nahe, dass die marxsche Analyse eine vielschichtige Grundlage zur Verknüpfung der Soziologie und insbesondere der klassischen Tradition der Soziologie mit Umweltfragen bietet. Wenn dies jedoch so ist, warum hat dann die Sorge um ökologische Themen in der marxistischen Tradition keinen starken Widerhall gefunden, und warum hat unser Verständnis von Marx diese Fragen so oft ausgeschlossen? Warum ist die Umweltsoziologie, die direkt mit diesen Fragen befasst ist, in der Erkenntnis der Bedeutung von Marx so langsam gewesen? Die erste Frage hängt mit dem »Aneignungsproblem« zusammen, die zweite mit dem »Definitionsproblem«.

## Das Aneignungsproblem

Marxens Reputation als ökologischer Denker war zweifellos durch die Tatsache beeinträchtigt, dass er, wie Massimo Quaini ausgeführt hat, »die Ausplünderung der Natur angeklagt hat, bevor ein modernes bürgerliches Ökologiebewusstsein entstand«.[349] Trotzdem war die marxsche Ökologiekritik ziemlich bekannt und hatte in den unmittelbar auf seinen Tod folgenden Jahrzehnten direkten Einfluss auf den Marxismus. Sie wurde, insbesondere innerhalb der sowjetischen Ideologie, erst später verworfen, als die Ausweitung der Produktion um nahezu jeden Preis zum vorrangigen Ziel der kommunistischen Bewegung wurde. Der Einfluss der marxschen Kritik in dieser Hinsicht ist in den Schriften von Kautsky, Lenin und Bucharin zu erkennen.

Karl Kautskys großes, im Jahr 1899 veröffentlichte Werk *Die Agrarfrage* enthielt einen Abschnitt über »Die Ausbeutung des Landes durch die Stadt«, in dem er schrieb, dass dem externen Nettoabfluss vom Land in die Stadt »ein stets steigender Abfluß von Nährstoffen in der Form von Fleisch, Milch und so weiter [entspricht], die der Landwirt verkaufen muss, um Steuern, Schuld- und Pachtzinsen zu bezahlen. [...] Aber so wenig dieser Abfluß vom Standpunkt des Wertgesetzes [der kapitalistischen Wirtschaft] eine Ausbeutung der Landwirtschaft bedeutet, so führt er doch tatsächlich [...] zu ihrer stofflichen Ausbeutung, zu

---

349 Massimo Quaini, *Marxism and Geography* (Totowa, New Jersey: Barnes and Noble, 1982), S. 136.

einer Verarmung des Grund und Bodens an Nährstoffen.«[350] Zu einer Zeit argumentierend, als die Düngemittelindustrie weiter entwickelt war als in den Tagen von Marx, erörterte Kautsky die aus dem metabolischen Bruch resultierende Düngertretmühle:

> »Hilfsdünger [...] ermöglichen es, der Verringerung der Bodenfruchtbarkeit vorzubeugen, aber die Notwendigkeit, sie in steigendem Maße anzuwenden, bedeutet nur eine weitere unter den vielen Belastungen der Landwirtschaft, die keine Naturnotwendigkeiten sind, sondern aus den bestehenden sozialen Verhältnissen entspringen. Bei Aufhebung des Gegensatzes von Stadt und Land [...] würden die dem Boden entzogenen Stoffe ihm immer wieder völlig zufließen können und die Hilfsdünger hätten dann höchstens die Aufgabe, den Boden an gewissen Stoffen zu bereichern, nicht aber die, seiner Verarmung entgegen zu wirken. Jeder Fortschritt der Technik des Bodenanbaus bedeutete dann auch ohne Zufuhr von künstlichen Düngern eine Vermehrung des Gehaltes an löslichen Nährstoffen im Boden.«[351]

Einige der gleichen Besorgnisse wurden auch im Werk Lenins offensichtlich. In *Die Agrarfrage und die »Marxkritiker«*, das im Jahr 1901 verfasst wurde, bemerkte er:

> »Die Möglichkeit des Ersatzes natürlicher Düngung durch künstliche und die Tatsache diesen (teilweisen) Ersatzes widerlegt selbstverständlich keineswegs, dass es unrationell ist, den natürlichen Dünger ungenützt wegzuschütten, wo doch obendrein die Flüsse und die Luft der Vorstädte und Fabrikorte verpestet werden. In der Umgebung der Großstädte gibt es auch jetzt Riesenfelder, die den städtischen Unrat mit großem Nutzen

---

350 Karl Kautsky, *Die Agrarfrage* (Stuttgart: Verlag von J.H.W. Dietz, 1899), Kapitel IX. Indem er sagte, dass es im Hinblick auf das Wertgesetz keine Ausbeutung der Natur gebe, argumentierte Kautsky, dass Transaktionen hier, wie auf anderen Gebieten der Ökonomie, auf gleichem Austausch beruhten. Nichtsdestotrotz beharrte er darauf, dass insofern »materielle Ausbeutung« (in Bezug auf Gebrauchswerte) vorhanden sei, dass der Boden ausgelaugt werde. Marx argumentierte auch, dass der Boden »beraubt« oder in letzterem Sinne »ausgebeutet« werde und verband dies mit der Tatsache, dass das Land unter dem Kapitalismus (wie Malthus behauptet hatte) als eine »freie Geschenkgabe« betrachtet wurde, sodass die vollen Kosten seiner Reproduktion niemals in das Wertgesetz unter dem Kapitalismus Eingang fanden.
351 Ebenda.

für die Landwirtschaft verwerten; aber nur ein verschwindender Teil des Unrats wird auf diese Weise nutzbar gemacht.«[352]

Es war jedoch Nikolai Bucharin, der in einem Kapitel von *Theorie des Historischen Materialismus*, seinem bedeutenden Werk aus den 1920er-Jahren, über »Das Gleichgewicht zwischen Gesellschaft und Natur« die systematischste Annäherung an ökologische Fragen entwickelte. Stephen Cohen hat die Position von Bucharin wegen ihrer Hervorhebung der Wechselbeziehung von Gesellschaft und Natur als von »›naturalistischem‹ Materialismus« geprägt charakterisiert.[353] Bucharin schrieb:

»Dieser materielle Prozess des ›Stoffwechsels‹ zwischen Gesellschaft und Natur bildet das grundlegende Verhältnis zwischen Umwelt und System, zwischen ›äußeren Bedingungen‹ und menschlicher Gesellschaft [...] Der Stoffwechsel zwischen Mensch und Natur besteht, wie wir gesehen haben, in der Übertragung materieller Energie von der äußeren Natur auf die Gesellschaft [...] Folglich ist die Wechselbeziehung zwischen Gesellschaft und Natur ein Prozess gesellschaftlicher Reproduktion. Bei diesem Prozess wendet die Gesellschaft ihre menschliche Arbeitsenergie auf und erhält eine gewisse Energiemenge aus der Natur (›Naturmaterie‹ in den Worten von Marx). Das Gleichgewicht zwischen Aufwendungen und Eingängen ist hierbei offensichtlich das entscheidende Element für das Wachstum der Gesellschaft. Wenn der Ertrag die Aufwendung an Arbeitskraft übersteigt, folgen daraus offenkundig wichtige Konsequenzen für die Gesellschaft, die sich mit der Menge dieses Überschusses verändern.«[354]

Für Bucharin war Technologie die wichtigste vermittelnde Kraft im metabolischen Beziehungsverhältnis zwischen Natur und Gesellschaft. Der menschliche Stoffwechsel mit der Natur war folglich ein »unstabiles Gleichgewicht«, das

---

352 V. I. Lenin, *Gesammelte Werke*, Band 5 (Berlin: Dietz Verlag, 1955), S. 151.
353 Vgl. Stephen Cohen, *Bukharin and the Bolshevik Revolution* (Oxford: Oxford University Press, 1980), S. 118.
354 Nikolai Bukharin, *Theorie des historischen Materialismus* (Köln: Neuer ISP-Verlag, 2001 [1922])

vom Standpunkt der menschlichen Gesellschaft aus progressiv oder regressiv sein konnte. »Die Arbeitsproduktivität [drückt]«, wie er schrieb, »ganz genau die ›Bilanz‹ zwischen Gesellschaft und Natur [aus].« Eine Zunahme der gesellschaftlichen Produktivität wurde als progressive Entwicklung angesehen; umgekehrt war das Beziehungsverhältnis, wenn die Arbeitsproduktivität sank – hier führte Bucharin »die Erschöpfung des Bodens« als eine mögliche Ursache eines solchen Rückgangs an – regressiver Art. Eine solche Abnahme der gesellschaftlichen Produktivität, die sich aus einer schlecht angepassten metabolischen Beziehung zwischen Gesellschaft und Natur ergibt, könnte laut seiner Argumentation zu einer »barbarisierten« Gesellschaft führen.[355]

Folglich sei der gesamte »gesellschaftliche Produktionsprozess, wie Bucharin schrieb, »eine Anpassung der menschlichen Gesellschaft an die äußere Natur«. »Nichts könnte falscher sein, als die Natur vom teleogischen Standpunkt aus zu betrachten: der Mensch als der Herr der Schöpfung mit einer Natur, die zu seinem Gebrauch geschaffen ist und in der alle Dinge menschlichen Bedürfnissen angepasst sind.«[356] Stattdessen seien die Menschen einem ständigen, aktiven Anpassungskampf verpflichtet. »Der Mensch, als Tierform, wie auch die menschliche Gesellschaft sind Produkte der Natur und Teil dieses großen, unendlichen Ganzen. Der Mensch kann der Natur niemals entkommen und selbst wenn er die Natur ›kontrolliert‹, macht er für seine eigenen Zwecke bloßen Gebrauch von den Naturgesetzen.« »Kein System, einschließlich des der menschlichen Gesellschaft«, beharrte Bucharin, »kann im leeren Raum existieren; es wird von einer ›Umwelt‹ umgeben, von der all seine Bedingungen letztlich abhängig sind. Wenn die menschliche Gesellschaft nicht an ihre Umwelt angepasst ist, ist sie nicht für diese Welt geeignet.« »Für den Baum im Wald besteht die Umwelt aus all den anderen Bäumen, dem Bach, dem Boden, den Farnen, dem Gras, den Büschen, zusammen mit all ihren Eigenschaften. Des Menschen Umwelt ist die Gesellschaft, in deren Mitte er lebt; die Umwelt der menschlichen Gesellschaft ist die äußere Natur.«[357] Tatsächlich müssen die Menschen, wie Bucharin im Jahr 1931 betonte, als »in der Biosphäre lebend und arbeitend« begriffen werden.[358]

---

355 Vgl. Niokolai Bucharin, Theorie des Historischen Materialismus, a.a..O., S. 77, 111–115.
356 Niokolai Bucharin, Theorie des Historischen Materialismus, a.a..O., S. 89, 104.
357 A.a.O., S. 75, 89, 104
358 Vgl. Nikolai Bucharin, »Theory and Practice from the Standpoint of Dialectical Materialism«, in: Nikolai Bucharin et al., Science at the Crossroads (London: Frank Cass, 1971), S. 17. Hinsichtlich der »Biosphäre« nahm Bucharin auf V. I. Vernadsky's Buch

Andere frühe sowjetische Denker, die mit Bucharin in Verbindung standen, zeigten eine ähnliche Besorgnis um ökologische Fragestellungen. Komarow zitierte ausführlich aus der langen Passage über die Eroberung der Natur in Engels' *Dialektik der Natur*, um mit der Bemerkung fortzufahren: »Wie nötig es auch sein mag, die Veränderung der Welt den Gesetzen der Natur zu unterwerfen, so kann der private Besitzer oder Unternehmer dem nicht folgen, da er nach Profit strebt und nur nach Profit. Indem er in der Industrie Krise auf Krise erzeugt, verwüstet er den natürlichen Reichtum in der Landwirtschaft und hinterlässt dabei unfruchtbaren Boden und in den Berggebieten nackten Fels und steinige Hänge.« In ähnlicher Weise legte Uranovsky in einer Erörterung über Marxismus und Wissenschaft ein starkes Gewicht auf die marxsche Forschung über Liebig und »die Theorie der Auszehrung des Bodens«.[359]

Bucharins ökologisches Werk und die Arbeit derer, die mit ihm verbunden waren, war ein Produkt der frühen Sowjetära. Die Tragödie des sowjetischen Verhältnisses zur Umwelt, das letztlich eine Form annehmen sollte, die als »Ökozid« bezeichnet worden ist[360], hatte die Tendenz, die enorme Dynamik der frühen Sowjetökologie der 1920er-Jahre und die Rolle, die Lenin persönlich bei der Propagierung des Naturschutzes spielte, zu verschleiern. In seinen Schriften

---

*The Biosphere* Bezug, das erstmals im Jahr 1922 veröffentlicht wurde und eines der großen Werke der Ökologiewissenschaft des 20. Jahrhunderts war, das in sowjetischen Wissenschaftlerkreisen in den 1920er- und frühen 1930er-Jahren extremen Einfluss hatte. Vernadsky war »der erste Mensch in der Geschichte, der die wahren Auswirkungen der Tatsache erfasste, dass die Erde ein in sich geschlossene Sphäre darstellt«. Er erlangte sowohl für seine Analyse der Biosphäre als auch als Begründer der Geochemie- (oder Biochemie-)Wissenschaft internationales Ansehen. V. I. Vernadsky, *The Biosphere* (New York: Copernicus, 1998); Lynn Margulis et al., »Foreword«, in: Vernadsky, *The Biosphere*, a.a.O., S. 15.

359 V. L. Komarov, »Marx and Engels on Biology« in Bucharin et al., *Marxism and Modern Thought* (New York: Harcourt, Brace, 1935), S. 230ff.; Y. M. Uranovsky in ebd., S. 147. Uranovsky war einer der ersten Wissenschaftler, der 1936 bei den stalinistischen Säuberungen verhaftet wurde. In Begleitung von Bucharin als Mitglied der sowjetischen Delegation zur Zweiten Internationalen Konferenz zur Geschichte von Wissenschaft und Technologie im Jahre 1932 in London befand sich auch der brillante Pflanzengenetiker N. I. Wawilow (eine der größten Persönlichkeiten in der Geschichte der Ökologiewissenschaft), Begründer und erster Präsident der Lenin Agricultural Academy, der mit der Unterstützung der frühen sowjetischen Wissenschaft eine materialistische Methode auf die Frage der Ursprünge der Landwirtschaft zur Anwendung brachte. Wie Bucharin und Uranovsky fiel er den stalinistischen Säuberungen zum Opfer. Vgl. Roy Medvedev, *Let History Judge* (New York: Columbia University Press, 1989), S. 441; N. I. Wawilow, »The Problem of the Origin of the World's Agriculture in the Light of the Latest Investigations«, in: Bukharin et al., *Science at the Crossroads*, a.a.O., S. 95–106.

360 Vgl. Murray Feshbach and Arthur Friendly, Jr., *Ecocide in the U.S.S.R.* (New York: Basic Books, 1992); D. J. Peterson, *Troubled Lands* (Boulder, Colorado: Westview, 1993).

und Erklärungen beharrte Lenin darauf, dass die menschliche Arbeit die Kräfte der Natur niemals ersetzen könne und dass eine »vernünftige Ausbeutung« der Umwelt oder eine wissenschaftliche Verwaltung der Ressourcen unerlässlich sei. Als wichtigster Führer des jungen Sowjetstaates, trat er für eine »Bewahrung der Monumente der Natur« ein und ernannte den engagierten Umweltschützer Anatoly Vasilievich Lunacharsky zum Leiter des Volkskommissariats für Bildung (Aufklärung), das mit Naturschutzangelegenheiten in ganz Sowjetrussland betraut wurde. Lenin empfand beträchtlichen Respekt für V. I. Vernadsky, den Begründer der Geochemiewissenschaft (oder Biochemie) und Autor von *The Biosphere*. Es handelte sich um eine Reaktion auf das Drängen Vernadskys und des Mineralogen E. A. Fersman, dass Lenin im Jahre 1919 im Südural das erste Naturreservat der UdSSR einrichtete und damit tatsächlich das erste Reservat, das überhaupt irgendwo von einer Regierung geschaffen wurde und das ausschließlich auf das Studium der Natur ausgerichtet war. Unter Lenins Schutz gedieh die sowjetische Naturschutzbewegung, insbesondere in der Zeitperiode der Neuen Ökonomischen Politik (1921–1928). Aber mit Lenins frühem Tod und dem Obsiegen des Stalinismus in den späten 1920er-Jahren wurden die Naturschützer als »bürgerlich« angegriffen. Schlimmer noch, es wurden mit dem Aufstieg von Trofim Denisovich Lysenko zur Führungsgestalt der biologischen Wissenschaft »wissenschaftliche« Attacken zunächst gegen die Ökologie und dann auch gegen die Genetik gestartet. Gegen Ende der 1930er-Jahre war die Naturschutzbewegung in der Sowjetunion bereits vollständig verschwunden.[361]

Die Abkoppelung des sowjetischen Denkens von ökologischen Fragen seit den 1930er-Jahren war massiv und betraf auch den Marxismus im Westen, der zwischen den 1930er- und 1970er-Jahren dazu neigte, ökologische Probleme zu ignorieren. Es gab jedoch mit der Erneuerung der Umweltbewegung infolge der Veröffentlichung von Rachel Carsons *Silent Spring* im Jahre 1962 auch innerhalb des Marxismus eine Wiederbelebung des Interesses auf diesem Gebiet. Dabei spielte die Frankfurter Schule, die eine ökologische Kritik entwickelte, eine große Rolle.[362] Diese Kritik war jedoch weitgehend philosophisch, und während sie die

---

361 Vgl. Douglas Weiner, *Models of Nature* (Bloomington: Indiana University Press, 1988), S. 4, 22–28., 259; und »The Changing Face of Soviet Conservation«, in: Donald Worster (Hrsg.), *The Ends of the Earth* (New York: Cambridge University Press, 1988), S. 254–256; Kendall Bailes, *Science and Russian Culture in an Age of Revolutions* (Bloomington: Indiana University Press, 1990), S. 127, 151–158.
362 Vgl. Max Horkheimer und Theodor Adorno, *Die Dialektik der Aufklärung* (Frankfurt am Main: Fischer, 1969).

ökologischen Einsichten in den marxschen Ökonomischen und Philosophischen Manuskripten würdigte, verlor sie die ins *Kapital* eingebundenen ökologischen Argumente aus dem Blick. Infolgedessen zog sie den generellen Schluss, dass der klassische Marxismus (beginnend mit dem späteren Marx) eine »prometheanische« Philosophie der direkten Beherrschung der Natur befürworte. Erst in den 1960er- und 1970er-Jahren begann sich in den Schriften der von der Frankfurter Schule beeinflussten Denker eine komplexere Interpretation zu entwickeln.[363] Und erst in den späten 1980er- und 1990er-Jahren begannen Wissenschaftler, die marxsche Argumentation über Bodenfruchtbarkeit und organische Regenerierung wiederzubeleben.[364] Die Renaissance von Marx' (und Liebigs) Behandlung der Bodenfruchtbarkeit und ihrer ökologischen Auswirkungen verdankt sich Agronomen und Ökologen, die unmittelbar mit den Debatten rund um die Entstehung der Bodenwissenschaft und den Auseinandersetzungen Agrarwirtschaft (Agrobusiness) versus organische Landwirtschaft befasst waren.[365]

Es ist daher kaum überraschend, dass die Interpretationen von Marx innerhalb der Soziologie und insbesondere der Umweltsoziologie von einem »Aneignungsproblem« betroffen waren. Soziologen tendieren im Allgemeinen dazu, wenig Kenntnisse des 3. Bandes des marxschen *Kapital* zu besitzen, in dem seine Kritik der kapitalistischen Landwirtschaft (und der Untergrabung der Bodenfruchtbarkeit) am vollständigsten entwickelt ist, und während diese Problembereiche den Generationen von marxistischen Denkern, die unmittelbar auf Marx folgten, wohlbekannt waren, verschwanden sie in den 1930er-Jahren weitgehend aus dem marxistischen Denken. Sogar noch heute lassen Abhandlungen über das marxsche Verhältnis zur Ökologie, die den Anspruch erheben, eine umfassende Ausrichtung auf seine frühen Schriften zu besitzen, das *Kapital* weitgehend außer Acht.[366] Dieses Aneignungsproblem hatte bedeutende Auswirkungen. Es erweckte den Anschein, dass es innerhalb des klassischen Marxismus keine expliziten Verbindungen zwischen der menschlichen Gesellschaft und der natürlichen

---

363 Vgl. Schmidt, *The Concept of Nature in Marx*, a.a.O.; Leiss, *The Domination of Nature*, a.a.O.
364 Vgl. Perelman, »Marx and Resources«, in: *Environment, Technology, and Society* 51, Winter 1988, S. 15–19; Hayward, *Ecological Thought*, a.a.O.; Foster, »The Crisis of the Earth«, a.a.O.; Fischer-Kowalski, »Society's Metabolism«, a.a.O.
365 Vgl. Maiumi, »Temporary Emancipation from the Land«, a.a.O.; Fred Magdoff, Les Lanyon und Bill Liebhardt, »Nutrient Cycling, Transformations, and Flows«, a.a.O. und *Advances in Agronomy* 60, 1997, S. 1–73; Gary Gardner, *Recycling Organic Wastes* (Washington, D.C.: Worldwatch, 1997).
366 Vgl. Peter Dickens, *Society and Nature* (Philadelphia: Temple University Press, 1992).

Welt gebe, und förderte die Ansicht, dass zwischen der klassischen Soziologie und der Umweltsoziologie eine unüberbrückbare Kluft liege. Vergleichbare Aneignungsprobleme könnten in Bezug auf andere klassische Theoretiker herangezogen werden. Martinez-Alier hat argumentiert, dass Webers wichtiger Aufsatz über Ostwalds Sozialenergetik ebenfalls vernachlässigt worden sei; tatsächlich muss dieser noch ins Englische übersetzt werden. Dies hat den falschen Eindruck hinterlassen, dass Weber auf diesem Gebiet nichts zu sagen habe.[367] Durkheim erörterte die soziologischen Ursprünge der Einordnung der Natur in den Bereich dessen, was er die »erste Naturphilosophie« nannte, und verknüpfte dies mit dem modernen wissenschaftlichen Evolutionismus. Er äußerte sich auch über die darwinsche Evolutionstheorie, die Unzerstörbarkeit der Materie, die Erhaltung von Energie.[368] Der systematische Charakter seines eher naturalistischen Denkens ist niemals auf geeignete Weise behandelt worden, Werke wie *Pragmatismus und Soziologie*, in denen er einige seiner komplexesten Ansichten in dieser Hinsicht vorstellt, sind im Allgemeinen unbeachtet geblieben. Trotzdem ist klar, dass seine Analyse auf eine komplexe, koevolutionäre Perspektive hinwies. So schrieb er:

>»Die Soziologie bringt einen Relativismus ins Spiel, der auf dem Verhältnis zwischen der physischen Umwelt und dem Menschen beruht. Die physikalische Umwelt zeigt eine relative Festigkeit. Gewiß ist sie der Entwicklung unterworfen; aber noch nie hat die Realität aufgehört, zu sein, was sie war, um dann einer gänzlich neuartigen oder aus neuen Elementen zusammengesetzten Realität Platz zu machen [...] Die biologische Welt hebt die physikalische nicht auf, und nicht gegen die biologische Welt, sondern *mit* ihr hat sich die soziale Welt herausgebildet.«[369]

## Das Definitionsproblem

Neben dem Aneignungsproblem gibt es auch ein Definitionsproblem. Hierfür steht die Tatsache, dass das Versagen der Soziologie – speziell der Umweltsozio-

---

367 Vgl. Martinez-Alier, *Ecological Economics*, S. 183–192.
368 Vgl. Émile Durkheim, *Schriften zur Soziologie der Erkenntnis* (Frankfurt am Main: Suhrkamp, 1987).
369 Vgl. Émile Durkheim, *Schriften zur Soziologie der Erkenntnis*, a.a.O., S. 116.

logie – bei der Behandlung des klassischen Erbes zumindest teilweise einem verengten Denken geschuldet ist.

Hierbei spielte der von Catton und Dunlap entwickelte Gegensatz zwischen dem »menschlich exemptionalistischen Paradigma« und dem »neuen umweltbezogenen Paradigma« eine größere Rolle. Alle widerstreitenden Sichtweisen in der Soziologie, wie »Funktionalismus, symbolischer Interaktionismus, Ethnomethodologie, Konflikttheorie, Marxismus und so weiter«, wurden unter dem gemeinsamen Merkmal betrachtet, zu einem »menschlich exzeptionalistischen Paradigma« (das später in »menschlich exemptionalistisches Paradigma« umbenannt wurde) zu gehören, und folglich die »scheinbare Diversität« dieser Theorien »nicht so wichtig [sei], wie der ihnen zugrunde liegende fundamentale Anthropozentrismus«. Das menschliche exemptionalistische Paradigma stellte sich unter Einschluss der folgenden Annahmen dar: (1) die Existenz der Kultur macht die Menschen unter den Geschöpfen auf der Erde einzigartig; (2) die Kultur entwickelt sich sehr viel schneller als die Biologie; (3) die meisten menschlichen Merkmale sind kulturell basiert und können folglich gesellschaftlich verändert werden; und (4) ein Prozess kultureller Akkumulation bedeutet, dass der menschliche Fortschritt kumulativ und unbegrenzt sein kann. Die durch dieses menschliche exemptionalistische Paradigma erzeugten Denkgewohnheiten führten, wie Catton und Dunlap argumentierten, zu einem übermäßig optimistischen Vertrauen auf den menschlichen Fortschritt, einem Mangel an Erkenntnis ökologischer Begrenzungen und einer Tendenz zur Vernachlässigung fundamentaler physischer Gesetze, zum Beispiel des Entropiegesetzes.[370]

Für Catton und Dunlap konnte dieses »menschliche exemptionalistische Paradigma«, das nahezu die gesamte bestehende Soziologie umfasste, dem entgegengestellt werden, was sie mit dem Begriff »neues umweltbezogenes Paradigma« belegten, der aus der Umweltsoziologie stammt und auf den folgenden Annahmen beruht: (1) Menschen sind eine von vielen Arten, die innerhalb der biotischen Gemeinschaft in gegenseitiger Abhängigkeit verbunden sind; (2) die biotische Gemeinschaft besteht aus einem komplizierten natürlichen Netz mit komplexen Verknüpfungen von Ursache und Wirkung; und (3) die Welt selbst ist endlich, es gibt natürliche (physische und biologische) Grenzen für sozialen und ökonomischen Fortschritt.[371] Im Gegensatz zum »Anthropozentrismus«, der

---

370 Vgl. Catton und Dunlap, »Environmental Sociology«, a.a.O., S. 42–43.
371 Vgl. Catton und Dunlap, »Environmental Sociology«, a.a.O., S. 45.

das menschliche exemptionalistische Paradigma kennzeichnet, stellt das neue umweltbezogene Paradigma eine Verschiebung hin zu einer heute als »ökozentrisch« bezeichneten Sichtweise, in der die Menschen als mit anderen Arten verbundener Teil der Natur gesehen werden und den natürlichen Grenzen der Biosphäre unterworfen sind.

Ironischerweise liegt das Hauptproblem bei diesem Gegensatz zwischen menschlich exemptionalistischem und neuem umweltbezogenem Paradigma darin, dass er, selbst wenn er Umweltfaktoren betont, dazu tendiert, eine dualistische Sicht von Gesellschaft gegen physische Umwelt, Anthropozentrismus gegen Ökozentrismus aufrechtzuerhalten und folglich leicht dem Irrtum des Ausschlusses der Mitte (oder einer falschen Zweiteilung) zu verfallen. Bei dieser Sichtweise gibt es eine Tendenz, jede Theorie, die sozioökonomischen Fortschritt oder kulturelle Akkumulation hervorhebt, als »anthropozentrisch« und gegen eine »ökozentrische« Perspektive gerichtet anzusehen. Auch läuft ein extremer Ökozentrismus Gefahr, den soziologischen Aufbau eines Großteils der »natürlichen Welt« aus dem Blick zu verlieren. Selbst wenn die klassische Soziologie in ihrer Fokussierung auf sozioökonomischen Fortschritt und ihre relative Vernachlässigung der äußeren Natur bis zu einem gewissen Maße anthropozentrisch gewesen sein mag, war sie nicht unbedingt antiökologisch (im Sinne der Ignorierung natürlicher Grenzen), insofern sie ökologische Nachhaltigkeit als eine Voraussetzung für sozialen Fortschritt anerkannte. Die gegenwärtige Beschäftigung mit nachhaltiger Entwicklung und koevolutionären Theorien innerhalb der Umweltdiskussionen deutet darauf hin, dass es dort immer komplexe Ansichten gegeben hat, die versucht haben, die Dualismen Menschheit versus Natur, Anthropozentrismus versus Ökozentrismus und sozioökonomischer Fortschritt versus natürliche Grenzen zu überwinden.

Insbesondere Marx ist dafür kritisiert worden, »anthropozentrisch« anstatt »ökozentrisch« orientiert zu sein, und folglich außerhalb des Bezugssystems der »grünen Theorie« zu stehen.[372] Diese Art dualistischer Vorstellung hätte jedoch aus seiner eher dialektischen Perspektive wenig Sinn gehabt, die die Qualität (und Nachhaltigkeit) der Wechselwirkung zwischen der Gesellschaft und ihren natürlichen Bedingungen betonte. Es ist das Bekenntnis zur ökologischen Nachhaltigkeit, nicht der abstrakte Begriff »Ökozentrismus«, der am deutlichsten definiert, ob eine Theorie Teil des ökologischen Diskurses ist. Überdies muss eine umfassende Umweltsoziologie per definitionem perspektivisch koevolutionär sein,

---

372 Vgl. Eckersley, *Environmentalism and Political Theory*, a.a.O., S. 75–95.

indem sie Veränderungen sowohl in Gesellschaft und Natur wie auch in deren wechselseitiger Interaktion berücksichtigt.

## Schlussfolgerung: Die Bestandteile der Umweltsoziologie

Der Schwerpunkt der Argumentation in diesem Kapitel lag darin, aufzuzeigen, dass es falsch ist zu behaupten, dass die klassische Soziologie »so aufgebaut sei, also ob die Natur nicht von Belang wäre«.[373] Ein zentraler Anspruch war dabei, jede der sechs ökologischen Scheuklappen, die Marx für gewöhnlich zugeschrieben werden – nämlich seine angebliche Unfähigkeit zur Wahrnehmung (1) der Ausbeutung der Natur; (2) der Rolle der Natur bei der Schaffung von Reichtum; (3) der Existenz natürlicher Grenzen; (4) des veränderlichen Charakters der Natur; (5) der Rolle der Technologie bei der Umweltzerstörung; und (6) der Unfähigkeit bloßen ökonomischen Überflusses zur Lösung der Umweltprobleme – zu widerlegen. Es ist natürlich nicht so, dass Marx definitive Lösungen all dieser Probleme angeboten hätte, aber er war sich dieser Problematik in ausreichender Weise bewusst, um den wichtigsten Fallen zu entgehen und um die lebenswichtige Vorstellung vom »menschlichen Stoffwechsel mit der Natur« in sein theoretisches Gesamtgerüst einzuarbeiten. Infolgedessen begründet seine Arbeit einen möglichen Ausgangspunkt für eine umfassende Umweltsoziologie. Zweifellos werden einige weiterhin darauf beharren, dass Marx, trotz der oben vorgelegten Argumente, nicht genügend Nachdruck auf die natürlichen Bedingungen gelegt habe oder dass sein Ansatz zu anthropozentrisch sei und eher den Linien eines utilitaristischen Naturschützertums als einem echten grünen Radikalismus folge. Einige werden einwenden, dass er trotz seines Beharrens auf einem nachhaltigen Verhältnis zur Erde, das Konzept wirtschaftlichen Wachstums niemals wirklich vollständig aufgegeben habe. Die Offensichtlichkeit seiner Besorgnis bezüglich ökologischer Angelegenheiten – insbesondere was die Bodenkrise, wie sie in der Mitte des 19. Jahrhunderts wahrgenommen wurde, angeht – ist zu weitreichend und zu sehr Teil seiner Gesamtkritik des Kapitalismus, um unbeachtet zu bleiben. Marx argumentierte ganz gewiss in einer Weise, bei der die Natur von Bedeutung war, und seine Soziologie erhält infolgedessen, von diesem Standpunkt aus gesehen, eine ganz neue Dimension.

Ebenso wie Marx seine frühe Theorie der Entfremdung der Arbeit durch seine spätere Analyse der Ausbeutung und Degradierung der Arbeitskraft in

---

373 Murphy, *Sociology and Nature*, a.a.O., S. 10.

materialistischere Begriffe übersetzte, so übertrug er auch seine frühe Vorstellung von der Entfremdung der Natur (als Teil des feuerbachschen Naturalismus, der seine *Ökonomischen und Philosophischen Manuskripte* durchdrang) durch sein späteres Konzept eines metabolischen Bruchs in materialistischere Begrifflichkeiten. Ohne letzteres Konzept ist es unmöglich, die von Marx entwickelte Analyse des Gegensatzes zwischen Stadt und Land, seine Kritik der kapitalistischen Landwirtschaft oder seine Forderungen nach der »Restaurierung« des notwendigen metabolischen Verhältnisses zwischen Menschheit und Erde, das heißt seine grundlegende Vorstellung von Nachhaltigkeit, zu verstehen. Die marxsche Reaktion auf Liebigs Kritik der kapitalistischen Landwirtschaft war überdies mit einer verfeinerten Antwort auf Darwins Evolutionstheorie gekoppelt. Was sich daraus ergibt, ist ein historischer Materialismus, der letztendlich mit der Naturgeschichte verbunden ist und der die rohen, einseitigen Traditionen des mechanischen Materialismus, des Vitalismus und des Sozialdarwinismus ablehnt, wie sie zu Zeiten von Marx existierten.

Zugleich vermied es Marx jedoch, in die Falle zu gehen, die zuweilen dem späteren »dialektischen Materialismus« von Engels zugeschrieben wird, nämlich sich zu stark auf die hegelsche Logik und auf seine Naturphilosophie zu beziehen, indem er auf abstrakte Weise eine hegelianische Dialektik (das heißt eine in rein logischen Begriffen konzipierte und von Hegels sich selbst vermittelndem Geist getrennte Dialektik) dem überstülpte, was andernfalls eine mechanische Sicht des Universums gewesen wäre. Stattdessen vermittelt Marx, wie wir gesehen haben, einen voll mit seinem eigenen praktischen Materialismus abgestimmten, behutsamen Kontruktivismus, der stets die Rolle der menschlichen Praxis hervorhebt, während er den natürlichen Bedingungen, dem evolutionären Wandel und der metabolischen Wechselbeziehung zwischen Menschheit und Erde gegenüber sensibel bleibt.

Der Hauptbeitrag von Marx auf diesem Gebiet war methodologischer Art. Er betrachtete die »ökonomische Gesellschaftsformation« als Teil eines »naturgeschichtlichen Prozesses« und kämpfte innerhalb seiner Kritik der Politischen Ökonomie darum, sowohl die natürlichen Bedingungen wie auch die menschliche Umgestaltung der Natur zu berücksichtigen.[374] Bei diesem Prozess wandte er seine dialektische Analyse (in der Erkenntnis, dass die Dialektik, abgesehen von der selbst vermittelten Rolle des Menschen als Handlungskraft der Geschichte

---

374 Vgl. Karl Marx, *Das Kapital*, Band 1, MEW Band 23, a.a.O., S. 16.

wenig Bedeutung besaß) nicht auf die externe Natur selbst, sondern stattdessen auf die Wechselbeziehung zwischen Natur und Menschheit an, indem er die Entfremdung der Natur in den bestehenden Reproduktionsformen und den widersprüchlichen, unnachhaltigen Charakter des metabolischen Bruchs zwischen Natur und Gesellschaft betonte, den speziell der Kapitalismus hervorgebracht hatte. Darüber hinaus fasste Marx diesen metabolischen Bruch nicht nur in abstrakte Begriffe, sondern setzte ihn in Beziehung zu der konkreten Krise, die sich durch die Bodenerosion und das Problem der menschlichen und tierischen »Abfälle« darstellte, die die Städte überfluteten. Beide spiegelten sich in seiner Analyse des metabolischen Bruchs und des Bodens im Gegensatz zwischen Stadt und Land wider.

Die Art, in der die marxsche Analyse einige der fortgeschrittensten ökologischen Analysen des späten 20. Jahrhunderts – insbesondere hinsichtlich der Fragen des Bodens und der Ökologie der Städte – vorwegnahm, ist geradezu alarmierend. Viele der jüngsten Arbeiten über die Ökologie des Bodens konzentrieren sich auf fortlaufende, historische Unterbrechungen der Nährstoffkreisläufe.[375] Die erste derartige Unterbrechung, die mit der zweiten Landwirtschaftsrevolution verbunden ist, wird häufig in dieselben Begriffe gefasst, in denen sie ursprünglich von Liebig und Marx erörtert wurden und wird in Bezug auf die physische Entfernung der Menschen vom Land gesehen. Dies ergab sich ebenso aus der mangelnden Rückführung der organischen menschlichen Abfälle auf das Land wie aus der damit zusammenhängenden Unterbrechung des metabolischen Kreislaufs und dem Nettoverlust für den Boden, der aus der Überführung organischer Produkte (Nahrung und Fasern) über Hunderte und Tausende von Meilen resultierte.

Es waren diese Entwicklungen, die die Entstehung der Düngemittelindustrie erzwangen. Ein nachfolgender Bruch ereignete sich mit der dritten Landwirtschaftsrevolution (dem Aufkommen des Agrobusiness), die in ihren frühen Stadien mit der Entfernung des Großviehs von den Bauernhöfen, der Schaffung von zentralisierten Futterplätzen und der Ersetzung der tierischen Zugkraft durch Landwirtschaftsmaschinen verbunden war. Es war nicht länger notwendig, Hülsenfrüchte anzubauen, die eine vorteilhafte Wirkung auf die Stickstoffbindung

---

375 Vgl. Magdoff et al., »Nutrient Cycling, Transformations and Flows«, a.a.O.; Maiumi, »Temporary Emancipation from the Land«, a.a.O.; Gardner, *Recycling Organic Wastes*, a.a.O.

im Boden hatten, um wiederkäuende Tiere zu ernähren. Infolgedessen wuchs die Abhängigkeit von Stickstoffdünger mit allen negativen Folgen, einschließlich der Vergiftung des Grundwassers, dem »Tod« der Seen und so weiter.

Diese »Modernisierungstrends« und andere damit zusammenhängende Prozesse werden heute im Zusammenhang mit dem deformierten Entwicklungsmuster gesehen, das den Kapitalismus (und andere Gesellschaftssysteme wie das der Sowjetunion, die dieses Entwicklungsmuster, zuweilen in noch deformierterer Form reproduzierte) kennzeichnet und die Form eines immer extremeren metabolischen Bruchs zwischen Land und Stadt annimmt. In ähnlicher Weise wird das ökologische Problem der Stadt im Hinblick auf ihr metabolisches Beziehungsverhältnis zu ihrer äußeren Umwelt und die ökologischen Deformationen gesehen, die dies (unter Konzentration auf die Zuflüsse von Nährstoffen und Energie) mit sich bringt.[376]

Die Tatsache, dass Marx in der Lage war, einen soziologischen Ansatz zu konzipieren, der auf diese Entwicklungen hinwies, als diese sich noch in ihren allerersten Frühstadien befanden, stellt einen der großen Triumphe der klassischen soziologischen Analyse dar. Dies ist ein Hinweis darauf, wie die Soziologie auf den ökologischen Bereich ausgedehnt werden könnte, und unterstreicht, dass eine ökologische Analyse, frei von soziologischer Einsicht, unfähig zum Umgang mit der gegenwärtigen Krise der Erde ist, einer Krise, die ihren Ursprung und ihre Bedeutung letztlich in der Gesellschaft selbst hat.

Zweifellos haben sich sowohl Weber als auch Durkheim mit der metabolischen Wechselbeziehung zwischen Natur und Gesellschaft befasst. Auch wenn systematische Untersuchungen über die Arbeit von Weber und Durkheim in dieser Hinsicht noch anzustellen sein werden, ist nicht zu bezweifeln, dass in ihren soziologischen Vorstellungen wichtige Einsichten in ökologische Probleme enthalten sind. Als Weber am Schluss von *Die protestantische Ethik und der Geist des Kapitalismus* über eine Zivilisation schrieb, die von einer »mechanisierten Versteinerung« gekennzeichnet sei, die auf demselben Kurs formeller oder instrumenteller Rationalität fortfahre »bis die letzte Tonne versteinerter Kohle« verfeuert sei, deutete er die Möglichkeit einer breiteren gesellschaftlichen und umweltbezogenen Kritik

---

376 Vgl. Wolman, »The Metabolism of Cities«, a.a.O.; Giradet, »Sustainable Cities«; Fischer-Kowalski, »Societies Metabolism«, a.a.O.; J. B. Opschoor, »Industrial Metabolism, Economic Growth, and Institutional Change«, in: Redclift und Woodgate, *International Handbook of Environmental Sociology*, 274–286.

dieser Zivilisation an.[377] Auch die Erörterungen der darwinschen Theorie durch Durkheim und ihre Auswirkungen auf die gesellschaftliche Analyse verwiesen auf ein soziologisches Verständnis der Koevolution von Natur und Gesellschaft. In den Fällen von Weber und Durkheim dürfen wir, wie bei Marx, vermuten, dass ein Problem der Aneignung, gekoppelt mit einem Problem der Definition, das Verständnis der Art und Weise, in der ihre soziologischen Konzepte die natürlichen Bedingungen berücksichtigt haben, erschwert hat.

Heutzutage gibt es sogar unter führenden Umweltsoziologen, die die klassischen Traditionen der Soziologie wegen mangelnder Berücksichtigung der physischen Umwelt kritisiert haben, die Erkenntnis, dass die klassischen Traditionen sich angesichts der Herausforderungen seitens der Umweltsoziologie als elastisch erwiesen haben und der Neuinterpretation und Neuformulierung entlang einer Orientierung offen stehen, die ökologischen Faktoren größeres Gewicht einräumen. Dunlap verweist in den letzten Jahren auf die Dringlichkeit von »›grüneren‹ Versionen marxistischer, weberianischer und symbolisch interaktionistischer Theorien«.[378] Ironischerweise wird zunehmend erkannt, dass das Problem des »menschlichen Exemptionalismus«, das heißt die Vernachlässigung der physischen Umwelt, möglicherweise für die klassische Soziologie weniger bezeichnend war als für die Soziologie, die nach dem Zweiten Weltkrieg vorherrschte – während einer Zeitperiode, in der das Vertrauen in die Technologie und die menschliche »Eroberung« der Natur nie zuvor erreichte Höhen erreichte, nur um kurz später zu Desillusionierung und Krise zu führen, beginnend mit den 1960er-Jahren. Die Entwicklung einer Umweltsoziologie als integraler Bestandteil der Soziologie als Ganzer macht es infolgedessen erforderlich, dass wir auf vergangene Theorien zurückgreifen, um die intellektuellen Mittel für eine kohärente Analyse der Gegenwart zu entwickeln. Für die Umweltsoziologie liegt die entscheidende Frage darin, den »strengen Konstruktivismus« der meisten zeitgenössischen soziologischen Theorien aufzugeben, der dazu tendiert, die Umwelt als simples Produkt von Menschen zu sehen, und sich in Richtung auf einen eher »behutsamen Konstruktivismus« zu bewegen, der anerkennt, dass es eine komplexere metabolische Beziehung zwischen Mensch und Natur gibt.[379]

---

377 Vgl. Max Weber, *Die Protestantische Ethik und der Geist des Kapitalismus* (Gütersloh: Gütersloher Verlagshaus Mohn, 1968), S. 204.
378 Dunlap, »The Evolution of Environmental Sociology«, a.a.O., S. 34.
379 Vgl. Dunlap, »The Evolution of Environmental Sociology«, a.a.O., S. 31–32, 35; Peter Dickens, *Reconstructing Nature* (New York: Routledge, 1996), S. 71.

# Kapitel 10
# Kapitalismus und Ökologie:
# Die Natur des Widerspruchs

Dieses Kapitel wurde für das vorliegende Buch auf Grundlage eines Artikels überarbeitet und korrigiert, der in *Monthly Review* 54, Nr. 4 (September 2002), S. 6–16, erschienen ist. Er beruhte auf einem Redebeitrag, der auf der Sozialismus-Konferenz in Chicago am 15. Juni 2002 gehalten wurde.

Die systemischen Widersprüche dehnen sich, obwohl sie auf die inneren Bewegungsgesetze des Kapitalismus zurückzuführen sind, auf Phänomene aus, die für gewöhnlich als systemfremd angesehen werden und die Unversehrtheit der gesamten Biosphäre und allem, was in ihr enthalten ist, bedrohen. Deshalb ist die Frage, wie die ökologischen Widersprüche des Kapitalismus zu verstehen seien, zum Thema einer aufgeheizten Debatte unter Sozialisten geworden. In dieser Diskussion haben sich zwei entscheidende Fragen ergeben. Erstens: Muss die ökologische Krise durch das Prisma der ökonomischen Krise unter dem Kapitalismus betrachtet werden? Und zweitens: In welchem Ausmaß gibt es einen ökologischen Defekt im Herzen der kapitalistischen Gesellschaft?

Was hier zur Debatte steht, kann, wie ich glaube, am besten verstanden werden, wenn wir auf Marx zurückgehen. Ein Schlüsselelement in der marxschen ökologischen Analyse ist die Theorie des metabolischen Bruchs.[380] Marx ver-

---

380 Vgl. Kapitel 9 und John Bellamy Foster, *Marx's Ecology* (New York: Monthly Review Press, 2000), S. 141–177.

wendete das Konzept eines Bruchs in der Stoffwechselbeziehung zwischen Menschen und Erde, um die innerhalb der kapitalistischen Gesellschaft herrschende materielle Entfremdung der Menschen von den natürlichen Bedingungen, die die Grundlage ihrer Existenz bildeten, zu erfassen. Eine Erscheinungsform, in der sich dies unter dem Kapitalismus manifestierte, war die extreme Trennung zwischen Stadt und Land, die aus der Trennung der großen Masse der Bevölkerung vom Boden erwuchs.

Landwirtschaftschemiker des 19. Jahrhunderts, vor allem Liebig, hatten entdeckt, dass der Verlust von Bodennährstoffen wie Stickstoff, Phosphor und Kalium durch den Export von Nahrung und Fasern in die Stadt den Bodennährstoffkreislauf unterbrach und die kapitalistische Landwirtschaft unterminierte, während sie die Städte unter Abfall begrub. Anstatt eine vernünftige Produktionsform zu sein, konnte die britische Großlandwirtschaft (die fortgeschrittenste kapitalistische Landwirtschaft ihrer Zeit) Liebig zufolge aufgrund ihrer Auswirkungen auf den Boden am besten als »Raubsystem« beschrieben werden. Die historische Antwort des Systems auf diese sinkende Produktivität des Bodens lag zunächst in der Einfuhr von Knochen vom Kontinent und Guano (Vogelausscheidungen) aus Peru und später in der Entwicklung synthetischer Düngemittel. Synthetischer Dünger erzeugte jedoch weitere Probleme. Infolgedessen kam es zu einem sich immer mehr vertiefenden und komplexen metabolischen Bruch, der zu ernsten Zergliederungen im Verhältnis Natur/Gesellschaft führte, welche die zeitgenössische Landwirtschaft und Industrie kennzeichnete.

Marx erkannte, dass dieser metabolische Bruch ein Problem der Nachhaltigkeit darstellte. In einer häufig zitierten Passage bemerkte er, dass der Kapitalismus die Lebenskraft der immerwährenden Quellen des Reichtums – den Boden und den Arbeiter – aufzehrte. Dabei war das Problem auch nicht einfach auf den Boden beschränkt. Marx entwickelte eine Forderung der Nachhaltigkeit – die Erhaltung und gegebenenfalls die »Restaurierung« der Erde, damit sie in gleichem oder »verbessertem« Zustand an die nachfolgende Generationenkette weitergegeben werden konnte –, welche solche Themen wie Wiederverwertung, Verschmutzung, Gesundheitsverhältnisse, Entwaldung, Fluten, Wüstenbildung, die Wiederverwertung von Industrieabfällen, Artenvielfalt, die Inwertsetzung von Arten und andere Fragen aufwirft. Seine Studien der Evolutionstheorie führten ihn zu Vorstellungen der Koevolution. Der Streit mit Malthus zwang ihn zur Beachtung der historischen (eher als der natürlichen) Quellen der »Überbevölkerung« (ein Begriff den Marx verwendete, während Malthus dies nicht tat). Die marxsche Analyse der ursprünglichen Akkumulation verwies auf die Trennung der Arbeiter vom Land als den prägenden Widerspruch des Kapitalismus. Seine Kritik der Politischen Ökonomie beleuchtete die Inwertsetzung allen Lebens und die beherschende Rolle, die von der Akkumulation ohne Ende gespielt wurde, die im Tauschwert im Gegensatz zum Gebrauchswert verwurzelt war. Indem er Thomas Müntzer, den revolutionären Führer des Deutschen Bauernkrieges des 16. Jahrhunderts, zitierte, bemerkte Marx: »Müntzer [erklärte es] für unerträglich, dass alle Kreatur zum Eigentum gemacht worden sei, die Fische im Wasser, die Vögel in der Luft, das Gewächs auf Erden – auch die Kreatur müsse frei werden.«[381]

Trotzdem ist es in gewissen ökosozialistischen Kreisen Mode geworden, nicht so sehr den Reichtum an ökologischen Einsichten zu betonen, die von Marx geliefert wurden, als sich vielmehr auf das zu konzentrieren, was als die größten Schwächen seiner Analyse gekennzeichnet wird. In einem Artikel in *Capitalism, Nature, Socialism*, einer führenden Zeitschrift des Ökosozialismus, behauptete Alan Rudy, dass es eine »Beschränkung für die marxsche Ökologie ist, dass Marx den ›metabolischen Bruch‹ nicht als ein wichtiges Moment in den Krisentendenzen des Kapitalismus theoretisiert hat«. Dieser Punkt wurde noch deutlicher von James O'Connor, dem Gründungsherausgeber dieser Zeitschrift, artikuliert, der argumentierte, dass Marx, während er die Existenz »ökologisch destruktiver Methoden« innerhalb der Landwirtschaft erkannt habe, »niemals die Möglichkeit in Betracht zog«, dass ökologische Zerstörung aufgrund der Verschlechterung der natürlichen Produktionsbedingungen »mit einer ökonomischen Krise besonderer Art drohen könnte, nämlich der Unterproduktion des Kapitals«. Folglich habe es Marx, wie O'Connor feststellte, versäumt, »zwei und zwei zusammenzuzählen«, um so eine Theorie darüber zu entwickeln, wie steigende ökologische Kosten zu sinkender Rentabilität und zu einer Akkumulationskrise beitrugen. Seine Analyse sei infolgedessen hinter dem begrifflichen Bezugsrahmen zurückgeblieben, der von O'Connor als »ökologischer Marxismus« etikettiert wurde.[382]

---

381 Karl Marx, *Zur Judenfrage*, MEW Band 1 (Berlin: Dietz Verlag, 1976), S. 375; siehe auch Friedrich Engels, *Der deutsche Bauernkrieg*, MEW Band 7, (Berlin: Dietz Verlag, 1967), S. 355; Thomas Müntzer, *Gesammelte Werke* (Edinburgh: T & T Clark, 1988), 335.
382 Vgl. Alan Rudy, »Marx's Ecology and Rift Analysis«, in: *Capitalism, Nature, Socialism* 12, Juni 2001, S. 61; James O'Connor, *Natural Causes* (New York: Guilford Press, 1998), S. 160, 165, 173. In dem Zusammenhang, in dem er die oben zitierte Feststellung trifft, schreibt Rudy genau dieselbe Kritik an Marx wegen seines Versäumnisses,

O'Connors eigene theoretische Beiträge versuchten das zu tun, was Marx hier zu tun versäumt hatte – aufzuzeigen, wie die Beeinträchtigung der Produktionsbedingungen durch das Kapital eine spezifische Form der ökonomischen Krise für den Kapitalismus erzeugte oder zu dem führte, was O'Connor als »den zweiten Widerspruch des Kapitalismus« bezeichnete. Der Kapitalismus ist, wie er argumentierte, schon immer von einem »ersten Widerspruch« oder einer Tendenz zur ökonomischen Krise befallen gewesen, die mit einer steigenden Mehrwertrate und den daraus resultierenden Hindernissen für die Realisierung von Mehrwert oder Profiten durch den Verkauf von Gütern und Dienstleistungen aufgrund von Ungleichheiten in Einkommen und Reichtum verbunden war. Dieser erste Widerspruch stellte eine ökonomische Krise dar, die sich auf der Nachfrageseite (das heißt auf der Seite der Realisierung von Profiten) manifestierte.

Indem er sich ausschließlich auf diesen ersten Widerspruch konzentrierte, bestand O'Connor jedoch darauf, dass die sozialistischen Kritiker des Kapitalismus den »zweiten Widerspruch« vernachlässigten, der mit der Unterminierung der Produktionsbedingungen des Kapitalismus verbunden sei. O'Connor leitete aus der marxschen Analyse drei Arten von »Produktionsbedingungen« ab: (1) die persönlichen Produktionsbedingungen, die mit der Reproduktion der menschlichen Arbeitskraft zusammenhängen; (2) die äußerlich-natürlichen Produktionsbedingungen (Wälder, Ölfelder, Wasservorräte, Vogelarten und so weiter); und (3) die allgemein-kommunalen Produktionsbedingungen (das heißt die gebaute Umgebung, zum Beispiel Städte, einschließlich ihrer urbanen Infrastruktur). Was all diesen Elementen den Status als Produktionsbedingungen verleihe, sei der Umstand, dass sie nicht durch den Kapitalismus erzeugt (oder vollständig erzeugt) worden, sondern eher »fiktive Güter« seien, um einen Begriff von Karl Polanyi zu benutzen. Der Kapitalismus produziere nicht auf unmittelbare Weise Menschen, ja nicht einmal die Fähigkeit zur Arbeit – so sehr er auch wünschen mochte, die Arbeitskraft gewissermaßen als eine Ware wie jede andere zu behandeln –, und er produziere auch nicht die äußerliche Natur. Die gebaute Umgebung entstehe ihrerseits auf eine Weise, die von räumlichen und zeitlichen Faktoren bestimmt werde, die nicht direkt dem Wertgesetz unterlägen.

Das Kapital war nach dieser Vorstellung folglich bei seiner Produktion abhängig von der Verwendung und Umgestaltung der natürlichen Produktions-

---

den metabolischen Bruch in seine kapitalistische Krisentheorie zu integrieren, auch mir zu. Meine Ansicht dazu ist jedoch, wie dieses Kapitel zeigt, von anderer Art.

bedingungen, die bis zu einem gewissen Maße natürliche Mangelerscheinungen widerspiegelten und die das ökonomische System nicht intakt und in verhältnismäßig kostenfreier Form zu erhalten vermochten. Eine Verschlechterung dieser Produktionsbedingungen verursachte für den Kapitalismus steigende Kosten und drückte die Profite auf der Kostenseite (oder Angebotsseite): Daraus folgte der »zweite Widerspruch« des Kapitalismus. O'Connor folgend, bezeichnete Joel Kovels Buch *The Enemy of Nature* (Der Feind der Natur) die ökologische Krise, die aus der zunehmenden Verschlechterung der eigenen Produktionsbedingungen durch das Kapital erwuchs, eine »eiserne Notwendigkeit«. Für Kovel, »wird diese Verschlechterung eine widersprüchliche Wirkung auf die Rentabilität selbst haben [...] entweder direkt, um die natürliche Grundlage der Produktion so verfaulen zu lassen, dass sie zusammenbricht, oder indirekt«, durch die Reinternalisierung »der Kosten, die auf die Umwelt ausgelagert worden waren«.[383]

O'Connor identifizierte das, was er als »ökologische marxistische Theorie« bezeichnete, völlig mit diesem »zweiten Widerspruch«, während er den ersten Widerspruch in Bezug auf den »traditionellen Marxismus« sah. Sowohl der erste wie der zweite der Widersprüche nähmen die Form von ökonomischen Krisentendenzen an, und beide existierten gleichzeitig. Die Argumentation ließ jedoch darauf schließen, dass der »zweite Widerspruch« und folglich die ökonomischen Widersprüche auf der Angebotsseite, die auf steigenden Kosten beruhten, in wachsendem Maße beherrschend sei. Der Kapitalismus sei deshalb in einer ökonomischen Krisentendenz gefangen, die mit der Unterproduktion des Kapitals zusammenhing, die auf der Beschädigung seiner eigenen Produktionsbedingungen beruhe: eine Form ökonomischer Krise, die nach O'Connors Begriffen mehr mit äußeren oder natürlichen Hemmnissen zu tun hatte als mit inneren oder klassenbezogenen Antagonismen des Systems.

Ein wichtiger Teil dieser Argumentation war, wie sie mit dem Anwachsen zeitgenössischer radikaler sozialer Bewegungen verbunden war. Der erste Widerspruch war in O'Connors Konzeption mit der klassenbasierten Arbeiterbewegung verbunden, und solange man noch davon sprechen konnte, dass diese existierte, war bereits sichtbar, dass sie im Vergleich zu den neuen sozialen Bewegungen, die aus dem »zweiten Widerspruch« hervorgingen, im Schwinden begriffen war. O'Connor behauptete, dass es drei allgemeine Arten von neue sozialen Bewegungen gebe, von denen jede ihr Gegenstück in der Untergrabung einer unter-

---

383 Kovel, *The Enemy of Nature* (London: Zed Press, 2002), S. 39–40.

schiedlichen Produktionsbedingung habe. Bewegungen wie der Feminismus, der mit körperbezogener Politik befasst ist, wurden durch die Unterminierung der persönlichen Produktionsbedingungen geschaffen. Die Umweltbewegung hatte ihren maßgeblichen Ursprung in der Unterminierung der äußerlich-natürlichen Produktionsbedingungen. Und die städtischen Bewegungen ihn in der Aushöhlung der allgemein-kommunalen Produktionsbedingungen.

Die Stärke der These vom »zweiten Widerspruch« und der Grund für ihren Einfluss auf sozialistisches (und nicht sozialistisches) Denken sollte nun offensichtlich sein. Sie lieferte ein einzelnes logisches Argument, das ökologischen Mangel, ökonomische Krisen und das Anwachsen neuer Bewegungen für einen sozialen Wandel miteinander verband. Trotzdem gab es Schwierigkeiten mit diesem Ansatz, die seinen eigenen Anwendungsbereich begrenzten.

Ein Weg, um zu verstehen, wie die Festlegung des »zweiten Widerspruchs« des Kapitalismus als die bestimmende These des ökologischen Marxismus zu der Tendenz geführt hat, die sozialistischen Analysten auf ökologischem Gebiet zu spalten, kann in einem Gedankenaustausch aus dem Jahr 2001 in *Capitalism, Nature, Socialism* gesehen werden, der unter dem Titel »Marx's Ecology or Ecological Marxism« (Die marxsche Ökologie oder ökologischer Marxismus) firmierte. Der Begriff »Marx's Ecology« bezog sich in diesem Fall anscheinend auf den Titel eines von mir verfassten Buches, aber die Art der von den Kritikern vorgelegten Argumentation lief darauf hinaus, dass Marx' eigene Beiträge zur Ökologie, wie sie dort beschrieben werden, unzureichend seien, weil sie eben nicht zu einem »ökologischen Marxismus« führten, wie er durch O'Connors »zweiten Widerspruch« definiert wird. Insbesondere wurde die Aussage getroffen, dass Marx nicht erklärt habe, wie die ökologische Krise eine Akkumulationskrise für das Kapital hervorrufe, und folglich sei seine Analyse unvollständig, unsystematisch und unentwickelt. Infolgedessen bleibe, wie es Alan Rudy ausdrückte, die marxsche »Analyse der Rolle der Auswirkung der ökologischen Krise auf Krisen des Kapitalismus unterentwickelt«.[384]

Ist es aber begründet zu behaupten, dass ein marxistischer Ansatz auf ökologische Probleme unmittelbar zu einer Theorie der ökonomischen Krise unter dem Kapitalismus führen muss? Sollte das Ausmaß, in dem eine sozialistische ökologische Analyse als eine entwickelte Betrachtungsweise wahrgenommen

---

384 Alan Rudy, Contribution to »Marx's Ecology or Ecological Marxism«, in: *Capitalism, Nature, Socialism* 12, September 2001, S. 143.

wird, durch den Grad bestimmt werden, in dem sie in eine spezifische ökonomische Krisentheorie mündet?

Es schleicht sich wohl ein gewisser Ökonomismus und Funktionalismus ein, wenn das Problem auf diese Weise umrissen wird. Die gesamte Stoßrichtung der Konzeption des »zweiten Widerspruchs« lag darin, dass sobald die ökologische Zerstörung in eine ökonomische Krise für den Kapitalismus übertragen wurde, ein Rückkopplungsmechanismus ins Spiel gebracht wurde. Dies geschah sowohl direkt durch den Versuch des Kapitals, die wachsenden Produktionskosten, die mit der Untergrabung seiner Produktionsbedingungen verbunden waren, niedrig zu halten, wie auch indirekt durch die Versuche der sozialen Bewegungen, das System dazu zu zwingen, die externen Auswirkungen zu internalisieren. Im letzteren Fall hatten es die Bewegungen darauf abgesehen, die Unternehmen dazu zu zwingen, die sozialen und umweltbezogenen Produktionskosten zu bezahlen, die sie der Natur und der Öffentlichkeit aufgebürdet hatten, und dadurch das Kapital in die Richtung einer ökologisch nachhaltigeren Produktion zu drängen. Die offenkundige Annahme lag darin, dass eine ökonomische Krise, die auf ökologischen Ursachen beruhte, für die Linke eine Gelegenheit, sozusagen einen fahrenden Zug darstellte, auf den man aufspringen konnte, und darüber hinaus ermöglichte, eine Allianz zwischen einer klassenbasierten Arbeiterbewegung und den neuen sozialen Bewegungen herzustellen.

Meine Behauptung geht jedoch dahin, dass es keinen solchen günstigen Rückkopplungsmechanismus gibt – wenigstens nicht für den Kapitalismus als Ganzen. Wie die deutschen Grünen gesagt haben, wird das System erst erkennen, dass man Geld nicht essen kann, wenn der letzte Baum gefällt ist – und nicht eher.[385] Wir sollten die Fähigkeit des Kapitalismus zur Akkumulation inmitten der eklatantesten ökologischen Zerstörung, aus der Umweltzerstörung Profit zu ziehen (zum Beispiel durch das Anwachsen der Müllverwertungsindustrie) und darin fortzufahren die Erde bis zu einem Punkt zu zerstören, an dem es – sowohl für die menschliche Gesellschaft wie auch für die meisten auf der Welt lebenden Arten – kein Zurück mehr gib, nicht unterschätzen. Mit anderen Worten sind die Gefahren einer Vertiefung des ökologischen Problems umso ernster, weil das System keinen inneren (oder äußeren) Regulierungsmechanismus besitzt, der es

---

385 Vgl. Elmar Altvater, »Ecological and Economic Modalities of Time and Space«, in: Martin O'Connor (Hrsg.), *Is Sustainable Capitalism Possible?* (New York: Guilford Press, 1994), S. 88–89.

dazu führt, sich neu zu organisieren. Es gibt kein ökologisches Gegenstück zum Wirtschaftskreislauf.[386]

Es gibt keinen Grund zu glauben, dass der Schaden, welcher der Umwelt zugefügt wurde, dort am ernstesten sei, wo er in erster Linie die Produktionsbedingungen beeinträchtigt, die per definitionem Elemente der natürlich-physischen Umwelt umfassen, die in substanzieller Weise in das System eingegliedert worden sind. Der Amazonaswald mag dem Kapital Hartholzbalken und andere Ressourcen geliefert haben, aber sein größter Teil stand bis vor Kurzem noch außerhalb dessen, was man als die Produktionsbedingungen des Kapitalismus bezeichnen kann. Die 50 Prozent aller Arten, von denen man glaubt, dass sie die tropischen Wälder bewohnen, und die gegenwärtig innerhalb weniger Jahrzehnte vom Aussterben bedroht sind, sind nicht nur zum größten Teil nicht in den globalen Akkumulationsprozess eingebunden, sondern meistenteils nicht einmal erfasst und der Wissenschaft noch unbekannt. Wenn wir den Fall der Ozonschicht nehmen, die enorm verdünnt worden ist und die Existenz des Lebens auf der Erde in Gefahr bringt, dann wäre es eindeutig ein Fehler, zu versuchen, diese in eine Analyse der Produktionsbedingungen zu zwängen, als ob sie einfach eine Voraussetzung der Ökonomie sei und nicht eine Voraussetzung des Lebens, wie wir es kennen.

All dies legt nahe, dass eine Argumentation, die ihr Hauptaugenmerk auf die Produktionsbedingungen und auf den »zweiten Widerspruch« des Kapitalismus legt, dazu neigt, die vollen Ausmaße der ökologischen Krise und sogar der Auswirkungen des Kapitalismus auf die Umwelt im Zuge des Versuches herunterzuspielen, alles in die verschlossene Kiste einer spezifischen ökonomischen Krisentheorie zu zwängen. Die Tendenz des Kapitalismus zur Verdrängung des Umweltproblems – die Tatsache, dass er die gesamte Biosphäre als gigantischen Mülleimer benutzt und zugleich in der Lage ist, von einem Ökosystem zum anderen zu eilen, und dabei, wie Marx sagte, unter dem Prinzip »nach mir die Sintflut« zu funktionieren – bedeutet, dass die Erde in weiten Teilen eine »freie Geschenkgabe« an das Kapital bleibt. Es gibt auch keine Aussicht darauf, dass sich dies grundlegend ändern wird, da der Kapitalismus in vielerlei Hinsicht ein System unbezahlter Kosten ist.

---

386 Der nächstliegende Gegenstand zu einer diesbezüglichen Krisentheorie ist Karl Polanyis Theorie der »doppelten Bewegung«, die sich auf einen politischen Kreislauf der Regulierung-Deregulierung bezieht, die mit dem Versuch des Kapitalismus zusammenhängt, seine »fiktiven Waren« (Produktionsbedingungen) zu regulieren. Die doppelte Bewegung spielt dennoch in der Theorie des »zweiten Widerspruchs« keine Rolle.

Eine Veranschaulichung dessen kann man unter Bezug auf den Climate Action Report der Bush-Administration von 2002 finden, der von der US-Umweltschutzbehörde (Environmental Protection Agency – EPA) herausgegeben wurde.[387] Die EPA erkannte die Gefahren, die von der globalen Erwärmung für das Leben und die Lebensbedingungen ausgingen an, betonte jedoch, dass die Umweltschäden in den Vereinigte Staaten zumeist in der Schneeschmelze in den Bergen und dergleichen sichtbar würden. Was die Produktionsbedingungen für die Landwirtschaft anging, so wurde behauptet, dass die globale Erwärmung die landwirtschaftliche Gesamtproduktivität sogar noch steigern könne. Dieses Fehlen einer deutlichen Inverbindungsetzung zwischen Umweltzerstörung und der Beeinträchtigung der ökonomischen Produktionsbedingungen wurde (mittels gewöhnlicher Kosten-Nutzen-Analyse) dazu verwendet, um eine Politik der Anpassung an die globale Erwärmung zu rechtfertigen, wie sie sich nun einmal entwickelte, anstatt Maßnahmen zur Verminderung ihres Ausmaßes zu ergreifen, da dies die Produktionskosten erhöhen würde.

Daraus folgt, dass es keinen natürlichen Rückkopplungsmechanismus gibt, der Umweltzerstörung automatisch in steigende Kosten für das Kapital selbst verwandelt, wohingegen dies sehr wohl zu einem Kostenfaktor für Natur und Gesellschaft werden kann. Und wenn soziale Bewegungen versuchen, die Schäden durch eine »Regulierung« des Kapitalismus aufzuhalten, dann gibt es keine Gewissheit dafür, dass dadurch die Profitmargen auf der Kostenseite unter Druck gesetzt und das Kapital zu einer Neuordnung gedrängt wird, oder dass dies nicht in Wirklichkeit vollkommen neue Wege bietet, um von der Umweltzerstörung zu profitieren. Infolgedessen gibt es allen Grund, die Unausweichlichkeit ökonomischer Krisen in naher Zukunft zu bezweifeln, die in erster Linie aus solchen Ursachen erwachsen.

Wie ich glaube, gibt es hinsichtlich dieser Theorie von ökologisch verursachten Krisen auch empirische Probleme. Logischerweise stimmt es, dass steigende Ausgaben für Rohmaterial und andere Kosten, die mit natürlicher Knappheit zusammenhängen, Profitmargen unterminieren und ökonomische Krisen erzeugen können. Dieser Faktor spielte, wie in der klassischen Theorie vom tendenziellen Fall der Profitrate wiedergegeben, eine Rolle bei den Akkumulationskrisen des 19. Jahrhunderts. Es ist für das Kapital stets von Bedeutung, dass solche Kos-

---

387 Vgl. U.S. Environmental Protection Agency, *Climate Protection Report 2002*, siehe: http://www.gcrio.org/CAR2002/.

ten, die mit natürlichen Mangelerscheinungen verbunden sind, niedrig gehalten werden. Es gibt jedoch kaum einen Hinweis darauf, dass solche Kosten heutzutage für das System als Ganzes ernst zu nehmende Akkumulationshindernisse darstellen. Wie Marx zu seiner Zeit schrieb, könnte die Erschöpfung der Kohleminen irgendwann die Kosten für Kohle steigen lassen, wobei die Produktion aber inzwischen durch fallende Energiekosten in die Höhe getrieben wird.[388] In der Zeit von 2007–2009 stiegen die Rohölpreise in Reaktion auf die Ängste vor unzureichender Versorgung spektakulär an und sanken dann aufgrund des ökonomischen Abschwungs rasch wieder. Nun steht ein Ölfördermaximum in Erwägung. Zu keinem Zeitpunkt jedoch spiegelte der Weltölpreis die langfristigen Kosten wider, die mit schwindenden Ölvorräten, Kohlenstoffemissionen und anderen Faktoren in Zusammenhang stehen.

Auch eine Verringerung der Umweltverschmutzung hat dem Kapital keine untragbare Belastung auferlegt. Regierungsschätzungen, die auf Befragungen von Unternehmensvorständen beruhen, besagen, dass die Unternehmen zwar über steigende Umweltkosten besorgt sind, dass jedoch diese Art von Aussagen keine überzeugende Grundlage dafür bieten, dass Umweltkosten gegenwärtig die Profitmargen unter Druck setzen und nicht ernster genommen werden sollten, als die unablässigen Klagen von Unternehmensführungen in Bezug auf den Profit schmälernde Lohnkosten. In der Tat würde ich argumentieren – was ich jedoch aus Platzgründen hier nicht weiterentwickeln kann –, dass die Hauptkrisentendenz des Kapitalismus noch immer im Streben nach einer Ausweitung der Ausbeutungsrate und folglich der Ausweitung der Profitmargen und einer Unfähigkeit zur Realisierung von Mehrwert begründet liegt, was von O'Connor als erster Widerspruch bezeichnet wird.

Eine weitere Schwierigkeit im Hinblick auf die Konzeption des »zweiten Widerspruchs« des Kapitalismus – als eine Art der Definition des ökologischen Marxismus – liegt darin, dass diese uns eine strikt dualistische, mechanistische ökonomische Perspektive aufzwingt, der, wenn man sich einmal darauf eingelassen hat, schwer zu entkommen ist. Dabei gibt es zwei Widersprüche des Kapitalismus (beide in Form von ökonomischen Krisentendenzen), einer davon interner Art und hautsächlich dem Klassenkampf entspringend, der andere äußerer Art und im Wesentlichen der Unterminierung der Produktionsbedingungen

---

388 Vgl. Karl Marx, *Theorien über den Mehrwert*, Band 3, MEW Band 26.3, a.a.O., S. 294–295.

entstammend. Diese erzeugen wiederum zwei Formen von sozialen Bewegungen – traditionelle klassenbasierte Bewegungen, die aus dem ersten Widerspruch hervorgehen, und neue soziale Bewegungen, die dem »zweiten Widerspruch« entspringen. Natürlich legt dies eine Allianz zwischen den beiden Arten von Bewegungen nahe, die auf der kombinierten Stärke der beiden Widersprüche basieren.

Da der »zweite Widerspruch« heute (in Verdrängung des ersten Widerspruchs) als dominant begriffen wird, und die neuen sozialen Bewegungen infolge dessen mehr Vitalität besitzen, tendieren die klassenbasierten Bewegungen dazu, in dieser Analyse und Strategie eine untergeordnete Rolle einzunehmen. So verstanden, ist der ökologische Marxismus eindeutig ein Ansatz, der den auf die Arbeiterschaft begründeten Klassenkampf die zweite Geige spielen sieht. Auf diese Weise teilt er die Bewegung künstlich (indem er den bestehenden Aufspaltungen eine weitere theoretische Schicht hinzufügt) und reduziert damit den Bereich der Hoffnung. Wie Kovel, der diese Sichtweise repräsentiert, in seinem *The Enemy of Nature* ausgeführt hat »gibt es keinen bevorzugten Handlungsträger der ökosozialistischen Umgestaltung« – ein Klassenaufstand ist also nicht unbedingt der Schlüssel.[389]

Es ist nicht meine Absicht, die Bedeutung der Theorie des »zweiten Widerspruchs« insgesamt zu leugnen oder der Tatsache zu widersprechen, dass sie wichtige Aspekte des Problems der Ökologie unter dem Kapitalismus beleuchtet hat. Es gibt gewiss örtlich begrenzte Krisen, die sinnvoller Weise auf diese Art betrachtet werden können. Ich würde auch O'Connors eindrucksvollen Beitrag zum ökologischen Sozialismus nicht bestreiten wollen. Stattdessen glaube ich, dass durch eine derartige Beschränkung der Umweltproblematik die Gefahr besteht, dass wir eine marxistische Analyse der Umweltfragen entwickeln, die zu ökonomistisch, zu eng, zu funktionalistisch und zu sehr einem ökonomischen Dualismus zugeneigt und daher natürlich zu undialektisch ist, um es uns zu ermöglichen, die volle Bandbreite des biosphärischen Widerspruches zu erforschen, die der Kapitalismus aufweist.

Hier ist es nun sinnvoll, noch einmal zu Marx zurückzukehren. Wenn man im 19. Jahrhundert ein Beispiel für die Untergrabung der Produktionsbedingun-

---

389 Vgl. Kovel, *The Enemy of Nature*, a.a.O., S. 218. Zu Kritiken der These vom »zweiten Widerspruch«, die denen ähneln, die in diesem Kapitel vorgestellt werden, vgl. Paul Burkett, »Fusing Red and Green«, in: *Monthly Review* 50, Februar 1999, S. 47–56 sowie *Marx and Nature* (New York: St. Martin's Press, 1999), S. 193–197.

gen in der Art von O'Connors Theorie des »zweiten Widerspruchs« suchen sollte, könnte man kein besseres Beispiel dafür finden als die Landwirtschaftskrise, die durch die Nährstoffberaubung des Bodens ausgelöst wurde. Diese Bodenkrise wurde in Europa und den Vereinigten Staaten von den 1840er-Jahren an weithin wahrgenommen und wurde zunächst durch die Plünderung der Knochen aus den europäischen Schlachtfeldern und Katakomben zur Ausbringung auf den Boden und dann durch die massive Einfuhr von Guano aus Peru nur vorübergehend gelöst; bald darauf gefolgt von der Entwicklung der ersten synthetischen Düngemittel, die bereits zu Marx' Zeiten zur Anwendung kamen, was schließlich um die Zeit des Ersten Weltkrieges zur Entwicklung von stickstoffbasiertem Dünger führte. Es wäre für Marx deshalb möglich gewesen, die steigenden ökologischen Kosten und die Akkumulationshindernisse hervorzuheben, die von dieser Bodenkrise (als einer Produktionsbedingung) hervorgerufen worden waren. Marx' eigener Nachdruck lag stattdessen auf dem metabolischen Bruch, dem weitergehenden strukturellen ökologischen Problem, das diese Krise des Bodens widerspiegelte, die nach seinen Begriffen – trotz der Tatsache, dass Technologie, wie im Fall des Kunstdüngers, vielleicht eine vorübergehende Lösung bieten konnte – unter dem Kapitalismus irreparabel war.

Marx konzentrierte sich nicht in erster Linie darauf, wie die von ihm erkannten ökologischen Probleme zur ökonomischen Krise beitrugen, noch erörterte er ihren direkten Einfluss auf die revolutionäre Überwindung des Kapitalismus, die er als unmittelbar bevorstehend ansah.[390] Stattdessen war er in diesem Bereich vorrangig – und in wachsendem Masse – mit Fragen der Nachhaltigkeit und (durch die Organisierung der menschlichen Arbeit) mit der rationalen Regulierung des Stoffwechsels von menschlicher Gesellschaft und Natur befasst. Für ihn war dies eine zentrale Angelegenheit beim Aufbau einer kommunistischen Gesellschaft, die ein neues Verhältnis zur Natur erfordern würde.

Tatsächlich legten Marx und Engels genau deswegen so großen Nachdruck auf die Auflösung des antagonistischen Verhältnisses zwischen Stadt und Land als Schlüssel zur Überwindung der Entfremdung der Menschheit von der Natur,

---

390 Es wäre natürlich falsch zu sagen, dass sich Marx niemals mit ökologischen Kosten als möglicher Quelle ökonomischer Krisen unter dem Kapitalismus beschäftigt habe. Zum Beispiel betrachtete seine Behandlung des tendenziellen Falls der Profitrate einen Anstieg der Rohstoffkosten als potenziellen Faktor einer allgemeinen Profitkrise. Vgl. Michael Lebowitz, »The General and Specific in Marx's Theory of Crisis«, in: *Studies in Political Economy*, Nr. 7, Winter 1982, S. 9–13.

weil sie dazu tendierten, die ökologischen Probleme in Begriffen zu sehen, die sowohl die engen Horizonte der bürgerlichen Gesellschaft wie auch die unmittelbaren Ziele der proletarischen Bewegung überstiegen. Vorsichtig darauf bedacht, nicht in die Falle der utopischen Sozialisten zu tappen, betonten sie nichtsdestotrotz die Notwendigkeit, im Versuch der Schaffung einer nachhaltigen Gesellschaft gegen die Entfremdung der Natur anzugehen.

Heutzutage spielt die ökologische Krise in unserer Vision einer antikapitalistischen Revolte eine viel weitergehende Rolle – und zwar in einem Ausmaß, das Marx nicht vorhersah und nicht vorhersehen konnte. Unsere Gesamtvision von den ökologischen Eigenschaften einer sozialistischen Revolution ist jedoch kaum radikaler als das, was Marx selbst sich vorstellte, mit seiner Idee von der Auflösung des gegensätzlichen Verhältnisses von Stadt und Land und einem Versuch der Überwindung des metabolischen Bruchs durch eine nachhaltige Produktion, die auf einer kommunalen Gesellschaft freier assoziierter Produzenten beruhte. Als William Morris in *News from Nowhere* (Kunde von nirgendwo) seine Vorstellungen von der Neuorganisierung der Beziehungen zwischen Stadt und Land entwickelte, war er Marx, der seine Ideen beeinflusst hatte, sehr nahe.

Wir haben auch heute keinen Grund, unsere Analyse der ökologischen Widersprüche auf das zu beschränken, was in eine spezifische ökonomische Krisentheorie eingebunden werden kann. Eine Theorie der ökonomischen Krise kann, wenn auch wichtig, überbetont, ja fetischisiert werden. Ein Beispiel dafür ist, dass marxistische Politökonomen verschiedener Überzeugungen sich über Jahre hinweg mit Theorien beschäftigten, die imperialistischen Tendenzen des Kapitalismus – das heißt, die Triebkraft des Systemzentrums zur Ausbeutung der Peripherie – mit jeweils verschiedenen spezifischen ökonomischen Krisentheorien erklären. Das Problem aller derartigen Sichtweisen lag jedoch darin, dass sie das Wesentliche nicht begriffen: Der Imperialismus ist kein Produkt dieser oder jener ökonomischen Krise (und seine Bedeutung liegt umgekehrt auch nicht darin, wie er sich auf ökonomische Krisenphänomene auswirkt); stattdessen ist er für das System, wie es sich historisch herausgebildet hat, ebenso grundlegend wie das Streben nach Profit selbst. Mit anderen Worten ist der Imperialismus ein notwendiges Produkt des Kapitalismus als globalisierende Kraft, und in dem Maße, in dem sich Marx mit dem Imperialismus befasst hat, geschah dies vor allem in diesem Sinne. Eine ökonomische Krise kann die Dinge unter gewissen Umständen komplizieren. Versuche, die gesamte Wirklichkeit des Imperialismus durch das Prisma der ökonomischen Krise zu betrachten, verdunkelt indes nur seine wesentliche Natur.

Im Falle des ökologischen Verfalls haben wir es mit einem erstrangigen, nicht mit einem zweitrangigen Problem des Kapitalismus (und nicht nur des Kapitalismus) zu tun. Ökologischer Verfall ist, wie der Imperialismus, ebenso eine Grundlage des Kapitalismus wie die Jagd nach Profiten selbst (die in weitem Ausmaß von ihm abhängig sind). Auch sollte das Umweltproblem in dem Sinne, dass es seine Bedeutung von dem Ausmaß ableitet, bis zu dem es für den Kapitalismus ökonomische Krisen erzeugt, nicht allein durch das ökonomische Prisma gesehen werden. Wie Rosa Luxemburg ausgeführt hat, starben die Singvögel nicht deswegen aus, weil sie direkter Teil des Kapitalismus oder seiner Produktionsbedingungen waren, sondern einfach deshalb, weil ihr Lebensraum im Prozess der ruhelosen Ausdehnung des Systems zerstört wurde. Luxemburg verband dieses Phänomen richtigerweise nicht direkt mit der ökonomischen Krise, was sie aber nicht davon abhielt, wütend gegen die Vernichtung der von ihr so bezeichneten »wehrlosen kleinen Geschöpfe« anzukämpfen.[391]

Es gibt keinen Zweifel, dass Luxemburg glaubte, dass die Wirtschaft unter dem Sozialismus dergestalt organisiert werden könnte, um eine solche Zerstörung zu vermindern. Ihre Gründe, sich für eine Veränderung einzusetzen, waren in diesem Falle jedoch nicht ökonomischer Art. Die letztendliche Stärke der marxistischen Analyse wohnte niemals allein ihrer ökonomischen Krisentheorie inne, noch ihrer Analyse des Klassenkampfes als solchem, sondern liegt viel tiefer in ihrer, sowohl auf den Menschen als auch auf die Natur bezogenen, materialistischen Geschichtsauffassung, die als dialektischer und endloser umfassender Prozess zu verstehen ist. Dies bedeutet eine Überwindung der Aufspaltung zwischen natürlich-physischer Wissenschaft und Sozialwissenschaft, die eines der entfremdeten intellektuellen Produkte der bürgerlichen Gesellschaft gewesen ist.

Ich möchte mich hier zum Abschluss auf das Erbe von Stephen Jay Gould beziehen, einem der größten evolutionären Denker seit Darwin. Gould war Marxist, der seinen Marxismus – wie er in seinem krönenden Werk *The Structure of Evolutionary Theory* gesagt hat, – »auf den Knien seines Vaters gelernt hat«.[392] Er war ebenso ein materialistischer, sich seiner selbst bewusster dialektischer Denker, ein Kritiker von Verdinglichung und Reduktionismus, ein Theoretiker der Evolution, ein Analyst ökologischer Probleme, ein Vertreter der enormen Zufäl-

---

391 Vgl. Rosa Luxemburg, *Briefe aus dem Gefängnis* (Berlin: Guhl, 1979), Brief an Sonja Liebknecht vom 2. Mai 1917.
392 Stephen Jay Gould, *The Structure of Evolutionary Theory* (Cambridge, Massachusetts: Harvard University Press, 2002), S. 1018.

ligkeit natürlicher und menschlicher Existenz und ein Verteidiger menschlicher Freiheit. Sein Werk hatte nichts zu tun mit dem Thema des »zweiten Widerspruchs« des Kapitalismus. Dies hinderte ihn in meiner Sicht jedoch nicht daran, im wahrsten Sinne des Wortes ein ökologischer Marxist zu sein.

# Kapitel 11
# Das Kommunistische
# Manifest und die Umwelt

Dieses Kapitel wurde für das vorliegende Buch auf Grundlage eines Artikels überarbeitet und korrigiert, der erstmals in Leo Panitch und Colin Leys, Hrsg., *The Socialist Register*, 1998 (New York: Monthly Review Press, 1998), S. 169–189, erschienen ist.

Dadurch, dass Umweltthemen in den letzten Jahrzehnten in den Vordergrund des politischen Lebens getreten sind, wurde eine Rückerforschung der gesamten Geschichte sozialen Denkens ausgelöst. Im Kontext der sich ausweitenden ökologischen Krise waren alle großen Traditionen des modernen Denkens – Liberalismus, Sozialismus, Anarchismus, Feminismus – bestrebt, ihre intellektuellen Vorläufer zu überprüfen, um ihr jeweiliges Verständnis von der Gesellschaft zu »vergrünen«.

Gerade im Zusammenhang mit dem Werk von Marx jedoch, lässt sich in dieser Hinsicht die bei Weitem umfangreichste Literatur finden. Das Ausmaß, in dem seine allgemeine Kritik (und die verschiedener Traditionen, denen er Aufschwung verliehen hat) in die ökologische Kritik des Maschinenkapitalismus integriert werden kann, ist von großer Bedeutung. Tatsächlich geht es hier um sehr viel mehr als um eine bloße Frage von Political Correctness (in grüner Hinsicht). Die wichtigere Frage ist eher, ob die marxsche Kritik der Politischen Ökonomie im Zeitalter einer planetarischen Krise bei der Rekonstruktion der Gesellschaftstheorie eine wesentliche Rolle spielt. Wie weit vermittelt er darüber hinaus Einsichten, die für das Verständnis des zeitgenössischen ökologischen Unbehagens entscheidend sind?

Die Teilnehmer an dieser Debatte zerfallen in drei Lager: (1) diejenigen, die argumentieren, dass das marxsche Denken im Kern antiökologisch sei und sich direkt in der sowjetischen Umweltverwüstung niedergeschlagen habe; (2) diejenigen, die behaupten, dass Marx in seinem Werk »erhellende Nebenbemerkungen« über Ökologie geliefert habe, auch wenn er sich am Ende entschieden habe, einen »prometheanischen« (protechnologischen, anti-ökologischen) Standpunkt einzunehmen; und (3) diejenigen, die darauf beharren, dass Marx ein tiefes Bewusstsein ökologischen Verfalls (insbesondere hinsichtlich von Fragen der Erde oder des Bodens) besaß, und dass diese Themen in seine grundlegenden Konzeptionen sowohl des Kapitalismus als auch des Kommunismus eingingen und ihn zu einer Vorstellung von Nachhaltigkeit als Schlüsselbestandteil einer jeden zukünftigen Gesellschaft führten.[393]

Ein Großteil der Debatte über das Verhältnis von Marx zum Umweltdenken konzentrierte sich auf die frühe philosophische Kritik des Kapitalismus in seinen *Ökonomischen und Philosophischen Manuskripten* von 1844 und auf seine spätere ökonomische Kritik, die sich seit 1860 im *Kapital* niederschlug, da er in beiden dieser Werke eine Menge über die menschlichen Wechselbeziehungen mit der Natur zu sagen hatte. Trotzdem hat man sich häufig auf das *Kommunistische Manifest* als Vorlage einer Sichtweise berufen, die antiökologisch sei – einige würden sagen: die Definition eines anti-ökologischen Modernismus schlechthin.

In der Tat wird das Manifest für gewöhnlich als Werk angesehen, das sich umweltbezogener Belange bestenfalls nicht bewusst ist und schlechtestenfalls »produktivistischen«, ja sogar »prometheanischen« Charakter habe, durchdrungen sei von Vorstellungen des Fortschritts und der Unterwerfung der Natur, die zu dieser zutiefst im Widerspruch stünden. Dies ist deshalb von Bedeutung, weil das Manifest im Allgemeinen als Herzstück des marxistischen Systems betrachtet wird. In unserer Zeit ist es notwendig zu fragen: In welchem Maße ist das Manifest – wohl die einflussreichste politische Streitschrift aller Zeiten – mit ökologi-

---

393 Die erste dieser drei Positionen ist in den Auslegungen solcher Kritiker wie Victor Ferkiss und John Clark zu erkennen, die zweite im Werk von Anthony Giddens, Ted Benton, Kate Soper, Robyn Eckersley, Murray Bookchin und David Goldblatt – der Bezug auf »erleuchtende Seitenaspekte« ist in Goldblatts Buch *Social Theory and the Environment* (Boulder, CO: Westview, 1961), S. 5, zu finden – die dritte in den Schriften von Elmar Altvater, Paul Burkett, Michael Perelman, Michael Lebowitz, David Harvey und des vorliegenden Autors. Zu spezifischeren Bezügen siehe die Erörterung in unten stehendem Kapitel und in Kapitel 9.

schen Werten vereinbar? Und wo ist das Manifest innerhalb des übrigen Denkens von Marx und Engels zu verorten?

## Die Suche nach einem schlagenden Beweis

Man mag vermuten, dass zwingende textliche Nachweise, dass Marx und Engels in ihrer Ausrichtung antiumweltschützerisch waren, nicht schwer zu finden seien. Sie schrieben zu einer Zeit, als die meisten Denker eine mechanistische Weltsicht einnahmen, in der Natur und Mensch als einander diametral entgegengesetzt angesehen wurden. Tatsächlich wurde vieles in der europäischen Sicht auf die Wissenschaft vom 16. und 17. Jahrhundert an durch die Vorstellung geleitet, dass die Wissenschaft der Menschheit ermögliche, der Vorherrschaft der Natur zu entkommen und dabei selbst beherrschend zu werden; und Marx und Engels nahmen – wie es nahezu alle Denker des 19. (wie auch die meisten des 20.) Jahrhunderts – sicherlich häufig auf »die Bewältigung«, »die Beherrschung«, »die Eroberung« und »die Unterwerfung« der Natur Bezug.

Sie taten dies jedoch fast ausnahmslos in Zusammenhängen, die es unterließen, die Natur zum Feind zu erklären. Stattdessen betrachteten sie die Beherrschung der Natur als eine Phase der historischen Entwicklung – untrennbar verbunden mit der Selbstentfremdung der menschlichen Gesellschaft, die ebenso ihre Entfremdung von der Natur bedeutete – die unter dem Kommunismus notwendigerweise überwunden werden müsse. Es gibt unzählige Passagen, die überall in ihren Schriften verstreut sind, in denen Marx und Engels eine enorme Feinfühligkeit gegenüber Umweltangelegenheiten demonstrieren. Zum Beispiel notierte der dreiundzwanzigjährige Engels in seiner ersten, im Jahr 1843 verfassten Arbeit zur politischen Ökonomie: »Es war der letzte Schritt zur Selbstverschacherung, die Erde zu verschachern, die unser Eins und Alles, die erste Bedingung unserer Existenz ist.«[394] Für seinen Teil bemerkte Marx im Jahr 1844 in seinen *Ökonomischen und Philosophischen Manuskripten*: »Der Mensch lebt von der Natur, daß heißt: Die Natur ist sein Leib, mit dem er in beständigem Prozeß bleiben muß, um nicht zu sterben.« Im selben Werk beklagte Marx, dass unter der entfremdeten Existenz des Kapitalismus »selbst das Bedürfnis der freien Luft [...]

---

394 Friedrich Engels, »Grundrisse einer Kritik der Politischen Ökonomie« in: Karl Marx, *Ökonomische und politische Manuskripte von 1844*, MEW Band 1, (Berlin: Dietz Verlag, 1967), S. 510–511.

bei dem Arbeiter auf[hört], ein Bedürfnis zu sein, der Mensch kehrt in die Höhlenwohnung zurück, die aber nun von dem mephytischen Pesthauch der Zivilisation verpestet ist«.[395]

In seinen reiferen Arbeiten beschäftigte sich Marx von den 1860er-Jahren an zunehmend mit den Anzeichen der ökologischen Krise, besonders im Hinblick auf die Auszehrung des Bodens, die ihn dazu veranlasste, sich eine zukünftige kommunistische Gesellschaft unter nachhaltigen Voraussetzungen vorzustellen. In der Niederschrift des 1. Bandes des *Kapital* argumentierte er, dass unter der kapitalistischen Landwirtschaft »die ewige Naturbedingung dauernder Bodenfruchtbarkeit«, die grundlegenden Elemente des »Stoffwechsels zwischen Mensch und Erde« durch die Unterbrechung des Bodennährstoffkreislaufes zerstört werden, was dazu zwinge »ihn systematisch als regelndes Gesetz der gesellschaftlichen Produktion und in einer der vollen menschlichen Entwicklung adäquaten Form [wieder]herzustellen«.[396] Diese Art von Analyse war so dialektisch (im Sinne von vielseitig), dass William Leiss in seiner wegweisenden Studie *The Domination of Nature* den Schluss zog, dass die Schriften von Marx und Engels zusammengenommen »die profundesten Einsichten in die komplexen, die Beherrschung der Natur umgebenden Fragen [darstellen], die an irgendeiner Stelle des Denkens des 19. Jahrhunderts oder *a fortiori* [= erst recht] in Beiträgen aus früheren Zeitperioden zu finden sind«.[397]

Nichts jedoch hat bisher Kritiker davon abgehalten, einen »schlagenden Beweis« zu finden, um jenseits aller Zweifel aufzuzeigen, dass Marx und Engels eine einseitige, ausbeuterische Sichtweise der Natur einnahmen. Zu diesem Zweck haben grüne Kritiker außergewöhnliche Bahnen einschlagen müssen. Im Versuch zu demonstrieren, dass der frühe Marx der Natur gegenüber unempfänglich gewesen sei, betont der Sozialökologe John Clark die Tatsache, dass Marx, während er sich häufig auf den »Leib des Menschen« bezog, auf diesen auch als »anorganisches« körperliches Bindeglied verwiesen habe. Er beendet seine Kritik mit der Feststellung: »Der marxsche prometheanische und ödipale ›Mensch‹ ist ein Wesen, das in der Natur nicht zu Hause ist, das die Erde nicht als den ›Haushalt‹ der Ökologie betrachtet. Er ist ein unbezwingbarer Geist, der die Natur in seinem Streben nach Selbstverwirklichung beherrschen muss.«

---

395 Karl Marx, *Ökonomische und politische Manuskripte (1844)*, MEW Band 40 (Berlin: Dietz Verlag, 1967), S. 547–548.
396 Karl Marx, *Das Kapital*, Band 1, MEW Band 23, a.a.O. S. 528.
397 William Leiss, *The Domination of Nature* (Boston: Beacon Press, 1975), S. 85, 198.

Als Nachweis zur Belegung dieser Anklage ist Clark nur dazu in der Lage, ein paar Stanzen aus der jugendlichen und nicht sehr bemerkenswerten Dichtung von Marx anzubieten. Im Alter von neunzehn Jahren verfasste Marx diese Zeilen, die seiner zukünftigen Frau Jenny von Westphalen gewidmet waren, in seinem »Buch der Liebe, Teil 2«:
„Mich umwogt ein ewig Drängen, Ew'ges Brausen, ew'ge Gluth, Kann sich nicht in's Leben zwängen, Will nicht ziehn in glatter Fluth."[398]

Für Clark ist dies der endgültige Beweis, dass »für ein solches Wesen [Marx] die Kräfte der Natur, ob in Form seiner eigenen unbezwungenen inneren Natur oder den bedrohlichen Mächten der äußeren Natur, gebändigt werden müssen«.[399] Man kann sich nur fragen, wie viele jugendliche Poeten Clark aufgrund ähnlicher Beweise verurteilen könnte. Wer wollte denn noch nie gegen den Strom schwimmen (»Will nicht ziehn in glatter Fluth«)?

Andere grüne Kritiker haben auf eine Passage bei Engels im Anti-Dühring über die wachsende Bewältigung der Natur hingewiesen, die sich einstellen wird, wenn die Menschen erst einmal die soziale Entfremdung überwunden haben:

»Der Umkreis der die Menschen umgebenden Lebensbedingungen, der die Menschen bis jetzt beherrschte, tritt jetzt unter die Herrschaft und Kontrolle der Menschen, die nun zum ersten Male bewußte, wirkliche Herren der Natur, weil und indem sie Herren ihrer eignen Vergesellschaftung werden. Die Gesetze ihres eignen gesellschaftlichen Tuns, die ihnen bisher als fremde, sie beherrschende Naturgesetze gegenüberstanden, werden dann von den Menschen mit voller Sachkenntnis angewandt und damit beherrscht. [...] Es ist der Sprung der Menschheit aus dem Reiche der Notwendigkeit in das Reich der Freiheit.«[400]

---

398 Karl Marx, »Buch der Liebe«, Teil 2, in: Karl Marx und Friedrich Engels, *Gesamtausgabe* (Berlin: Akademieverlag, 1975), S. 535.
399 John Clark, »Marx's Inorganic Body«, in: *Environmental Ethics* 11, Nr. 3, Herbst 1989, S. 258. Zu einer Antwort auf Clarks Unterstellung, dass Marx in seiner Bezugnahme auf einen »unorganischen Körper« an Stelle eines organischen Körpers in gewisser Weise antiökologisch gewesen sei, siehe John Bellamy Foster und Paul Burkett, »The Dialectic of Organic/Inorganic Relations: Marx and the Hegelian Philosophy of Nature«, in: *Organization and Environment* 13, Nr. 4, Dezember 2000, S. 403–425.
400 Friedrich Engels, *Anti-Dühring*, MEW Band 20, a.a.O., S. 264.

Ted Benton kritisiert Engels mit der Begründung, dass solch eine Ansicht »eine Kontrolle über die Natur voraussetzt« und folglich »einen zugrunde liegenden Gegensatz zwischen menschlichen Absichten und der Natur: Entweder kontrollieren wir die Natur, oder sie kontrolliert uns!«.[401] In anderen Worten wird Engels nachgesagt, eher eine extrem anthropozentrische als eine ökozentrische Perspektive eingenommen zu haben. Ist aber Engels' Argumentation hier durch solche Kritik wirklich zu denunzieren? Trotz der Verwendung solcher Begriffe wie »Beherrscher der Natur«, sollte die Absicht dieser Passage klar sein. Es geht darum, dass eine Revolution in der gesellschaftlichen Organisation erforderlich ist, um zu vermeiden, ein einfaches Opfer der natürlichen Kräfte zu sein (oder von Kräften, die vorgeben »natürlich« zu sein, wie die kapitalistischen ökonomischen Kräfte in der bürgerlichen politischen Ökonomie dargestellt werden). Tatsächlich handelt es sich bei dem, was hier gefeiert wird, nicht so sehr um die menschliche Beherrschung der Natur, sondern vielmehr um die menschliche Herrschaft über die Gestaltung von Geschichte, die der Menschheit die Fähigkeit verleiht, ihr Verhältnis zur Natur unter Bedingungen menschlicher Freiheit und voller Entwicklung der menschlichen Bedürfnisse und Möglichkeiten neu zu organisieren. Es gibt hier nichts, woraus ein zugrunde liegender Gegensatz zur Natur in Engels' Anschauung vom Reich der Freiheit anzunehmen wäre. Der Kommunismus sei, wie Engels an anderer Stelle bemerkte, eine Gesellschaft, in der »sich die Menschen als Eins mit der Natur nicht nur fühlen, sondern auch wissen«.[402]

Die gleiche Antwort könnte man der Kritik der marxschen Erörterung vom »Reich der Notwendigkeit« und vom »Reich der Freiheit« in Band 3 des *Kapital* erteilen. »Das wahre Reich der Freiheit, die menschliche Kraftentwicklung, die sich als Selbstzweck gilt« beginnt dort wo das Reich der Notwenigkeit endet, »[kann] aber nur auf jenem Reich der Notwendigkeit als seiner Basis aufblühn […] Die Verkürzung des Arbeitstags ist die Grundbedingung.«[403] Die volle Entwicklung der menschlichen Freiheit machte daher für Marx die Überwindung einer bürgerlichen Ordnung erforderlich, welche die Arbeit – das Mittel, wodurch

---

401 Ted Benton, »Marxism and Natural Limits«, in: *New Left Review*, Nr. 178, November/Dezember 1989, S. 75. Zu anderen grünen Kritiken an Marx und Engels in diesem Zusammenhang siehe Robyn Eckersley, *Environmentalism and Political Theory* (Albany: State University of New York Press, 1992), S. 80–81; und Murray Bookchin, *Toward an Ecological Society* (Montreal: Black Rose Books, 1980), S. 204–206.
402 Friedrich Engels, *Dialektik der Natur*, MEW Band 20, a.a.O. S. 453.
403 Karl Marx, *Das Kapital*, Band 3, MEW Band 25, a.a.O. S., S. 828.

das metabolische Beziehungsverhältnis (Stoffwechselverhältnis) zwischen Menschen und Natur zum Ausdruck kommt – zu einer simplen Angelegenheit bloßer materieller Notwendigkeit für die Arbeiter macht, auch wenn dadurch der akkumulierte Reichtum und die vereinten Kräfte der Gesellschaft wachsen. Paul Burkett schreibt dazu: »Die Ausweitung der Freizeit und der kollektiven demokratischen Kontrolle auf die gesellschaftliche Nutzung der Produktionsbedingungen im marxschen Kommunismus« errichtet die grundlegende Basis für Nachhaltigkeit in den sozialen und ökologischen Beziehungsverhältnissen, weil sie »Bedingungen [erzeugt], die einer nicht instrumentellen Bewertung der Natur (das heißt der weiteren Entwicklung ökologischer Bedürfnisse und Fähigkeiten inmitten der Gesellschaft der Produzenten) förderlich ist«.[404]

Engels beharrte ebenso wie Marx immer darauf, dass das Ziel in der revolutionärsten Phase menschlicher Entwicklung darin bestünde, das menschliche Beziehungsverhältnis zur Natur in einer Weise umzugestalten, die über die kindliche Vorstellung hinausging, die Natur »erobert« zu haben. »Und so werden wir bei jedem Schritt daran erinnert«, schrieb Engels gegen Ende seines Lebens, »daß wir keineswegs die Natur beherrschen, wie ein Eroberer ein fremdes Volk beherrscht, wie jemand, der außer der Natur steht – sondern daß wir mit Fleisch und Blut und Hirn ihr angehören und mitten in ihr stehn, und daß unsre ganze Herrschaft über sie darin besteht, im Vorzug vor allen andern Geschöpfen ihre Gesetze erkennen und richtig anwenden zu können«. Eines der Grundprinzipien im Hinblick auf die Natur war in der Tat die Gegenseitigkeit, was Engels zu der Argumentation führte, dass man in der Forderung, dass der Mensch dem Land zurückgeben solle, was er von ihm bekomme, eine natürliche Notwendigkeit sehen könne.[405]

Natur und Gesellschaft können nicht als diametral gegensätzliche Kategorien gesehen werden, sondern entwickeln sich als Teil einer dynamischen »metabolischen« Wechselbeziehung im Verhältnis zueinander. Dies ähnelte in groben Umrissen dem, was man heute als »koevolutionäre« Perspektive bezeichnet, aus der heraus argumentiert wird, dass Natur und menschliche Gesellschaft sich in einem komplexen Prozess gegenseitiger Abhängigkeit gemeinsam entwickeln. Die Komplexität der Wechselbeziehung zwischen Natur und Gesellschaft, die

---

404 Paul Burkett, »Nature in Marx Reconsidered«, in: *Organization & Environment* 10, Nr. 2, Juni 1997, S. 172.
405 Vgl. Friedrich Engels, *Dialektik der Natur*, MEW Band 20, a.a.O., S.453

in der Vorstellung der koevolutionären Theorie liegt, lässt wenig Raum für solche Begriffe wie »anthropozentrisch« und »ökozentrisch«, da wir, selbst bei der Verteidigung der Natur, häufig etwas verteidigen, was von Menschen umgeformt worden ist.[406]

## Ländliche Gesellschaft und Landwirtschaft

Die Schwierigkeit, irgendetwas zu finden, das auch heute noch als strikt antiökologische Äußerung im Werk von Marx und Engels betrachtet werden könnte, bedeutete, dass Kritiker häufig gezwungen waren, den Hinweis auf den »Idiotismus des Landlebens« in Teil 1 des Manifests als den wichtigsten – und zumeist einzigen – textlichen »Beweis« für die angeblich gegen die Umwelt gerichtete Ausrichtung der Begründer des historischen Materialismus zu zitieren. Zum Beispiel stellt Victor Ferkiss fest: »Die Haltung von Marx gegenüber der Natur kann in hohem Maße von seinen zahlreichen Bemerkungen über solche Dinge wie den ›Idiotismus des Landlebens‹ abgeleitet werden. Er war ein notorischer Kritiker und ein Feind des Landvolkes [...] Eine solche Einstellung ist kaum mit einer Idealisierung der unberührten Natur vereinbar.« Der Tiefenökologe Gary Snyder übernimmt eine ähnliche Sichtweise, indem er behauptet, dass wir in den Vereinigten Staaten heutzutage »eine Allianz von kapitalistischen Materialisten und marxistischen Idealisten im Angriff auf eine ländliche Welt [sehen], die von Marx als angeblich idiotisch und fade befunden wurde.«[407]

Es gibt eine ganze Menge Fragen, die sich durch diese Behauptungen ergeben. Was meinten Marx und Engels mit dem »Idiotismus des Landlebens«? Ist dies als antiökologische Feststellung zu betrachten? War Marx wirklich »ein Feind des Landvolkes«? Ist es notwendig, eine unberührte Natur zu idealisieren, um als Umweltschützer zu gelten? War Marx ein einseitiger Befürworter des

---

406 Vgl. René Dubos, *The Wooing of the Earth* (New York: Charles Scribner's Sons, 1980); David Harvey, »The Nature of Environment«, in: Ralph Miliband and Leo Panitch (Hrsg.), *The Socialist Register*, 1993 (New York: Monthly Review Press, 1993), S. 26; Richard B. Norgaard, *Development Betrayed* (New York: Routledge, 1994). Zu einem Beispiel des dualistischen Ansatzes auf Umweltprobleme, der sich auf die Unterscheidung »anthropozentrisch« vs. »ökozentrisch« konzentriert und Marx und Engels dafür kritisiert, angeblich ersterem Bereich anzugehören, siehe Robyn Eckersley, *Environmentalism and Political Theory* (Albany: State University of New York Press, 1992).

407 Victor Ferkiss, *Nature, Technology, and Society* (New York: New York University Press, 1993); Gary Snyder, »Nature as seen from Kitkitdizze is No ›Social Construction‹« in: *Wild Earth* 6, Nr. 4, Winter 1996/97, S. 8.

Urbanismus im Gegensatz zum ländlichen Dasein, wie von Ferkiss und Snyder behauptet wurde? Solche Fragen lassen sich nicht abstrakt, sondern am besten durch eine Untersuchung des Manifests zusammen mit anderen Schriften von Marx behandeln. Die Bezugnahme auf den »Idiotismus des Landlebens« steht inmitten des Lobliedes auf die revolutionäre historische Rolle der Bourgeoisie in Teil 1 des Manifests:

»Die Bourgeoisie hat das Land der Herrschaft der Stadt unterworfen. Sie hat enorme Städte geschaffen, sie hat die Zahl der städtischen Bevölkerung gegenüber der ländlichen in hohem Maße vermehrt und so einen bedeutenden Teil der Bevölkerung dem Idiotismus des Landlebens entrissen. Wie sie das Land von der Stadt, hat sie die barbarischen und halbbarbarischen Länder von den zivilisierten, die Bauernvölker von den Bourgeoisvölkern, den Orient vom Okzident abhängig gemacht.«[408]

Dies ist eine sehr komprimierte Feststellung, die der Klärung bedarf. In erster Linie hatte Marx eine klassische Erziehung und wusste, wie wir annehmen können, dass die Bedeutung des Wortes »Idiot« im klassischen Athen abgeleitet war von »Idiotes«, der Bezeichnung für einen Bürger, der, anders als diejenigen, die die Mühe auf sich nahmen, an der Versammlung teilzunehmen, vom öffentlichen Leben abgeschnitten waren und dieses von einem beschränkten, privaten Standpunkt aus betrachteten. Das stammesmäßig und feudal ausgerichtete präkapitalistische Europa machte die Bauern in diesem Sinne notwendigerweise »idiotisch«. Deshalb wurde schon vor langer Zeit erkannt, dass »Idiotismus des Landlebens« eine Fehlinterpretation nahelegte und deshalb besser als »Isolation des Landlebens« zu verstehen war. Neuere Ausgaben des *Kommunistischen Manifests* haben diese und andere zu Fehlinterpretationen Anlass gebende Ausdrücke tatsächlich korrigiert.[409]

Während die ursprüngliche Akkumulation die Isolierung der Landarbeiter noch verschärfte, scheint es keinen Grund zu geben, daran zu zweifeln, dass Marx

---

408 Karl Marx und Friedrich Engels, *Das Kommunistische Manifest*, MEW Band 4, a.a.O. S. 466.
409 Vgl. Hal Draper, *The Adventures of Das Kommunistische Manifest* (Berkeley: Center for Socialist History, 1998), S. 117, 211; Karl Marx und Friedrich Engels, *Das Kommunitsische Manifest*, a.a.O., vgl. auch Friedrich Engels, *Zur Wohnungsfrage*, MEW Band 18, a.a.O., S. 92, wo er sich auf die Befreiung der »Landbevölkerung« von ihrer »Isolierung und Stumpfheit« bezieht.

daran dachte, dass die langfristige Wirkung des Kapitalismus darauf hinausliefe, die Menschen davor »zu retten«, indem sie in die Städte und zu neuen Formen der Verbindung untereinander getrieben wurden. Wie nahezu alle Intellektuellen des 19. Jahrhunderts sahen Marx und Engels die Kräfte der Aufklärung und Zivilisation hauptsächlich aus den Städten hervorgehen. Ihre Anerkennung der Art und Weise, in der die Bourgeoisie »das Land von den Städten« abhängig gemacht hatte, sollte jedoch nicht als unkritische Unterstützung für diese gesellschaftliche Ausrichtung angesehen werden, weil das Beste, was von ihrem Standpunkt (zumindest in diesem Stadium ihres Denkens) dazu gesagt werden konnte, darin bestand, dass dies einen notwendigen Bestandteil der bürgerlichen Revolution darstellte, der von deren allgemeinen Errungenschaften nicht zu trennen war.

Marx und Engels betrachteten die Abhängigkeit des Landes von den Städten zum Teil als Produkt der enormen »Bevölkerungsagglomerationen«, die während der bürgerlichen Ära innerhalb der Städte aufkamen – eine Angelegenheit, die sie in dem Abschnitt erörterten, der unmittelbar auf das obige Zitat folgt. Folglich enthielt ihre Vision von einer revolutionären Veränderung, wie sie im 2. Teil des *Kommunistischen Manifests* (das den historisch spezifischen Forderungen der Proletarier und Kommunisten gewidmet war) geschildert wird, ein Beharren auf der Notwendigkeit der Durchführung »einer allmählichen Beseitigung des Unterschieds zwischen Stadt und Land durch eine gleichmäßigere Verteilung der Bevölkerung über das Land«. Tatsächlich beharrten Marx und Engels in ihren Schriften durchgehend – und in späteren Arbeiten wie *Zur Wohnungsfrage* von Engels mit wachsendem Nachdruck – auf der Notwendigkeit der Abschaffung des Gegensatzes zwischen Stadt und Land, wobei Letzteres von Ersterer abhängig wurde. Sie sahen diesen Gegensatz als einen der Hauptwidersprüche des Kapitalismus und als grundlegendes Mittel, durch das eine doppelte Ausbeutung des städtischen Proletariats und des Landarbeiters (der in England kein Bauer mehr war) vollzogen wurde. »Die Aufhebung des Gegensatzes zwischen Stadt und Land«, schrieb Engels in *Zur Wohnungsfrage*, »ist nicht mehr und nicht minder eine Utopie als die Aufhebung des Gegensatzes zwischen Kapitalisten und Lohnarbeitern.«[410]

Diese Bedeutung des Widerspruches zwischen Stadt und Land war nicht bloß eine von den utopischen Sozialisten übernommene Losung, sondern wurde als Gestaltwerdung eines Bruches im notwendigen »metabolischen« Verhältnis zwi-

---

410 Friedrich Engels, *Zur Wohnungsfrage*, MEW Band 18, a.a.O., S. 279.

schen Menschen und Natur betrachtet. Infolgedessen konnte Marx im *Kapital* behaupten, dass die Bevölkerungsagglomeration in großen städtischen Zentren (1) »die Rückkehr der vom Menschen in der Form von Nahrungs- und Kleidungsmitteln vernutzten Bodenbestandteile zum Boden, also die ewige Naturbedingung dauernder Bodenfruchtbarkeit [stört]«; und (2) »damit zugleich die physische Gesundheit der Stadtarbeiter und das geistige Leben der Landarbeiter [zerstört]«.

Es war das kombinierte Wirken der Abwanderung aller Kultur in die Stadt, der Verteilung der schwindenden ländlichen Arbeitskraft über einen ausgedehnteren ländlichen Raum und der Aufhebung traditioneller Bindungen sowohl zum Boden wie auch zur menschlichen Gemeinschaft, das Marx als den Ursprung der Isolierung des Landlebens innerhalb der bürgerlichen Zivilisation ansah. Infolgedessen nahm er David Urquharts Beobachtung ernst, dass die Gesellschaft aufgrund der extremen Aufspaltung zwischen ländlichem und städtischem Dasein in wachsendem Maße in »plumpe Bauern« und »verweichlichte Zwerge« unterteilt wurde, wodurch ein Teil der arbeitenden Bevölkerung seines materiellen Lebensunterhaltes, der andere seines intellektuellen Unterhalts beraubt wurde. Es gehe nicht darum, die Natur zu verachten, sondern eher darum, dass der Gegensatz zwischen Stadt und Land eine der Haupterscheinungsformen der entfremdeten Natur der bürgerlichen Zivilisation sei.[411]

Mit ihrem Hinweis auf den »Idiotismus [das heißt die Isolation] des Landlebens« bezogen sich Marx und Engels nicht nur auf die Landbevölkerung, da eines der Dinge, die die englische Politische Ökonomie am meisten auszeichneten, in der Gründlichkeit bestand, mit der die Enteignung von Bauernland stattgefunden hatte, die ein landloses Landproletariat (wie auch Grundbesitzer und Pachtbauern) zurückließ. Trotzdem lohnt es sich – angesichts der Kritik von Ferkiss – zu bemerken, dass die marxsche Sichtweise bezüglich der Landbevölkerung immer komplex, weil historisch differenziert, gewesen ist. Es stimmt, dass er die französische Landbevölkerung zur Zeit des zweiten Kaiserreiches von Napoleon III. in einer reaktionären Rolle sah, unterschied jedoch auch das revolutionäre vom konservativen Landvolk. Ersteres beschrieb er in heroischen Worten als »den Bauern, der über seine soziale Existenzbedingung, die Parzelle hinausdrängt«. Der revolutionäre Bauer war für Marx durch »die Aufklärung« gekennzeichnet und repräsentierte die Zukunft, die »modernen Cevennen«. Marx und

---

411 Vgl. Karl Marx, *Das Kapital*, Band 1, MEW Band 23, a.a.O. S. 528.

Engels waren auch Bewunderer des deutschen Bauernrevolutionärs Thomas Müntzer aus dem 17. Jahrhundert.[412]

Im Anti-Dühring argumentierte Engels, dass große Landbesitzer in ihrem Verhältnis zum Land destruktiver gewesen seien als freie Landarbeiter. Die Römische Republik in den Tagen von Plinius ersetzte den Ackerbau durch Viehzucht und richtete dadurch »Italien zugrunde (latifundia Italiam perdidere)«; während in Nordamerika »die großen Grundherrn des Südens mit ihren Sklaven und ihrem Raubbau den Boden erschöpften, bis er nur noch Tannen trug« – was ein weit zerstörerischeres Verhältnis zur Erde (genau wie zur Gesellschaft) darstellte als die Arbeit freier Ackerbauern.[413]

Überdies sollte die ganze Frage der Bauerngesellschaften (und von Bauern innerhalb kapitalistischer Gesellschaften) nicht mit der Problematik einer unverfälschten Natur verwechselt werden, wie Ferkiss dies zu tun scheint. Bäuerliche Agrikultur hat nicht industriellen Charakter und ist »der Erde näher«, steht aber bereits ziemlich am Ende der menschlichen Umgestaltung der Natur, einschließlich der menschlichen Natur. Wenn man weit genug zurückschaut, dann gab es Subsistenzwirtschaft – das heißt diese war nicht durch Marktbeziehungen definiert –, man sollte sie jedoch nicht idealisieren. Lange bevor die ursprüngliche Akkumulation kapitalistische Gesellschaftsverhältnisse schuf, war echte kommunale Landwirtschaft unter nicht kapitalistischen Produktionsweisen im größten Teil Europas bereits weitgehend beseitigt worden. In einigen dieser Gesellschaften war die Mehrheit der Menschen, wie Raymond Williams bemerkt, wie »Arbeitstiere, gefesselt durch Zwangsabgaben, durch Zwangsarbeit oder wurden ›gekauft und verkauft wie Vieh‹; durch Recht und Gesetz nur ›geschützt‹ wie Tiere und Flüsse geschützt sind, um mehr Arbeit, mehr Nahrung, mehr Blut zu erbringen«.[414]

Für Marx und Engels war die Natur mit der menschlichen Geschichte verflochten. Auf dieser Grundlage griffen sie jene konservativen Romantiker ihrer Zeit scharf an, die danach strebten, sich selbst und die Gesellschaft auf die Vor-

---

412 Vgl. Karl Marx, *Der 18. Brumaire des Louis Bonaparte*, MEW Band 8 (Berlin: Dietz Verlag 1975), S. 199. Cevennes, eine Bergregion in Frankreich, war Schauplatz eines Aufstandes protestantischer Bauern zu Beginn des 18. Jahrhunderts. Vgl. Teodor Shanin (Hrsg.), *Peasants and Peasant Societies* (New York: Blackwell, 1987), 336–337. Zu Ansichten von Marx und Engels in Bezug auf Thomas Müntzer vgl. John Bellamy Foster, *Marx's Ecology* (New York: Monthly Review Press, 2000), S. 74; Friedrich Engels, Der Deutsche Bauernkrieg, MEW Band 7, a.a.O.
413 Vgl. Friedrich Engels, *Anti-Dühring*, MEW Band 20, a.a.O., S. 195–196.
414 Williams, *The Country and the City* (London: Hogarth Press, 1973), S. 37–38.

stellung einer unberührten Natur als Grundlage für eine Revolte gegen den Kapitalismus stützten. Folglich lehnten sie, indem sie Idealisierungen einer ländlichen Ordnung, die aus feudalen Zeiten herrührte und dadurch eine »unberührte Natur« war, nicht als solche ab, obwohl sie behutsam jede Idealisierung »ursprünglicher Natur« vermieden. Tatsächlich hielt es Marx für wichtig, in Band 1 des *Kapital* anzumerken, dass »man weiß, dass es keine eigentlichen Wälder in England gibt. Das Wild in den Parks der Großen ist konstitutionelles Hausvieh, fett wie Londoner Aldermen [Ratsherren].« *Wohingegen* die sogenannten Hirschwälder in Schottland, die zum Nutzen der Jäger (auf Kosten der Landarbeiter) eingerichtet worden seien, zwar Wild aber keine Bäume enthielten. »Die Entwicklung der Kultur und Industrie überhaupt«, so schrieb Marx in Band 2 des *Kapitals*, »hat sich von jeher so tätig in der Zerstörung der Waldungen gezeigt, dass dagegen alles, was sie umgekehrt zu deren Erhaltung und Produktion getan hat, eine vollständig verschwindende Größe ist.«[415]

## Die Nachhaltigkeit und die Erde

Im *Kommunistischen Manifest* berücksichtigten Marx und Engels in ihrem Zehn-Punkte-Programm für eine revolutionäre Veränderung nicht nur die »Expropriation des Grundeigentums und Verwendung der Grundrente zu Staatsausgaben« und das »Hinwirken auf die allmähliche Beseitigung des Unterschieds von Stadt und Land durch eine gleichmäßigere Verteilung der Bevölkerung über das Land«, sondern auch die »Urbarmachung und Verbesserung aller Ländereien nach einem gemeinschaftlichen Plan«.[416] An diesem Punkt der Entwicklung

---

415 Karl Marx, *Das Kapital*, Band 1, MEW Band 23, a.a.O., S. 759, Marx; *Das Kapital*, Band 2, MEW Band 24, a.a.O., S. 247. Im »Anti-Dühring« beklagt Engels auch das Ausmaß, in dem die schottischen Landbesitzer die Bauern ihres gemeinschaftlichen Landes »beraubten« und »urbares Land in Schaftrift und zuletzt gar in bloßes Jagdrevier für Hochwild« verwandelten. Engels, »Anti-Dühring«, S. 196. Der Ansatz von Marx auf die Natur neigte zur Hervorhebung der Tatsache, dass viel von dem, was wir als »Natur« bezeichnen, gesellschaftlich gestaltet worden sei. Er und Engels schrieben in Reaktion auf die abstrakte, unhistorische Naturvorstellung, die von Feuerbach vorgebracht worden war: »Übrigens ist diese der menschlichen Geschichte vorhergehende Natur ja nicht die Natur, in der Feuerbach lebt, nicht die Natur, die heutzutage, ausgenommen etwa auf einzelnen australischen Koralleninseln neueren Ursprungs, nirgends mehr existiert, auch für Feuerbach nicht existiert.« Karl Marx und Friedrich Engels, *Die deutsche Ideologie*, MEW Band 3, a.a.O. S. 44.
416 Karl Marx und Friedrich Engels, *Das Kommunistische Manifest*, MEW Band 4, a.a.O., S. 373.

ihres Denkens nahmen sie eine Haltung ein, die man sich als einen frühen naturschützerischen Ansatz im Hinblick auf solche Themen wie die »Verbesserung des Bodens« interpretieren könnte. Sie waren schon früh (im Fall von Engels bereits im Jahr 1843) von der bahnbrechenden Forschung Justus von Liebigs beeinflusst. Von Liebig, den sie für den größten Vertreter der bürgerlichen Wissenschaft auf dem Gebiet der Landwirtschaft hielten, wie auch von anderen Persönlichkeiten wie dem schottischen Politökonomen James Anderson lernten Marx und Engels die Notwendigkeit der Rückführung der Nährstoffe in den Boden, die ihm entnommen worden waren. Ihr Beharren auf der »Verbesserung aller Ländereien nach einem gemeinschaftlichen Plan« ist also in diesem Sinne zu verstehen.[417]

Marx sah die Bourgeoisie mit der äußersten Ausbeutung der Erde oder des Bodens auf derselben Grundlage beschäftigt wie mit jedem anderen Bestandteil des Handels. Für die Bourgeoisie, wie er 1852 schrieb, »[soll] der Grund und Boden [...] verkäufliche Ware und seine Ausbeutung den allgemeinen Gesetzen des Warenverkehrs unterworfen sein. So wie es Garn- und Baumwollfabrikanten gibt, soll es Nahrungsmittelfabrikanten, aber keine Grundherren geben.«[418]

Seit Beginn der 1860er-Jahre, als er das *Kapital* fertigstellte, war Marx von der Auffassung beeinflusst, die in Europa und Nordamerika über die Krise der Erde oder des Bodens herrührte, die aus den Formen der Ausbeutung entstand, die von der kapitalistischen Landwirtschaft angewandt wurden – einer Krise, der in der Arbeit solcher Denker wie Liebig, dem schottischen Agrarchemiker James F.W. Johnston und dem US-Ökonomen Henry Carey Ausdruck verliehen wurde. Um 1859 argumentierte Liebig, dass die »empirische Agrikultur« des Händlers einem »Ausplünderungssystem« Auftrieb verliehen habe, in dem die »Reproduktionsbedingungen« des Bodens verletzt wurden. Die Bodennährstoffe (wie Stickstoff, Phosphor und Kalium) wurden »Jahr für Jahr, Fruchtfolge für Fruchtfolge produzierend hinweg getragen«. Sowohl das offene Ausbeutungssystem der amerikanischen Farmwirtschaft als auch die sogenannte Großlandwirtschaft der euro-

---

417 Die Bedeutung, die in den Tagen von Marx und Engels dem Begriff der »Aufbesserung« des Bodens verliehen wurde, wird durch den US-Landwirt (und späteren Sanitäringenieur) George Waring in seinen *Elements of Agriculture* gut zum Ausdruck gebracht, in denen er feststellt: »Aus dem, was hier über die Eigenschaft des Bodens gesagt worden ist, muss nun, da wir die Ursachen von Fruchtbarkeit und Unfruchtbarkeit kennen, deutlich werden, dass wir durch geeignete Mittel die Eigenschaft aller Böden verbessern könnten, die sich heutzutage nicht im höchsten Zustand der Fruchtbarkeit befinden.« Waring, *Elements of Agriculture* (New York: D. Appleton and Co., 1854), S. 88.
418 Karl Marx, »Die Chartisten«, in: MEW Band 8 (Berlin: Dietz Verlag, 1960), S. 342.

päischen Agrikultur seien Formen von »Räuberei«. »Eine rationale Agrikultur« hingegen, gäbe »den Feldern die Bedingungen ihrer Fruchtbarkeit zurück.«[419]

Die Besorgnis von Marx über den Zustand der Landwirtschaft und die Bodenkrise führte ihn zu einem sehr differenzierten Verständnis der Umweltprobleme. In den 1860er-Jahren und danach konzentrierte er sein Interesse auf den ökologischen Verfall (die Unterbrechung des Bodennährstoffkreislaufes), auf Rekultivierung und Nachhaltigkeit – die in seiner Analyse der sich verändernden sozialen Verhältnisse allesamt miteinander verbunden waren. »Das große Grundeigentum«, schrieb er am Ende seiner Kritik der kapitalistischen Bodenrente in Band 3 des *Kapital*,

»[reduziert] die agrikole Bevölkerung auf ein beständig sinkendes Minimum und setzt ihr eine beständig wachsende, in großen Städten zusammengedrängte Industriebevölkerung entgegen; es erzeugt dadurch Bedingungen, die einen unheilbaren Riß hervorrufen in dem Zusammenhang des gesellschaftlichen und durch die Naturgesetze des Lebens vorgeschriebnen Stoffwechsels, infolge dessen die Bodenkraft verschleudert und diese Verschleuderung durch den Handel weit über die Grenzen des eignen Landes hinausgetragen wird.«[420]

Nachhaltige Entwicklung ist in unserer Zeit von der Brundtland Commission als »Entwicklung, die die Lebensqualität der gegenwärtigen Generation sichert und gleichzeitig zukünftigen Generationen die Wahlmöglichkeit zur Gestaltung ihres Lebens erhält« definiert worden.[421] Es war die Notwendigkeit von Nachhaltigkeit genau in diesem Sinne, die Marx schließlich als Ergebnis seiner Untersuchung über die Krise der Erde und des Bodens unter dem Kapitalismus hervorhob und die zum integralen Bestandteil seiner Vorstellung einer zukünftigen kommunistischen Gesellschaft wurde. Er stellte dies folgendermaßen dar: »Aber die Abhängigkeit der Kultur der besondren Erdprodukte von den Schwankungen der Marktpreise, und der beständige Wechsel dieser Kultur mit diesen Preisschwankungen, der ganze Geist der kapitalistischen Produktion, der auf den

---

419 Justus von Liebig, *Briefe zur modernen Industrie* (London: Walton und Mabery, 1859), S. 171–183, 220.
420 Karl Marx, *Das Kapital*, Band 3, MEW Band 25, a.a.O. S. 821.
421 Vgl. World Commission on Environment and Development, *Our Common Future* (New York: Oxford University Press, 1987), S. 43.

unmittelbaren nächsten Geldgewinn gerichtet ist, widerspricht der Agrikultur, die mit den gesamten ständigen Lebensbedingungen der sich verkettenden Menschengenerationen zu wirtschaften hat.«[422]

In der Tat stand für Marx, der verstand, dass die Überwindung der ökologischen Widersprüche der kapitalistischen Landwirtschaft eine absolute Notwendigkeit für eine kommunistische Gesellschaft darstellte, die Frage der Nachhaltigkeit für die zukünftige Entwicklung der Menschheit im Mittelpunkt. Er sah dies, wie er schrieb, als »selbstbewußte rationelle Behandlung des Bodens als des gemeinschaftlichen ewigen Eigentums, der unveräußerlichen Existenz- und Reproduktionsbedingung der Kette sich ablösender Menschengeschlechter ...«[423] In diesem Sinne konnte ökologische Nachhaltigkeit als von der Natur auferlegte Notwendigkeit für die menschliche Produktion angesehen werden.

Die Ausarbeitung einer nachhaltigen Alternative zu den ökologisch zerstörerischen Tendenzen der kapitalistischen Gesellschaft war folglich für Marx kein rein technisches Problem, sondern machte eine weitreichende Umgestaltung der Gesellschaft erforderlich. Die grundlegende Veränderung, die benötigt wurde, lag in einer Verschiebung hin zu einer Gesellschaft, die von assoziierten Produzenten kontrolliert wurde und von einer Ausdehnung der Freizeit und der kollektiven demokratischen Organisation und folglich von einer nicht instrumentellen Herangehensweise an die Natur und die menschliche Gesellschaft gekennzeichnet war. Unter den erforderlichen revolutionären Veränderungen, um dies herbeizuführen, befand sich eine Beendigung »der monopolisierten Erde« des Privateigentums. Indem er auf James Johnstons Analyse der Verarmung des Bodens in der Mitte des 19. Jahrhunderts Bezug nahm, vertrat Marx den Standpunkt, dass das Privateigentum einer wahrhaft rationalen Agrikultur allseitige Schranken setze.[424]

---

422 Karl Marx, *Das Kapital*, Band 3, MEW Band 25, a.a.O., S. 631.
423 Karl Marx, *Das Kapital*, Band 3, MEW Band 25, a.a.O. S. 820. Die fortdauernde Relevanz der ökologischen Analyse des Bodennährstoffkreislaufs und seinem Verhältnis zur Entwicklung der kapitalistischen Industrie ist heute in der Arbeit von Kozo Maiumi, »Temporary Emancipation from Land«, in: *Ecological Economics* 4, Nr. 1, Oktober 1991, S. 35–56, zu sehen. Vergleiche auch Fred Magdoff, Les Lanyon, and Bill Liebhardt, »Nutrient Cycling, Transformations and Flows: Implications for a More Sustainable Agriculture«, in: *Advances in Agronomy* 60, 1997, S. 1–73.
424 Vgl. Karl Marx, *Das Kapital*, Band 3, MEW Band 25, a.a.O. S. 832.

## War Marx »prometheanisch«?

In seiner *Contemporary Critique of Historical Materialism* behauptet Anthony Giddens, dass diejenigen Passagen in den Schriften von Marx, die nahelegen, dass »die Natur mehr ist als ein Medium, durch das sich die menschliche Geschichte entfaltet«, großteils auf seine »frühen Schriften« beschränkt seien und dass insgesamt eine »prometheanische Haltung«, in der die Produktionstechnologie gepriesen wird, während die Natur lediglich in instrumenteller Hinsicht behandelt wird, im marxschen Werk »vorherrschend« sei. Für Giddens ist Marx scharf zu kritisieren, weil »seine Besorgnis um die Umgestaltung der ausbeuterischen gesellschaftlichen Verhältnisse des Menschen, sich nicht auf die Ausbeutung der Natur erstreckt«.[425] Die vorangegangene Erörterung hat jedoch gezeigt, dass Giddens Beurteilung von Marx bezüglich des ersten und des dritten Anklagepunktes (unter Beiseitelassung seiner ökologischen Einsichten in seinen »frühen Schriften« und mangelnder Berücksichtigung seiner Anerkenntnis der Ausbeutung der Erde) in beiden Fällen durch eine Fülle nachweislicher Belege widersprochen wird. Marx nahm wieder und wieder auf die Ausbeutung der Erde oder des Bodens Bezug und tat dies in seinen späteren Schriften sogar häufiger als in seinen früheren Werken. Wie Massimo Quaini anmerkte, war es tatsächlich so, dass Marx »die Ausplünderung der Natur anklagte, noch bevor ein bürgerliches ökologischen Bewusstsein entstanden war«.[426]

Was ist aber mit der anderen Anklage, die Giddens gegen Marx erhebt, die der Befürwortung einer »prometheanischen« (im Sinne einer produktivistischen oder instrumentellen) Haltung gegenüber der Natur? Die gleiche Kritik ist nicht nur von Giddens, sondern auch von zahlreichen anderen, einschließlich Ted Benton, Kate Soper, Robyn Eckersley, John Clark und Victor Ferkiss geäußert worden.[427]

Wenn mit dieser Anklage des »Prometheanismus« gemeint ist, dass Marx im Einklang mit der Tradition der Aufklärung ein beträchtliches Vertrauen auf Vernunft, Wissenschaft, Technologie und menschlichen Fortschritt setzte und häufig

---

425 Anthony Giddens, *A Contemporary Critique of Historical Materialism* (Berkeley: University of California Press, 1981), S. 59–60.
426 Vgl. Massimo Quaini, *Marxism and Geography* (Totowa, New Jersey: Barnes and Noble Books, 1982), S. 136.
427 Siehe zum Beispiel Kate Soper, »Greening Prometheus«, in: Ted Benton (Hrsg.), *Greening Marxism* (New York: Guilford, 1996), S. 81–99.

auf die wachsende menschliche Beherrschung der natürlichen Kräfte setzte, dann ist nicht zu leugnen, dass dies wohl zutreffend ist. Hier müssen wir uns nur dem *Kommunistischen Manifest* zuwenden, in dem Marx seine Lobrede auf die Bourgeoisie niederschrieb:

> »Die Bourgeoisie hat in ihrer kaum hundertjährigen Klassenherrschaft massenhaftere und kolossalere Produktionskräfte geschaffen als alle vergangenen Generationen zusammen. Unterjochung der Naturkräfte, Maschinerie, Anwendung der Chemie auf Industrie und Ackerbau, Dampfschiffahrt, Eisenbahnen, elektrische Telegraphen, Urbarmachung ganzer Weltteile, Schiffbarmachung der Flüsse, ganze aus dem Boden hervorgestampfte Bevölkerungen – welches frühere Jahrhundert ahnte, dass solche Produktionskräfte im Schoß der gesellschaftlichen Arbeit schlummerten.«[428]

Es wäre dennoch ein Fehler, daraus zu schließen, dass Marx und Engels jedwedes kritische Urteilsvermögen außer Kraft gesetzt hätten, wenn es um Wissenschaft, Technologie und die Idee des Fortschritts ging. Marx und Engels waren sich sehr wohl darüber im Klaren, dass Wissenschaft und Technik von der bürgerlichen Zivilisation missbraucht und entstellt werden konnten, einer Gesellschaftsform, die, wie sie im *Kommunistischen Manifest* bemerkten, »dem Hexenmeister [gleicht], der die unterirdischen Gewalten nicht mehr zu beherrschen vermag, die er heraufbeschwor«.[429] Der gesamte riesige Apparat der modernen Produktions-, Austausch- und Eigentumsverhältnisse, der, gestützt von Wissenschaft und Technologie, die kreative Macht der kapitalistischen Gesellschaft ausmachte, war, wie Marx und Engels argumentierten, gegenüber seinen eigenen Errungenschaften verletzlich, was zu ökonomischen Krisen und zur Entstehung der modernen Arbeiterklasse, des Proletariats als Totengräber des Systems führte. Überdies führten, wie Marx und Engels wieder und wieder betonten, dieselben Produktivkräfte, die aus der Koppelung der kapitalistischen Marktgesellschaft mit der modernen Wissenschaft und Technologie resultierten, zur Ausbeutung nicht nur der Menschen, sondern, im Sinne der Verletzung der Bedingung ihrer Nachhaltigkeit, auch der Erde selbst.

---

428 Karl Marx und Friedrich Engels, *Das Kommunistische Manifest*, MEW Band 4, a.a.O., S. 467.
429 Ebenda.

Robyn Eckersley hat in ihrem einflussreichen Buch *Environmentalism and Political Theory* geschrieben: »Marx befürwortete in vollem Umfang die [...] technischen Fähigkeiten der kapitalistischen Produktivkräfte und [...] übernahm uneingeschränkt das viktorianische Vertrauen in den wissenschaftlichen und technologischen Fortschritt als Mittel, mit dem die Menschen die Natur überlisten und erobern konnten.«[430] In seiner im April 1856 gehaltenen »Rede auf der Jahresfeier des *People's Paper*«, bemerkte Marx jedoch:

> »In unsern Tagen scheint jedes Ding mit seinem Gegenteil schwanger zu gehen. Wir sehen, dass die Maschinerie, die mit der wundervollen Kraft begabt ist, die menschliche Arbeit zu verringern und fruchtbarer zu machen, sie verkümmern läßt und bis zur Erschöpfung auszehrt. Die neuen Quellen des Reichtums verwandeln sich durch einen seltsamen Zauberbann zu Quellen der Not. Die Siege der Wissenschaft scheinen erkauft durch Verlust an Charakter. In dem Maße, wie die Menschheit die Natur bezwingt, scheint der Mensch durch andre Menschen oder durch seine eigne Niedertracht unterjocht zu werden. Selbst das reine Licht der Wissenschaft scheint nur auf dem dunklen Hintergrund der Unwissenheit leuchten zu können. All unser Erfinden und unser ganzer Fortschritt scheinen darauf hinauszulaufen, daß sie materielle Kräfte mit geistigem Leben ausstatten und das menschliche Leben zu einer materiellen Kraft verdummen. Dieser Antagonismus zwischen moderner Industrie und Wissenschaft auf der einen Seite und modernem Elend und Verfall auf der andern Seite, dieser Antagonismus zwischen den Produktivkräften und den gesellschaftlichen Beziehungen unserer Epoche ist eine handgreifliche, überwältigende und unbestreitbare Tatsache.«[431]

Trotz ihres Vertrauens, dass sie im Allgemeinen in das »reine Licht der Wissenschaft« legten, demonstrierten Marx und Engels, wie man aus ihrer Analyse der Ausbeutung des Bodens ersehen kann, eine komplexe Sicht von Wissenschaft, Technologie und menschlichem Fortschritt. Mit der Einführung von Maschinerie und großindustriellen Formen in die Landwirtschaft unter kapitalis-

---

430 Eckersley, *Environmentalism and Political Theory*, a.a.O., S. 80.
431 Karl Marx, »Rede auf der Jahrfeier von The People's Paper«, in: MEW Band 12 (Berlin: Dietz Verlag, 1960), a.a.O. S. 3–4.

tischen Bedingungen argumentierte Marx: »[tritt] an die Stelle des gewohnheitsfaulsten und irrationellsten Betriebs [...] bewußte, technologische Anwendung der Wissenschaft«. Es ist jedoch genau diese Wissenschaft und Technologie in kapitalistischen Händen, fährt Marx fort anzumerken, die »andrerseits den Stoffwechsel zwischen Mensch und Erde [stört]«, indem sie in eine Kraft zur Ausbeutung sowohl des Arbeiters als auch des Bodens verwandelt wird.[432]

## Revolutionäre Gebote

Wie Joseph Schumpeter hervorhob, lag eine der originärsten und tiefsten Einsichten des *Kommunistischen Manifests* in der Wahrnehmung der technologischen Dynamik des Kapitalismus durch Marx und Engels, die in einem in der Weltgeschichte nie zuvor erlebten Maße eine »ständige Revolutionierung der Produktion« verlangte, um überleben zu können.[433] Es war dieses Verständnis der inneren Dynamik der Produktion unter dem Kapitalismus, das Marx tatsächlich zu seiner umfassendsten Einschätzung der Auswirkungen des Kapitalismus auf die Natur und auf alles führte, was außerhalb von ihm selbst zu liegen schien. Folglich schrieb Marx in den *Grundrissen*:

> »Wie also die auf das Kapital gegründete Produktion einerseits die universelle Industrie schafft [...] so anderseits ein System der allgemeinen Exploitation der natürlichen und menschlichen Eigenschaften, ein System der allgemeinen Nützlichkeit, als dessen Träger die Wissenschaft selbst so gut erscheint wie alle physischen und geistigen Eigenschaften, während nichts als An-sich-Höheres, Für-sich-selbst-Berechtigtes, außer diesem Zirkel der gesellschaftlichen Produktion und Austauschs erscheint. So schafft das Kapital erst die bürgerliche Gesellschaft und die universelle Aneignung der Natur wie des gesellschaftlichen Zusammenhangs selbst durch die Glieder der Gesellschaft. Dadurch der große zivilisierende Einfluß des Kapitals; seine Produktion einer Gesellschaftsstufe, gegen die alle frühren nur als lokale Entwicklungen der Menschheit und als Naturidolatrie erscheinen. Die Natur wird erst rein Gegen-

---

432 Vgl. Marx, *Das Kapital*, Band 1, MEW Band 23, S. 528.
433 Vgl. Joseph A. Schumpeter, *Essays* (Cambridge, Massachusetts: Addison-Wesley Press, 1951), S. 293–294.

stand für den Menschen, rein Sache der Nützlichkeit; hört auf, als Macht für sich anerkannt zu werden; und die theoretische Erkenntnis ihrer selbständigen Gesetze erscheint selbst nur als List, um sie den menschlichen Bedürfnissen, sei es als Gegenstand des Konsums, sei es als Mittel der Produktion, zu unterwerfen. Das Kapital treibt dieser seiner Tendenz nach ebenso sehr hinaus über nationale Schranken und Vorurteile wie über Naturvergötterung und überlieferte, in bestimmten Grenzen selbstgenügsam eingepfählte Befriedigung vorhandner Bedürfnisse und Reproduktion alter Lebensweise. Es ist destruktiv gegen alles dies und beständig revolutionierend, alle Schranken niederreißend, die die Entwicklung der Produktivkräfte, die Erweiterung der Bedürfnisse, die Mannigfaltigkeit der Produktion und die Exploitation und den Austausch der Natur- und Geisteskräfte hemmen.

Daraus aber, daß das Kapital eine jede solche Grenze als Schranke setzt, daher ideel darüber weg ist, folgt keineswegs, dasß es sie real überwunden hat, und da jede solche Schranke seiner Bestimmung widerspricht, bewegt sich seine Produktion in Widersprüchen, die beständig überwunden, aber ebenso beständig gesetzt werden.«[434]

Die Triebkraft zur unbegrenzten Akkumulation, die unablässige Revolutionierung der Produktionsmittel, die Unterwerfung von allem, was außerhalb seiner selbst und seiner eigenen Warenlogik stand – all dies war, wie Marx argumentierte, Teil des Götzen des Kapitals. Das Kapital betrachtet die Natur als reines Objekt, als eine äußere Schranke, die es zu überwinden gilt.[435] In Kommentierung von Bacons berühmtem Leitsatz, dass »die Natur nur zu überwinden ist, indem man ihr gehorcht« – auf dessen Grundlage Bacon auch vorschlug die Natur »zu unterwerfen« –, antwortet Marx, wie wir gesehen haben, dass für den Kapita-

---

434 Karl Marx, *Grundrisse*, MEW Band 42, a.a.O., S. 323.
435 Der Bezug zu »allgemeinen Barrieren« für das Kapital wurde von Michael Lebowitz übernommen, der aufgezeigt hat, dass Marx auf zwei Barrieren für das Kapital hingewiesen hat, die zu Widersprüchen bei der Kapitalakkumulation und zu Krisen führen: generelle Barrieren, die der Produktion im Allgemeinen zu eigen sind und die infolgedessen mit natürlichen Bedingungen zu tun haben, und spezifischere Barrieren, die dem Kapital selbst innewohnen. Vgl. Lebowitz, »The General and Specific in Marx's Theory of Crisis«, in *Studies in Political Economy* 7, Winter 1982, S. 5–25.

lismus die Entdeckung der autonomen Gesetze der Natur »als bloßer Kunstgriff erscheinen, um sie den menschlichen Bedürfnissen zu unterwerfen«.[436] Folglich prangerte er das einseitige, instrumentelle, ausbeuterische Verhältnis zur Natur an, das mit den zeitgenössischen gesellschaftlichen Verhältnissen verbunden war. Trotz seines raffinierten »Kunstgriffes« ist das Kapital niemals dazu in der Lage, die Schranke der natürlichen Bedingungen zu überwinden, die sich kontinuierlich mit dem Ergebnis neue Geltung verschaffen, dass »sich die Produktion in Widersprüchen bewegt, die beständig überwunden, aber ebenso beständig neu gesetzt werden«. Kein anderer Denker zu Zeiten von Marx und vielleicht kein anderer Denker hat bis heute die volle Komplexität des Beziehungsverhältnisses zwischen der Natur und der modernen Gesellschaft auf so brillante Weise erfasst.

Große Teile der Kritik, die auf dem Gebiet der Ökologie gegen Marx und Engels erhoben worden sind, entstammen eigentlich einer postmaterialistischen oder postmodernistischen Ökologie, die heutzutage nicht mehr so einflussreich ist und zunehmend durch eine materialistische Ökologie verdrängt wurde. Die Sozialökologie der 1960er-, 1970er- und frühen 1980er-Jahre war häufig rund um die »postmaterialistische These« aufgebaut, dass Umweltprobleme nur unter Bedingungen des Überflusses entstanden. Die Betonung der Grenzen des Wachstums, die als Postulat eines absoluten Konfliktes zwischen ökonomischem Wachstum und der Umwelt betrachtet wurden, trug oft zur Vernachlässigung der Politischen Ökonomie der Umweltzerstörung bei. Stattdessen lag das Hauptaugenmerk auf kulturellen Faktoren, die häufig von den materiellen Bedingungen ablenkten, wie etwa die Frage anthropozentrische versus ökozentrische Kultur. Im Verlauf des letzten Jahrzehnts sind wir jedoch mit dem Vordringen der globalen Erwärmung, der Zerstörung der Ozonschicht und dem weltweiten Artensterben Zeugen einer wachsenden Besorgnis um die Zukunft der Biosphäre geworden. Unter den Analysten der Sozialökologie verlagerte sich die Aufmerksamkeit auf Fragen der nachhaltigen Entwicklung, der Umweltgerechtigkeit (oder die Überschneidung der Umweltzerstörung mit klassenmäßigen, rassenbezogenen, geschlechterspezifischen und nationalstaatlichen Trennlinien) und der Koevolution.[437]

In diesem sich verändernden Zusammenhang ist es nicht überraschend, dass der marxsche Ansatz im Hinblick auf die Frage der natürlichen Bedingungen,

---

436 Francis Bacon, *Novum Organum* (Chicago: Open Court, 1994), S. 43, 29.
437 Zur Verlagerung von der postmaterialistischen zur materialistischen Ökologie siehe Juan Martinez-Alier, »Political Ecology, Distributional Conflicts and Incommensurability«, in: *New Left Review*, Nr. 211, Mai/Juni 1995, S. 70–88.

denen die menschliche Gesellschaft unterliegt heute neues Interesse hervorzurufen vermag. Hier war Marx in jeder Hinsicht dem zeitgenössischen Umweltdenken weit voraus.

Trotzdem war der Ansatz von Marx in Bezug auf Umweltfragen in einem sehr wichtigen Aspekt unzureichend, was im *Kommunistischen Manifest* am deutlichsten wird. Das Manifest war zuerst und vor allem ein revolutionäres Dokument, in dem jedoch ökologische Widersprüche, obwohl von Marx und Engels sogar in diesem frühen Stadium ihrer Analyse durchaus wahrgenommen, eine geringe oder keine Rolle in der vorweggenommenen Revolution gegen den Kapitalismus spielten. Marx und Engels waren eindeutig der Meinung, dass die Dauer des Kapitalismus viel kürzer sein würde als die früherer Produktionsweisen und er durch die Intensität seiner Widersprüche und die Aktionen des Proletariats – dem Totengräber des Systems – zu einem relativ schnellen Ende gebracht würde. Aufgrund dessen tendierten sie zu der Ansicht, dass die von ihnen erkannten ökologischen Probleme eine größere Tragweite für die Zukunft der kommunistischen als für die der kapitalistischen Gesellschaft haben würden.[438] Dies ist der Grund, weshalb ökologische Erwägungen im Manifest sehr viel expliziter in ihr Programm für den Kommunismus eingehen als in ihre Einschätzung der Bedingungen, die zum Untergang des Kapitalismus führen würden.

Heute ist offensichtlich, dass dieser Ansatz unzureichend ist. Die ökologischen Widersprüche haben sich bis zu einem Punkt entwickelt, dass sie beim Untergang des Systems unvermeidlicherweise eine große Rolle spielen werden – wobei die Ökologie nun eine größere Quelle antisystemischen Widerstandes gegen den Kapitalismus darstellt. Unsere ganze Vorstellung von der Revolte gegen den Kapitalismus muss entsprechend neu gestaltet werden. Die marxsche Konzeption einer nachhaltigen Gesellschaft, in der im Zusammenhang einer neu aufgestellten sozialen Ordnung, die rund um die kollektive Realisierung der menschlichen Bedürfnisse organisiert ist, die Erde »den nachfolgenden Generationen

---

438 Das im Werk von Marx und Engels konzipierte Verhältnis von Nachhaltigkeit und Kommunismus ist in der Antwort des jungen Engels auf die malthusianische Frage der Überbevölkerung zu erkennen. »Selbst wenn Malthus vollständig Recht hätte, müsste diese Umgestaltung [dh. die gesellschaftliche Revolution] auf der Stelle vollzogen werden, weil nur diese Umgestaltung und die Erziehung der Massen, die allein dadurch geleistet wird, die moralische Beschränkung des Fortpflanzungstriebes zu ermöglichen, die Malthus selbst als das wirkungsvollste und leichteste Heilmittel für eine Überbevölkerung darstellt.« Karl Marx, *Ökonomische und Philosophische Manuskripte*, MEW Band 40, a.a.O., S. 221.

verbessert« hinterlassen wird, ist vielleicht die vollständigste Vision einer – nach sozialen und ökologischen Begriffen beurteilt – praktikablen Utopie, die bisher entwickelt worden ist. Sie bildet daher den wesentlichen Ausgangspunkt für die Artikulierung einer wahrhaft revolutionären Sozialökologie. Heute müssen wir den berühmten Zeilen aus *The Internationale*[439] eine weitaus vollere Bedeutung zumessen als dies ursprünglich beabsichtigt war:

The earth shall rise on new foundations,
We have been naught, we shall be all.[440]

---

439 Foster zitiert hier aus der US-amerikanischen Fassung von *Die Internationale*, die in den verschiedenen Sprachen einen oft stark unterschiedlichen Wortlaut hat. Die deutsche Fassung enthält zum Beispiel den hier vorhandenen starken Bezug zur Erde nicht. Eine direkte Übersetzung dieser Zeilen aus dem Englischen lautet also etwa: *Die Erde soll auf neuem Grund erstehen, Wir waren Nichts und werden Alles sein.* [Anmerkung des Übersetzers]
440 Eugene Pottier, »The International«, in: John Bowditch and Clement Ramsland (Hrsg.), *Voices of the Industrial Revolution* (Ann Arbor: University of Michigan Press, 1961), S. 187.

# Kapitel 12
# Ökologischer Imperialismus:
# Der Fluch des Kapitalismus

Dieses Kapitel wurde für das vorliegende Buch auf Grundlage eines Artikels überarbeitet und korrigiert, der unter demselben Titel unter Mitwirkung von Brett Clark in Leo Panitch und Colin Leys, Hrsg., *The Socialist Register*, 2004 (New York: Monthly Review Press, 2004), S. 186–201, erschienen ist.

Im Frühling 2003 marschierten die Vereinigten Staaten, unterstützt von Großbritannien, in den Irak ein, in ein Land mit den zweitgrößten Ölreserven der Welt. Die Vereinigten Staaten arbeiten nun an einer Ausweitung der irakischen Ölproduktion, während sie sich selbst als Teil ihrer weitergespannten ökonomischen und geopolitischen Strategie eine zunehmend beherrschende Position bei der Kontrolle dieser entscheidenden Ressource sichern. Zuvor hatte sich dieselbe US-Administration, die in den Irak eingefallen war, aus dem Kyoto-Protokoll zurückgezogen, das dazu angelegt war, das Wachstum der Emissionen von Kohlendioxid und anderen für die globale Erwärmung verantwortlichen Treibhausgase zu begrenzen – eine Erscheinung, die sich für die Welt, wie wir sie kennen, als bedrohlich erweist. So ist es nicht verwunderlich, dass es eine wachsende Besorgnis über den ökologischen Imperialismus gibt, der in den Augen vieler so bedeutsam geworden ist wie die vertrauteren politischen, ökonomischen und kulturellen Formen des Imperialismus, mit denen Ersterer in Verbindung steht.

Im Jahr 1986 veröffentlichte Alfred Crosby *Ecological Imperialism: The Biological Expansion of Europe, 900–1900*, das die Zerstörung beschrieb, die von der europäischen Kolonisierung – oft aus Unachtsamkeit – über die einheimischen Umwelten eines großen Teils der übrigen Welt gebracht wurde.[441] Flora und Fauna, die aus der Alten Welt in die Lebensumstände der Neuen Welt gebracht wurden, erfuhren dort demografische Explosionen mit nachteiligen Auswirkungen auf die eingeborenen Arten. Wie der Untertitel von Crosbys Buch vermuten ließ, beschäftigte sich seine Analyse hauptsächlich mit »biologischer Expansion« und hatte infolgedessen keinen direkten Bezug zum Imperialismus als politischökonomisches Phänomen. Sie berücksichtigte nicht, wie die Ökologie mit der Beherrschung der Peripherie der kapitalistischen Welt durch das Zentrum oder mit der Rivalität zwischen verschiedenen kapitalistischen Mächten zusammenhängen könnte. Wie die Infektionskrankheiten, die, auf die Landung von Kolumbus in Amerika folgend, Millionen von indigenen Menschen töteten, wirkte der ökologische Imperialismus laut dieser Sichtweise als eine rein biologische Kraft, die aus den »Begegnungen« zwischen Regionen der Erde erwuchs, die vorher geografisch getrennt gewesen waren.

Das ökologische Problem unter dem Kapitalismus ist von komplexer Art. Deshalb ist eine Analyse auf der Ebene des gesamten Globus erforderlich. Ökologische Zerstörung hängt auf diesem universellen Niveau mit den vielfältigen Unterteilungen innerhalb des kapitalistischen Weltsystems zusammen, die aus der Tatsache erwachsen, dass eine einzige bestehende Weltwirtschaft gleichwohl in zahlreiche Nationalstaaten aufgeteilt ist, die in direkter Weise oder vermittels ihrer Konzerne miteinander konkurrieren. Sie ist außerdem hierarchisch in Zentrum und Peripherie unterteilt, wobei die Staaten im Rahmen der internationalen Arbeitsteilung auch in einem Weltsystem von Herrschaft und Abhängigkeit grundlegend verschiedene Positionen einnehmen.

All dies macht die Analyse des ökologischen Imperialismus kompliziert, wobei das Verständnis auch durch die Unterentwicklung einer ökologisch materialistischen Analyse des Kapitalismus innerhalb des Marxismus als Ganzem erschwert wurde.[442] Trotzdem ist offenkundig – und war im Werk von Marx selbst schon niedergelegt –, dass Überführungen in ökonomische Werte in komplexer Weise durch reale »materiell-ökologische« Ströme begleitet werden, die

---

441 Vgl. Alfred W. Crosby, *Ecological Imperialism: The Biological Expansion of Europe, 900–1900* (Cambridge: Cambridge University Press, 1986).
442 Die Bedeutung des Ökologischen Materialismus wird in John Bellamy Foster, *Marx's Ecology: Materialism and Nature* (New York: Monthly Review Press, 2000) hervorgehoben.

das Verhältnis zwischen Stadt und Land und zwischen Metropole und Peripherie verwandeln.[443] Die Kontrolle über solche Ströme ist ein Teil des Wettbewerbs zwischen rivalisierenden Industrie- und Finanzzentren. Ökologischer Imperialismus zeigt sich am augenfälligsten auf folgende Weise: (1) die Plünderung der Ressourcen einiger Länder durch andere und die Umgestaltung ganzer Ökosysteme, von denen Staaten und Völker abhängen; (2) massive Bewegungen von Bevölkerungen und Arbeitskräften, die mit der Förderung und dem Transfer von Ressourcen verknüpft sind; (3) die Ausbeutung ökologischer Verwundbarkeiten von Gesellschaften zur Förderung imperialistischer Kontrolle; (4) die Entsorgung von ökologischen Abfällen in einer Weise, in der die Kluft zwischen Zentrum und Peripherie ausgeweitet wird; und (5) die allumfassende Erzeugung eines »metabolischen Bruchs«, der das Verhältnis zwischen Kapitalismus und Umwelt kennzeichnet und zugleich die kapitalistische Entwicklung beschränkt.

## Der metabolische Bruch

Die Hauptwidersprüche, die mit dem ökologischen Imperialismus verbunden waren, wurden in den Schriften von Marx bereits in beträchtlichem Ausmaß offensichtlich. Die Kapitalakkumulation ist in gewisser Hinsicht ein selbstgetriebener Prozess; der in einem Stadium aufgehäufte Mehrwert wird zur Investitionsgrundlage für das nächste. Eine der entscheidenden Fragen in der klassischen politischen Ökonomie lag deshalb darin, woher das ursprüngliche Kapital stammte, das die dynamische Akkumulation in Gang setzte, die das späte 18. und das 19. Jahrhundert kennzeichnete. Dies warf die Frage der vorausgehenden, primären oder »ursprünglichen« Akkumulation auf.

Indem er Großbritannien als klassischen Fall annahm, betrachtete Marx die ursprüngliche Akkumulation unter drei Gesichtspunkten. Da ist zunächst die Vertreibung der Bauern vom Land durch Einzäunungen und die Außerkraftsetzung herkömmlicher, üblicher Rechte, sodass sie nicht länger direkten Zugang oder keine Kontrolle mehr in Bezug auf die materiellen Produktionsmittel hatten. Zweitens wurde auf diese Weise ein Reservoir an landlosen Arbeitskräften geschaffen, die unter dem Kapitalismus zu Lohnarbeitern wurden und in die

---

443 Zu einer detaillierten Analyse des Beziehungsverhältnisses zwischen materiell-ökologischen Zuströmen (die für gewöhnlich in Begrifflichkeiten von Gebrauchswerten ausgedrückt werden) und Wertzuflüssen in der marxschen Analyse vgl. Paul Burkett, *Marx and Nature* (New York: St. Martin's Press, 1999).

Städte strömten, wo sie als industrielles Proletariat in Erscheinung traten. Drittens ergab sich eine enorme Konzentration und Zentralisierung von Reichtum, da die Produktionsmittel (anfänglich durch die Kontrolle über das Land) allmählich von immer weniger Individuen monopolisiert wurden und der so verfügbar gemachte Mehrwert in die industriellen Zentren floss. Frisch proletarisierte Arbeiter waren disponibel, ausgebeutet zu werden, während »Lazarus-Schichten« von Arbeitslosen die Löhne niedrig hielten und die Produktion profitabler machten.

Der ganze Prozess der ursprünglichen Akkumulation, der – wie Marx es darstellte – »die gewaltsame Expropriation [der Menschen] von Grund und Boden« und – wie Malthus es ausdrückte – ihr »Hinwegschwemmen« in die Städte umfasste, hatte tiefe ökologische Auswirkungen.[444] Das Land war unter dem Feudalismus zum »unorganischen Körper seines Herrn« geworden. Unter dem Kapitalismus wurde mit der weiteren Entfremdung vom Land (und der Natur) die Beherrschung von Menschen durch andere Menschen ausgeweitet. Dazu bemerkte Marx, dass »die Erde ebenso zum Schacherwert herabsinkt wie der Mensch«.[445]

Das marxsche Konzept eines »metabolischen Bruchs« wurde im Zusammenhang mit der Alarmstimmung entwickelt, die von Landwirtschaftschemikern und Agronomen in Deutschland, Großbritannien, Frankreich und den Vereinigten Staaten in Bezug auf den Verlust an Bodennährstoffen – wie Stickstoff, Phosphor und Kalium – durch den Export von Nahrung und Fasern in die Städte ausgelöst worden war. Anstatt in den Boden zurückgeführt zu werden, wie in der traditionellen landwirtschaftlichen Produktion, wurden diese wesentlichen Nährstoffe über Hunderte, ja Tausende von Meilen transportiert und endeten als Abfall, der die Städte verschmutzte. Die am weitesten fortgeschrittene Form der kapitalistischen Agrarproduktion – die britische »Großlandwirtschaft« – war, wie Liebig erklärte, aufgrund ihrer Auswirkungen auf den Boden nichts anderes als ein »Raubsystem«.[446]

Marx, der ein Schüler Liebigs und anderer Bodenchemiker war, betrachtete den Gegensatz zwischen den Menschen und der Erde als ein bedeutendes Pro-

---

444 Vgl. Karl Marx, *Das Kapital*, Band 1, MEW Band 23, a.a.O., S. 761; Malthus, »Malthus to Ricardo, August 17, 1817«, in: David Ricardo, *Works and Correspondence*, Band 7 (Cambridge: Cambridge University Press, 1952), S. 175.
445 Karl Marx, *Ökonomisch-philosophische Manuskripte (1844)*, MEW Band 40, a.a.O., S. 507.
446 Zu einer Ausarbeitung der Argumentation von Liebig und ihrem Einfluss auf Marx siehe Kapitel 11.

blem. Der Kapitalismus hatte, wie er es darstellte, einen »irreparablen Riss« in der »Stoffwechselbeziehung« zwischen Mensch und Erde erzeugt; es war eine »systematische Wiederherstellung« dieser notwendigen Stoffwechselbeziehung »als regelndes Gesetz der gesellschaftlichen Produktion« erforderlich, aber das Wachstum der Großlandwirtschaft unter dem Kapitalismus und der Fernhandel intensivierten den metabolischen Bruch und dehnten ihn weiter aus (und tun dies noch immer). Überdies hatte die Verschwendung von Bodennährstoffen ihr Gegenstück in der Verschmutzung und dem Müll in den Städten.[447]

Marx behandelte sowohl die ursprüngliche Akkumulation als auch den metabolischen Bruch als Verkörperung globaler Auswirkungen, die für das Verständnis der Entwicklung des Kapitalismus als Weltsystem grundlegend waren. Dazu schrieb er bekanntermaßen:

> »Die Entdeckung der Gold- und Silberländer in Amerika, die Ausrottung, Versklavung und Vergrabung der eingebornen Bevölkerung in die Bergwerke, die beginnende Eroberung und Ausplünderung von Ostindien, die Verwandlung von Afrika in ein Gehege zur Handelsjagd auf Schwarzhäute bezeichnen die Morgenröte der kapitalistischen Produktionsära. Diese idyllischen Prozesse sind Hauptmomente der ursprünglichen Akkumulation.«[448]

Der den indigenen Bevölkerungen zugefügte Genozid ging Hand in Hand mit der Inbesitznahme der Reichtümer in der Neuen Welt. »Der außerhalb Europa direkt durch Plünderung, Versklavung und Raubmord erbeutete Schatz floß ins Mutterland zurück und verwandelte sich hier in Kapital.« Große Vermögen wurden aufgebaut, indem der natürliche Reichtum der Peripherie geraubt und ihre ökologischen Ressourcen ausgebeutet wurden. In Indien waren »die Monopole von Salz, Opium, Betel und andren Waren […] unerschöpfliche Minen des Reichtums«.[449] In seiner berühmten Rede von 1848 zum Freihandel

---

447 Basierend auf diesen Anmerkungen entwickelte Marx eine Ansicht der Notwendigkeit eines nachhaltigen Verhältnisses zwischen Menschen und Natur (das über die Bodenfrage hinausging) – eines Verhältnisses, das vom Prinzip der Beibehaltung (oder Verbesserung) der Erde zum Wohl zukünftiger Generationen beherrscht werden musste. Siehe Karl Marx, *Das Kapital*, Band 1, MEW Band 23, a.a.O., S. 636 –639; und *Das Kapital*, Band 3, MEW Band 25, a.a.O., S. 828.
448 Karl Marx, *Das Kapital*, Band 1, MEW Band 23, a.a.O. S. 779.
449 Karl Marx, *Das Kapital*, Band 1, MEW Band 23, a.a.O., S. 241.

bemerkte Marx: »Sie glauben vielleicht, meine Herren, dass die Produktion von Kaffee und Zucker die natürliche Bestimmung von Westindien sei. Vor zwei Jahrhunderten hatte die Natur, die sich nicht um den Handel kümmert, dort weder Kaffeebäume noch Zuckerrohr gepflanzt.«[450]

Die Schaffung solcher Monokulturen für den Export von für den Verkauf bestimmten Anbaufrüchten nach Europa – und die versklavten oder halbversklavten Arbeitsbevölkerungen, die sie bearbeiteten – waren Produkte der Entwicklung der kapitalistischen Weltwirtschaft mit ihrer offenen Ausplünderung der Peripherie zum Wohle des Zentrums. Die Plantagen der Monokulturen bildeten, in den Worten von Eduardo Galeano in seinem Buch *Die offenen Adern Lateinamerikas*,

> »ein zum Entweichen des natürlichen Reichtums erdachtes Sieb. Im Moment des Eintritts in den Weltmarkt erlebte jede Zone einen dynamischen Zyklus; später jedoch, sei es infolge der von Ersatzprodukten ausgeübten Konkurrenz, der Erschöpfung des Bodens oder dem Aufkommen anderer, besser geeigneter Zonen, kam der Verfall. Die Kultur der Armut, die auf bloßes Fortbestehen orientierte Wirtschaft, die Lethargie, das sind die Preise, die im Verlaufe der Jahre für den anfänglichen Impuls der Produktion zu bezahlen sind. [...] Je begehrter ein Produkt auf dem Weltmarkt ist, umso größer ist das Unglück des lateinamerikanischen Volkes, das sich opfern muss, um es zu erzeugen.«[451]

Tropische Monokulturen waren jedoch nicht die einzige Art von ökologischem Imperialismus im 19. Jahrhundert. Die britische »Großlandwirtschaft« – oder die frühe Industrieagrikultur – beraubte den Boden Englands seiner Nährstoffe und versuchte dies dann dadurch zu kompensieren, dass sie andere Länder der Mittel beraubte, um sie zu ersetzen. Marx war sich auch darüber im Klaren. In Anlehnung an Liebig bemerkte er, dass die britische Landwirtschaft faktisch den Boden einiger Länder importierte, indem sie Bodennährstoffe und natürlichen Dünger aus diesen Ländern zurück nach Großbritannien transportierte. Die britische Landwirtschaft war von importiertem Guano abhängig geworden.

---

450 Karl Marx, »Das Elend der Philosophie«, in: MEW Band 4, a.a.O., S. 456.
451 Eduardo Galeano, *Die offenen Adern Lateinamerikas* « (Wuppertal: Peter Hammer Verlag, 1973), S. 73.

Dies veranschaulichte genau den »Bruch« im natürlichen Stoffwechsel, den Marx ausgemacht hatte, wie Jason Moore anmerkt:

> »Mit dem Übergang zum Kapitalismus nahm eine neue Arbeitsteilung zwischen Stadt und Land Gestalt an – im Weltmaßstab und innerhalb der Regionen –wodurch die Produkte aus dem ländlichen Raum (besonders, aber nicht nur an den Peripherien) in die Städte flossen, die keinerlei Verpflichtung zur Rückführung des Abfalls an den Ort der Produktion unterlagen. Nährstoffe wurden aus einem Ökosystem an der Peripherie in ein anderes im Kern gepumpt. Im Wesentlichen wurde das Land fortschreitend abgebaut, bis seine relative Erschöpfung der Rentabilität Fesseln anlegte. An diesem Punkt zwang die wirtschaftliche Schrumpfung das Kapital, nach einem Ausweg zu suchen und neue Wege der Ausbeutung von Ländereien zu suchen, die bisher außerhalb der Reichweite des Wertgesetzes gelegen hatten.«[452]

## Vom Fluch des Stickstoffs zum Fluch des Öls

Britische Baumwolltextilien wurden, wie Galeano feststellte, gegen die Felle vom Rio de la Plata, das Kupfer Chiles, den Zucker Kubas und den Kaffee Brasiliens eingetauscht – aber auch gegen Guano und die Nitrate Perus.[453] Im Jahr 1840, demselben Jahr, in dem Liebig zum ersten Mal auf die Problematik des Verlustes der Bodennährstoffe hinwies, entdeckte Alexandre Cochet, ein französischer Wissenschaftler, dass wertvolle Mengen an Sodanitrat und Salpeternitraten aus Guano extrahiert werden könnten, von dem in Peru reichlich vorhanden war. Im Jahr 1841 begann, kurz nachdem Cochets Laborergebnisse veröffentlicht worden waren, ein internationaler Guanorausch, da europäische (insbesondere britische) und US-amerikanische Landwirte hinter dem wertvollen Dünger her waren, um die Bodennährstoffe zu ersetzen, die sie ständig verloren. In den frühen 1850er-Jahren berichtete ein britischer Offizier, wie er Zeuge der gleichzeitigen Beladung von Schiffen mit Guano von einer Insel vor der Küste von Peru wurde, die aus

---

452 Jason W. Moore, »Environmental Crises and the Metabolic Rift in World-Historical Perspective«, in: *Organization & Environment*, 13, Nr. 2, 2000, S. 124.
453 Vgl. Eduardo Galeano, *Die offenen Adern Lateinamerikas*, a.a.O., S. 190.

den folgenden Ländern stammten: 44 aus den Vereinigten Staaten, 40 aus England, fünf aus Frankreich, zwei aus Holland, je eines aus Italien, Belgien, Norwegen, Schweden, Russland, Armenien und drei aus Peru selbst. Um den Guano auf die Schiffe zu laden, waren umfangreiche Abgrabungen von Exkrementen erforderlich, die die felsigen Inseln bedeckten. Beißender Staub drang in Augen, Nase und Mund eines Arbeiters, und der Gestank war entsetzlich. Nach Abschaffung der Sklaverei im Jahre 1854 wurden auf dem Weg über Macao und Hongkong Tausende von chinesischen Kulis unter Vertrag genommen. Um 1875 arbeiteten etwa 80.000 von ihnen praktisch unter Sklavereibedingungen in der Wüste und auf den Inseln Perus.[454]

Im Jahr 1853 wurde ein Verfahren entdeckt, um auf effektive Weise die Nitratfelder in der peruanischen Provinz von Tarapacá abzubauen, und wenig später wurden auch in der angrenzenden bolivianischen Provinz von Atacama reiche Vorkommen gefunden. In den 1860er-Jahren waren diese Nitratfelder als Quelle von Dünger sogar wichtiger geworden als Guano, dessen Verfügbarkeit zu schwinden begonnen hatte. Nitrate waren nicht nur als Dünger gefragt, sondern auch für das erst kürzlich erfundene TNT und andere Sprengstoffe, die entscheidend für die Expansion der Rüstungsindustrien der kapitalistischen Industriestaaten waren.[455] Um 1875 beliefen sich die britischen Investitionen, vorwiegend in die Nitratindustrie in Peru, auf insgesamt £ 1.000.000.

Die herrschende Klasse von Peru wurde aufgrund des Guanohandels und des Nitratabbaus enorm wohlhabend. Dieser Reichtum floss jedoch, abgesehen vom Eisenbahnbau, nicht in die wirtschaftliche Entwicklung. Für die Bevölkerung erwies sich das Nitrat als Ressource bald als Fluch. Peru verschuldete sich nach klassischem Muster schwer, in erster Linie bei britischen Investoren, wobei seine Guanoausfuhren weit in die Zukunft mit Hypotheken belastet wurden. Im Versuch, der Schuldenfalle zu entkommen, errichtete das Land im Jahre 1875 in seinen Nitratgebieten von Tarapacá ein staatliches Monopol, indem es die Beteiligungsgesellschaften privater Investoren (viele davon Ausländer, insbesondere Briten) enteignete und ihnen dafür regierungsamtliche Zahlungszertifikate offerierte. Nachfolgend versuchte die peruanische Regierung den Ausstoß an Guano und Nitraten zu regulieren, damit diese nicht miteinander konkurrieren sollten.

---

454 Vgl. Bruce W. Farcau, *The Ten Cents War: Chile, Peru and Bolivia in the War of the Pacific, 1879–1884* (Westport, Connecticut: Praeger, 2000), S. 8–10; William Jefferson Dennis, *Tacna and Arica* (New Haven: Yale University Press, 1931), S. 27, 34–37.

455 Vgl. Farcau, *The Ten Cents War*, a.a.O., S. 10.

Dies führte zum Pazifikkrieg (manchmal auch als Nitratkrieg bezeichnet), der vier Jahre nach der peruanischen Enteignung der Nitratindustrie ausbrach, als Bolivien unter Brechung eines bestehenden Vertrages versuchte, die Steuern auf die Exporte chilenischer Zwischenhändler von Nitraten aus ihrer Atacama-Provinz zu erhöhen. Chile erklärte mit Unterstützung britischer Investoren nicht nur Bolivien, sondern auch Peru den Krieg. Mit seiner moderneren, britisch ausgerüsteten Marine und französisch ausgebildeten Armee war Chile bald in der Lage, die bolivianische Atacama-Provinz und das peruanische Tarapacá zu besetzen, um diese Gebiete niemals mehr zu verlassen. Vor dem Krieg besaß Chile fast keine Nitratfelder und keine Guanolagerstätten. Gegen Ende des Krieges im Jahr 1883 hatte es sämtliche Nitratgebiete in Bolivien und Peru und einen Großteil der peruanischen Guanolager an der Küste besetzt, wenn auch nicht seine Guano-Inseln.[456] Vor dem Krieg kontrollierten die Briten dreizehn Prozent der Nitratindustrie im peruanischen Tarapacá; unmittelbar nach dem Krieg stieg der britische Anteil – aufgrund der chilenischen Beherrschung der Region – auf 34 Prozent und lag um 1890 bei 70 Prozent.[457] Wie der ehemalige US-Außenminister James G. Blaine vor einem Kongressausschuss, der die diplomatische Rolle der USA während des Krieges untersuchte, aussagte, ging es bei diesem Krieg um Guano und Nitrate:

»Um sonst nichts [...] Es handelt sich um einen englischen Krieg gegen Peru, mit Chile als Werkzeug [...] Chile hätte sich niemals auch nur einen Zentimeter in diesen Krieg hineingewagt, wenn es nicht die Rückendeckung des englischen Kapitals gehabt hätte, und es wurde niemals in der Welt etwas so kühn ausgereizt, wie die Verteilung der gewonnenen Kriegsbeute.«[458]

---

456 Vgl. Dennis, *Tacna and Arica*, a.a.O.; Farcau, *The Ten Cents War*, a.a.O.; John Maio, *British Merchants and Chilean Development, 1851–1886* (Boulder: Westview Press, 1987), S. 157–187; William F. Sater, *Chile and the War of the Pacific* (Lincoln: University of Nebraska Press, 1986); Dr. I. Alzamora (ehemaliger Vizepräsident von Peru), *Peru and Chile* (Pamphlet, Autor unbekannt, keine Datumsangabe [um 1908]); Harold Blakemore, *British Nitrates and Chilean Politics, 1886–1896: Balmaceda and North* (London: University of London, 1974), S. 14–22; Michael Montéon, *Chile in the Nitrate Era* (Madison, Wisconsin: University of Wisconsin Press, 1982), S. 19–20, 27; Henry Clay Evans, *Chile and Its Relations with the United States* (Durham, North Carolina: Duke University Press, 1927), S. 97–119.
457 John Maio, *British Merchants and Chilean Development*, a.a.O., S. 181.
458 United States House of Representatives, 47th Congress, 1st Session, House Reports, Report Nr. 1790, *Chile-Peru*, S. 217–218. Siehe auch Perry Belmont, *An American Democrat* (New York: Columbia University Press, 1941), S. 255–262. Blaines Behaup-

Nachdem sie mit ihren gesamten Nitraten und einem Großteil ihres Guanos die beiden Hauptexportressourcen verloren hatte, brach die peruanische Wirtschaft nach dem Krieg zusammen. Wie der große peruanische Marxist José Carlos Mariátegui feststellte, vergrößerte die Niederlage im Pazifikkrieg die peruanische Abhängigkeit von britischem Kapital:

> »Sehr bald [nach dem Krieg] nahm die kapitalistische Gruppe, die sich während der Guano- und Nitratzeit gebildet hatte, ihre Tätigkeit wieder auf und kam zu erneuter Stärke [...] Der Grace-Vertrag [den sie ausgehandelt hatte] bestätigte die britische Vorherrschaft in Peru, indem die staatliche Eisenbahn den englischen Bankiers ausgeliefert wurde, die bis dahin die Republik und ihre Verschwendungssucht finanziert hatten.«[459]

Nun, da die peruanische Regierung nicht länger denselben Reichtum an Ressourcen zur Ausbeutung besaß, hatte sie keine andere Möglichkeit ihre Auslandsschulden abzubezahlen, als ihre Eisenbahn an die britischen Investoren zu übereignen, die Chile heimlich bei der Besetzung eines großen Teils des peruanischen Territoriums und seiner wertvollsten Naturressourcen unterstützt hatten. Laut Bruce Farcau, stellten sich die Guano- und Nitratlagerstätten in Peru »wie die Berührung des Midas« als »ein als Segen getarnter Fluch« heraus, zunächst

---

tungen in Bezug auf die heimliche Rolle Großbritanniens bei der Schürung des Pazifikkrieges wurden von Victor Kiernan geleugnet, der aufgrund einer sorgfältigen Prüfung von Berichten des britischen Außenamtes ein Urteil im Sinne von »nicht schuldig« verkündete. Kiernans Argumentation beruhte jedoch auf der Gegenbehauptung, dass kein aktueller Beweis dafür zu finden gewesen sei, der belegt hätte, dass das britische Außenministerium den Krieg direkt angezettelt habe. Die Unterstützung der britischen Investoren und der britischen Regierung für Chile im Krieg selbst und auch die Teilung der Kriegsbeute während und nach dem Krieg (die von Blaine so stark hervorgehoben wurde) stand nicht in Zweifel. Kiernan verweist auch darauf, dass der britische Einfluss in direkterer Weise über Valparaiso und Santiago ausgeübt wurde und als unmittelbarer Ausdruck des Einflusses des Foreign Office in London angesehen werden kann. Der einzige sachliche Punkt in Kiernans Argumentation ist in seinem Beharren darauf, dass es keine Beschränkungen für peruanische Waffenkäufe aus Großbritannien gegeben habe, ausgesprochen zweifelhaft. Vertreter sowohl der chilenischen als auch der (US-)amerikanischen Regierung haben anderes behauptet. Vgl. V. G. Kiernan, »Foreign Interests in the War of the Pacific«, in: *Hispanic American Historical Review* 35, Nr. 1, 1955, S. 14–36.

459 José Carlos Mariátegui, *Seven Interpretive Essays on Peruvian Reality* (Austin: University of Texas Press, 1971), S. 9–13; Paul Gootenberg, *Imagining Development: Economic Ideas in Peru's »Fictitious Prosperity« of Guano, 1840–1880* (Berkeley: University of California Press, 1993), S. 183–184.

in der Schaffung einer schuldenbeladenen Wirtschaft, dann in einem Krieg und dem Verlust dieser Ressourcen«.[460]

Als Ergebnis der Besetzung der Nitrat-Territorien im Pazifikkrieg sollte Chile in den nachfolgenden Jahrzehnten den Fluch der Nitrate übernehmen. Europa benötigte immer noch Guano und Nitrate in großen Mengen, um seine landwirtschaftliche Produktivität zu erhalten, und war bestrebt, diesen Handel zum Wohl seiner eigenen Kapitalisten auf imperialistische Weise zu kontrollieren, indem es diese ökologischen Ressourcen bis zu ihren Grenzen ausbeutete, wobei es den Großteil des ökonomischen Reichtums abschöpfte, den diese erzeugten. Im Jahr 1888 erklärte der chilenische Präsident José Manuel Balmaceda, der in seinem Land Modernisierungsreformen durchgeführt hatte, die extensive Staatsausgaben für öffentliche Arbeiten und zur Bildungsförderung umfassten, dass die Nitratgebiete Chiles durch die Schaffung chilenischer Unternehmen nationalisiert werden müssten, und blockierte den Verkauf staatseigener Nitratfelder an die Briten. Drei Jahre später brach innerhalb Chiles ein Bürgerkrieg aus, bei dem britisches Kapital und andere ausländische Investoren die Gegner Balmacedas mit Geld und Waffen unterstützten. Die Presse in London charakterisierte Balmaceda (in einem Tonfall, der einem heute sehr bekannt vorkommt) als einen »Diktator vom übelsten Schlag«. Als der geschlagene Balmaceda 1891 Selbstmord beging, schrieb der britische Botschafter ans Auswärtige Amt: »Die britische Gemeinschaft macht kein Geheimnis aus ihrer Genugtuung über den Fall von Balmaceda, dessen Sieg, wie man sich denken kann, den britischen Handelsinteressen ernsthaften Schaden zugefügt hätte.« Die staatliche Kontrolle von Industrie und ökonomischer Infrastruktur in Chile schwand nach dem Krieg rasch dahin, als die Briten ihre Investitionen ausdehnten.

In den frühen 1890er-Jahren lieferte Chile drei Viertel seiner gesamten Ausfuhren nach Großbritannien, während es fast die Hälfte seiner Einfuhren aus demselben Land erhielt, was zu einer größeren Handelsabhängigkeit von Großbritannien führte als der von Indien zu dieser Zeit. Als in Europa der Erste Weltkrieg ausbrach, waren zwei Drittel des chilenischen Nationaleinkommens aus Nitratexporten abgeleitet, die in erster Linie nach Großbritannien und Chile gingen. Das durch die Kontrolle über die chilenische Wirtschaft erzeugte britische Monopol über den Nitrathandel hatte Deutschland in seiner Konkurrenz zu Großbritannien in Nachteil versetzt, da Nitrate für Sprengstoffe wie auch für

---

460 Farcau, *The Ten Cents War*, a.a.O., S. 14.

Düngemittel benötigt wurden. Wie Großbritannien hatte auch Deutschland daran gearbeitet, Balmaceda zu vertreiben, aber Chile blieb dennoch weitgehend unter britischer Kontrolle, was für Deutschland ein Problem bedeutete. Unmittelbar vor dem Ersten Weltkrieg jedoch entwickelte der deutsche Chemiker und Nationalist Fritz Haber ein Verfahren zur Herstellung von Nitraten durch Bindung von Stickstoff aus der Luft. Die Folge davon war eine fast völlige Zerstörung des Wertes der chilenischen Nitrate innerhalb weniger Jahre, was zu einer schweren Krise der chilenischen Wirtschaft führte.[461]

Aber der Fluch der Nitrate (und Stickstoffe) war damit noch nicht beendet; er wurde auf die Welt insgesamt übertragen, einschließlich der reichen Länder. Stickstoffdünger, der in immer größerem Ausmaß (gegenwärtig rund einhundert Millionen Tonnen jährlich) zum Erhalt der landwirtschaftlichen Produktivität angewandt wird, verschmutzt heute durch Düngerabsickerung mehr und mehr das weltweite Grundwasser, Seen und Flüsse und verursacht eines der größten ökologischen Probleme, denen die Welt heutzutage gegenübersteht.[462]

Außerhalb von Lateinamerika ist die Geschichte des Fluches der Nitrate heute vergessen. Die moderne Geschichte vom Fluch des Öls jedoch, mit all ihren engen Parallelen zu jener früheren Geschichte, ist immer noch in vollem Gang. Wie die *New York Times* in ihrer Ausgabe vom 7. Juni 2003 in einem Artikel unter der Überschrift »Strikin it Poor: Oil as a Curse« (Plötzliche Armut: Öl als Fluch) vermeldete, haben

> »wissenschaftliche Studien seit mehr als einem Jahrzehnt [...] beständig vor dem gewarnt, was als der Fluch der Ressourcen bekannt ist: dass

---

461 Galeano, *Die offenen Adern Lateinamerikas*, S. 157–158; Blakemore, *British Nitrates and Chilean Politics*, a.a.O.; Andre Gunder Frank, *The Development of Underdevelopment in Latin America* (New York: Monthly Review Press, 1969), S. 73–93; Evans, *Chile and its Relations with the United States*, a.a.O; Montéon, *Chile in the Nitrate Era*, a.a.O.; J. R. McNeill, *Something New Under the Sun* (New York: W. W. Norton, 2000), S. 24–25. Während der Ereignisse, die in Chile zum Bürgerkrieg führten, stand die von Blaine, der erneut Außenminister war, geführte US-Außenpolitik Balmaceda, dessen Nationalismus als Zügelung der britischen Macht galt, wohlwollend gegenüber.

462 Vgl. John Bellamy Foster und Fred Magdoff, »Liebig, Marx, and the Depletion of Soil Fertility: Relevance for Today's Agriculture«, in: Fred Magdoff, John Bellamy Foster und Friedrich H. Buttel (Hrsg.), *Hungry for Profit* (New York: Monthly Review Press, 2000), S. 54; National Public Radio, »The Tragedy of Fritz Haber«, Juli 11, 2002, siehe: www.npr.org/programs/morning/features/2002/jul/fritzhaber/.

nämlich Entwicklungsländer, deren Ökonomien vom Export von Öl, Gas oder sonstigen Förderprodukten abhängt, [in Zukunft] voraussichtlich arm, autoritär regiert, korrupt und von Bürgerkriegen erschüttert sein werden«.

Die gängige Argumentation führt diesen anhaltenden »Fluch« auf schlechte Regierungen in armen Ländern zurück, denen es angeblich an der Fähigkeit mangelt, die enormen und möglicherweise korrumpierenden ökonomischen Vorteile, die solche Ressourcen bieten, in produktiver Weise zu nutzen.

Die grundlegende Erklärung für den »Fluch des Öls«, wie für den der Nitrate, ist jedoch im ökologischen Imperialismus zu finden. Michael Perelman hat dazu überzeugend festgestellt:

»Die Ursprünge des Ölfluchs liegen nicht in den physischen Eigenschaften des Petroleums, sondern vielmehr in der sozialen Struktur der Welt [...] Eine reiche Basis an natürlichen Ressourcen macht ein armes Land, insbesondere eines, das relativ machtlos ist, zu einem – sowohl politisch als auch militärisch – einladenden Ziel für dominierende Staaten. Im Falle des Öls, werden es die mächtigen Länder nicht riskieren, einen solch wertvollen Rohstoff unter die Kontrolle einer unabhängigen Regierung fallen zu lassen, besonders wenn diese eine Politik verfolgen könnte, die nicht mit den ökonomischen Interessen der großen transnationalen Konzerne übereinstimmt. So sehen sich Regierungen, die eine übermäßige Unabhängigkeit an den Tag legen, bald gestürzt, selbst wenn ihre Nachfolger ein Umfeld von Korruption und politischer Instabilität fördern.«[463]

Heutzutage ist der Fluch des Öls so weit gekommen, ebenfalls die reichen Länder – ihre Umwelten und ihre Ökonomien – heimzusuchen. Dies geschieht in Form der globalen Erwärmung oder in Form dessen, was man als planetarischen Bruch im menschlichen Verhältnis zur globalen Allmende (Gemeinschaftsbesitz) – der Atmosphäre und den Ozeanen – bezeichnen könnte. Dieser planetarisch-ökologische Bruch, der aus dem Funktionieren des kapitalistischen Systems und seines notwendigen Begleiters, des Imperialismus, erwächst, hat mit verschiede-

---

463 Michael Perelman, »Myths of the Market: Economics and the Environment«, in: *Organization & Environment* 16, Nr. 2, 2003, S. 199–202.

nen Folgen in spezifischen Regionen zu einer ökologischen Zerstörung in einem Ausmaß geführt, das alle existierenden Ökosysteme und Arten bedroht, einschließlich der menschlichen Art.

## Die ökologische Verschuldung

Die Mobilisierung des Widerstandes gegen den ökologischen Imperialismus findet heute in wachsendem Maße über das Konzept der »ökologischen Verschuldung« statt. Acción Ecológica, eine in Ecuador ansässige Organisation, die führend bei der ökologischen Schuldenkampagne ist, definiert ökologische Verschuldung allgemein als »die Schulden, die von nördlichen Industrieländern gegenüber der dritten Welt aufgrund von Ressourcenplünderung, Umweltschädigungen und freier Belegung von Umweltraum zur Entsorgung von Abfällen wie Treibhausgasen aus den Industrieländern, angehäuft werden«.[464] Eine Bilanzierung ökologischer Schulden verändert auf radikale Weise die Frage »Wer schuldet wem?«.

Grundlegend für diese Position ist eine Analyse der sozialen Wechselwirkungen zwischen Natur und Gesellschaft, wie sie vom ökologischen Imperialismus organisiert wurden. Die Geschichte der Ausplünderung und der Überausbeutung ganzer Völker wird als Teil einer größeren ökologischen Verschuldung betrachtet. Das Kapital bleibt im Zentrum der Aufmerksamkeit, da es die Produktions- und Konsumptionsmuster der zentralen kapitalistischen Länder sind, die für die sich verschlechternden ökologischen Bedingungen des Planeten verantwortlich gemacht werden.[465] Wie Dritt-Welt-Kritiker vorbringen, trägt eine breite Skala von Aktivitäten zur ökologischen Verschuldung bei: der Abbau natürlicher Ressourcen; ungleiche Austauschbedingungen; die Zerstörung von Land und Boden für den Export von Feldfrüchten; andere unerkannte Umweltschäden und Umweltverschmutzungen, die durch Abbau- und Produktionsprozesse verursacht werden; die Aneignung angestammten Wissens; der Verlust an Biodiversität; die Vergiftung von Atmosphäre und Ozeanen; die Einführung toxischer Chemikalien und gefährlicher Waffen; und die Entsorgung von Risikoabfällen an die Peripherie.[466]

---

464 Acción Ecológica, »Ecological Debt: South Tells North ›Time to Pay Up‹«, siehe: www.cosmovisiones.com/DeudaEcologica/a_timetopay.html.
465 Vgl. Aurora Donoso, »Who Owes Who?: Collecting the Ecological Debt«, siehe: http://www.foe.org.au/resources/publications/cams-stuff/international-solidarity/external-debt-ecological-debt-who-owes-who.
466 Vgl. Acción Ecológica, »No More Plunder, They Owe Us the Ecological Debt!«, siehe: www.cosmovisiones.com/DeudaEcologica/a_averde78in.html.

Innerhalb der Diskussion um die ökologische Verschuldung gibt es zwei größere Dimensionen: (1) die sozioökologische Zerstörung und Ausbeutung, die innerhalb der Länder unter dem Einfluss des ökologischen Imperialismus stattfinden; und (2) die imperialistische Aneignung der globalen Allmende und die ungleiche Ausnutzung (Ausbeutung) der Absorptionsfähigkeit dieser Allmende.

In seinem 1965 erstveröffentlichten Buch *Hungry Planet* [deutsch: Der hungrige Planet] führte Georg Borgstrom das Konzept der »Geisteräcker« ein, um die Abhängigkeit Großbritanniens von Nahrung und Rohstoffen aus seinen kolonialen (oder neokolonialen) Hinterländern zur Aufrechterhaltung seiner Produktion, Konsumption und Handelsoperationen zu veranschaulichen. Das Wachstum des Kapitals ließ die an die Welt als Ganze gestellte Nachfrage ansteigen. Der »ökologische Fußabdruck« der Kernländer fährt fort sich zu dehnen, da sie ihre eigenen Vorräte an Material und Energie, wie auch die anderer Länder aufbrauchen.[467] Schuldenkreisläufe und Militärinterventionen sorgen für die Aufrechterhaltung der globalen Ungleichheiten, da der Süden fortfährt, den Norden im Hinblick auf Arbeitskraft, Waren und natürliche Ressourcen zu subventionieren.

Der Abbau von Rohstoffen zur Warenproduktion ist rund um den Bedarf der Länder des Nordens organisiert, in denen ungefähr 25 Prozent der Weltbevölkerung leben, die jedoch 75 Prozent der globalen Ressourcen verbrauchen.[468] Für Hunderte von Jahren war das Zentrum von billigen Grundstoffen und Arbeitskräften aus der Peripherie abhängig. Der Umfang von Material und ökonomischen Werten, die aus dem Süden abfließen, steigt (das Exportvolumen aus Lateinamerika stieg zwischen 1980 und 1995 um 245 Prozent),[469] doch auch die finanzielle Verschuldung dieser Länder wächst, verschärft durch willkürliche Steigerungen bei den Zinsraten, weiter. Zugleich ist das den Weltmarkt beherrschende Monopolkapital dazu in der Lage, seine industriellen, hochwertigen Warenexporte überzubewerten und den internationalen Handel weiter aus dem Gleichgewicht zu bringen.[470]

---

467 Vgl. Georg Borgstrom, *The Hungry Planet* (New York: The Macmillan Company, 1965); Mathis Wackernagel und William Rees, *Our Ecological Footprint* (Gabriola Island, B. C.: New Society, 1996); Richard York, Eugene A. Rosa und Thomas Dietz, »Footprints on the Earth«, in: *American Sociological Review* 68, April 2003, S. 279–300.
468 Vgl. Donoso, »Who Owes Who?«, a.a.O.
469 Vgl. Aurora Donoso, »No More Looting!: Third World Owed an Ecological Debt«, siehe: www.cosmovisiones.com/DeudaEcologica/a_looting.html. Der Zuwachs wird aufgrund der Tendenz der sinkenden Warenpreise aus dem Süden in nichtpreislichem Umfang gemessen.
470 Vgl. Paul A. Baran and Paul Sweezy, *Monopoly Kapital: An Essay on the American Eco-*

Die imperialistischen Kräfte zwingen der Welt sozioökologische Produktionsordnungen auf, welche die antagonistische Trennung zwischen Stadt und Land, wie auch zwischen dem Norden und dem Süden vertiefen. Die agrarisch-ökologischen Systeme (die sowohl die Arbeit als auch die Natur umfassen) werden von Kompradorenbourgeoisie und Monopolkapital umstrukturiert und »rational und systematisch umgestaltet, um nicht bloß die Produktion von Nahrung und Fasern, sondern auch die Anhäufung persönlichen Reichtums zu intensivieren«.[471] Dazu merkte Josué de Castro in einer klassischen Studie von 1952 an:

> »Es geriet zum Vorteil von ökonomischem Imperialismus und internationalem Handel, die beide von nach Profit strebenden Minderheiten kontrolliert werden, dass Produktion, Distribution und Konsumption von Nahrungsprodukten eher als rein geschäftliche Angelegenheiten betrachtet wurden denn als eine Erscheinung, die für die Gesellschaft als Ganzer von höchster Wichtigkeit war.«[472]

Auf planetarischer Ebene hat der ökologische Imperialismus zu einer Aneignung der globalen Allmende (das heißt der Atmosphäre und der Ozeane) und der Fähigkeit der Biosphäre zu Absorption von Kohlenstoff geführt, und zwar in erster Linie zum Vorteil einer relativ kleinen Anzahl von Ländern im Zentrum der kapitalistischen Weltwirtschaft.[473] Der Norden stieg, teilweise durch hohen fossilen Brennstoffverbrauch, der nun aufgrund der Entsorgung ökologischen Abfalls in die Atmosphäre in einer Klimakrise gipfelt, zu Reichtum und Macht auf. Der Klimawandel ist infolge der gestiegenen Konzentrationen von Kohlendioxid und anderer untergeordneter Treibstoffgase bereits im Gange und hat die Erde während der letzten hundert Jahre um 0,7 °C erwärmt.

Der Ansatz der ökologischen Verschuldung hinsichtlich der Frage des ökologischen Imperialismus konzentriert sich, während er das größere Problem in

---

nomic and Social Order (New York: Monthly Review Press, 1966).
471 Donald Worster, »Transformations of the Earth: Toward an Agroecological Perspective in History«, in: *The Journal of American History* 76, Nr. 4, 1990, S. 1087–1106.
472 Josué de Castro, *The Geography of Hunger* (Boston: Little, Brown and Company, 1952), S. 7, 212.
473 Zur Erörterung der Freihaltung der Allgemeingüter und Auseinandersetzungen von kapitalistischer Einmischung vgl. The Ecologist, *Whose Common Future? Reclaiming the Commons* (Philadelphia: New Society Publishers, 1993).

seinen vollen Dimensionen anspricht, trotzdem aus taktischen Gründen auf die Kohlenstoffverschuldung als seine konkreteste empirische Grundlage, indem er sich die globale Notwendigkeit zunutze macht, sich dieses Problems anzunehmen. Die Länder des Nordens, die aufgrund von Industrien, Automobilen und Lebensstilen eine unverhältnismäßige Menge an Emissionen verursachen, sind weitgehend für den Klimawandel verantwortlich, da die »fossile Brennstoffökonomie Abfallemissionen schneller erzeugt, als natürliche Systeme sie absorbieren können«.[474] Das Zwischenstaatliche UN-Forum zum Klimawandel (IPCC) erwartet nun einen Temperaturanstieg von 1,5 – 6,0 °C während dieses Jahrhunderts. »Ein Temperaturanstieg von 4 °C würde eine Erde hervorbringen, die wärmer wäre als zu jeder Zeit in den letzten 40 Millionen Jahren« und dabei möglicherweise die Überlebensfähigkeit der menschlichen Zivilisation untergraben.[475] Die extrem Wettermuster (Hurrikane, Überflutungen, Trockenheiten und so weiter) in den letzten Jahrzehnten, die in unverhältnismäßiger Weise den Süden betreffen, dürften teilweise das Ergebnis der Akkumulation von Treibhausgasen in der Atmosphäre sein. Eine globale Erwärmung, die zum Steigen der Meeresspiegel führt, bedroht viele Inseln wie auch einige dicht besiedelte, niedrig liegende Länder wie Bangladesh mit Überflutungen.

Angesichts dessen, dass die Atmosphäre oder die Ozeane niemandem gehören, ist die Berechnung der Kohlenstoffverschuldung ein Versuch zu messen, wie unnachhaltig die Produktion und Konsumption einer bestimmten Ökonomie im Verhältnis zu allen anderen ist. Einfach gesagt, wenn ein Land über einen bestimmten Anteil hinaus fossile Brennstoffe verwendet, dann ist es dabei, eine Kohlenstoffverschuldung anzuhäufen, indem es unverhältnismäßigen Gebrauch von Umweltraum in der Allmende zur Entsorgung ihres Kohlenstoffabfalls macht.

Bei der Festlegung, wie dieser bestimmte Anteil an Emissionen zu berechnen ist, müssen verschiedene Dinge berücksichtigt werden. Im Jahr 1996 wurden bereits rund sieben Milliarden metrische Tonnen Kohlenstoff in die Atmosphäre freigesetzt, davon mehr als fünfzig Prozent von den Vereinigten Staaten und Europa – ein massiv unverhältnismäßiger Anteil. Darüber hinaus überstei-

---

[474] Andrew Simms, Aubrey Meyer und Nick Robins, »Who Owes Who? Climate Change, Debt, Equity and Survival«, siehe: www.jubilee2000uk.org/ecological_debt/Reports/Who_owes_who.htm.

[475] Vgl. John Bellamy Foster, *Ecology Against Capitalism* (New York: Monthly Review Press, 2002), S. 21, 64.

gen die gegenwärtigen Kohlenstoffemissionen die Menge, die von der Umwelt aufgenommen werden kann. Das IPCC hat geschätzt, dass eine Reduzierung der Emissionen von 1990 um mindestens sechzig Prozent (bis hinunter auf 2,8 Milliarden metrische Tonnen) erforderlich ist, um den Klimawandel zu stabilisieren oder zu reduzieren.

Aus all diesen Gründen folgt, dass die reichen industrialisierten Länder, deren Ausstoß allein die weltweit zulässige Gesamtmenge bereits überschreitet, von einem moralischen Standpunkt aus betrachtet, die Hauptlast der notwendigen Reduzierung der Emissionen tragen muss. Wie Agarwal und Narain im Jahre 1991 angeregt haben, muss jeder gerechte und vernünftige Ansatz zur Festlegung, wie viel Kohlenstoff jedes Land in die globale Allmende emittieren kann, ohne eine Kohlenstoffverschuldung anzuhäufen, auf Emissionen pro Kopf der Bevölkerung beruhen.[476] Andrew Simms und seine Kollegen haben berechnet, dass »basierend auf dem 1990er-Ziel zur Klimastabilisierung, jedem in der Welt ein Pro-Kopf-Ausstoß von 0,4 Tonnen jährlich zugebilligt würde.«[477] Da aber die Zeit vergeht und sich die Freisetzung und Akkumulation von Gasen fortsetzt, geht diese Ziffer zurück. In Kürze wird der entsprechende Wert pro Kopf nur noch 0,2 Tonnen pro Jahr betragen. Untätigkeit erzeugt zukünftig eine noch schwierigere Situation. Wenn sich die gegenwärtigen Trends fortsetzten, dann wird die globale Erwärmung faktisch außer Kontrolle geraten und die Nachhaltigkeit des Lebens auf der Erde bedrohen. Eine »ökologische Diskontinuität« kann sich bereits in Begleitung weniger, wenn überhaupt vorhandener Warnsignale abspielen.[478]

Wenn man das gegenwärtige Übermaß an Kohlenstoffemissionen des Nordens (über das, was für die gesamte Welt pro Kopf nachhaltig ist, hinaus) – basierend auf »der historisch engen Korrelation zwischen dem grundlegenden Maß für ökonomische Aktivität, dem Bruttoinlandsprodukt (BIP), und den Kohlendi-

---

476 Vgl. Acción Ecológica, »Trade, Climate Change and the Ecological Debt«, siehe: www.cosmovisiones.com/DeudaEcologica/a_averdetrade.html; Anil Agarwal und Sunita Narain, *Global Warming in an Unequal World: A Case of Environmental Colonialism* (New Delhi: Centre for Science and Environment, 1991). Während die Leistungsfähigkeit zwischen den Ländern variiert, sind die ärmsten Nationen im Hinblick auf das BIP die effizientesten Energienutzer. Vgl. Simms, Meyer, und Robins, *Who Owes Who?*, a.a.O.; Tom Athanasiou and Paul Baer, *Dead Heat: Global Justice and Global Warming* (New York: Seven Stories Press, 2002).
477 Simms, Meyer und Robins, *Who Owes Who?*, a.a.O.
478 Vgl. Marten Scheffer, Steve Carpenter, Jonathan A. Foley et al., »Catastrophic Shifts in Ecosystems«, in: *Nature* 403, 2001, S. 591–596; Roldan Muradian, »Ecological Thresholds: A Survey«, in: *Ecological Economics* 38, 2001, S. 7–24.

oxidemissionen – in Dollarbegriffe überträgt, läge die ökologische Verschuldung des Nordens gegenüber dem Süden allein im Hinblick auf Kohlenstoffemissionen auf dem Stand der 1990er-Jahre – bei geschätzten 13 Billionen Dollar pro Jahr.[479] Die ökologische Jahresverschuldung des Nordens gegenüber dem Süden wurde folglich, sogar ohne die kumulative Wirkung zu berücksichtigen, auf mindestens das Dreifache dessen geschätzt, was der Süden dem Norden »schuldete«. Wie Analysen gezeigt haben, hätte eine Zahlung zu jener Zeit die Kredite aufgewogen, die die Länder der Dritten Welt gefangen hielten, und es diesen überdies ermöglicht, brennstoffeffizientere Technologien zu übernehmen.

Die Bezahlung der ökologischen Schuld und neue Technologien können jedoch den Kohlenstoffbruch nicht beheben, wenn die kapitalistische Produktion im Süden in der gleichen Art und Weise abläuft, wie sie dies im Norden getan hat. Die Verfechter der ökologischen Verschuldung befürworten deshalb einen Prozess von Rückbau und Annäherung. In diesem Szenarium würden die reichen Länder des Nordens ihre Kohlenstoff- (und andere Treibhausgas-) Emissionen auf ein geeignetes Niveau reduzieren, um die Empfehlungen des IPCC zu erfüllen, während es den Ländern des Südens gestattet würde, ihre Emissionen im Interesse einer sozialen und ökonomischen Entwicklung allmählich zu erhöhen. Die Staaten der Welt würden sich folglich in Richtung auf »gleiche und niedrige Pro-Kopf-Anteile« annähern.[480] Aufgrund von Klimaunterschieden könnte es dabei Abweichungen geben, aber die Pro-Kopf-Emissionen für die Welt als Ganze würden innerhalb akzeptabler Standards liegen.

Eine Abschätzung der ökologischen Zerstörung und der Bedingungen internationaler Ungleichheit in ihrem Bezug zur globalen Erwärmung ist natürlich nur der Anfang eines Versuchs, die ökologische Schuld gegenüber dem Süden zu berechnen. Das Meer, eine weitere globale Allmende, wurde lange Zeit zur Entsorgung von Giftstoffen und Risikoabfällen genutzt, und seine Fähigkeit als Abfluss für Kohlenstoffe ist im Sinken begriffen. Darüber hinaus droht die Erschöpfung der Bestände an Meeresfisch die metabolischen Beziehungsverhältnisse innerhalb des ozeanischen Ökosystems zu unterbrechen. Das volle Ausmaß des vom ökolo-

---

479 Es wurde ein Beziehungsverhältnis aufgestellt, dass je $ 3,000 des BIP durchschnittlich eine Tonne an Kohlenstoffemissionen erzeugt wird. Siehe Simms, Meyer und Robins, *Who Owes Who?*, a.a.O.; Acción Ecológica, »Trade, Climate Change and the Ecological Debt«, a.a.O.
480 Vgl. Athanasiou und Baer, *Dead Heat*, a.a.O., S. 84. Siehe auch Andrew Simms, *An Environmental War Economy: The Lessons of Ecological Debt and Global Warming* (London: New Economics Foundation, 2001); Acción Ecológica, »Ecological Debt«, a.a.O.

gischen Imperialismus verursachten Schadens ist allerdings ungeklärt, besonders wenn wir die historische Ausplünderung berücksichtigen, die über mehrere Jahrhunderte hinweg als Ergebnis der ökonomischen Expansion der kapitalistischen Kernstaaten überall in der globalen Peripherie stattgefunden hat.

Die ökologische Bewegung kämpft heute für die Wiederherstellung und Erneuerung der Natur auf globaler Basis. Und da ökologische Nachhaltigkeit ohne soziales und ökonomisches Gleichgewicht unmöglich ist, treten ökologische Aktivisten in wachsendem Maße der kapitalistischen Expansion entgegen, indem sie die Legitimation der globalen Ordnung infrage stellen. Die Konzentration des Reichtums ist explizit mit der Verarmung und der Ausbeutung von Mensch und Natur überall auf der Welt verbunden. Ein System unablässiger Akkumulation in ständig wachsendem Maßstab und schrankenlosem Konsum wird als geplanter Suizid erkannt. Widerstand gegen die vom ökologischen Imperialismus verursachte Zerstörung wird als einzige Lösung dieses globalen Problems betrachtet. Es wird eine Umgestaltung der sozioökologischen Beziehungsverhältnisse benötigt. Wenn die globale Allmende der Abfluss ist, von dem die Abfälle aufgesaugt werden, dann ist dieser Abfluss verstopft und läuft über. Um den ökologischen Imperialismus in die Schranken zu weisen, beharrt die Acción Ecológica darauf, dass »es Zeit ist, den Hahn abzudrehen«, um den »ungerechten Fluss von Energie, natürlichen Ressourcen, Nahrung, billiger Arbeitskraft und finanzieller Mittel vom Süden in den Norden« aufzuhalten.[481]

### Der Kampf gegen den ökologischen Imperialismus heute

Das Problem bei der ökologischen Schuldenkampagne ist eindeutig, dass sie angesichts der gegenwärtigen Kräftebalance in der Welt nicht auf Erfolg hoffen kann. Dies zeigt sich am Ausmaß des Widerstandes seitens des Kapitals, das durch den Rückzug der USA aus dem Prozess des Kyoto-Protokolls unter der Bush-Administration und der Siegeserklärung der Globalen Klimakoalition (die viele der führenden globalen Monopolkonzerne repräsentiert) beim faktischen Zusammenbruch des Protokolls. Dazu wurde auf deren Webseite festgestellt:

> »Die Globale Klimakoalition [Global Climate Coalition – GCC] ist deaktiviert worden. Die Stimme der Industrie zum Klimawandel hat

---

481 Acción Ecológica, »No More Plunder«, a.a.O.

ihren Zweck erfüllt, indem sie zu einem neuen nationalen Ansatz im Hinblick auf die globale Erwärmung beigetragen hat. Die Bush-Administration wird bald eine Klimapolitik verkünden, von der erwartet wird, dass sie auf die Entwicklung neuer Technologien zur Reduzierung von Treibhausgasen vertraut, ein Konzept, das von der GCC stark unterstützt wird. Die Koalition hat sich auch gegen eine Ratifizierung des Kyoto-Protokolls durch den Senat gewandt, die solch stringente Zielsetzungen zur Senkung der Treibhausgasemissionen festsetzen würde, dass das ökonomische Wachstum in den Vereinigten Staaten ernsthaft behindert und die Energiepreise für die Verbraucher in die Höhe schießen lassen würden. Die GCC war auch gegen den Vertrag, weil es nicht erforderlich ist, dass die größten Entwicklungsländer Einschnitte bei ihren Emissionen vornehmen. In diesem Punkt sind sich der Kongress und die Administration beide darin einig, dass die Vereinigten Staaten keine obligatorischen Kürzungen bei Emissionen akzeptieren sollten, wie sie im Protokoll verlangt werden.«[482]

Auch wenn die globale Erwärmung ein Problem darstelle, so behauptete die Bush-Administration, bedeute dies keine unmittelbare Bedrohung für die Vereinigten Staaten; folglich seien Aktionen zur Behandlung des Problems, die hohe ökonomische Kosten mit sich brächten, zu vermeiden. Es sei besser, sich auf futuristische Technologien wie »Kohlenstoffabscheidung« oder »Geo-Engineering« und ähnliche Mittel zu verlassen. Für viele Inseln oder niedrig gelegene Länder, die mit dem Abschmelzen der arktischen Gletscher ein Ansteigen der Meeresspiegel beobachten, ist solch eine Haltung ein besonders extremes Beispiel für ökologischen Imperialismus. Während von den armen Ländern der Peripherie erwartet wird, dass sie weiterhin ihre finanziellen Schulden bei den Banken der reichen Staaten begleichen, wird die bei Letzteren aufgelaufene enorme ökologische Schuld nicht einmal anerkannt – und das ganze planetarische Problem wird Jahr für Jahr schlimmer. Der Kampf muss deshalb noch intensiviert werden.

Der ökologische Schuldenkampf, der sich rund um die Zerstörung der globalen Allmende, insbesondere die Erwärmung der Atmosphäre organisiert, die in unverhältnismäßiger Weise von den reichen Länder verursacht wird, hat der Vorstellung von einem ökologischen Imperialismus eine neue praktische Bedeu-

---

482 http://web.archive.org/web/20060127223742/http://www.globalclimate.org//.

tung gegeben. Dieser uralte Kampf hat sich nun mit einer organisierten Form des Widerstandes verbündet, die sich auf die Notwendigkeit konzentriert, die ökologischen Schulden der reichen Länder gegen die finanziellen Schulden der armen Länder zu setzen. Dieser unmittelbare Kampf bringt überdies den darüber hinausgehenden ökologischen Fluch des Kapitalismus mehr und mehr ins Blickfeld. Die ökonomische Entwicklung des Kapitalismus hat immer soziale und ökologische Zerstörung als Kehrseite mit sich gebracht: Die Entwürdigung der Arbeit ist, wie Marx argumentierte, von der Entwürdigung der Erde begleitet. Überdies bedeutete ökologischer Imperialismus, dass die schlimmsten Formen ökologischer Zerstörung im Hinblick auf die Ausplünderung von Ressourcen, die Unterbrechung der nachhaltigen Beziehungen zur Erde und die Deponierung von Abfällen alle eher auf die Peripherie entfallen als auf das Zentrum. Dieses Verhältnis hat sich über die Jahrhunderte in keiner Weise verändert, wie durch die Kriege um Guano und Nitrate im späten 19. Jahrhundert und die Kriege um Öl (und die geopolitische Macht, die durch die Kontrolle über das Öl zu erlangen ist) des späten 20. und des frühen 21. Jahrhunderts bezeugt wird.

Im späten 20. Jahrhundert und im 21. Jahrhundert rennt das Kapital gegen ökologische Barrieren auf Biosphärenebene an, die nicht zu überwinden sind, wie dies zuvor durch den »räumlichen Behelf« der geografischen Expansion und der Ausbeutung der Fall war. Der ökologische Imperialismus – das Wachstum des Systemzentrums in exponentiellen Geschwindigkeitsraten durch eine noch kompromisslosere ökologische Zerstörung der Peripherie – erzeugt nun in planetarischem Maßstab eine ganze Serie von ökologischen Widersprüchen, die die gesamte Biosphäre in Gefahr bringen. Nur eine revolutionäre gesellschaftliche Lösung, die in planetarischem Maßstab den Bruch in den ökologischen Beziehungen und ihrem Verhältnis zu den globalen Strukturen des Imperialismus und der Ungleichheit angeht, bietet echte Hoffnung, dass diese Widersprüche überwunden werden können. Mehr denn je benötigt die Welt das, wozu die frühen sozialistischen Denker, einschließlich Marx, aufrufen: die rationale Organisation des menschlichen Stoffwechsels mit der Natur durch freie assoziierte Produzenten. Der grundlegende Fluch, der gebannt werden muss, ist der Kapitalismus selbst.

# Teil 3
# Ökologie und Revolution

# Kapitel 13
# Die ökologische Revolution im Blickfeld

Dieses Kapitel wurde für das vorliegende Buch auf Grundlage eines Artikels überarbeitet und korrigiert, der ursprünglich unter dem Titel »Die Organisierung einer ökologischen Revolution« in *Monthly Review* 57, Nr. 5 (Oktober 2005), S. 1–10, veröffentlicht wurde. Er beruhte auf einem Beitrag für die Abteilung Critical Management Studies der Verwaltungsakademie, Honolulu, Hawaii, vom 8. August 2005.

Das Ziel einer ökologischen Revolution, wie ich sie hier vorstelle, hat zuallererst zur Voraussetzung, dass wir uns inmitten einer globalen Umweltkrise von solch enormem Ausmaß befinden, dass das Netz des Lebens des gesamten Planeten bedroht ist und mit ihm die Zukunft der Zivilisation.

Dies ist keine kontroverse Behauptung mehr. Selbstverständlich gibt es verschiedene Wahrnehmungen über das Ausmaß der Herausforderung, die dadurch aufgeworfen wird. Ein Extrem wird dabei von jenen gebildet, die glauben, dass diese Probleme, da es sich um menschliche Probleme handele, die aus menschlichen Ursachen herrührten, leicht zu lösen seien. Alles, was wir bräuchten, seien Erfindungsreichtum und der Wille zu handeln. Das andere Extrem sind diejenigen, die glauben, dass die Weltökologie sich in einem Ausmaß und in einer Geschwindigkeit verschlechtere, die jenseits unserer Steuerungsmöglichkeiten liege, was zu den düstersten Vorahnungen Anlass gebe.

Obwohl häufig als polarisierte Gegensätze betrachtet, haben diese Ansichten nichtsdestotrotz eine gemeinsame Grundlage. Wie Paul Sweezy bemerkte, reflektieren beide »die Überzeugung, dass es, wenn die gegenwärtigen Trends sich fortsetzen, nur eine Frage der Zeit ist, bis die menschliche Art ihr eigenes Nest rettungslos verschmutzt hat«.[483]

## Alarmglocken

Je mehr wir über die aktuellen Umwelttrends erfahren, desto mehr wird uns die Unhaltbarkeit unseres gegenwärtigen Kurses vor Augen geführt. Dabei gibt es unter anderem folgende Warnsignale:

- Es gilt nun als sicher, dass die kritische Schwelle eines Anstieges der durchschnittlichen weltweiten Temperatur um 2 °C über das vorindustrielle Niveau aufgrund der Zunahme von Treibhausgasen in der Atmosphäre bald überschritten wird. Wissenschaftler glauben, dass ein Klimawandel dieses Ausmaßes unheilvolle Auswirkungen auf die Ökosysteme der Welt haben wird. Die Frage ist nicht länger, ob es einen signifikanten Klimawandel geben wird, sondern wie groß dieser sein wird.[484]

- Es gibt wachsende Sorgen in wissenschaftlichen Fachkreisen, dass sich die Schätzungen hinsichtlich der Geschwindigkeit der globalen Erwärmung, die vom Zwischenstaatlichen Forum zum Klimawandel (IPCC) der Vereinten Nationen vorgelegt wurden – die in ihrem Worst-Case-Szenario bis zum Jahr 2100 Anstiege der globalen Durchschnittstemperatur von bis zu 5,8 °C prognostizieren –, als zu niedrig erweisen könnten. So verweisen zum Beispiel Ergebnisse aus dem weltgrößten Klimamodellversuch bei der Oxford University in Großbritannien darauf, dass die globale Erwärmung doppelt so schnell anwachsen könnte wie vom IPCC geschätzt.[485]

- Versuche am International Rice Institute und anderswo haben Wissenschaftler dazu geführt, dass mit jedem Temperaturanstieg um 1 °C die Reis-, Weizen- und Maiserträge um zehn Prozent fallen könnten.

- Man glaubt heute in wachsendem Maße, dass sich die Welt dem Förderhöchststand an Rohöl nähert. Die Welt sieht sich deshalb, trotz rasch steigender Nachfrage, einer eingeschränkteren Ölversorgung ausgesetzt. All dies weist auf

---

483 Paul M. Sweezy, »Capitalism and the Environment«, in: *Monthly Review* 41, Nr. 2, Juni 1989, S. 4.
484 Vgl. International Climate Change Task Force, »Meeting the Climate Challenge«, Januar 2005, siehe: http://www.americanprogress.org.
485 Vgl. *The Times* (London), 27. Januar 2005.

eine wachsende Weltenergiekrise und zunehmende Kriege um Ressourcen hin.[486]

- Der Planet steht aufgrund des Absinkens unersetzlicher Grundwasserschichten, die den Hauptteil der weltweiten Frischwasservorräte ausmachen, vor globalen Wasserengpässen. Dies stellt eine Bedrohung für die globale Landwirtschaft dar, die basierend auf der nicht nachhaltigen Nutzung des Grundwassers zu einer Blasenwirtschaft geworden ist. Jeder vierte Mensch auf der Welt hat heute keinen Zugang zu sauberem Wasser.[487]

- Zwei Drittel der weltgrößten Fischbestände werden gegenwärtig an ihrer Kapazitätsgrenze oder darüber hinaus befischt. Im Verlauf des letzten halben Jahrhunderts wurden neunzig Prozent der großen Raubfische in den Weltmeeren beseitigt.[488]

- Die Geschwindigkeit des Artensterbens ist die höchste in 65 Millionen Jahren, mit Perspektive auf sich überstürzende Artentode, wenn die letzten Überreste intakter Ökosysteme beseitigt werden. In einigen Fällen (wie bei den Vogelarten) beträgt die Aussterbensrate bereits das Hundertfache des »Bezugswertes« oder der »natürlichen« Rate. Wissenschaftler haben 25 Hotspots an Land ausgemacht, die 44 Prozent aller Gefäßpflanzen und 35 Prozent aller Arten aus vier Wirbeltiergruppen aufweisen, während sie nur 1,4 Prozent der weltweiten Landoberfläche einnehmen. All diese Hotspots sind nun von rapider Vernichtung aufgrund menschlicher Eingriffe bedroht. Dementsprechend schreiben Stephen Pimm und Clinton Jenkins dazu im *Scientific American*: »Es verbleiben einige substanzielle intakte Wildnisgebiete: feuchte Tropenwälder wie im Amazonasgebiet und im Kongo, Trockenwälder in Afrika und die Nadelwälder Kanadas und Russlands. Wenn die Abholzung in diesen Wildniswäldern in der gegenwärtigen Geschwindigkeit weitergeht, wird die damit verbundene Aussterbensrate in ihrem Inneren und in den Hotspots [überall auf der Welt] bald 1000-mal höher sein als der Bezugswert von eins zu einer Million.«[489]

- Laut einer Studie der Nationalen Akademie der Wissenschaften von 2002

---

486 Siehe Kapitel 4.
487 Vgl. Bill McKibben, »Our Thirsty Future«, in: *New York Review of Books*, 25. September 2003.
488 Vgl. Worldwatch, Vital Signs 2005, siehe: www.worldwatch.org; Brett Clark and Rebecca Clausen, »The Oceanic Crisis«, in: *Monthly Review* 60, Nr. 3, Juli/August 2008, S. 91, 94–97.
489 Stuart L. Pimm und Clinton Jenkins, »Sustaining the Variety of Life«, in: *Scientific American*, September 2005, S. 66–73; Stuart L. Pimm und Peter Raven, »Extinction by Numbers«, in: *Nature*, 24. Februar 2000, S. 843–845.

überschritt die Weltwirtschaft die Regenerationsfähigkeit der Erde schon im Jahre 1980 und lag 2002 bereits ganze 20 Prozent darüber. Dies bedeutet den Autoren der Studie zufolge, dass »man 1,2 Erden brauchen würde, um zu regenerieren, was die Menschheit im Jahr 1999 verbraucht hat«.[490]

- Die Frage des ökologischen Zusammenbruchs vergangener Zivilisationen von der Osterinsel bis zu den Mayas wird nun in wachsendem Maße in Verlängerung auf das heutige weltweite kapitalistische System gesehen. Diese Sichtweise, die von Umweltschützern schon lange eingenommen wurde, ist von Jared Diamond in seinem Buch *Collapse* bekannt gemacht worden.[491]

Diese und andere Alarmglocken weisen darauf hin, dass das aktuelle menschliche Verhältnis zur Umwelt nicht länger tragbar ist. Die höchstentwickelten kapitalistischen Länder haben die größten ökologischen Pro-Kopf-Fußabdrücke, die beweisen, dass der gesamte Kurs der weltweiten kapitalistischen Entwicklung gegenwärtig eine Sackgasse darstellt.

Die Hauptantwort der herrschenden kapitalistischen Klasse, wenn sie mit der wachsenden umweltbezogenen Herausforderung konfrontiert wird, liegt im Müßiggang angesichts der Katastrophe. Dies geht so weit, sich auf die Revolutionierung der Produktivkräfte zu verlassen, das heißt auf technischen Wandel, während das bestehende System gesellschaftlicher Beziehungen unangetastet bleibt. Es war Karl Marx, der im *Kommunistischen Manifest* zuerst auf die »konstante Revolutionierung der Produktion« als ein charakteristisches Kennzeichen der kapitalistischen Gesellschaft hinwies. Die heutigen einschlägigen Interessengruppen zählen auf diesen eingebauten Prozess revolutionären technologischen Wandels, gekoppelt mit der sprichwörtlichen Magie des Marktes, um das Umweltproblem zu lösen, wann und wo es notwendig wird.

Im Gegensatz dazu glauben viele Umweltschützer, dass eine technologische Revolution allein unzureichend sein wird, um das Problem zu lösen, und dass eine gesellschaftliche Revolution, die darauf abzielt, die gegenwärtige Produktionsweise umzugestalten, erforderlich ist.

---

490 Mathis Wackernagel et al., »Tracking the Ecological Overshoot of the Human Economy«, in: *Proceedings of the National Academy of Sciences* 99, Nr. 14, 9. Juli 2002, S. 9268.
491 Vgl. Jared Diamond, *Collapse* (New York: Viking, 2005), S. 10.

## Große Übergangsszenarien

Historisch gesehen bedeutet die Beschäftigung mit der Frage der ökologischen Umgestaltung, dass wir festzustellen haben: (1) worauf das kapitalistische System gegenwärtig zusteuert; (2) in welchem Maße es durch technologische oder andere Mittel seinen Kurs verändern kann, um auf die heutzutage aufeinander zulaufenden ökologischen und sozialen Krisen zu reagieren; und (3) wo liegen die historischen Alternativen zum bestehenden System. Der bislang anspruchsvollste Versuch, solch eine weitgehende Bewertung vorzunehmen, ging von der Global Scenario Group aus, einem Projekt, das 1995 vom Stockholmer Umweltinstitut gestartet wurde, um den Übergang zur globalen Nachhaltigkeit zu untersuchen. Die Global Scenario Group hat drei Berichte herausgegeben: *Branch Points* (1997), *Bending the Curve* (1998) und die abrundende Studie *Great Transition* (2002). Im Folgenden werde ich mich auf den letzten dieser Berichte, unter dem Titel *Great Transition* konzentrieren.[492]

Wie ihr Name besagt, bringt die Global Scenario Group alternative Szenarien zum Ansatz, um Wege zu erkunden, die eine in einer ökologischen Krise gefangene Gesellschaft nehmen könnte. Ihre abschließende Studie legt drei Szenarien vor: konventionelle Welten, Barbarisierung und Große Übergänge. Jedes davon enthält zwei Varianten. Konventionelle Welten bestehen aus Marktkräften und Politikreform. Die Barbarisierung offenbart sich in Formen des Zusammenbruchs und der Welt als Festung. Große Übergänge teilen sich in Ökokommunalismus und ein neues Nachhaltigkeitsparadigma. Jedes Szenario verbindet sich mit verschiedenen Denkern: Marktkräfte mit Adam Smith; Politikreform mit John Maynard Keynes und den Autoren des Berichtes der Brundtland-Kommission von 1987; Zusammenbruch mit Thomas Malthus; die Festung Welt mit Thomas Hobbes; Ökokommunalismus mit William Morris, Mahatma Gandhi und E. F. Schumacher; und das neue Nachhaltigkeitsparadigma mit John Stuart Mill.[493]

Innerhalb des Szenarios konventioneller Welten stehen die Marktkräfte für Kapitalismus oder Neoliberalismus. Es repräsentiert in den Worten des Great-Transition-Reports, »den Feuersturm kapitalistischer Expansion«.[494] Die Markt-

---

492 Vgl. Paul Raskin, Tariq Banuri, Gilberto Gallopín et al., *Great Transition: The Promise and Lure of the Times Ahead* (Boston: Stockholm Environment Institute, 2002), siehe: http://www.gsg.org.
493 Vgl. Raskin et al., *The Great Transition*, a.a.O., S. 17–18.
494 Raskin et al., *The Great Transition*, a.a.O., S. 7.

kräfte stehen für eine uneingeschränkte kapitalistische Weltordnung, die mit der Akkumulation von Kapital und schnellem ökonomischem Wachstum ohne Rücksicht auf soziale und ökologische Kosten verzahnt ist. Das von diesem Szenario aufgeworfene Hauptproblem besteht im ausbeuterischen Verhältnis zur Menschheit und zur Erde.

Die Triebkraft zur Anhäufung von Kapital, die für eine Marktkräfte-Ordnung zentral ist, wird am besten von der allgemeinen marxschen Kapitalformel erfasst (auch wenn im Great-Transition-Report selbst nicht benannt). In einer Gesellschaft einfacher Warenproduktion (eine abstrakte Vorstellung, die sich auf präkapitalistische Wirtschaftsformationen bezieht, in der das Geld und der Markt eine untergeordnete Rolle spielen) besteht der Kreislauf aus Waren und Geld in einer W–G–W-Form, in der unterschiedliche Waren oder Gebrauchswerte die Endpunkte des ökonomischen Prozesses darstellen. Eine Ware (W), die einen bestimmten Gebrauchswert repräsentiert wird, gegen Geld (G) verkauft, das dazu verwendet wird, eine andere Ware (W) zu erwerben. Ein jeder derartiger Kreislauf vollendet sich im Verbrauch eines Gebrauchswertes.

In Fall des Kapitalismus oder der verallgemeinerten Warenproduktion jedoch beginnt der Kreislauf von Geld und Waren mit dem Geld oder G–W–G. Überdies hätte, da Geld ein bloßes quantitatives Beziehungsverhältnis ausdrückt, ein solcher Austausch keine Bedeutung, wenn am Ende des Prozesses dieselbe Summe an Geld erlangt würde, wie zu Beginn eingetauscht wurde, sodass die allgemeine Kapitalformel die Form G–W–G', wobei G' gleich G + m oder Mehrwert ist. Was im Gegensatz zur einfachen Warenproduktion auffällt, ist, dass es kein wirkliches Ende des Prozesses gibt, da die Absicht nicht im Endverbrauch liegt, sondern in der Akkumulation von Mehrwert oder Kapital. G–W–G' resultiert daher in einem Jahr im reinvestierten m und führt im nächsten Jahr zu G–W–G'' und zu G–W–G''' im übernächsten Jahr und immer so weiter – ad infinitum.[495]

Die treibende Kraft hinter diesem Antrieb zur Akkumulation ist der Wettbewerb. Der Konkurrenzkampf stellt sicher, dass jedes Kapital oder jede Firma wachsen und infolgedessen die »Gewinne« reinvestieren muss, um zu überleben.

---

495 Vgl. Karl Marx, *Das Kapital*, Band 1, MEW Band 23, a.a.O., S. 162–163; Paul M. Sweezy, *Four Lectures on Marxism* (New York: Monthly Review Press, 1981), S. 26–36. Ein Großteil der marxschen Analyse im Kapital befasst sich damit, woher der Mehrwert kommt. Um diese Frage zu beantworten, so argumentiert er, ist es erforderlich über den Austauschprozess hinauszugehen und die verborgenen Nischen der kapitalistischen Produktion zu erforschen – wo sich offenbart, dass die Quelle des Mehrwertes im Prozess der Klassenausbeutung zu finden ist.

Ein solches System tendiert zu einem exponentiellen Wachstum, das durch Krisen oder zeitweilige Störungen im Akkumulationsprozess unterbrochen wird. Die Belastungen, denen die Umwelt dadurch ausgesetzt wird, sind immens und werden nur mit einer Schwächung und schlussendlichen Beendigung des Kapitalismus selbst nachlassen. Während des letzten halben Jahrhunderts ist die Weltwirtschaft um mehr als das Siebenfache gewachsen, während die Kapazität der Biosphäre, eine solche Expansion auszuhalten, aufgrund ökologischer Verwüstungen durch den Menschen gesunken ist.[496]

Die Hauptannahme derer, die eine Marktkräfte-Lösung befürworten, liegt darin, dass sie mittels einer technologischen Revolution und kontinuierlichen Marktanpassungen zu steigender Effizienz in der Ausschöpfung umweltbezogener Inputs führen werde. Der Verbrauch von Energie, Wasser oder anderer natürlicher Ressourcen werde pro Einheit ökologischen Outputs sinken. Dies wird häufig als »Entmaterialisierung« bezeichnet. Dennoch ist die zentrale Schlussfolgerung dieser Argumentation falsch. Entmaterialisierung soweit man überhaupt sagen kann, dass sie existiert, hat sich als eine weit schwächere Tendenz als G–W–G ◨ erwiesen. Der Global-Transition-Report bezeichnet es so: »Der ›Wachstumseffekt‹ lässt den ›Effizienzeffekt‹ hinter sich.«[497]

Dies kann man konkret anhand des Jevons-Paradoxons verstehen, das nach William Stanley Jevons benannt ist, der im Jahr 1865 das Buch *The Coal Question* (deutsch: Die Kohlefrage) veröffentlichte. Jevons, einer der Begründer der neoklassischen Ökonomie, erklärte, dass Verbesserungen bei den Dampfmaschinen, die den Kohleverbrauch pro Ausstoßeinheit senkte, auch dazu diente, das Ausmaß der Produktion zu erhöhen, da mehr und größere Fabriken gebaut würden. Infolgedessen beinhaltete eine gesteigerte Effizienz beim Kohleverbrauch die Tendenz, den Gesamtverbrauch an Kohle auszudehnen.[498]

Die Gefahren des Marktkräfte-Modells werden in den Umweltverwüstungen während der zwei Jahrhunderte seit dem Aufkommen des Industriekapitalismus und insbesondere im letzten halben Jahrhundert deutlich sichtbar. »Anstatt [unter einem Marktkräfte-Regime] schwächer zu werden«, erklärt der Great-Transition-Report, »würde sich der unhaltbare Prozess der Umweltzerstörung, den wir in der heutigen Welt beobachten, [weiterhin] intensivieren. Die Gefahr,

---

496 Vgl. Lester Brown, *Outgrowing the Earth* (New York: W. W. Norton, 2004).
497 Raskin et al., *The Great Transition*, a.a.O., S. 22.
498 Siehe Kapitel 6.

kritische Schwellen zu überschreiten, würde steigen, indem Ereignisse ausgelöst würden, die das Klima des Planeten und seine Ökosysteme radikal verändern.« Obwohl sie zur »stillschweigenden Ideologie« der meisten internationalen Institutionen gehören, führen die Marktkräfte unausweichlich zu einer ökologischen und sozialen Katastrophe, ja sogar zum Zusammenbruch. Die Fortsetzung des »›business as usual‹ ist eine utopische Fantasie«.[499]

Eine weit rationalere Basis zur Hoffnung, so behauptet der Report, liege im politischen Reform-Szenario. »Das Wesen dieses Szenarios ist das Entstehen eines politischen Willens, allmählich den Bogen einer Entwicklung hin zu einer umfassenden Reihe von Nachhaltigkeitszielen einzuschlagen«, die Frieden, Menschenrechte, ökonomische Entwicklung und Umweltqualität umfassen.[500] Dies ist im Wesentlichen die globale keynesianische Strategie, die vom Bericht der Brundtland-Kommission in den späten 1980er-Jahren befürwortet wurde – eine Ausweitung des Wohlfahrtsstaates, der nun als ein umweltbezogener Wohlfahrtsstaat auf die gesamte Welt hin konzipiert wurde.

Auf den Ansatz der Politik-Reform wurde in verschiedenen internationalen Abkommen wie dem Kyoto-Protokoll zur globalen Erwärmung und auf den Gipfelkonferenzen von Rio im Jahre 1992 und Johannesburg im Jahre 2002 hingewiesen. Eine Politik-Reform sei darum bemüht, die weltweite Ungleichheit und Armut durch fremdstaatliche Hilfsprogramme zu senken, die von den reichen Ländern und von internationalen Institutionen ausgehen. Sie würde beste Umweltmethoden durch staatlich veranlasste Marktanreize fördern. Trotz des Potenzials zu einer begrenzten ökologischen Modernisierung würden jedoch, wie der Great-Transition-Report behauptet, die kapitalistischen Realitäten mit einer Politik-Reform kollidieren. Dies rühre daher, dass eine Politik-Reform ein konventionelles Welten-Szenarium bleibe, innerhalb dessen die zugrunde liegenden Werte, Lebensweisen und Strukturen des kapitalistischen Systems fortdauerten. »Die Logik der Nachhaltigkeit und die Logik des globalen Marktes stehen in einem Spannungsverhältnis. Die Wechselwirkung der Akkumulation von Reichtum und der Konzentration von Macht erodiert die politische Basis für einen Übergang.« Unter diesen Umständen würden »die Verlockungen des Gottes Mammon und des allmächtigen Dollar« die Oberhand behalten.[501]

---

499 Raskin et al., *Great Transition*, a.a.O., S. 22–24, 29.
500 Vgl. Raskin et al., *Great Transition*, a.a.O., S. 33.
501 Vgl. Raskin et al., *Great Transition*, a.a.O., S. 41, 77.

Das Versagen beider konventioneller Welten-Szenarien bei der Entschärfung des ökologischen Niedergangs bedeutet, dass eine Barbarisierung droht: entweder der Zusammenbruch oder die Festung Welt. Ein Zusammenbruch spricht für sich selbst und muss um jeden Preis verhindert werden. Die Festung Welt entsteht, wenn »mächtige regionale und internationale Akteure die gefährlichen Kräfte, die zum Zusammenbruch führen, erfassen« und dazu in der Lage sind, ihre eigenen Interessen ausreichend zu schützen, um »geschützte Enklaven« zu schaffen.[502] Die Festung Welt ist ein planetarisches Apartheidsystem, umzäunt und durch Gewalt aufrechterhalten, in dem sich die Kluft zwischen global Reichen und global Armen ständig verbreitert und der unterschiedliche Zugang zu Umweltressourcen und Annehmlichkeiten sich immer krasser herausbildet. Es besteht aus »Blasen von Privilegien inmitten eines Ozeans der Misere [...] Die Elite[n] haben die Barbarei an ihren gesicherten Zugangstoren aufgehalten und eine Art Umweltmanagement und unsichere Stabilität erzwungen.«[503] Der allgemeine Zustand der planetarischen Umwelt würde sich jedoch in diesem Szenario weiter verschlechtern und entweder zu einem vollständigen ökologischen Zusammenbruch oder durch einen revolutionären Kampf zur Errichtung einer egalitären Gesellschaft etwa in Form eines Ökokommunalismus führen.

Diese Beschreibung der Festung Welt hat eine bemerkenswerte Ähnlichkeit mit dem Szenario des im Jahre 2003 veröffentlichten Berichtes des Pentagon, *Abrupt Climate Change and Its Implications for United States National Security* (Der abrupte Klimawandel und seine Folgen für die nationale Sicherheit der Vereinigten Staaten).[504] Das Pentagon entwarf die Vorstellung eines, durch die globale Erwärmung bewirkten, möglichen Stillstandes des thermohalinen Kreislaufes, der den Nordatlantik erwärmt, wodurch Europa und Nordamerika in sibirische Verhältnisse gestürzt würden. Unter solchen unwahrscheinlichen, aber einleuchtenden Umständen wird dargestellt, wie relative gut situierte Gesellschaften, einschließlich der Vereinigten Staaten, »defensive Festungen« um sich errichten, um Massen von möglichen Immigranten fernzuhalten. Dabei intensivieren sich die militärischen Auseinandersetzungen um knappe Ressourcen.

Wohl treiben Kapitalismus und Ressourcenkriege die Welt zurzeit bereits in diese Richtung, jedoch ohne eine Ursache, die die Erde so unmittelbar erschüt-

---

502 Raskin et al., *Great Transition*, a.a.O., S. 25.
503 Raskin et al., *Great Transition*, a.a.O., S. 27.
504 Siehe Kapitel 5.

tert wie der abrupte Klimawandel. Mit dem Beginn des »War on Terror«, der seit dem 11. September 2001 von den Vereinigten Staaten gegen ein Land nach dem anderen entfesselt wurde, lässt ein »Imperium der Barbarei« bereits seine Präsenz spüren.[505]

Dennoch dienen die Barbarisierungsszenarien vom Standpunkt der Global Scenario Group schlicht dazu, uns vor den möglichen Gefahren der schlimmsten möglichen Konsequenzen ökologischen und sozialen Verfalls zu warnen. Ein großer Übergang, so wird argumentiert, ist notwendig, um eine Barbarisierung zu verhindern.

Theoretisch wurden von der Global Scenario Group zwei große Übergangsszenarien betrachtet: der Öko-Kommunalismus und das neue Nachhaltigkeits-Paradigma. Dabei wird jedoch der Öko-Kommunalismus in Einzelheiten erörtert, mit der Begründung, dass es zu seinem Zustandekommen für die Weltgesellschaft erforderlich wäre, zunächst eine Barbarisierung zu durchlaufen. Die Autoren der Global Scenario Group sahen die soziale Revolution des Öko-Kommunalismus als Gegenbild von Jack Londons (antiutopischem Roman) *Die Eiserne Ferse*. Die Erörterung des großen Überganges bleibt folglich auf das neue Nachhaltigkeits-Paradigma beschränkt.

Das Wesen des neuen Nachhaltigkeits-Paradigmas liegt in einer radikal ökologischen Transformation, die sich gegen eine zügellose »kapitalistische Hegemonie« richtet, aber kurz vor einer vollständigen sozialen Revolution Halt macht. Es kommt eher durch Veränderungen bei Werten und Lebensweisen zum Ausdruck als in einer Transformation gesellschaftlicher Strukturen. Fortschritte, die mit dem politischen Reform-Szenario bei der Umwelttechnologie und -politik begannen, jedoch aufgrund der Vorherrschaft adquisitiver Normen nicht dazu in der Lage waren, eine ausreichende umweltbezogene Veränderung voranzutreiben, werden hier durch einen »Keil in der Lebensführung« ersetzt.[506]

Im erklärtermaßen utopischen Szenario des neuen Nachhaltigkeits-Paradigmas werden die Vereinten Nationen in die »Welt-Union«, eine echte globale Föderation umgewandelt. Die Globalisierung ist damit »zivilisiert« worden. Der Weltmarkt wird voll integriert und für Gleichheit und Nachhaltigkeit und nicht nur zur Schaffung von Reichtum nutzbar gemacht. Der Krieg gegen den Terro-

---

505 Vgl. John Bellamy Foster, *Naked Imperialism* (New York: Monthly Review Press, 2006), S. 147–160.
506 Vgl. Raskin et al., *Great Transition*, a.a.O., S. 47.

rismus hat zur Niederlage der Terroristen geführt. Die Zivilgesellschaft, die von Nichtregierungsorganisationen (Non-Governmental Organizations – NGOs) repräsentiert wird, spielt sowohl auf nationaler als auch auf globaler Ebene eine führende Rolle. Gewählt wird elektronisch. Die Armut ist ausgerottet. Die typische Ungleichheit ist drastisch zurückgegangen. Die Entmaterialisierung ist, ebenso wie das Prinzip »der Verschmutzer zahlt«, Wirklichkeit geworden. Nirgendwo mehr ist Werbung zu sehen. Ein Übergang zur Solarenergie hat stattgefunden. Das lange Pendeln von hier, wo die Leute wohnen, nach dort, wo sie arbeiten, ist eine Sache der Vergangenheit; stattdessen gibt es »integrierte Siedlungen«, in denen Wohnung, Arbeit, Einzelhandelsgeschäfte und Freizeiteinrichtungen in unmittelbare Nähe zueinander liegen. Riesenkonzerne sind zu vorausschauenden gesellschaftlichen Organisationen geworden, anstatt rein private Unternehmungen zu sein. Sie sind nicht länger ausschließlich um den wirtschaftlichen Endgewinn besorgt, sondern haben dies in Richtung einer integrierten umweltbezogenen Nachhaltigkeit und sozialen Ökologie als Ziele revidiert, die unabhängig vom Profit sind.

Dabei werden vier Handlungsträger benannt, die all dies zusammen bewerkstelligt haben: (1) riesige transnationale Konzerne; (2) zwischenstaatliche Organisationen wie die Vereinten Nationen, die Weltbank, der Internationale Währungsfonds und die Welthandelsorganisation; (3) die in Form von NGOs agierende Zivilgesellschaft; und (4) eine global sensibilisierte, umweltbewusste, demokratisch organisierte Weltbevölkerung.[507]

Ökonomisch untermauert wird dies durch die Vorstellung vom einem stationären Zustand, wie er von Mill in seinem 1848er-Werk *Principles of Political Economy* (Prinzipien der Politischen Ökonomie) dargestellt wurde und heute von dem ökologischen Ökonomen Herman Daly und dem whiteheadianischen Prozessphilosophen John Cobb fortentwickelt wird. Die meisten klassischen Ökonomen – darunter Adam Smith, David Ricardo, Thomas Malthus und Karl Marx – sahen das Gespenst eines stationären Zustandes als Vorboten des Niederganges der bürgerlichen Politischen Ökonomie an. Im Gegensatz dazu sah Mill, den Marx (im Nachwort der zweiten deutschen Ausgabe des *Kapital*) eines »seichten Synkretismus« bezichtigte, den stationären Zustand als in gewisser Weise kompatibel mit den bestehenden Produktionsverhältnissen an, der nur Veränderun-

---

507 Vgl. Raskin et al., *Great Transition*, a.a.O., S. 71–90.

gen in Bezug auf die Distribution erforderlich mache.[508] Im Szenario des neuen Nachhaltigkeits-Paradigmas, das Mills Sichtweise vom stationären Zustand als Inspiration begreift, bleiben die grundlegenden Institutionen des Kapitalismus, genau wie die fundamentalen Machtverhältnisse, unangetastet, eine Verlagerung in Lebensstil und Verbraucherorientierung bedeutet jedoch, dass die Wirtschaft nicht mehr an ökonomischem Wachstum und der Erhöhung der Profite, sondern an Effizienz, Gerechtigkeit und qualitativen Verbesserungen des Lebens ausgerichtet ist. Eine kapitalistische Gesellschaft, die früher durch die Investition des Mehrproduktes (oder Mehrwertes) zu expandierender Reproduktion getrieben wurde, ist durch ein System einfacher Reproduktion (Mills stationärem Zustand) ersetzt, in dem der Überschuss verbraucht wird anstatt investiert zu werden. Die Vision besteht in einer kulturellen Revolution, die die technische Revolution ersetzt und die ökologische und soziale Landschaft der kapitalistischen Gesellschaft radikal verändert, ohne die Produktions-, Besitz- und Machtverhältnisse, die das System bestimmen, grundlegend zu verändern.

Nach meiner Ansicht gibt es bei dieser Projektion sowohl logische als auch historische Probleme. Sie kombiniert die schwächsten Elemente utopischen Denkens (indem sie ein Zukunftsbild aus bloßen Hoffnungen und Wünschen webt) mit dem »praktischen« Verlangen, einen harschen Bruch mit dem bestehenden System zu vermeiden.[509] Das Versagen der Global Scenario Group bei der Behandlung ihres eigenen Szenarios des Öko-Kommunalismus ist ein wesentlicher Bestandteil dieser Perspektive, die bestrebt ist, der Frage nach einer kompromissloseren gesellschaftlichen Umgestaltung auszuweichen, die ein echter großer Übergang erfordern würde.

Das Ergebnis ist eine Zukunftsvision, die einem Extrem widerspricht. Private Unternehmen sind Institutionen zu einem und einzigem Zweck: dem Streben nach Profit. Der Gedanke, sie auf vollkommen andere und entgegengesetzte soziale Ziele hinzuwenden, erinnert an die lange aufgegebenen Vorstellungen vom »seelenvollen Unternehmen«, die für kurze Zeit in den 1950er-Jahren auftauchten und dann im Licht der Realität verschwanden. Viele Veränderungen, die mit dem neuen Nachhaltigkeits-Paradigma verbunden sind, würden es erforderlich

---

508 Sicher ist, dass Mill sich zu jener Zeit selbst für so etwas wie einen Sozialisten hielt. Siehe John Stuart Mill, *Principles of Political Economy* (New York: Longmans, Green, and Co., 1904), S. 452–455.
509 Vgl. Bertell Ollmans Erörterung in »The Utopian Vision of the Future (Then and Now)«, in: *Monthly Review* 57, Nr. 3, Juli/August 2005, S. 78–102.

machen, eine Klassenrevolution herbeizuführen. Dies wird jedoch vom Szenario selbst ausgeschlossen. Stattdessen verfallen die Autoren der Global Scenario Group in eine Art magisches Denken, indem sie leugnen, dass grundlegende Veränderungen bei den Produktionsverhältnissen eine Veränderung bei den Werten begleiten (und diesen zuweilen sogar vorausgehen) müssen. Ebenso wie im Fall des politischen Reform-Szenariums – wie im Great-Transition-Report selbst aufgezeigt – der »Gott des Mammon« auf unvermeidliche Weise einen wertorientierten großen Übergang unter sich begraben wird, der der Herausforderung einer revolutionären Umgestaltung der gesamten Gesellschaft zu entkommen sucht.

## Eine ökologisch-soziale Revolution

Einfach gesagt, besteht meine Argumentation darin, dass eine globale ökologische Revolution, die ihren Namen wert ist, sich nur als Teil einer größeren – und ich würde darauf beharren – sozialistischen Revolution ereignen kann. Solch einer Revolution würde – ginge es darum, die Bedingungen für Gleichheit, Nachhaltigkeit und menschliche Freiheit zu schaffen, die eines echten großen Überganges würdig wären – ihren Hauptanstoß aus den Kämpfen der arbeitenden Bevölkerungen und Gemeinschaften am unteren Ende der globalen kapitalistischen Hierarchie beziehen. Sie würde erfordern, wie Marx insistierte, dass die assoziierten Produzenten die menschliche Stoffwechselbeziehung mit der Natur auf vernünftige Weise regulieren. Sie würde Reichtum und menschliche Entwicklung in radikal anderen Begriffen sehen als die kapitalistische Gesellschaft.

Bei der Konzeption einer solchen sozialen und ökologischen Revolution können wir unsere Inspiration, wie Marx es getan hat, aus der antiken epikureischen Vorstellung vom »natürlichen Reichtum« ableiten. Epikur bemerkte dazu in seinen Grundsatzlehren: »Der naturgemäße Reichtum ist begrenzt und leicht zu beschaffen. Der Reichtum, der durch Wahn erstrebt wird, steigert sich ins Grenzenlose.« Es ist der unnatürliche, unbegrenzte Charakter solch entfremdeten Reichtums, der das Problem darstellt. In ähnlicher Weise stellte Epikur in der Vatikanischen Spruchsammlung fest: »Bedürftigkeit ist, am natürlichen Zweck des Lebens gemessen, ein großer Reichtum; unbegrenzter Reichtum jedoch ist große Bedürftigkeit.«[510] Freie menschliche Entwicklung, die einem Klima natür-

---

510 Epicurus, *The Extant Remains*, übersetzt von Cyril Bailey (New York: Limited Editions

licher Begrenzung und Nachhaltigkeit entspringt, ist die wahre Grundlage von Reichtum; das unbegrenzte Streben nach Reichtum ist der primäre Ursprung menschlicher Verarmung und menschlichen Leidens. Überflüssig zu sagen, dass eine solche Besorgnis um natürliches Wohlergehen im Gegensatz zu künstlichen Bedürfnissen und Anreizen die Antithese der kapitalistischen Gesellschaft und die Voraussetzung für eine nachhaltige menschliche Gemeinschaft ist.

Ein großer Übergang muss deshalb die Charakteristika enthalten, die in dem von der Global Scenario Group vernachlässigten Szenario enthalten sind: dem Öko-Kommunalismus. Er muss seine Inspiration von William Morris nehmen, einem der originellsten und ökologischsten Gefolgsleute von Karl Marx, von Gandhi und anderen radikalen, revolutionären und materialistischen Persönlichkeiten, die sich von Marx selbst weit zurück bis zu Epikur erstrecken. Das Ziel muss dabei in der Schaffung nachhaltiger Gemeinschaften liegen, die auf die Entwicklung menschlicher Bedürfnisse und Fähigkeiten ausgerichtet und von der alles verzehrenden Triebkraft zur Akkumulation von Reichtum (Kapital) befreit sind.

Wie Marx schrieb beginnt das neue System »mit der Selbstregierung der Gemeinde«.[511] Die Schaffung einer ökologischen Zivilisation erfordert eine soziale Revolution, eine Revolution, die, wie Roy Morrison erläutert, demokratisch von unten organisiert werden muss: »von Gemeinschaft zu Gemeinschaft [...] von Region zu Region«. Sie muss für die Berücksichtigung der grundlegenden menschlichen Bedürfnisse sorgen – saubere Luft, unverschmutztes Wasser, sichere Nahrung, angemessen Hygiene, gesellschaftlichen Transport sowie eine universelle Gesundheitsversorgung und Bildung, die alle eine nachhaltige Beziehung zur Erde erfordern – vor allen anderen Notwendigkeiten und Bedürfnissen. »Eine ökologische Dialektik«, die dieser Linie folgt, so insistiert Morrison, »lehnt nicht den Kampf als solchen ab, sondern das endlose Gemetzel industrieller Negation« im Interesse unbegrenzter Profite.[512] Solch eine revolutionäre Wende in menschlichen Angelegenheiten mag unwahrscheinlich erscheinen, aber die Fortführung des gegenwärtigen kapitalistischen Systems wird sich über längere

---

Club, 1947), S. 161. Zum Verhältnis von Marx zu Epikur vgl. John Bellamy Foster, *Marx's Ecology* (New York: Monthly Review Press, 2000).
511 Karl Marx, »Konspekt von Bakunins Buch ›Staatlichkeit und Anarchie‹«, in: MEW Band 18 (Berlin: Dietz Verlag, 1973), S. 634; Paul Burkett, »Marx's Vision of Sustainable Human Development«, in: *Monthly Review* 57, Nr. 5, Oktober 2005, S. 34–62.
512 Vgl. Roy Morrison, *Ecological Democracy* (Boston: South End Press, 1995), S. 80, 188.

Zeitdauer als unmöglich erweisen, wenn die menschliche Zivilisation und das Geflecht des Lebens, wie wir sie kennen, aufrechterhalten werden sollen.

# Kapitel 14
# Die Ökologie und der Übergang vom Kapitalismus zum Sozialismus

Dieses abschließende Kapitel wurde auf der Grundlage eines Artikels überarbeitet und korrigiert, der in *Monthly Review* 60, Nr. 6 (November 2008), S. 1–12, erschienen ist. Er beruhte auf einem Vortrag, der auf der von der Wochenzeitschrift *Green Left Weekly* organisierten Konferenz »Climate Change, Social Change« am 2. April 2008 in Sydney, Australien, gehalten wurde.

Der Übergang vom Kapitalismus zum Sozialismus ist das schwierigste Problem der sozialistischen Theorie und Praxis. Dem noch die Frage der Ökologie hinzuzufügen, mag daher als unnötige Komplikation einer bereits schwer zu bewältigenden Angelegenheit angesehen werden. Ich werde hier, im abschließenden Kapitel dieses Buches trotzdem argumentieren, dass das menschliche Verhältnis zur Natur im Kern des Übergangs zum Sozialismus liegt. Eine ökologische Perspektive ist entscheidend für unser Verständnis der Grenzen des Kapitalismus, die Fehler der frühen sozialistischen Experimente und des gesamten Kampfes für eine egalitäre und nachhaltige menschliche Entwicklung.

Meine Argumentation besteht aus drei Teilen. Erstens ist es entscheidend, die Verbindung zwischen klassischem Marxismus und ökologischer Analyse zu verstehen. Weit entfernt davon, für den Sozialismus eine Besonderheit darzustellen, wie uns häufig glauben gemacht wird, war die Ökologie von Beginn an ein wichtiger Bestandteil des sozialistischen Projekts – ungeachtet der zahlreichen späteren diesbezüglichen Defizite in Gesellschaften sowjetischen Typs. Zweitens ist die globale ökologische Krise, die uns nun gegenübersteht, zutiefst in der »Welt entfremdenden« Logik der Kapitalakkumulation verwurzelt, die sich bis zu den historischen Ursprüngen des Systems zurückverfolgen lässt. Drittens ist der Übergang vom Kapitalismus zum Sozialismus ein Kampf für eine nachhaltige menschliche Entwicklung, bei dem Gesellschaften an der Peripherie des kapitalistischen Weltsystems eine Vorreiterrolle gespielt haben.

## Klassischer Marxismus und Ökologie

Forschungen, die über die letzten beiden Jahrzehnte hinweg durchgeführt wurden, haben gezeigt, dass im klassischen Marxismus eine kraftvolle ökologische Perspektive steckte. Ebenso wie eine Umgestaltung des menschlichen Verhältnisses zur Erde nach Ansicht von Marx eine wesentliche Voraussetzung für den Übergang vom Feudalismus zum Kapitalismus war, so war auch die vernünftige Regulierung des Stoffwechselverhältnisses zur Natur eine wesentliche Voraussetzung für den Übergang vom Kapitalismus zum Sozialismus.[513] Marx und Engels schrieben ausführlich über ökologische Probleme, die auf den Kapitalismus und die Klassengesellschaft im Allgemeinen zurückzuführen sind, und die Notwendigkeit, diese im Sozialismus zu überwinden. Dies umfasste Erörterungen der Bodenkrise des 19. Jahrhunderts, die Marx zur Entwicklung seiner Theorie des metabolischen Bruchs zwischen Natur und Gesellschaft führten. Dieser Bruch im notwendigen Stoffwechselkreislauf zwischen Natur und Gesellschaft verlangte für Marx nicht weniger als die »Restaurierung« der ökologischen Nachhaltigkeit zum Wohle »nachfolgender Generationen«.[514]

Damit übereinstimmend, sprachen Marx und Engels die wichtigsten ökologischen Probleme der menschlichen Gesellschaft an: die Spaltung zwischen Stadt und Land, die Erschöpfung des Bodens, industrielle Verschmutzung, städtische Fehlentwicklung, Gesundheitsverfall und Verkrüppelung der Arbeiter, schlechte Ernährung, Giftstoffe, Umzäunungen, ländliche Armut und Isolierung, Entwaldung, von Menschen verursachte Überflutungen, Wüstenbildung, Wasserver-

---

513 Vgl. Karl Marx, *Das Kapital*, Band 3, MEW Band 25, a.a.O., S. 809.
514 Karl Marx, *Das Kapital*, Band 1, MEW Band 23, a.a.O.; *Das Kapital*, Band 3, MEW 25, a.a.O., 754, 911, 948f.

knappung, regionaler Klimawandel, die Erschöpfung natürlicher Ressourcen (einschließlich Kohle), die Erhaltung der Energie, Entropie, die Notwendigkeit der Wiederaufbereitung von Abfallprodukten der Industrie, die gegenseitige Verbindung zwischen den Arten und ihren Umgebungen, historisch bedingte Probleme der Überbevölkerung, die Ursachen von Hungersnöten und die Problematik der rationalen Anwendung von Wissenschaft und Technologie.

Dieses ökologische Verständnis erwuchs aus der tiefen materialistischen Vorstellung von der Natur, die ein wesentlicher Teil der marxschen Sichtweise war. »Der Mensch«, schrieb er, »lebt von der Natur, heißt die Natur ist sein *Leib*, mit dem er in beständigem Prozeß bleiben muß, um nicht zu sterben. Dass das physische und geistige Leben des Menschen mit der Natur zusammenhängt, hat keinen andren Sinn, als daß die Natur mit sich selbst zusammenhängt, denn der Mensch ist ein Teil der Natur.«[515] Marx erklärte nicht nur, dass die Erde niemandem persönlich gehöre, er argumentierte auch, dass die Erde keiner Nation und keinem Volk zu eigen sei; dass sie aufeinanderfolgenden Generationen gehöre und in Übereinstimmung mit dem Prinzip der guten Haushaltsführung gepflegt werden müsse.[516]

Andere frühe Marxisten folgten dem Beispiel, wenn auch nicht immer konsequent, indem sie ökologische Anliegen in ihre Analysen einbezogen und eine allgemeine materialistische und dialektische Vorstellung von Natur zum Ausdruck brachten. William Morris, August Bebel, Karl Kautsky, Rosa Luxemburg und Nikolai Bucharin bezogen sich allesamt auf ökologische Einsichten von Marx. Der frühe Versuch des ukrainischen Sozialisten Sergei Podolinsky zur Entwicklung einer ökologischen Ökonomie war in beträchtlichem Maße von Marx und Engels inspiriert. Lenin betonte die Bedeutung der Rückführung der Bodennährstoffe und unterstützte sowohl den Naturschutz als auch bahnbrechende Experimente in der kommunitären Ökologie (die Untersuchung des Zusammenwir-

---

515 Karl Marx, *Ökonomisch-Philosophische Manuskripte*, MEW Band 40, a.a.O., S. 516. Eine Dokumentation der oben aufgeführten ökologischen Anliegen von Marx und Engels ist in folgenden Arbeiten zu finden: Paul Burkett, *Marx and Nature* (New York: St. Martin's Press, 1999); John Bellamy Foster, *Marx's Ecology* (New York: Monthly Review Press, 2000); und Paul Burkett und John Bellamy Foster, »Metabolism, Energy, and Entropy in Marx's Critique of Political Economy«, in: *Theory & Society* 35, 2006, S. 109–156. Zum Problem des lokalen Klimawandels, wie es von Engels und Marx zu ihrer Zeit aufgeworfen wurde (Mutmaßungen über Temperaturveränderungen aufgrund der Entwaldung) siehe Engels' Anmerkungen zu Fraas in Marx und Engels, MEGA IV, 31 (Berlin: Akademie Verlag, 1999), S. 512–516.
516 Vgl. Karl Marx, *Das Kapital*, Band 3, MEW Band 25, a.a.O., S. 784.

kens von Bevölkerungen innerhalb einer spezifischen natürlichen Umgebung). Dies führte in der Sowjetunion in den 1920er- und frühen 1930er-Jahren zur wohl fortgeschrittensten Konzeption von ökologischer Energetik und trophischer Dynamik (der Grundlage moderner Ökosystemanalyse) in der damaligen Welt. Das gleiche revolutionär-wissenschaftliche Klima wurde von V. I. Vernadskys Biosphärentheorie, A. I. Oparins Theorie vom Ursprung des Lebens und N. I. Wawilows Entdeckung der Weltzentren der Keimplasmen (den genetischen Quellen der weltweiten Nutzpflanzen) entwickelt. Im Westen und besonders in Großbritannien waren führende vom Marxismus beeinflusste Wissenschaftler wie J. B. S. Haldane, J. D. Bernal, Hyman Levy, Lancelot Hogben und Joseph Needham Wegbereiter bei der Erforschung der Naturdialektik aktiv.[517]

Dabei können nicht alle bedeutenden Persönlichkeiten oder alle Entwicklungen in der sozialistischen Tradition als ökologisch betrachtet werden. Der sowjetische Marxismus unterlag einer extremen Version des Produktivismus, der die Moderne des frühen 20. Jahrhunderts ganz allgemein kennzeichnete und zu einer eigenen Variante von Ökozid führte. Mit dem Aufkommen des stalinistischen Systems wurden die wegweisenden ökologischen Entwicklungen in der Sowjetunion weitgehend vernichtet.

Zugleich führte eine tiefe Antipathie gegen die Naturwissenschaft, die aus einer extremen Ablehnung des Positivismus hervorging, zur Aufgabe der Versuche, die Naturdialektik im westlichen Marxismus zu theoretisieren, wodurch seine Verbindung zur Ökologie geschwächt wurde, obwohl die Frage der Beherrschung der Natur von der Frankfurter Schule als Teil ihrer Wissenschaftskritik durchaus gestellt wurde. Wenn heute Sozialismus und Ökologie erneut als dialektisch untereinander verbunden verstanden werden, ist dies sowohl der Herausbildung der ökologischen Widersprüche des Kapitalismus als auch der Entwicklung einer Selbstkritik des Sozialismus geschuldet.

---

517 Zu den ökologischen Einsichten von Sozialisten nach Marx siehe Foster, *Marx's Ecology*, a.a.O., S. 236–254. Zur sowjetischen Ökologie siehe auch Douglas R. Weiner, *Models of Nature* (Bloomington: Indiana University Press, 1988). Zu Podolinsky siehe John Bellamy Foster und Paul Burkett, »Ecological Economics and Classical Marxism«, in: *Organization & Environment* 17, Nr. 1, März 2004, S. 32–60.

## Die Entfremdung des Kapitalismus von der Welt

Der Schlüssel zum Verständnis des Verhältnisses des Kapitalismus zur Umwelt liegt in der Untersuchung seiner historischen Anfänge, das heißt beim Übergang des Feudalismus zum Kapitalismus. Dieser Übergang war ungeheuer komplex, zog sich über Jahrhunderte hin und kann selbstverständlich hier nicht in vollem Umfang behandelt werden. Ich werde mich also nur auf wenige Faktoren konzentrieren. Die Bourgeoisie entstand in den Zwischenräumen der feudalen Wirtschaft. Wie ihr Name suggeriert, hatte die Bourgeoisie ihren Ausgangspunkt als Klasse vorwiegend in den urbanen Zentren und im merkantilen Handel. Was jedoch notwendig war, damit die bürgerliche Gesellschaft sich als System voll entwickeln konnte, war die revolutionäre Umwandlung der feudalen Produktionsweise und ihre Ersetzung durch kapitalistische Produktionsverhältnisse. Da der Feudalismus ein vorwiegend agrarisches System war, bedeutete dies natürlich eine Umgestaltung der agrarischen Verhältnisse, das heißt des Verhältnisses der Arbeiter zum Land als Produktionsmittel.

Deshalb benötigte der Kapitalismus zu seiner Entwicklung ein neues Verhältnis zur Natur, ein Verhältnis, das der direkten Verbindung der Arbeitskraft zu den Produktionsmitteln, das heißt der Erde, diente, zusammen mit der Aufhebung aller herkömmlichen Rechte bezüglich der Allmende (des Gemeingutes). Der klassische Schauplatz der industriellen Revolution war Großbritannien, wo die Vertreibung der Arbeiter vom Land durch das Mittel der Enteignung vom 15. bis zum 18. Jahrhundert die Form einer Bewegung des Einzäunens bzw. Umfriedens annahm. Unter Kolonialismus und Imperialismus spielte sich in den Randgebieten und Außenbereichen der kapitalistischen Ökonomie eine noch brutalere Umgestaltung ab. Dabei wurden alle vorher bestehenden menschlichen Produktivbeziehungen zur Natur in einer Art auseinandergerissen, die Marx als »die Ausrottung, Versklavung und Vergrabung der eingeborenen Bevölkerung in die Bergwerke« bezeichnete – die gewaltsamste Enteignung in der gesamten menschlichen Geschichte.[518]

Das Ergebnis war eine Proletarisierung innerhalb des Zentrums, als Massen von Arbeitern aus ihrer Arbeit entlassen wurden und in die Städte wanderten. Dort fanden sie das durch organisierten Raub aufgehäufte Kapital vor, was

---

518 Vgl. Karl Marx, *Ökonomisch-Philosophische Manuskripte*, MEW Band 40, a.a.O., S. 661–665; und *Das Kapital*, Band 1, MEW Band 23, a.a.O., S. 779.

zum Entstehen dessen führte, was Marx als »moderne Industrie« bezeichnete. Gleichzeitig wurden an der Peripherie verschiedene Formen der Knechtschaft und Arbeit etabliert, die wir heute prekär nennen, bei denen die gesellschaftliche Reproduktion stets gegenüber der imperialistischen Ausbeutung zweitrangig war. Der gewaltsam aus der Peripherie herausgequetschte Überschuss ernährte die Industrialisierung im Zentrum der Weltwirtschaft.[519]

Was dieses neue System funktionieren ließ, war die unablässige Akkumulation von Kapital in einem Zyklus nach dem anderen, wobei jede neue Akkumulationsphase die vorhergehende zum Ausgangspunkt nahm. Dies bedeutete immer gespaltenere, entfremdetere Menschen in einem immer globaleren destruktiven Metabolismus zwischen Menschheit und Natur. Wie Joseph Needham bemerkte, verwandelte sich die »Eroberung der Natur« unter dem Kapitalismus in »die Eroberung des Menschen«. Die »technologischen Werkzeuge, die bei der Beherrschung der Natur verwendet wurden«, erzeugten »eine qualitative Umwandlung im Mechanismus sozialer Vorherrschaft«.[520]

Es gibt keinen Zweifel, dass diese Dialektik von Herrschaft und Zerstörung in planetarischem Maßstab außer Kontrolle gerät. Wirtschaftlich gesehen ist die allumfassende Ungleichheit zwischen den zentralen und peripheren Ländern des weltweiten Systems parallel zur Intensivierung der Klassenungleichheit innerhalb eines jeden kapitalistischen Staates im Wachstum begriffen. Ökologisch betrachtet verwandelt ein außer Kontrolle geratener Prozess globaler Erwärmung das Weltklima und die lebenserhaltenden Systeme der gesamten Erde.[521]

Bei der Beschäftigung mit diesem planetarischen Umweltproblem ist es nützlich, sich der Vorstellung Hannah Arendts von einer »Weltentfremdung« zuzuwenden, die sie vor fünfzig Jahren in *The Human Condition* (deutsch: Vita activa oder vom tätigen Leben) entwickelte. »Weltentfremdung« begann für Arendt mit der »Entfremdung von der Erde« zu Zeiten von Kolumbus, Galileo und Luther. Galileo richtete sein Teleskop auf die himmlischen Gefilde und verwandelte dabei die Menschen zu Geschöpfen des Kosmos, die dadurch nicht länger irdische Wesen waren. Die Wissenschaft griff kosmische Prinzipien auf, um an

---

519 Zu prekärer Arbeit vgl. Fatma Ülkü Selçuk, »Dressing the Wound«, in: *Monthly Review* 57, Nr. 1, Mai 2005, S. 37–44.
520 Joseph Needham, *Moulds of Understanding* (London: George Allen and Unwin, 1976), S. 301.
521 Vgl. Branko Milanovic, *Worlds Apart* (Princeton: Princeton University Press, 2005); John Bellamy Foster, »The Imperialist World System«, in: *Monthly Review* 59, Nr. 1, Mai 2007, S. 1–16.

den »Archimedischen Punkt« zu gelangen, über den die Welt aus den Angeln zu heben war, allerdings auf Kosten einer unermesslichen Entfremdung von der Welt. Die Menschen nahmen die Welt nicht mehr unmittelbar durch den direkten Nachweis vermittels ihrer fünf Sinne wahr. Die ursprüngliche Einheit des menschlichen Bezuges zur Welt, die durch die griechischen Polis veranschaulicht wurde, war abhandengekommen.

Arendt bemerkte, dass sich Marx von seinen frühen Schriften an dieser Weltentfremdung bewusst war, indem er darauf hinwies, dass die Welt »gespalten« war, da alle natürlichen Objekte – wie das Holz vom Holznutzer und vom Holzverkäufer – in Privatbesitz und in die universelle Warenform verwandelt wurden. Die originale oder ursprüngliche Akkumulation, die Entfremdung der Menschen vom Land, wie Marx sie beschrieb, wurde zur entscheidenden Manifestation der Weltentfremdung. Dennoch zog Marx es nach Arendts Ansicht vor, eher die menschliche, aus der Arbeit herrührende Selbstentfremdung zu betonen als die Weltentfremdung. Dagegen sei »Weltentfremdung und nicht [in erster Linie] Selbstentfremdung, wie Marx meinte, das Kennzeichen der Neuzeit«.

»Der Prozess der Akkumulation von Reichtum, wie wir ihn kennen«, wie Arendt zu bemerken fortfuhr, hänge von der Ausdehnung der Weltentfremdung ab. Er »ist nur dann möglich, wenn die Welt und eben die Weltlichkeit des Menschen geopfert werden«. Dieser Prozess der Akkumulation von Reichtum im modernen Zeitalter »steigerte die menschliche Zerstörungskraft in enormer Weise«, sodass »wir dazu in der Lage sind, alles organische Leben auf der Erde zu zerstören und möglicherweise eines Tages dazu fähig sein werden, sogar die Erde selbst zu vernichten«. Tatsächlich ruiniert, wie sie erklärte, unter den gegenwärtigen Bedingungen

> »nicht das Vernichten, sondern das Erhalten und Konservieren [...] die moderne Wirtschaft, deren Umsatzprozesse durch das Vorhandensein von Bestand jeglicher Art nur verlangsamt werden können, weil die einzige, ihr eigene Konstante in der ständigen Geschwindigkeitszunahme des Produktionsprozesses liegt«.[522]

Arendt hatte keine endgültigen Antworten auf das Problem, das sie aufgeworfen hatte. Trotzdem sie die Weltentfremdung mit einem System der Zerstörung

---

522 Hannah Arendt, *Vita Activa* (Stuttgart: W. Kohlhammer, 1960), S. 248–252; Karl Marx, »Zur Kritik der Hegelschen Rechtsphilosophie«, in: MEW 1, a.a.O., S. 224–227.

verband, das in der Akkumulation von Reichtum wurzelte, identifizierte sie sie eher mit der Entwicklung von Wissenschaft, Technologie und Modernität als mit dem Kapitalismus als solchem. Weltenfremdung war nach ihrer Ansicht der Triumph des *homo faber* (des schaffenden Menschen) und des *animal laborans* (des arbeitenden Tieres). Laut dieser tragischen Vorstellung waren ihre Leser dazu aufgerufen, auf die verlorene Einheit der griechischen Polis zurückzublicken, anstatt, wie bei Marx, in Richtung auf eine neue Gesellschaft zu schauen, die auf der Wiederherstellung des menschlichen Stoffwechsels mit der Natur auf einer höheren Entwicklungsebene beruhte. Letztendlich war die Weltentfremdung für Arendt eine griechische Tragödie, die auf planetarische Ebene angehoben war.

Es gibt keinen Zweifel daran, dass die konkreten Manifestationen dieser Weltentfremdung heute überall offensichtlich sind. Die letzten wissenschaftlichen Daten besagen, dass die globalen Kohlendioxidemissionen aus fossilen Brennstoffen »eine heftige Beschleunigung [...] in den frühen 2000er-Jahren« erfahren haben, wobei die Wachstumsrate Ebenen erreicht hat, die »höher sind als bei den für die meisten an fossilen Brennstoffen intensiven, vom Zwischenstaatlichen Panel zum Klimawandel in den späten 1990er-Jahren entwickelten Szenarien«. Überdies ist »die gefährliche globale atmosphärische $CO_2$-Konzentration in jedem Jahrzehnt in einer fortschreitend schnelleren Geschwindigkeit« gewachsen. Die schnellste Beschleunigung bei Emissionen hat es dabei in aufstrebenden Industrieländern wie China gegeben, aber »keine Region« in der Welt ist gegenwärtig dabei, »ihre Energieversorgung zu entkarbonisieren«. Alle Ökosysteme sind im Verfall begriffen, Wasserknappheit ist auf dem Vormarsch, und Energieressourcen werden, durch Kriege erzwungen, mehr denn je zum Gegenstand globaler Monopole.

Der »vom Menschen hinterlassene Fingerabdruck der globalen Erwärmung« ist »an zehn verschiedenen Punkten« entdeckt worden: »Oberflächentemperaturen, Feuchtigkeit, Wasserdampf über den Meeren, atmosphärischer Druck, Gesamtniederschlag, Großbrände, Veränderungen bei Pflanzen- und Tierarten, Wasserablauf, Temperaturen in der oberen Atmosphäre und Wärmegehalt in den Weltmeeren«. Der Preis, der auf die Welt zukommt, wenn sie ihren Kurs nicht radikal ändert, ist ein rasanter Rückgang der Zivilisation und des Lebens selbst: eine Ökonomie und Ökologie der Zerstörung, die schließlich ihre Grenzen erreichen wird.[523]

---

523 Vgl. Michael R. Raupach et al., »Global and Regional Drivers of Accelerating CO2 Emissions«, in: *Proceedings of the National Academy of Sciences* 104, Nr. 24, 12. Juni,

## Sozialismus und nachhaltige menschliche Entwicklung

Wie sollen wir diese Herausforderung annehmen, die wohl die größte ist, der die menschliche Zivilisation jemals gegenüberstand? Eine Antwort auf die ökologische Frage, die Arendts tragisches Verständnis von Weltentfremdung übersteigt, erfordert eine revolutionäre Vorstellung einer nachhaltigen menschlichen Entwicklung – eine Entwicklung, die sowohl die menschliche Selbstentfremdung (die Entfremdung von der Arbeit) als auch die Weltentfremdung (die Entfremdung von der Natur) anspricht. Es war Ernesto »Che« Guevara, der in seinem Buch »*Mensch und Sozialismus in Kuba*« argumentierte, dass die entscheidende Frage beim Aufbau des Sozialismus nicht die wirtschaftliche Entwicklung, sondern die menschliche Entwicklung sei. Dies muss in Übereinstimmung mit Marx um die Erkenntnis erweitert werden, dass sich die wirkliche Frage um eine nachhaltige menschliche Entwicklung dreht, wobei der menschliche Stoffwechsel mit der Natur durch menschliche Arbeit explizit angesprochen wird.[524]

Zu oft hat man sich dem Übergang zum Sozialismus mechanistisch als bloße Ausweitung der Produktionsmittel genähert, anstatt sich auf die Entwicklung menschlicher Beziehungen und Bedürfnisse zu beziehen. Im System, dass sich in der Sowjetunion entwickelte wurde das unverzichtbare Werkzeug der Planung in Richtung einer Produktion um der Produktion Willen fehlgeleitet, wobei man die echten menschlichen Bedürfnisse aus dem Blick verlor. Die vom Kapitalismus eingeführte detaillierte Arbeitsteilung wurde unter diesem System im Interesse höherer Produktivität aufrechterhalten und weiter ausgedehnt. Dieser Art von Gesellschaft werde, wie Che kritisch bemerkte, häufig der Vorwurf gemacht, »die Periode des Aufbaus des Sozialismus [...] sei durch die Opferung des Individuums auf dem Altar des Staates gekennzeichnet«.[525]

Der revolutionäre Charakter des lateinamerikanischen Sozialismus leitet seine Stärke heute aus der Erkenntnis der negativen Lektionen der sowjetischen

---

2007, S. 10288–10289; »Global Warming: It's the Humidity«, in: *Associated Press*, 10. Oktober 2007.

524 Vgl. Paul Burkett, »Marx's Vision of Sustainable Human Development«, in: *Monthly Review* 57, Nr. 5, Oktober 2005, S. 34–62.

525 Ernesto »Che« Guevara, »Mensch und Sozialismus in Kuba«, siehe: http://www.marxists.org/archive/guevara/1965/03/man-socialism-alt.htm. Che bezog sich auf die bürgerliche Kritik am sozialistischen Übergang, wobei jedoch klar war, dass er das Problem als einen aktuellen Widerspruch früher sozialistischer Experimente betrachtete, der überwunden werden musste. Vgl. auch Michael Löwy, *The Marxism of Che Guevara* (New York: Monthly Review Press, 1973), S. 59–73.

Erfahrung ab. Darüber hinaus besaß die von Chávez proklamierte bolivarische Vision ihre eigenen Wurzeln der Inspiration, die sich auf einen älteren, vormarxistischen Sozialismus bezog. So war es der Lehrer Simon Bolívars, Simón Rodríguez, der im Jahre 1847 schrieb: »Die Arbeitsteilung in der Warenproduktion dient nur zur Brutalisierung der Arbeitskraft. Wenn wir, um billige und ausgezeichnete Nagelscheren zu produzieren, die Arbeiter auf Maschinen reduzieren müssen, täten wir besser daran, unsere Fingernägel mit den Zähnen zu kürzen.« Tatsächlich ist das, was wir heute in Bezug auf Bolívars eigene Prinzipien am meisten bewundern, sein kompromissloses Beharren darauf, dass Gleichheit »das Gesetz der Gesetze« sei.[526]

Dasselbe Bekenntnis zu einer egalitären, universellen Entwicklung der Menschheit war grundlegend für Marx. Die Herausbildung einer Gesellschaft von assoziierten Produzenten hatte gleichbedeutend mit der positiven Überwindung der menschlichen Entfremdung zu sein. Das Ziel war eine vielseitige menschliche Entwicklung. Genau wie »die ganze Geschichte nur eine fortgesetzte Umwandlung der menschlichen Natur ist«, so ist »die Ausbildung der 5 Sinne [...] eine Arbeit der ganzen bisherigen Weltgeschichte«. Der Sozialismus erscheint folglich als »die vollständige Emanzipation aller menschlichen Sinne und Eigenschaften«, »Kommunismus ist als vollendeter Naturalismus Humanismus«, schrieb Marx, und »als vollendeter Humanismus Naturalismus«.[527]

Der Gegensatz zwischen dieser revolutionären, humanistisch-naturalistischen Vision und der heute vorherrschenden mechanisch-ausbeuterischen Realität könnte stärker nicht sein. Wir befinden uns in einer Zeitperiode imperialistischer Entwicklung, die möglicherweise die gefährlichste der gesamten Geschichte ist.[528] Es gibt zwei Arten, wie das Leben auf dem Planeten, wie wir es kennen, zerstört werden kann – entweder unmittelbar durch einen globalen atomaren Holocaust oder im Verlauf weniger Generationen durch einen Klimawandel und andere Manifestationen der Klimazerstörung. Gegenwärtig wird im Mittleren Osten um die Kontrolle des weltweiten Öls Krieg geführt, während die Kohlenstoffemissionen aus fossilen Brennstoffen und anderen Arten industri-

---

526 Vgl. Rodríguez, zitiert in Richard Gott, *In the Shadow of the Liberator* (London: Verso, 2000), S. 116; Simón Bolívar, »Message to the Congress of Bolivia«, 25. Mai 1826, in: *Selected Works*, Band 2 (New York: The Colonial Press, 1951), S. 603.
527 Karl Marx, *Das Elend der Philosophie*, MEW Band 4, a.a.O., und: *Ökonomisch-Philosophische Manuskripte*, MEW Band 40, a.a.O., S. 536.
528 Vgl. István Mészáros, *Socialism or Barbarism* (New York: Monthly Review Press, 2002), S. 23.

eller Produktion eine globale Erwärmung erzeugen. Biotreibstoffe, die heutzutage angesichts der bevorstehenden Ölknappheit als Alternative angeboten werden, führen nur zur Verbreitung des Hungers auf der Welt.[529] Wasserressourcen werden durch globale Konzerne monopolisiert. Menschliche Bedürfnisse werden überall negiert: entweder in Form extremer Deprivation für eine Mehrheit der Weltbevölkerung oder, wie in den reicheren Ländern, in der intensivsten denkbaren Selbstentfremdung, die sich über die Produktion hinaus auf einen gesteuerten Konsum ausweitet und eine lebenslange Abhängigkeit von entfremdender Lohnarbeit geltend macht. Das Leben beruht mehr und mehr auf einer Unmenge künstlicher Wünsche, die losgelöst von echten Bedürfnissen sind.

All dies verändert die Art und Weise, in der wir hinsichtlich des Übergangs vom Kapitalismus zum Sozialismus denken. Der Sozialismus ist immer als eine Gesellschaft verstanden worden, die darauf abzielt, die Ausbeutungsverhältnisse des Kapitalismus aufzuheben und die mannigfaltigen sozialen Übel zu beseitigen, zu denen diese Verhältnisse geführt haben. Dies erfordert die Abschaffung des Privateigentums an den Produktionsmitteln, einen hohen Grad an Gleichheit in jeder Hinsicht, eine Ersetzung der blinden Kräfte des Marktes durch eine Planung durch die assoziierten Produzenten in Übereinstimmung mit echten gesellschaftlichen Bedürfnissen und die weitestmögliche Beseitigung der Unterschiede, die mit der Trennung von Stadt und Land, Kopfarbeit und Handarbeit, Rassen- und Geschlechterunterscheidungen verbunden sind. Das Grundproblem des Sozialismus geht jedoch tiefer. Der Übergang zum Sozialismus ist nur durch eine revolutionierende Praxis möglich, die den Menschen selbst revolutioniert.[530] Der einzige Weg, um dies zu bewerkstelligen, verläuft über die Veränderung unseres menschlichen Stoffwechsels mit der Natur, gemeinsam mit unseren menschlich-sozialen Beziehungen, um somit die Entfremdung sowohl der Natur als auch der Menschheit zu überwinden. Marx wie Hegel liebten es, die berühmte Feststellung von Terenz (Terentius) zu zitieren: »Nichts Menschliches ist mir fremd.« Nun ist klar, dass wir dies vertiefen und ausdehnen müssen zu: Nichts Irdisches ist mir fremd.[531]

---

529 Eine kraftvolle Kritik der Produktion von Biotreibstoffen wurde im Laufe der vergangenen Jahre in einer Reihe von Reflektionen von Fidel Castro Ruz vorgebracht. Siehe: http://www.monthlyreview.org/castro/index.php.
530 Vgl. Paul M. Sweezy, »The Transition to Socialism«, in: Sweezy and Charles Bettelheim, *On the Transition to Socialism* (New York: Monthly Review Press, 1971), S. 112, 115; Michael Lebowitz, *Build It Now* (New York: Monthly Review Press, 2006), S. 13–14.
531 Vgl. G. W. F. Hegel, »Vorlesungen über die Ästhetik« (1835–1838), *Werke 13*, (Frank-

Mainstream-Umweltschützer versuchen fast ausschließlich, Umweltprobleme durch drei mechanische Strategien zu lösen: (1) technologische Ansatzpunkte; (2) die Ausdehnung des Marktes auf alle Aspekte der Natur; und (3) die Schaffung von beabsichtigten reinen Schutzinseln in einer Welt fast universeller Ausbeutung und der Zerstörung natürlicher Lebensräume. Im Gegensatz dazu ist eine Minderheit kritischer Humanökologen zum Verständnis der Notwendigkeit einer Veränderung unserer grundlegenden gesellschaftlichen Verhältnisse gelangt. Einige der besten Ökologen sind deshalb auf der Suche nach konkreten Modellen dazu gekommen, einige der Staaten (und Regionen) ins Blickfeld zu nehmen, die in ihrer Orientierung (im Sinne, dass sie in beträchtlichem Ausmaß auf gesellschaftlicher Planung an Stelle von Marktkräften beruhen) sowohl ökologisch als auch sozialistisch sind. Infolgedessen wurden Kuba, Curitiba und Porto Alegre in Brasilien sowie Kerala in Indien von einigen der engagiertesten Umweltschützern wie Bill McKibben, der als Verfasser von *The End of Nature* bestens bekannt ist, als führende Kräfte ökologischer Transformation ausgewählt.[532] In jüngerer Zeit hat Venezuela seine Überschüsse aus dem Öl dazu genutzt, seine Gesellschaft in Richtung auf eine nachhaltige menschliche Entwicklung umzugestalten und dabei die Grundlage für eine »Vergrünung« seiner Produktion gelegt. Obwohl es Widersprüche zu dem gibt, was man als venezolanischen »Petro-Sozialismus« bezeichnet hat, macht die Tatsache, dass ein auf Ölbasis erzeugter Überschuss für eine echte gesellschaftliche Umgestaltung eingesetzt wird, anstatt ihn dem sprichwörtlichen »Fluch des Öls« zuzuführen, Venezuela einzigartig.[533]

Natürlich gibt es innerhalb des Systems auch mächtige Umweltbewegungen, auf die wir hoffnungsvoll blicken könnten. Aber getrennt von starken sozialistischen Bewegungen und einer revolutionären Situation sind sie durch die vermeintliche Notwendigkeit, sich dem vorherrschenden System der Akkumulation anzupassen, sehr viel beschränkter, wodurch der ökologische Kampf untergraben wird. Infolgedessen sind revolutionäre Strategien und Bewegungen im Hinblick auf Ökologie und Gesellschaft gegenwärtig weitgehend an der Peripherie mit

furt am Main: Suhrkamp, 1986) S. 70; Karl Marx, »Confessions«, in: Teodor Shanin, *Late Marx and the Russian Road: Marx and the Peripheries of Capitalism* (New York: Monthly Review Press, 1983), S. 140.
532 Vgl. Bill McKibben, *Hope, Human and Wild* (Minneapolis: Milkweed Editions, 1995); und *Deep Economy* (New York: Henry Holt, 2007).
533 Vgl. Michael A. Lebowitz, »An Alternative Worth Struggling For«, in: *Monthly Review* 60, Nr. 5, Oktober 2008, S. 20–21.

ihren schwachen Bindungen zum kapitalistischen System welthistorische Kräfte, die sich von diesem lossagen.

Ich kann nur auf ein paar wenige wesentliche Aspekte dieses radikalen Prozesses eines ökologischen Wandels hinweisen, wie er sich in Gebieten des globalen Südens manifestiert. In Kuba nimmt das Ziel der menschlichen Entwicklung durch das, was weithin als die »Begrünung Kubas« angesehen wird, eine neue Form an. Dies wird in der Entstehung des revolutionärsten agro-ökologischen Experimentes der Erde und den damit zusammenhängenden Veränderungen in Gesundheit, Wissenschaft und Bildung offenkundig. McKibben stellt dazu fest: »Die Kubaner haben etwas geschaffen, was als das vielleicht weitestgehend funktionierende Modell einer halbnachhaltigen Landwirtschaft gelten kann, ein Modell, das weit weniger als die übrige Welt auf Öl, Chemikalien und dem Hinundhertransport von großen Mengen an Nahrung beruht [...] Kuba besitzt Tausende von *organopónicos* (städtische biologische Gärten), davon mehr als zweihundert allein im Gebiet von Havanna.« Tatsächlich hat laut *Live Planet Report* des World Wildlife Funds in der gesamten Welt »nur Kuba« mit einem menschlichen Entwicklungsindex von höher als 0,8 ein hohes Niveau menschlicher Entwicklung erreicht, während es außerdem einen ökologischen Fußabdruck pro Kopf aufweist, der unter dem Weltdurchschnitt liegt.[534]

Diese ökologische Umgestaltung ist tief in der Kubanischen Revolution verwurzelt, anstatt, wie häufig gesagt wird, nur eine in der Sonderperiode nach dem Fall der Sowjetunion erzwungene Reaktion zu sein. Wie der Ökologe Richard Levins ausführt, hatte bereits in den 1970er-Jahren Carlos Rafael Rodríguez, einer der Begründer der kubanischen Ökologie, Argumente für »eine integrale Entwicklung als Grundlage einer harmonischen Entwicklung der Wirtschaft und der sozialen Beziehungen zur Natur« eingebracht. Dies führte zum allmählichen Aufblühen ökologischen Denkens im Kuba der 1980er-Jahre. Wie Levins erklärt, erlaubte es die Sonderperiode den »Ökologen aus Überzeugung«, die »Ökologen

---

534 Vgl. McKibben, *Deep Economy*, a.a.O., S. 73. Vgl. auch Richard Levins, »How Cuba Is Going Ecological«, in: Richard Lewontin und Richard Levins, *Biology Under the Influence* (New York: Monthly Review Press, 2007), S. 343–364; Rebecca Clausen, »Healing the Rift: Metabolic Restoration in Cuban Agriculture«, in: *Monthly Review* 59, Nr. 1, Mai 2007, S. 40–52; World Wildlife Fund, *Living Planet Report 2006*, siehe: http://assets.panda.org/downloads/living_planet_ report.pdf, S. 19; Peter M. Rosset, »Cuba: A Successful Case Study of Sustainable Agriculture«, in: Fred Magdoff, John Bellamy Foster, and Friedrich H. Buttel (Hrsg.), *Hungry for Profit* (New York: Monthly Review Press, 1999), S. 203–214.

aus Notwendigkeit« anzuwerben, wodurch viele von ihnen ebenfalls zu Ökologen aus Überzeugung wurden.[535]

Venezuela hatte unter Chávez mit der Herausbildung der Bolivarischen Zirkel, den Kommunalen Räten und einer zunehmenden Arbeiterkontrolle über die Fabriken nicht nur neue revolutionäre Gesellschaftsverhältnisse vorangebracht, sondern auch einige entscheidende Initiativen hinsichtlich dessen eingeleitet, was István Mészáros eine neue »sozialistische Zeitbuchhaltung« in der Produktion und im Austausch von Waren genannt hat. In der neuen Bolivarischen Allianz für die Amerikas (ALBA) liegt der Schwerpunkt auf kommunalem Austausch, einem Austausch, der eher Aktivitäten als Tauschwerte betrifft.[536] Anstatt dem Markt zu gestatten, die Prioritäten der Gesamtwirtschaft zu setzen, wird das Instrument der Planung eingeführt, um Ressourcen und Kapazitäten auf diejenigen umzuverteilen, die am Bedürftigsten sind. Das Ziel ist, die dringendsten individuellen und kollektiven Erfordernisse der Gesellschaft anzusprechen, die in erster Linie mit physiologischen Bedürfnissen zusammenhängen und folglich direkt die Frage des menschlichen Verhältnisses zur Natur aufwerfen. Dies ist die absolute Voraussetzung für die Schaffung einer nachhaltigen Gesellschaft. Auch im ländlichen Raum sind einleitende Versuche gemacht worden, um die venezolanische Landwirtschaft grüner zu machen.[537]

In Bolivien bietet der Aufstieg einer (gegenwärtig hart bekämpften) sozialistischen Strömung, die in den Bedürfnissen der indigenen Völker verankert ist und für die Kontrolle grundlegender Ressourcen wie Wasser und fossiler Energieträger kämpft, die Hoffnung auf eine andere Art von Entwicklung. Evo Morales, der sozialistische Präsident Boliviens, hat sich zu einem der eloquentesten Verteidiger der globalen Umwelt und indigener Rechte entwickelt. Die Städte von Curitiba und Porto Alegre in Brasilien verweisen auf die Möglichkeit radikalerer Formen der Verwaltung städtischen Raumes und Transports. Curitiba ist laut McKibbens Worten, »ebenso beispielhaft für die auswuchernden, verkommenen Städte der Ersten Welt wie für die überbevölkerten, im Aufschwung begriffenen Städte der

---

535 Levins, »How Cuba Is Going Ecological«, in: Lewontin und Levins, *Biology Under the Influence*, a.a.O., S. 367.
536 Lebowitz, *Build it Now*, a.a.O., S. 107–109. Zur Theorie kommunalen Austausches, die Chávez beeinflusst hat, siehe István Mészáros, *Beyond Kapital* (New York: Monthly Review Press, 1995), S. 758–760; zur »sozialistischen Zeitbuchhaltung« vgl. Mészáros, *Crisis and Burden of Historical Time* (New York: Monthly Review Press, 2008).
537 Vgl. David Raby, »The Greening of Venezuela«, in: *Monthly Review* 56, Nr. 5, November 2004, S. 49–52.

Dritten Welt«. Das indische Kerala hat uns gelehrt, dass ein armer Staat oder eine arme Region, wenn sie von einer echten sozialistischen Planung animiert wird, einen langen Weg in Richtung einer Entfesselung menschlicher Potenziale bei Bildung, Gesundheitsversorgung und der Schaffung grundlegender Umweltbedingungen zurücklegen kann. In Kerala, so merkt McKibben an, »hat die Linke sich auf eine Reihe ›neuer demokratischer Initiativen‹ eingelassen, die so nahe wie nichts anderes auf dem Planeten an das herankommt, was aktuell eine ›nachhaltige Entwicklung‹ verkörpert«.[538]

Sicherlich sind dies gegenwärtig nur Inseln der Hoffnung. Sie stellen zerbrechliche Experimente in Bezug auf gesellschaftliche Verhältnisse und den menschlichen Stoffwechsel mit der Natur dar. Sie sind noch immer dem imperialen und klassenmäßigen Krieg ausgesetzt, der ihnen vom größeren System aufgezwungen wird. Der Planet als Ganzer bleibt fest im Griff des Kapitals und seiner Weltentfremdung. Überall sind Manifestationen des metabolischen Bruches zu erkennen, die sich nun auf die Ebene der Biosphäre ausgeweitet haben.

Daraus folgt, dass es kaum eine wirkliche Aussicht auf die notwendige globale ökologische Revolution gibt, auch wenn diese Versuche, die gesellschaftlichen Verhältnisse im Kampf für eine gerechte und nachhaltige Gesellschaft, die sich nun an der Peripherie entwickeln, sich in gewisser Weise in Bewegungen für eine ökologische und soziale Revolution in der fortgeschrittenen kapitalistischen Welt widerspiegeln. Nur durch einen grundlegenden Wandel im Zentrum des Systems, von dem der Druck auf den Planeten hauptsächlich ausgeht, kann es noch irgendeine echte Möglichkeit geben, die endgültige ökologische Zerstörung zu vermeiden.

Rufe nach einem grünen New Deal, der von der Obama-Administration durchgeführt werden soll, reflektieren nicht zuletzt eine wachsende Anhängerschaft für eine größere ökologische Veränderung. Dies wird jedoch in substanzieller Weise nur in dem Maße umgesetzt werden, indem es eine größere Revolte von unten gibt, die eine gesellschaftliche und ökologische Umgestaltung unterstützt, die über das bestehende System hinausweist.

Für einige mag diese Vision einer weitreichenden ökologischen Umgestaltung als ein unmöglich zu erreichendes Ziel erscheinen. Trotzdem ist es wichtig zu erkennen, dass es nun eine Ökologie wie auch eine Politische Ökonomie für eine revolutionäre Veränderung gibt. Die derzeitige Entstehung einer nach-

---

538  McKibben, *Hope*, a.a.O., S. 62, 154.

haltigen menschlichen Entwicklung in verschiedenen revolutionären Zwischenräumen innerhalb der globalen Peripherie könnte den Beginn einer universellen Revolte sowohl gegen die Weltentfremdung als auch gegen die menschliche Selbstentfremdung markieren. Solch eine Revolte könnte, wenn sie konsequent und beständig ist, nur ein einziges Ziel haben: die Schaffung einer Gesellschaft von assoziierten Produzenten, die auf vernünftige Weise ihre Stoffwechselbeziehung zur Natur regulieren und dies nicht nur in Übereinstimmung mit ihren eigenen Bedürfnissen, sondern auch mit denen zukünftiger Generationen und des Lebens als Ganzem tun. Heute ist der Übergang zum Sozialismus und der Übergang zu einer ökologischen Gesellschaft ein und dasselbe.

# Der Krieg um fossile Brennstoffe

Nachwort zur deutschen Ausgabe

Es ist erst vier Jahre her, als bei der Erstveröffentlichung von *The Ecological Revolution* im Jahre 2009 Regierungen, Konzerne und Energieanalytiker auf das Problem des »Endes billigen Öls« oder das »Ölfördermaximum« fixiert waren und auf die wachsenden Engpässe bei konventionellem Rohöl aufgrund der Erschöpfung der bekannten Reserven verwiesen. Der Bericht der Internationalen Energieagentur von 2010 widmete dem Ölfördermaximum einen ganzen Abschnitt.[539] Einige Klimawissenschaftler sahen im Fördermaximum für konventionelles Rohöl einen Lichtblick zur Stabilisierung des Klimas – vorausgesetzt, dass die Länder sich nicht schmutzigeren Energieformen wie Kohle und unkonventionellen fossilen Brennstoffen zuwandten.[540]

Nur wenige Jahre später hat sich jetzt mit dem Aufkommen einer – von einigen sogenannten – neuen Energierevolution, die auf der Produktion unkonventioneller fossiler Brennstoffe beruht, das allgemeine Bewusstsein verändert.[541] Die Entstehung einer in Nordamerika – in wachsendem Maße aber auch anderswo – heute als »unkonventionell« bezeichneten Ära besagte, dass die Welt plötzlich vor einer Flut von neuen und zukunftsträchtigen Vorräten an fossilen Brennstoffen stünde.[542] Der Journalist und Klima-Aktivist Bill McKibben bemerkt dazu:

---

539 Vgl. Kapitel Vier; International Energy Agency, *World Energy Outlook 2010* (OECD/IEA, 2010), S. 125–126; Ramez Naam, *The Infinite Resource* (Lebanon, New Hampshire: University Press of New England, 2013), S. 47.
540 Vgl. Pushker A. Kharecha und James E. Hansen, »Implications of ›Peak Oil‹ for Atmosphere CO2 and Climate«, in: *Global Biogeochemical Cycles* 22, 2008, S. 1–10; Charles C. Mann, »What If We Never Run Out of Oil«, in: *Atlantic* 311, Nr. 4, Mai 2013, S. 63.
541 Vgl. Mann, »What If We Never Run Out of Oil«, a.a.O., S. 54.
542 Vgl. Michael T. Klare, *The Race for What's Left* (New York: Henry Holt, 2012), S. 106.

»Gerade jetzt befindet sich die fossile Brennstoffindustrie meist auf der Gewinnerseite. In den letzten Jahren hat sie bewiesen, dass sich die Theoretiker des ›Ölfördermaximums‹ irren – da die Preise für Hydrocarbonate gestiegen sind, haben die Konzerne eine Menge neuer Quellen entdeckt, obwohl dies meist durch ein Zusammenkratzen der letzten Reste geschieht und dabei sogar noch mehr Geld ausgegeben wird, um immer schmutzigere Energie zu gewinnen. Sie haben sich die Methode des *Frackens* angeeignet (im Wesentlichen die Sprengung einer Rohrbombe einige Tausend Meter unter der Erdoberfläche, die den umgebenden Fels zum Bersten bringt). Sie haben herausgefunden, wie man an die schlammigen Teersände herankommt, und sie mit Flüssiggas erhitzt bis Öl fließt. Dabei ist es ihnen gelungen, Bohrungen bis zu Tausende von Metern unter dem Meeresspiegel zu setzen.«[543]

Die neue Phase des Umweltkampfes wird heute durch das geplante Keystone-XL-Pipeline-System symbolisiert, das sich von den Teersänden von Alberta bis zu den Raffinerien der US-Golfküste erstreckt und dazu konzipiert ist, bis zu 830.000 Barrel Teersandöl pro Tag zu liefern. Die geplante Pipeline hat zwei Arme, einen neuen nördlichen Arm von 1.897 km Länge, der die Grenze von Kanada zu den Vereinigten Staaten überquert – dieser Teil der geplanten Pipeline wurde in Washington noch nicht genehmigt –, und ein südlicher Arm, der über 779 km von Oklahoma bis an die Golfküste verläuft und heute bereits weitgehend fertiggestellt ist.[544] Die Produktion und Verarbeitung von Teersandöl erzeugt ungefähr 14 Prozent mehr an Emissionen als das in den Vereinigten Staaten ver-

---

543 Bill McKibben, »The Fossil Fuel Resistance«, in: *Rolling Stone*, 25. April, 2013, S. 42.
544 Die Keystone-XL-Pipeline ist tatsächlich ein Pipelinesystem. Die ersten beiden Abschnitte sind bereits fertiggestellt und der dritte Abschnitt, der Südarm, wird bald vollendet sein. Wenn dies geschehen ist, wird das Teersandöl aus Alberta bis zum Golf zu fließen beginnen. Die Vollendung der kritischen Nordstrecke (Abschnitt 4) wird eine noch direktere Streckenführung bieten und zweimal so viel Öl transportieren. Candice Bernd schrieb dazu: »James Hansen nannte das [Keystone-XL-]Projekt ›die Zündschnur zur größten Kohlenstoffbombe des Planeten‹ [...] Die nördliche, grenzüberschreitende Ausdehnung des Vorhabens würde diese Zündschnur schneller brennen lassen, indem sie die Transportkapazität des Keystone-Pipeline-Systems auf mehr als 800.000 Barrel am Tag verdoppelt.« Candice Bernd, »Tar Sands Will Be Piped to the Gulf Coast, With or Without the Northern Segment of Keystone XL«, auf: *Truthout.com*, 29. April 2013, siehe: http://truth-out.org/news/item/16050-tar-sands-will-be-piped-to-the-gulf-coast-with-or-without-the-northern-segment-of-keystone-xl.

brauchte Durchschnittsöl.[545] Nach den Worten von James Hansen, dem Direktor des Goddard Institutes für Weltraumstudien der NASA und renommiertesten US-Klimaforscher, würde ein Scheitern bei der Verhinderung der Verfeuerung von Teersandöl das Aus im Kampf gegen den Klimawandel bedeuten.[546] Demzufolge wurden die Vereinigten Staaten im Februar 2012 mit bis zu 40.000 Menschen vor dem Weißen Haus Zeuge ihrer bisher größten Klimademonstrationen. Bei einem Versuch, die Keystone-XL-Pipeline zu blockieren, kam es zu mehr als 1.000 Verhafteten.[547]

Die letzten Jahre haben hinsichtlich der hydraulischen Rissbildung in Verbindung mit Horizontalbohrungen – auch »Fracking« genannt – dramatische neue technologische Entwicklungen erlebt. Sand, Wasser und Chemikalien werden unter hohem Druck injiziert, um Schiefergestein aufzusprengen und das darin gefangene Gas freizusetzen. Nachdem der Schacht eine gewisse Tiefe erreicht hat, erfolgt die Bohrung horizontal. Fracking hat in Bundesstaaten quer durch das ganze Land von Pennsylvania und Ohio bis nach North Dakota und Kalifornien zu einer schnellen Ausbeutung ausgedehnter, bislang unzugänglicher Reserven an Schiefergas und Erdöl in fester Form geführt, und die Vereinigten Staaten unerwarteter Weise erneut in die Position einer bedeutenden fossilen Brennstoffmacht katapultiert. Dies hat in Ersetzung schmutzigerer und größerer Mengen an Kohlenstoff emittierender Kohle bei der Erzeugung von Elektrizität bereits zu beträchtlichen Zuwächsen bei der Produktion von Erdgas geführt. Der wirtschaftliche Rückgang und die Verlagerung von Kohle auf Erdgas aufgrund von Fracking haben zwischen 2005 und 2012 insgesamt zu einem 12-prozentigen Rückgang bei den US-Kohlendioxidemissionen geführt und somit zu deren niedrigstem Niveau seit 1994.[548]

---

545 Vgl. David Biello, »How Much Will Tar Sands Oil Add to Global Warming?« in: *Scientific American*, 23. Januar 2013, siehe: http://www.scientificamerican.com/article.cfm?id=tar-sands-and-keystone-xl-pipeline-impact-on-global-warming.
546 Vgl. James Hansen, »Game Over for the Climate«, in: New York Times, 9. Mai 2012, siehe: http://www.nytimes.com/2012/05/10/opinion/game-over-for-the-climate.html, und »Keystone XL: The Pipeline to Disaster«, auf: *Latimes.com*, 4. April 2013, siehe: http://articles.latimes.com/2013/apr/04/opinion/la-oe-hansen-keystone-obama-20130404.; »XL: The Pipeline to Disaster«, auf: *Latimes.com*, 4. April 2013, siehe: http://articles.latimes.com/2013/apr/04/opinion/la-oe-hansen-keystone-obama-20130404.
547 Vgl. McKibben, »The Fossil Fuel Resistance«, a.a.O., S. 40; Michael Levi, *The Power Surge* (New York: Oxford, 2013), S. 81; »What's Next in the Ongoing Keystone XL Saga«, auf: *U.S. News.com*, 5. April 2013, siehe: http://www.usnews.com/news/articles/2013/04/05/a-guide-to-the-keystone-xl-pipeline-saga_print.html.
548 »Rise in U.S. Gas Production Fuels an Unexpected Plunge in Emissions«, in: *Wall Street*

Dennoch sind die Auswirkungen des Frackings auf Umwelt und Gesundheit, die die Kommunen überall in den Vereinigten Staaten betreffen, enorm, wenn auch noch nicht in vollem Maße abzusehen. Die aus dem Fracking hervorgehende toxische Verschmutzung verseucht die Wasserversorgung und beeinträchtigt die Abwasseraufbereitung, die nicht dafür ausgelegt ist. Durch Fracking im Zusammenhang mit Schiefergas ausströmende Methangase drohen den Klimawandel zu beschleunigen. Wenn solche Emissionen nicht unterbunden werden, könnte sich die Produktion von Erdgas durch Fracking als gefährlicher für das Klima erweisen als Kohle.[549] Fracking hat außerdem in den Extraktionsgebieten Erdbeben hervorgerufen.[550] Als Reaktion darauf hat sich in Nordamerika, Australien und anderswo eine völlig neue Umweltwiderstandsbewegung gegen Fracking entwickelt.

Am 20. April 2010 tötete eine Explosion auf der Deepwater-Horizon-Ölplattform von BP elf Arbeiter und erzeugte eine riesige – Unterwasser sprudelnde – Ölquelle, der insgesamt 170 Gallonen Rohöl in den Golf von Mexiko entströmten.[551] Die Deepwater-Horizon-Katastrophe ist zu einem Sinnbild für die neue, umweltgefährdende Ära der extremen Tiefwasserbohrungen nach Öl geworden – Bohrlöcher die aufgrund technisch hoch entwickelter Technologien in bis zu 1.600 m Tiefe gesetzt werden. Die Ausbreitung von Tiefwasserbohrungen nach Öl ist im Golf von Mexiko am weitesten gediehen, schreitet aber auch an anderen Orten, wie an der kanadischen Atlantikküste, in Bereichen vor den Küsten Brasiliens, im Golf von Guinea und im Südchinesischen Meer weiter voran. Vom Umweltstandpunkt aus gesehen noch bedenklicher ist das Interesse von Seiten der Ölkonzerne und der fünf arktischen Mächte (Vereinigte Staaten, Kanada,

---

*Journal*, 18. April 2013, siehe: http://online.wsj.com/article/SB10001424127887324763404578430751849503848.html.
549 Jeff Tollefson, »Methane Leaks Erode Green Credentials of Natural Gas«, in: *Nature.com*, 2. January 2013, siehe: http://www.nature.com/news/methane-leaks-erode-green-credentials-of-natural-gas-1.12123; »Baffled About Fracking? You're Not Alone«, in: *New York Times*, 13. Mai 2011, siehe: http://www.nytimes.com/gwire/2011/05/13/13greenwire-baffled-about-fracking-youre-not-alone-44383.html?pagewanted=all; Levi, The Power Surge, a.a.O., S. 41–52.
550 Mathew Phillips, »More Evidence Shows Drilling Causes Earthquakes«, in: Bloomberg Businessweek, 1. April 2013, siehe: http://www.businessweek.com/articles/2013-04-01/more-evidence-that-fracking-causes-earthquakes.
551 Frances Beinecke, »3 Years Later: Act on the Lessons of BP Gulf Oil Spill«, in: *The Energy Collective.com*, 18. April 2013, siehe: http://theenergycollective.com/francesbeinecke/214071/three-years-later-act-lessons-bp-disaster; Klare, *The Race for What's Left*, a.a.O., S. 42–47.

Russland, Norwegen und Dänemark), Tiefseebohrungen in der Arktis durchzuführen. Unterdessen wächst der Druck, die außerkontinentalen Felsbänke vor den US-Atlantik- und Pazifikküsten für Offshorebohrungen zu öffnen.[552] Angesichts der Eile, mit der das Kapital in immer größeren Mengen unkonventionelle fossile Brennstoffe auf den Markt bringt, setzen sich Klimaaktivisten unter Führung von McKibbens 350er-Bewegung dagegen zu Wehr, indem sie auf den Abbau von Investitionen in fossile Brennstoffe drängen. Finanzanalysten haben in Bezug auf den Kohlenstoffetat Alarm geschlagen, der durch die rote Linie eines Anstieges der weltweiten Durchschnittstemperatur um 2 °C bestimmt ist und zuweilen als ein planetarischer Wendepunkt oder als Punkt, an dem es bezogen auf den Klimawandel kein Zurück mehr gibt, angesehen wird. Wenn dieser Punkt einmal erreicht ist, so befürchten Klimawissenschaftler, werden Prozesse in Gang gesetzt, die den Klimawandel unumkehrbar machen und außerhalb menschlicher Kontrolle geraten lassen würden.[553] Dann wird es nicht mehr möglich sein, das Fortschreiten hin zu einer eisfreie Welt zu stoppen. Innerhalb des globalen Kohlenstoffetats zu bleiben bedeutet, dass weitere Kohlenstoffemissionen laut dem Oxforder Klimatologen Myles Allen und der Wissenschaftler, die mit *trillionthtonne.org* in Verbindung stehen, auf deutlich weniger als 500 Milliarden metrische Tonnen (heutigen Kohlenstoffes) begrenzt würden. Zum heutigen Zeitpunkt ist glasklar, dass die meisten der gegenwärtig nachgewiesenen weltweiten Vorräte an fossilen Brennstoffen nicht ausgebeutet werden können. Und dies bedeutet wiederum Billionen von Dollar an potenziellen finanziellen Verlusten in Bezug auf das aktuell berechnete fossile Brennstoffvermögen – ein Phänomen, das als die »Kohlenstoffblase« bekannt ist.[554]

Während das Kapital in den letzten paar Jahren seine Fähigkeit gefeiert hat, für die kommenden Jahrzehnte fossile Brennstoffe anzuzapfen, hat sich der Kli-

---

552 Vgl. Klare, *The Race for What's Left* (New York: Henry Holt, 2012), S. 106.
553 Vgl. Susan Solomon et al., »Irreversible Climate Change Due to Carbon Dioxide Emissions«, in: *Proceedings of the National Academy of Sciences*, Nr. 6, 10. Februar 2009, S. 1704–1709; Heidi Cullen, *The Weather of the Future* (New York: Harper, 2010), S. 261–268; James Hansen, »Tipping Point«, in: Eva Fearn and Kent H. Redford (Hrsg.), *State of the Wild 2008* (Washington, D.C.: Island Press, 2008), S. 7–8.
554 Vgl. Trillionthtonne.org; Carbon Tracker and the Grantham Research Institute, London School of Economics, *Unburnable Carbon 2012: Wasted Capital and Stranded Assets 2013*, siehe: http://www.carbontracker.org/wastedcapital; Myles Allen et al., »The Exit Strategy«, in: *Nature Reports*, 30. April 2009, S. 1163–1166; und »Warming Cased by Cumulative Carbon Emissions Towards the Trillionth Tonne«, in: *Nature* 458, 30. April 2009, S. 1163–1166; Malte Meinshausen et al., »Greenhouse Gas Emission Targets for Limiting Global Warming to 2 °C«, in: *Nature* 458, 20. April 2009, S. 1158–1162.

mawandel weiter beschleunigt – symbolisiert durch das Abschmelzen des arktischen Meereises auf sein bisher niedrigstes Niveau im Sommer 2012 –, wobei die gesamte Eismenge auf weniger als die Hälfte ihres Durchschnittswertes der 1970er-Jahre zurückgegangen ist. Das Schwinden des arktischen Eises, das weit schneller schmilzt als von Wissenschaftlern prognostiziert, legt den Schluss nahe, dass die Empfindlichkeit des Erdsystems gegenüber geringen Steigerungen bei den globalen Durchschnittstemperaturen größer ist als gedacht. Der Verlust an arktischem Meereis ist von besonderem Interesse, da dies eine eindeutige Rückwirkung auf den Klimawandel darstellt und aufgrund des nachlassenden Reflexionsvermögens der Erde aufgrund der Ersetzung weißen Eises durch dunkles Meereswasser das Tempo der globalen Erwärmung beschleunigt. Darüber hinaus erzeugt das Abschmelzen des arktischen Meereises und die sich daraus ergebende »arktische Verstärkung« (Temperaturanstiege in der Arktis, welche die Steigerungen auf der Erde als Ganzer übertreffen) auf der Nordhalbkugel und weltweit durch die Störung und Umleitung des Jetstreams extreme Wetterlagen. Wie es Walt Meier, ein Forscher am National Snow and Ice Data Center der USA, darstellt, »ist die Arktis die Klimaanlage der Erde. Wir sind dabei, diese zu verlieren.«[555]

Das zunehmende Vorkommen extremer Wetterlagen – ein zuweilen als »global weirding« bezeichnetes Phänomen – wird durch den Supersturm Sandy versinnbildlicht, der im Oktober 2012 von der Karibik bis hinauf nach New York und New Jersey verheerende Schäden anrichtete. Australiens »angry summer« von 2012/2013 erlebte 123 verschiedene Extremwetterrekorde, die in nur 90 Tagen gebrochen wurden.[556] Unterdessen enthüllte ein wissenschaftlicher Bericht im November 2012, dass Grönland und die westliche Antarktis in den letzten beiden Jahrzehnten über 4 Billionen metrische Tonnen an Eis verloren und so zum Anstieg des Meeresspiegels beigetragen haben.[557]

---

555 »Ending Its Summer Melt, Arctic Sea Ice Sets a New Low that Leads to Warnings«, in: New York Times, 19. September 2012, siehe: http://www.nytimes.com/2012/09/20/science/earth/arctic-sea-ice-stops-melting-but-new-record-low-is-set.html; Andrew Freedman, »A Closer Look at Arctic Sea Ice Melt and Extreme Weather«, in: *Climate Central*, 19. September 2012, siehe: http://www.climatecentral.org/blogs/closer-look-at-arctic-sea-ice-melt-and-extreme-weather-15013.; John Vidal and Adam Vaughan, »Arctic Sea Ice Shrinks to Smallest Extent Ever Recorded«, in *Guardian*, 14. September 2012, siehe: http://www.guardian.co.uk/environment/2012/sep/14/arctic-sea-ice-smallest-extent.

556 Vgl. Australian Climate Commission, The Angry Summer 2013, siehe: http://climatecommission.gov.au/report/the-angry-summer; Climate Central, *Global Weirding* (New York: Pantheon Press, 2012).

557 Vgl. »Greenland and Antarctica ›Have Lost Four Trillion Tonnes of Ice‹ in 20 Years«, in:

Unter diesen Umständen hat die steigende Ausbeutung von unkonventionellen fossilen Brennstoffen, die durch höhere Ölpreise und technologische Entwicklungen ermöglicht wurde, katastrophale Auswirkungen auf das Klima. In Bezug auf erneuerbare Energien wie Wind und Sonne sind jedoch nicht weniger bemerkenswerte Technologien entstanden, die einen ökologischeren Entwicklungsweg versprechen. Seit 2009 sind, was (photovoltaische) Solarmodule angeht, »die Preise steil nach unten gegangen«.[558] Obwohl sie in den Vereinigten Staaten noch immer nur einen winzigen Prozentsatz der allgemeinen Elektrizitätserzeugung ausmachen, sind die Anteile von Wind und Sonne bei der Produktion von Elektrizität in Deutschland im Jahre 2012 auf über 13 Prozent angestiegen, wobei der Anteil vollständig erneuerbarer Energien (einschließlich Wasserkraft und Biomasse) über 20 Prozent beträgt.[559] Da die Energierendite aus Energieinvestitionen (Energy Return On Energy Investment – EROEI) in fossile Brennstoffe aufgrund der Erschöpfung billiger Rohölvorräte gesunken ist, sind Wind- und Sonnenenergie wettbewerbsfähiger geworden – wobei die EROEIs über denen in Teersandöl und im Falle von Windenergie sogar über denen in konventionelles Öl lagen. Wind und Sonne repräsentieren jedoch bislang nur periodische Stromquellen, die nicht so einfach Grundlastbedürfnisse nach Strom befriedigen können.[560] Schlimmer noch ist jedoch, dass eine massive Umwandlung der Weltenergieinfrastruktur angesichts dessen, dass die Zeit knapp wird, Jahrzehnte brauchen würde, um ihr Ziel zu erreichen.

*Guardian*, 29. November 2012, siehe: http://www.guardian.co.uk/environment/2012/nov/29/greenland-antarctica-4-trillion-tonnes-ice.
558 Levi, *The Power Surge*, a.a.O., S. 148–149; Vgl. Naam, *The Infinite Resource*, a.a.O., S. 161–162.
559 Vgl. Bruno Burger, »Electricity Production from Solar and Wind in Germany in 2012«, Fraunhofer Institute for Solar Energy Systems, 8. Februar 2013, siehe: http://www.ise.fraunhofer.de/en/downloads-englisch/pdf-files-englisch/news/electricity-production-from-solar-and-wind-in-germany-in-2012.pdf; »Crossing the 20 Percent Mark: Green Energy Use Jumps in Germany«, in: *Spiegel Online International*, 30. August 2011, siehe: http://www.spiegel.de/international/crossing-the-20-percent-mark-green-energy-use-jumps-in-germany-a-783314.html; Levi, *The Power Surge*, a.a.O., S. 144–145; Naam, *The Infinite Resource*, a.a.O., S. 163.
560 Vgl. Mason Inman, »The True Cost of Fossil Fuels«, in: *Scientific American*, April 2013, S. 58–61; Charles A.S. Hall und Kent A. Klitgaard, *Energy and the Wealth of Nations* (New York: Springer, 2012); Steve Hallett, *The Efficiency Trap* (Amherst, New York: Prometheus Books, 2013), S. 77; Eric Zencey, »Energy as a Master Resource«, in: Worldwatch Institute, *State of the World 2013* (Washington: Island Press, 2013), S. 79; Levi, *The Power Surge*, a.a.O., S. 151–152.

## Der Kohlenstoffkrieg

Ergebnis all dieser historisch zusammenwirkenden Kräfte, Gefahren und Möglichkeiten ist ein aufkommender Krieg um fossile Brennstoffe zwischen denen, die mehr fossile Brennstoffe verfeuern und denen die weniger verbrennen wollen. Jeremy Leggett – Gründer der Initiative Carbon Tracker (Kohlenstoffsucher) – beendete sein Buch *The Carbon War* mit der Feststellung, dass die riesigen fossilen Brennstoffkonzerne »wohl auf ihrem Weg kleinere Siege erringen mögen. Aber sie haben die ausschlaggebende Schlacht im Kohlenstoffkrieg bereits verloren. Die Solare Revolution ist im Kommen. Sie ist jetzt unvermeidlich. Die einzige unbeantwortete Frage dabei ist, wird dies noch rechtzeitig geschehen?«[561]

Die Hauptkampflinien des Kohlenstoffkrieges liegen auf der Hand. Auf der einen Seite stehen dominante kapitalistische Interessen, die darauf abzielen, dem Rückgang der konventionellen Rohölreserven durch die unablässige Ausdehnung fossiler Brennstoffressourcen entgegenzuwirken. Dies hat im ölreichen Mittleren Osten und den umliegenden Regionen im Bemühen, sich die Kontrolle über die wichtigsten verbleibenden Rohölvorräte der Welt zu sichern, zu aktuellen Kriegen geführt. Vor einem Jahrzehnt besetzten die USA den Irak, was zu einer Situation führte, die man nur als kontinuierliche militärische Intervention in den ölreichen Regionen des Mittleren Ostens, Zentralasiens und des nördlichen Afrika durch die Vereinigten Staaten und die »globale NATO«[562] bezeichnen kann. Diese militärischen Eingriffe waren in erster Linie auf die Geopolitik des Öls und erst an zweiter Stelle auf Terrorismus, Massenvernichtungswaffen und sogenanntes »humanitäres Eingreifen« zurückzuführen – die als Hauptgründe angeführt wurden.

Trotzdem lag die Hauptantwort des kapitalistischen Systems auf das Fördermaximum beim konventionellen Rohöl, wie wir bereits gesehen haben, nicht in geopolitischer Expansion, sondern eher in der Entwicklung unkonventioneller Alternativen. Indem sie nicht bei Tiefwasserbohrungen, Fracking und der Ausbeutung von Teersänden haltmacht, geht die fossile Brennstoffindustrie nun an die Entwicklung von Schieferöl und Methanhydraten und bietet damit – wenn dies möglich ist – eine scheinbar wahrhaft unbegrenzte Versorgung mit Koh-

---

561 Jeremy Leggett, *The Carbon War* (New York: Routledge, 2001), S. 332.
562 Vgl. Horace Campbell, *Global NATO and the Catastrophic Failure in Iraq* (New York: Monthly Review Press, 2013); John Bellamy Foster, *Naked Imperialism* (New York: Monthly Review Press, 2006).

lenstoffen, gekoppelt mit der Aussicht auf eine katastrophale Zerrüttung des Erdsystems.[563]

Die Geschäftsinteressen des »Weiter-so-wie-Bisher« lehnen es ab, irgendwelche Grenzen der fortgesetzten Ausdehnung der fossilen Brennstoffproduktion zu akzeptieren. Der Energieanalyst des Rates für Auswärtige Beziehungen, Michael Levi, sieht im Schiefergas aus Fracking eine »Brücke«, die eine Reduzierung der Kohlenstoffemissionen bis zu dem Zeitpunkt ermöglicht, an dem Technologien zum Einfangen und Abscheiden von Kohlenstoff bis zur ausreichenden Realisierbarkeit entwickelt werden können, um so eine unablässige Ausbeutung von Kohle und anderen fossilen Brennstoffen bei null Kohlenstoffemissionen zu ermöglichen; Dass »saubere Kohle« ein Märchen ist, scheint niemals in die Analysen Eingang zu finden.[564] Die meisten der Befürworter etablierter Energieformen favorisieren außerdem Biotreibstoffe als zusätzliche Option und unterstützen ausgedehnte Wasserkraftanlagen und Nuklearenergie, wobei sie die enormen ökologischen Probleme, für die alle drei stehen, unberücksichtigt lassen – besonders die der Atomkraft. Energie aus Wind, Sonne und Biomasse werden dagegen von der Industrie nur als kleinere Ergänzungen zu den fossilen Brennstoffen angesehen. Eine im Jahre 2012 in *Nature Climate Change* veröffentlichte Untersuchung des Umweltsoziologen Richard York hat bestätigt, dass die Einführung von Niedrigkohlenstoffenergie meist als Ergänzung diente, anstatt fossile Brennstoffe in der weltweiten Ökonomie wirklich zu ersetzen.[565]

Der Vorstandschef von ExxonMobil, Rex Tillerson, fasste die Gesamtperspektive der heutigen fossilen Brennstoffindustrie treffender Weise zusammen, als er am 7. März 2013 erklärte, dass die erneuerbaren Energien wie »Wind, Sonne, Biotreibstoffe« im Jahre 2040 nur ein Prozent der Gesamtenergie ersetzen werden. Er bezeichnete den Kampf gegen die Keystone-XL-Pipeline durch »Umweltgruppen […], die über die Verfeuerung fossiler Brennstoffe besorgt sind«, als schlicht »begriffsstutzig«, da diese »die kanadische Lösung falsch einschätzen« (die ganz ohne Zweifel auch die der US-Regierung ist), die Teersände auszubeuten – was auch immer dabei die sozialen und umweltbezoge-

---

563 Vgl. Matt McDermott, »Why Japan's Methane Hydrate Exploitation Would Be Game Over for the Planet«, auf: Motherboard.com, siehe: http://motherboard.vice.com/blog/why-japans-methane-hydrate-exploitation-is-game-over-for-climate; Mann, »We Will Never Run Out of Oil«, a.a.O.
564 Vgl. Levi, *The Power Surge*, a.a.O., S. 99–106, S. 171–172.
565 Vgl. Richard York, »Do Alternative Energy Sources Displace Fossil Fuels?« in: *Nature Climate Change* 2, 2012, S. 441–445.

nen Kosten sind. »Meine Philosophie«, sagte Tillerson, »besteht darin, Geld zu verdienen.«[566]

In den Vereinigten Staaten ist diese Abhängigkeit von fossilen Brennstoffen der sogenannten »all of the above« Energiestrategie immanent. Die gegenwärtige demokratische Administration propagiert nicht nur die maximale Extraktion/Produktion unkonventioneller fossiler Brennstoffe in den Vereinigten Staaten und Kanada, sondern ermuntert auch andere Länder wie China, Polen, die Ukraine, Jordanien, Kolumbien, Chile und Mexiko dazu, die unkonventionellen Energien so schnell wie möglich zu entwickeln. Unterdessen hat Washington seinen Einfluss im Irak dazu benutzt, diesen dazu zu bringen, seine Rohölproduktion anzukurbeln.[567] Die Obama-Administration hat ihre Unterstützung für Kohle deutlich unterstrichen und hat versucht, den Weg für die Atomkraft freizumachen. Angesichts all dessen bedeutet die sehr begrenzte Unterstützung der Administration für die Entwicklung erneuerbarer Energien wenig mehr als eine regierungsamtliche Grünfärberei, die vom Ansatz der führenden multinationalen Ölkonzerne selbst kaum zu unterscheiden ist.

Sicherlich hat Obama den Klimawandel zu seinem Anliegen erklärt und hat sich für bescheidene, stufenweise einzuführende Standards für Treibstoffeinsparungen bei Autos eingesetzt. Dennoch haben solche Positionen seine Administration nicht daran gehindert, alles dafür zu tun, um sowohl in den Vereinigten Staaten als auch weltweit die Produktion der schmutzigsten fossilen Brennstoffe zu beschleunigen. In dieser Hinsicht ist die US-Politik kaum mehr als ein Wasserträger für die Ölkonzerne und das Kapital im Allgemeinen und spiegelt dabei das wider, was Curtis White das »barbarische Herz« des Kapitalismus genannt hat.[568]

Der Ölindustrie und den vorherrschenden Fraktionen des Kapitals stellt sich eine Klimabewegung entgegen, die durch die neuen Bedrohungen seitens der

---

566 »Charlie Rose Talks to ExxonMobil's Rex Tillerson«, in: *Bloomberg Businessweek*, 7. März 2013, siehe: http://www.businessweek.com/articles/2013-03-07/charlie-rose-talks-to-exxonmobils-rex-tillerson.

567 Vgl. Juliet Eilperin, »The White House's ›All of the Above‹ Energy Strategy Goes Global«, in: *Washington Post.com*, 24. April 2013, siehe: http://www.washingtonpost.com/blogs/post-politics/wp/2013/04/24/the-white-houses-all-of-the-above-energy-strategy-goes-global/; David Biello, »All-of-the-Above Energy Strategy Trumps Climate Action«, in: *Scientific American.com*, 16. November 2012, siehe: http://blogs.scientificamerican.com/observations/2012/11/16/all-of-the-above-energy-strategy-trumps-climate-action/.

568 Vgl. Curtis White, *The Barbaric Heart: Faith, Money, and the Crisis of Nature* (Sausalito, CA: PolipointPress, 2009).

unkonventionellen Brennstoffe zum direkten massiven Handeln getrieben wird. Hansens düstere Warnung, dass »das Spiel vorbei ist«, wenn die Teersände von Alberta in vollem Maße ausgebeutet werden – wobei die Teersände selbst potenziell genügend Kohlenstoff hervorbrächten, um den weltweiten Kohlenstoffetat zu durchbrechen, während sie die erdrückende Notwendigkeit symbolisieren, in Bezug auf unkonventionelle fossile Brennstoffe eine klare Grenzlinie zu ziehen –, hat an der Basis der Bewegung eine elektrisierende Wirkung gehabt. Über 50.000 Menschen (wie im Mai 2013) haben geschworen, sich dafür einzusetzen, den Bau der Keystone-XL-Pipeline zu blockieren und dabei eine Verhaftung zu riskieren, wenn die Obama-Administration grünes Licht für den nördlichen Arm der Pipeline gibt.[569] Diese Basismobilisierung steht im Zusammenhang mit der wachsenden Bewegung für einen Investitionsabbau bei fossilen Brennstoffen, die betont, dass die meisten existierenden Bestände an fossilen Brennstoffen nicht verfeuert werden könnten, und dass diese Bestände daher eine riesige Kohlenstoffblase repräsentierten, die drohe, das Weltfinanzsystem zum Einsturz zu bringen. Auch der organisierte Widerstand gegen das Fracking befindet sich mittlerweile im Aufschwung. Das Hauptgewicht der Klimabewegung hat sich deshalb von forderungsorientierten Initiativen, die darauf gerichtet waren, die Marktnachfrage für Kohlenstoffbrennstoffe zu reduzieren, auf angebotsorientierte Strategien verlagert, die darauf gerichtet sind, die fossilen Brennstoffe im Boden zu belassen.

Die Verlagerung auf einen angebotsorientierten Kampf, der sich gegen die Extraktion fossiler Brennstoffe richtet, stellt einen Reifungsprozess der Bewegung und eine wachsende Radikalisierung dar. Dennoch bleibt der eher elitär-technokratische und prokapitalistische Teil der Klimabewegung, der das Steuer in der Hand zu haben scheint, untrennbar mit der Fortführung der heutigen kapitalistischen Warengesellschaft verbunden. Die vorherrschende strategische Perspektive der US-Klimabewegung gründet sich folglich auf die technologisch optimistische Annahme, dass es gegenwärtig verfügbare, konkrete Alternativen zu fossilen Brennstoffen insbesondere in Form von Wind- und Sonnenenergie gebe, die es der Gesellschaft – kombiniert mit anderen erneuerbaren Quellen, wie Biomasse, Biotreibstoff und umfänglich begrenzter Wasserenergie – kurzfristig erlauben werde, fossile Brennstoffe durch erneuerbare Energien zu ersetzen, *ohne die sozi-*

---

569 Vgl. George Lakey, »I Pledge Allegiance, To Resist the Pipeline«, in: *Waging Nonviolenc. com*, 12. März 2013, siehe: http://wagingnonviolence.org/feature/i-pledge-allegiance-to-resist-the-pipeline/.

*alen Verhältnisse der Gesellschaft zu verändern.* Wie häufig verkündet wird, ist die solare Revolution bereits angekommen.[570]

Diese Prognose hat es der Bewegung ermöglicht, ihre Opposition gegenüber der fossilen Brennstoffindustrie allein auf die Forderung zu beschränken, die fossilen Brennstoffe im Boden zu belassen. Taktisch gesehen war dies zur Entfachung des Wachstums der Bewegung höchst erfolgreich. Dennoch gibt es ernsthafte Fragen bezüglich der Richtung, die die Bewegung einschlägt. Wird sich der gegenwärtige Kampf in die notwendige vollumfängliche Revolte gegen die kapitalistische Umweltzerstörung verwandeln? Oder wird er sich auf sehr begrenzte, kurzfristige Erfolge beschränken, die mit dem System vereinbar sind? Wird sich die Bewegung radikalisieren und zu einer vollständigen Mobilisierung ihrer populären Basis gegen den Kapitalismus und den planetarischen ökologischen Bruch führen, den dieser hervorgebracht hat? Oder werden die eher elitär-technokratischen und prokapitalistischen Elemente letztlich die Richtung bestimmen und die populäre Basis verraten? Dies sind Fragen, auf die es im Augenblick keine Antworten gibt. Im gegenwärtigen historischen Moment ist der Kampf gegen die fossile Brennstoffindustrie von höchster Bedeutung und bildet die Grundlage der aktuellen ökologischen Front. Dennoch zeigt eine realistische Perspektive, dass nur eine vollumfänglich ökologische und soziale Revolution ausreichen wird, als Ausweg aus der ökologischen Katastrophe eine nachhaltige, soziale Gesellschaft zu schaffen. Demzufolge kann der Bruch mit der unbarmherzigen Logik des Systems nicht länger hinausgeschoben werden.

## Die Revolution gegen das System

Eine reale historische Einschätzung sagt uns, dass es keinen rein technologischen Weg zu einer nachhaltigen Gesellschaft gibt. Obwohl eine Verlagerung hin zu erneuerbaren Energien einen entscheidenden Bestandteil des Weges zu einer von Kohlenstoff freien, ökologischen Welt ausmacht, sind die technischen Hindernisse in Bezug auf einen solchen Übergang viel größer als allgemein angenommen. Dabei besteht das größte Hindernis in den Vorlaufkosten der Errichtung

---

570 Siehe zum Beispiel Jeremy Leggett, *The Solar Century* (London: GreenProfile, 2009). Dieser technologische Ansatz ist ein Produkt von Leggetts Erfahrungen zunächst als beratender Geologe für die Ölindustrie, dann als führender Vertreter von Greenpeace, dann als Geschäftsführer beim ersten britischen Solarenergiekonzern und schließlich als Gründer von Carbon Tracker.

einer völlig neuen Energieinfrastruktur, die auf die erneuerbaren Energien ausgerichtet ist, anstatt sich auf die bestehende Infrastruktur der fossilen Brennstoffe stützen zu können. Der Aufbau einer neuen Energieinfrastruktur erfordert große Mengen an Energieverbrauch und würde folglich – wenn der gegenwärtige Verbrauch und das laufende wirtschaftliche Wachstum nicht reduziert werden könnten – zu weitergehenden Nachfragen nach bestehenden fossilen Brennstoffressourcen führen. Dies würde, wie der Ökologieökonom Eric Zencey erklärt hat, »in einer paradoxen Bedienung des Ziels der Erreichung von Nachhaltigkeit eine aggressive Expansion des ökonomischen Fußabdruckes« bedeuten. Angenommen, dass die durchschnittlichen EROEI fossiler Brennstoffe weiter fallen, wird die Problematik nur noch größer. Ökologische Wirtschaftswissenschaftler und Theoretiker des Ölfördermaximums haben dies als »Energiefalle« bezeichnet. Zencey sagt dazu: »Das Problem ist in den gesunkenen Energiekosten der Erdölinfrastruktur verwurzelt (die den fortgesetzten Gebrauch von Erdöl energetisch gesehen billig werden lässt)«, selbst wenn die EROEI solcher fossiler Brennstoffe im Falle unkonventioneller Treibstoffe unter denen aus Wind und Sonne stammenden liegen.[571] Daraus folgt, dass der Aufbau einer alternativen Energieinfrastruktur – ohne den Kohlenstoffhaushalt zu durchbrechen – eine tektonische Verlagerung in Richtung Energiebewahrung und Energieeffizienz erforderlich machen würde.

Kevin Anderson, ein führender Klimawissenschaftler und stellvertretender Direktor des Tyndall Instituts für Klimaforschung, stellte in einem Interview mit *Transition Culture.org* im Jahre 2012 fest, dass – während es zwingend notwendig sei, den Gebrauch fossiler Brennstoffe drastisch zu senken – das gegenwärtig entscheidende Problem darin liege, dass

> »wir [diese] Senkung nicht durch eine Verschiebung auf eine niedrige Energiezufuhr erreichen können, da wir einfach die Versorgung vor Ort nicht schnell genug gewährleisten können. Deshalb geschieht die einzige größere Veränderung, die wir kurz- bis mittelfristig erreichen können, durch geringeren Verbrauch. Nun wäre es gut, wenn wir durch eine wahrscheinliche Reduzierung um 2–3 % pro Jahr in unserem Verbrauch effizienter werden könnten. Dabei gilt es jedoch im Kopf zu behalten, dass

---

571 Vgl. Eric Zencey, »Energy as a Master Resource«, in: *Worldwatch, State of the World 2013: Is Sustainability Still Possible?* (Washington: Island Press, 2013), S. 80–82.

wir bei einem Wirtschaftswachstum von 2 % pro Jahr und dem Versuch einer dreiprozentigen Reduzierung unserer Emissionen eine fünfprozentige Effizienzverbesserung in unserem alljährlichen Handeln benötigen, und dies Jahr für Jahr.«

Unsere Analyse (am Tyndall-Institut) im Hinblick auf 2 °C geht davon aus, dass wir eine absolute Reduzierung (bei Kohlendioxidmissionen in den reichen Ländern) von 10 % brauchen, und dabei gibt es keine Analyse auf dem Markt, die darauf schließen ließe, dass dies in irgendeiner Weise mit wirtschaftlichem Wachstum vereinbar wäre. Wenn man sich den *Stern Report* (*zum Klimawandel*) ansieht, dann war sich Stern ziemlich im Klaren darüber, dass es keinen Hinweis darauf gab, dass alles, was über einen Emissionsrückgang von 1 % pro Jahr hinausging, je mit etwas anderem verknüpft war als mit »ökonomischer Rezession oder gesellschaftlichen Umbrüchen« – dies, so denke ich, war die exakte Quote.[572]

Nach Andersons Ansicht liegt die einzige Hoffnung darin, rasch von einer kapitalistischen Wachstumsökonomie zu einer stationären Wirtschaftsweise überzuwechseln – oder zumindest über mehrere Jahrzehnte hinweg ein Moratorium für ökonomisches Wachstum zu setzen, während überschüssige gesellschaftliche Ressourcen der Umgestaltung der Energieinfrastruktur gewidmet werden. Dies würde, wie er sagt, »den gemeinschaftlichen Ansatz, den Ansatz von unten nach oben« erforderlich machen, wobei die Bevölkerung sich für ihre eigene Sache und für das Wohl künftiger Generationen einsetzt, um eine neue »entstehende« Realität zu erschaffen. Solch eine soziale und ökologische Umgestaltung würde eine Bewegung in Richtung auf eine gesellschaftliche Erhaltung, ja sogar eine kurzfristige Rationierung erforderlich machen. Eine ökologische Planung von Produktion, Konsum und Energieverbrauch wäre dabei wesentlich.[573]

---

572 Vgl. »An Interview with Kevin Anderson«, Transition Culture.org, 2. November 2012, siehe: http://transitionculture.org/2012/11/02/an-interview-with-kevin-anderson-rapid-and-deep-emissions-reductions-may-not-be-easy-but-4c-to-6c-will-be-much-worse/; Nicholas Stern, *The Economics of Climate Change: The Stern Review* (Cambridge: Cambridge University Press, 2007), S. 232.

573 Vgl. Interview mit Kevin Anderson und Alice Bows, »Beyond ›Dangerous Climate Change‹: Emission Scenarios for a New World«, in: *Philosophical Transactions of the Royal Society* 369, 2011, S. 40–41. Wir könnten hinzufügen, dass dies eine erhebliche Reduzierung des Verbrauchs ermöglichen würde, während zugleich die Lebensumstände der Bevölkerung verbessert würden, da der kapitalistischen Monopolgesellschaft eine riesige Menge an Abfällen immanent ist, verbunden mit einer gewaltigen Ausbrei-

Nach den Worten der Londoner Royal Society, eine der ältesten wissenschaftlichen Körperschaften der Welt, in ihrem Bericht *People and the Planet* (Die Menschen und der Planet) aus dem Jahre 2012 ist es nun erforderlich, »sozio-ökonomische Systeme und Institutionen zu entwickeln, die nicht von einem fortgesetzten materiellen Konsumwachstum abhängig sind.«[574]

Wenn wir über das Thema Klimawandel hinausgehen und die gesamte globale Ökologiekrise untersuchen, wird die Logik hinter dieser Argumentation deutlich. Im Jahre 2009 brachten führende Erdsystemwissenschaftler unter der Leitung von Johan Rockström vom Stockholm Resilience Center den Ansatz der sogenannten »planetarischen Grenzen« ein, um den »sicheren Handlungsspielraum« für die Menschen auf dem Planeten zu bestimmen, wobei sie als Basis die biophysischen Bedingungen verwendeten, die in der Erdgeschichte der geologischen Epoche des Holozän zugehörig waren – die letzten 10.000–12.000 Jahre, die das Aufkommen der Zivilisation gefördert haben. Die globale ökologische Krise kann folglich als eine drastische und möglicherweise unumkehrbare Abkehr von den Bedingungen des Holozän definiert werden.[575]

Diese Analyse eines »sicheren Handlungsspielraums« für die Menschheit etablierte ein System natürlicher Messgrößen in Form von neun planetarischen Grenzlinien. Im Fall von drei von ihnen – Klimawandel, Verlust an Biodiversität und Stickstoffkreislauf (als Teil einer gemeinsamen Grenzlinie mit dem Phosphorkreislauf) – wurden die planetarischen Grenzen bereits überschritten. Indessen lassen im Fall einer Reihe weiterer planetarischer Grenzlinien – dem Phosphorkreislauf, der Versauerung der Meere, dem weltweiten Frischwasserverbrauch und dem Wandel der Landnutzung – alarmierende Tendenzen vermuten, dass diese Grenzen ebenfalls bald überschritten werden. Der Klimawandel ist deshalb nur Teil einer weit größeren ökologischen Krise, der sich die Menschheit ausgesetzt sieht – wobei all dies auf das exponentielle Wachstum einer in steigen-

---

tung überflüssiger Waren und umfangreicher Marketingkosten. Wie Thorstein Veblen angesichts des ausgehenden 20. Jahrhunderts erklärte, sind solche gesellschaftlich unnötigen Ausgaben Bestandteil der Warenproduktion. Vgl. John Bellamy Foster und Brett Clark, »The Planetary Emergency«, in: *Monthly Review* 64, Nr. 7, Dezember 2012, S. 7–16; Thorstein Veblen, *Absentee Ownership and Business Enterprise in Recent Times* (New York: Augustus M. Kelley, 1964), S. 284–289.

574 The Royal Society, *People and the Planet* (London: Royal Society, April 2012), S. 9.
575 Vgl. Johan Rockström et al., »A Safe Operating Space for Humanity«, in: *Nature* 461, 2009, S. 472–475, siehe: http://pubs.giss.nasa.gov/abs/ro02010z.html; Carl Folke, »Respecting Planetary Boundaries and Reconnecting to the Biosphere«, in: *Worldwatch, State of the World 2013*, S. 19–27.

dem Maße destruktiven Ökonomie in einem endlichen planetarischen System zurückzuführen ist.

Diese Überlegungen verweisen alle auf die Beschränkungen dessen, was die vorherrschende Haltung der Klimabewegung zu sein scheint, die von elitär-technokratischen Elementen innerhalb der Bewegung vertreten wird. Die gegenwärtig populäre ökologische Front hat ihre Grundlage in ihrer singulären Opposition gegen fossile Brennstoffe und die fossile Brennstoffindustrie und baut weitgehend auf der Vorstellung auf, dass eine solare Revolution die Lösung für das Klimaproblem liefern und mit relativ geringen Anpassungsmaßnahmen eine Fortsetzung der jetzigen sozio-ökomischen Ordnung ermöglichen wird. Dennoch erfordert ein Stopp des Klimawandels und der Zerstörung der Umwelt im Allgemeinen nicht einfach nur eine neue, nachhaltigere Technologie, größere Effizienz und die Eröffnung von Kanälen für grünes Investment, sondern eine ökologische Revolution, die unser gesamtes Produktions- und Konsumptionssystem verändert und neue Systeme schafft, die auf substanzielle Gleichheit und ökologische Nachhaltigkeit ausgerichtet sind – eine »revolutionären Umgestaltung der ganzen Gesellschaft«.[576] Dies bedeutet, wie Marx dies vorausschauend im 19. Jahrhundert vollzog, das Stoffwechselverhältnis zwischen Gesellschaft und Natur zu begreifen, das auf der Produktion selbst beruht, sowie die Gefahren zu erkennen, die mit dem wachsenden metabolischen Bruch innerhalb des Kapitalismus einhergehen. Für Marx erzwingt eben die Zerstörung »jenes Stoffwechsels« in der menschlichen Beziehung zur Natur »ihn [den Stoffwechsel, Anm. d. Verl.] systematisch als regelndes Gesetz der gesellschaftlichen Produktion und in einer der vollen menschlichen Entwicklung adäquaten Form herzustellen«.[577]

Die materialistische Geschichtsauffassung ist häufig in einer Weise interpretiert worden, die – im Gegensatz zu Marx – ökologische Bedingungen systematisch von der Analyse ausschloss. Dennoch kann argumentiert werden, dass sich die Arbeiterklasse während ihrer klassenbewusstesten und revolutionärsten Phasen genauso mit den allgemeinen Lebensbedingungen – sowohl der städtischen als auch der ländlichen Gemeinschaften und deren Wechselbeziehung mit der natürlichen Umwelt – befasst hat wie mit den Arbeitsbedingungen (im engeren

---

576 Karl Marx und Friedrich Engels, *Das Kommunistische Manifest*, MEW Band 4 (Berlin: Dietz Verlag, 1959), S. 462. Vgl. István Mészáros, »Substantive Equality: The Absolute Condition of Sustainability«, in: Mészáros, *The Challenge and Burden of Historical Time* (New York: Monthly Review Press, 2008), S. 258–259.
577 Karl Marx, *Das Kapital*, Band 1, MEW Band 23 (Dietz Verlag Berlin, 1962), S. 528.

Sinne). Ein deutlicher Hinweis darauf findet sich in Widerspiegelung der damaligen Zeit in Engels« *Die Lage der arbeitenden Klasse in England* von 1844, wo die Umweltbedingungen sogar als von größerer Bedeutung für die allgemeinen materiellen Bedingungen der Arbeiterklasse dargestellt werden als die Zustände in den Fabriken – obwohl die Grundursache dafür bei Letzteren (d. h. in der Klassenbasis der Produktion) lag.[578] In der heutigen Welt vollzieht sich die Unterminierung der Lebenswelt der großen Mehrheit der Bevölkerung sowohl in Bezug auf die Ökonomie als auch auf die Umwelt. Daher können wir das Entstehen der radikalsten Bewegungen genau dort erwarten, wo die ökonomischen und ökologischen Krisen am stärksten auf die Bevölkerung zukommen. Angesichts der Natur von Kapitalismus und Imperialismus und der Dringlichkeit der globalen Umweltkrise steht zu erwarten, dass ein neues revolutionäres Umweltproletariat mit Stärke und Entschlossenheit im globalen Süden entstehen wird. Dennoch werden solche Entwicklungen, wie nun deutlich wird, nicht auf nur einen Teil des Planeten beschränkt bleiben.[579]

Die »Bilanz« eines Rechnungsbuches ist eine der dauerhaftesten Metaphern des Kapitalismus. Wir sehen uns nun einer Bilanz gegenüber – einem planetarischen Kohlenstoffetat zusammen mit planetarischen Grenzlinien –, die eine noch grundlegendere Buchhaltung darstellt. Ohne eine gründliche Umgestaltung von Produktion und Konsumption, wie auch der Formen kulturellen und gesellschaftlichen Bewusstseins, wird die Weltwirtschaft auf Grundlage eines »Weiter-

---

578 Vgl. Friedrich Engels, *Die Lage der arbeitenden Klasse in England*, MEW Band 2 (Berlin: Dietz Verlag, 1972.)
579 Die Vorstellung von einem Umweltproletariat wird in Foster, Clark und York, *The Ecological Rift*, S. 440 [*Der Ökologische Bruch* (Hamburg: LAIKA Verlag, 2011)] ausgeführt. Siehe auch Fred Magdoff und John Bellamy Foster, *What Every Environmentalist Needs to Know About Capitalism* (New York: Monthly Review Press, 2011) [*Was jeder Umweltschützer über den Kapitalismus wissen muss* (Hamburg: LAIKA Verlag 2012)], S. 143–144. Ein Beispiel für das Heranwachsen eines breiten Bündnisses von arbeitenden Menschen ist die Bewegung Idle No More (Nie mehr erwerbslos) in Kanada, in der populäre Umweltgruppen, der Nationale Bauernverband und in wachsendem Maße auch Gewerkschafter sich mit der Indigenenorganisation First Nations zusammengeschlossen und – in Opposition gegen die habgierige Extraktionspolitik der kanadischen Regierung – rund um ihre vertraglichen Rechte organisiert haben. Ein Großteil des Kampfes richtet sich auf den Widerstand gegen die Extraktion/Produktion von Teersand und konzentriert sich dabei auf die Land- und Wasserrechte der Ureinwohner. Siehe Gene McGuckin, »Why Unionists Must Build the Climate Change Fight«, auf: *Climate and Capitalism.com*, 2. Mai 2013, siehe: http://climateandcapitalism.com/2013/05/02/why-unionists-must-build-the-climate-change-fight/; »Farmers Union: Why We Support Idle No More«, auf: *Climate and Capitalism.com*, 3. April 2013, siehe: http://climateandcapitalism.com/2013/04/03/farmers-union-idle-no-more/.

so-wie-Bisher« fortlaufend Kohlenstoff emittieren und uns vollends auf die rote Linie von 2 °C und darüber hinaus schieben – in eine Welt, in welcher uns der Klimawandel in wachsendem Maße außer Kontrolle gerät. In Hansens Worten:

»Es ist keine Übertreibung, davon auszugehen, dass aufgrund [der] besten verfügbaren wissenschaftlichen Beweise die Verfeuerung aller fossilen Brennstoffe dazu führen könnte, dass der Planet eines Tages nicht nur eisfrei, sondern auch frei von Menschen ist.«[580]

Was unter diesen Umständen nötig sein wird, ist eine ökologische Revolution, in der die Menschheit, wie schon unzählige Male zuvor, sich erneut selbst definiert, ihre bestehenden Produktionsverhältnisse und den gesamten Bereich ihrer gesellschaftlichen Existenz umgestaltet, um einen wiederhergestellten Stoffwechsel mit der Natur und eine im Ganzen erneuerte Welt substanzieller Gleichheit als Schlüssel zu nachhaltiger menschlicher Entwicklung zu schaffen. Dies ist die besondere »Herausforderung und Last unserer historischen Zeit«.[581]

Eugene, Oregon
10. Mai 2013

---

580 James Hansen, »Making Things Clearer: Exaggeration, Jumping the Gun, and the Venus Syndrome«, 15. April 2013, siehe: http://www.columbia.edu/~jeh1/.
581 Mészáros, *The Challenge and Burden of Historical Time*, (New York: Monthly Review Press, 2008), S. 258–264.